国际组织与全球治理丛书 ● 丛书总主编 李 媛 米 红

浙江大学国际组织精英人才培养计划

国际组织十讲

李 佳 著

ZHEJIANG UNIVERSITY PRESS

浙江大学出版社

· 杭州 ·

图书在版编目（CIP）数据

国际组织十讲 / 李佳著. -- 杭州 ：浙江大学出版
社，2025. 6. --（国际组织与全球治理丛书 / 李媛，米
红总主编）. -- ISBN 978-7-308-25968-2

Ⅰ. D813

中国国家版本馆CIP数据核字第2025588FV7号

国际组织十讲

李　佳　著

责任编辑	杨诗怡
责任校对	黄　墨
封面设计	周　灵
出版发行	浙江大学出版社
	（杭州市天目山路148号　邮政编码310007）
	（网址：http://www.zjupress.com）
排　　版	杭州林智广告有限公司
印　　刷	浙江新华印刷技术有限公司
开　　本	710mm×1000mm　1/16
印　　张	21
字　　数	355千
版 印 次	2025年6月第1版　2025年6月第1次印刷
书　　号	ISBN 978-7-308-25968-2
定　　价	88.00元

序
FOREWORD

  很高兴受邀为李佳博士所著的《国际组织十讲》作序。在我的职业生涯中，我曾与多个国际组织结下不解之缘。1993年以来，我一直保持着与国际组织的交流合作，七年前我开始研究国际组织。这里列举几段我印象较深的经历。我参与的第一个项目是在原劳动和社会保障部劳动科学研究所工作期间，与亚洲开发银行合作研究国有企业举办的福利项目改革。1995年冬天，我在国际劳工局接受为期两个月的社会保障培训。在国务院发展研究中心工作的二十年间，我作为社会专题的中方负责人，参与了国务院发展研究中心与世界银行联合开展的三个旗舰报告研究；作为协调人，参与了国务院发展研究中心社会发展研究部与世界卫生组织关于中国医药卫生体制的改革研究；作为中方执行负责人，主持了中国国际发展知识中心与世界银行合作开展的中国减贫四十年实践及其借鉴研究，主持了国务院发展中心社会发展研究部与联合国开发计划署合作开展的中国人类发展指数研究。我对国际组织的研究，始于2018年外交部推荐我成为联合国经济及社会理事会发展政策委员会成员时，在三年履职期间，我对国际组织的决策过程有了更加直观的感受。2022年，我来到浙江大学，在美丽的西子湖畔更加深入地研究中国发展实践经验，更加深入地研究如何将中国智慧融入全球治理体系和国际组织的变革之中。同时，我开始指导研究生研究新一轮"技术—产业"周期中我国如何参与和引领国际组织的变革。

  我认为，当前和未来的一段时期，国际组织的生存和发展面临多方面的巨大挑战。在理论层面，国际组织存在代表性不足和效率偏低以及两者之间平衡困难的问题；在实践层面，2030年联合国可持续发展目标可能难以如期完成，地区危机得不到及时化解。更为严重的是，在应对挑战方面，世界主要大国之间缺乏政治互信和合作意愿。在很大程度上，国际组织的未来出路的关键在于东西方国家稳定国际关系，并秉持包容开放的理念，逐步推进世界新秩序的建立。这条路将是曲折和漫长的，但也必将是光明的和值得期待的。

李佳博士作为浙江大学国际组织与国际交流学科负责人、学生国际化能力培养基地秘书处执行主任，过去五年主持和参与了多个国际组织相关的重要研究课题。2023年，她与我联合承担了国家有关部委委托的"十四五"规划"我国积极参与全球治理体系改革与建设"的中期评估研究，有关成果得到了委托方的高度评价。本书是李佳博士从事国际组织研究和教学工作五年间的成果集成，是她消化吸收国内外知识成果的再创造。这本书关注国际组织的理论和实践问题。前者包括国际组织演变的历史逻辑和理论逻辑、主导国家对国际组织的塑造以及中国等新型大国的适应与改造、国际规则的公正性和国际组织效率问题，后者不仅包括国际组织参与的安全、发展、气候变化、科技、卫生、教育、人文等领域性议题，而且包括国际组织人才能力画像及其培养等综合性议题。因而这本书的出版对国际组织知识的普及具有重要意义。

在近四十年职业生涯中，我见证了国家的繁荣昌盛以及国际组织对中国的技术援助和中国本土人才的快速成长。尽管外方专家拥有更丰富的经验，但是中国本土人才同样可以做好国际组织研究和实践工作，成为一些合作项目的主持者。作为成功的学习者，我们在某些方面已成为引领者，但整体上我们仍是追赶者。多重角色定位，要求我们更加全面深入地研究国际组织，进而对其更好地适应和塑造。愿借《国际组织十讲》出版之际，与各位同人、新生代共勉！我坚信，受益于中国实践、中国智慧，在新生代中一定会出现更多国际组织的领导者，以及国际组织架构设计的大师！

贡　森

2025 年 3 月 20 日于浙江大学紫金港校区成均苑

目 录
CONTENTS

上 编

下　编

上　编

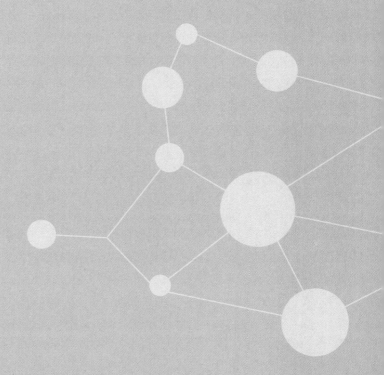

第一讲　国际组织的历史与现状

1　国际组织概述

1.1　国际组织的定义

作为国际社会中的一种组织形式与合作机制，国际组织的定义在其发展过程中不断丰富和完善。起初，国际组织的定义较为狭窄。1969年的《维也纳条约法公约》第二条规定，国际组织指政府间国际组织。不同学科对于国际组织的关注侧重点也不尽相同。从国际法看，国际组织指根据适用国际法条约或者其他文书设立的具有国际法人资格的组织。[1]国际组织涉及三个法律关系，包括国际组织与成员国、国际组织内部、国际组织与其他组织和国家的关系。[2]从国际政治看，国际组织是一种内部结构纷繁复杂、各方利益交织博弈的国际行为主体[3]，国际组织代表着各成员的利益，在国际格局中承担着国家利益的代理身份。从全球治理看，国际组织是一种新的治理主体，它有别于国家，独立在国际法框架内行使权利、履行义务。不同的定义凸显出国际组织的复杂性，从构成主体和合作形式来看，国际组织是国际上的特定行为体，也是基于特定目的、以一定协议形式建立起来的跨国机构。

根据2011年的《国际组织责任条款（草案）》的定义，国际组织是根据适

---

[1]　United Nations. Vienna Convention on the Law of Treaties. 1969.

[2]　Klabbers, J. *An Introduction to International Institutional Law*. Cambridge: Cambridge University Press, 2015.

[3]　张雪. 国家与国际组织互动关系的"委托—代理"解释框架. 理论与改革，2021(1)：119-130.

用国际法的条约或其他文书建立的，具有自己的国际法律人格的组织，除国家外，还可包括其他实体作为成员。[①]国际组织具有独特的法律人格，所以并不能简单将其视为成员的物理集合体。国际组织的独立性体现在其自身决策和创新制度的过程中，正式秘书处的存在则加强了这种独立性。

1.2　国际组织的分类和特征

21世纪以来，国际组织数量呈持续上升态势。相关数据显示，截至2020年，全球范围内共有国际组织7万余个。[②]国际组织种类繁多，采用不同的指标和方法往往会有不同的分类结果。按照成员类别，可分为政府间国际组织和国际非政府组织。政府间国际组织基于主权国家建立，而国际非政府组织成员包括独立机构、民间组织、志愿协会等。按照活动范围，可分为全球性国际组织和区域性国际组织。全球性国际组织并不限制成员的所在区域，其成员来自不同的大洲。区域性国际组织的成员来自某一地区，职能范围局限于该组织所规定的区域。按照活动领域，可分为政治性国际组织和专业性国际组织。政治性国际组织的职能范围较为宽泛，而专业性国际组织的职能明确，通常只涉及单一或某几个领域的国际问题和国际事务。

不同的国际组织有着不同的宗旨、功能和规模，但通常具备一定的共性特征。这些共性特征是国际组织区别于其他组织的具体表现，反映了国际组织的作用与特点。

一是国际性。国际组织的成员来自两个及以上的国家，活动范围超越单一国家，目标和宗旨涉及国际事务。

二是组织性。国际组织的组织性也称制度性。国际组织以国际法为基础，通过成员间签订具有法律效力的根本法，建立健全的机制和设置完善的组织机构，承担一定的职责并履行一定的义务。相比于其他团体和会议机制，国际组织的章程和制度更为完善，组织结构更加清晰，具有法律责任与义务。

三是非营利性。国际组织不以营利为目的，国际组织的经费通常来自成员缴纳的会费或是其他类型的捐款。尽管部分国际组织进行一定的经营活动，

---

① 联合国. 第 66 届大会第 479 号草案：A/66/473. (2011-11-15) [2024-05-02]. https://documents.un.org/symbol-explorer?s=A/66/473&i=A/66/473_9573580.

② Union of International Associations. Yearbook of International Organizations 2020. [2024-05-02]. https://ybio.brillonline.com/ybio/.

但此类经营活动多为弥补经费不足，而非以营利为目的。

四是工具性。国际组织是各国和国际社会为解决国际问题和实现共同利益的组织，因此本质上是各个成员达成共同目标的共同工具。国际组织的工具性特征决定了其具有非主权性。同时，国际组织不能凌驾于国家主权之上，也无法替代国家。

五是独立性。国际组织有自己的根本法、独立的法人资格、独有的权力和组织结构，在一定程度上拥有自主权和独立行动的能力。国际组织代表的是组织内各成员的共同利益，具有超越国家的特征。

1.3　国际组织的职责和功能

随着国际组织所关注的国际问题越来越广，国际组织的职能也不断提升。克莱夫·阿彻在介绍当代国际组织职能时提到了"全球市场"（Global Marketplace）的概念，即国际组织是在全球政治市场中活动的个体之一，与其他个人、群体、商业公司、国家、民族、地区的地位平等且相互联系。国际组织因为自身成员组成和活动范围差异而有着不同的职责，从而有着不同的功能。他指出，正如商业个体在经济市场中一样，国际组织也应尽心尽力地"产出"其自身职能，否则会遭到市场的"淘汰"。正因如此，国际组织的存在与其自身所要实现的目标和所能发挥的作用息息相关。[①]

全球性国际组织是组织成员为达成共同目标、实现共同理解而创建的行为体。全球性国际组织的成员具有全球性，其关注的领域也具有全面性，其功能往往是极为全面和广泛的。从国际法角度看，全球性国际组织能够通过直接或间接产出原则、规范、规则和决策程序，对国际社会进行规范。从所涉及的领域看，全球性国际组织的功能涉及维护世界和平与安全、促进世界经济稳定与发展、调停国际政治与外交关系等。从自身结构地位看，全球性国际组织具有为成员提供多层次对话与合作、提出新的国际议题并提升议题关注度、分配发展成果与收益的功能。

区域性国际组织是世界某一特定区域内的各个国家或民间团体出于自身民族历史的联系，或者增强自身政治经济实力的需要而成立的区域性组织，其功能主要体现在政治、经济和安全领域。其中，区域性国际组织的政治功能是基础，有些组织还附属了经济、文化、法律等功能。

① Archer, C. *International Organizations*. London: Routledge, 2021.

另外，国际非政府组织已成为国际政治变革的重要动力之一，其关注如何在全球范围内扩展活动空间以及与其他组织的联系与合作，进而获取更多资源。[①]一方面，国际非政府组织基于其跨国网络和基层触角，能够协助落实政府间国际组织的相关议程，并在这一过程中影响国际组织对特定议题的决策；另一方面，作为非国家行为体，国际非政府组织能够介入全球事务、拓展全球议程，不断超越传统的"高政治"议题并影响国际舆论。[②]

2 国际组织简史

2.1 全球性国际组织

全球性国际组织在欧洲政治体系变革和经济发展中产生，由国家间的会议机制演变为有多层级的复杂组织结构，从区域性的协调机制转化为全球性的多边外交平台。长期以来，全球性国际组织在维护国际和平与稳定方面发挥了不可替代的作用，并推动形成了主权国家、全球性国际组织、区域性国际组织与国际非政府组织共同发展的格局。全球化和国际组织的发展是相辅相成的。全球化进一步催生了国际组织，并使国际组织的发展宗旨、职能以及运作模式变得愈发复杂，各类国际组织随着历史的发展不断变革，同时，国际组织的发展变革也推动着全球化的进程。

国际组织是国际关系发展到一定阶段的产物。[③]国家间的军事、政治同盟古已有之，而真正以主权国家为主体，建立在双边或多边关系基础上的以国际法为标准的国际组织最早出现在欧洲。

国际组织发展史中第一个重要节点是1648年威斯特伐利亚体系的建立。威斯特伐利亚体系由一系列合约构成，这些合约结束了历史上第一次全欧洲大战，并对欧洲各国的国界、人口、政府以及基于主权平等的国际关系做出了规定。威斯特伐利亚体系使得国家间建立了一种以相互接受对方在法律上的平等为基础的外交，这种做法与此前国际制度中普遍存在的不平等关系

---

① Duong, H. T. Fourth Generation NGOs: Communication Strategies in Social Campaigning and Resource Mobilization. *Journal of Nonprofit & Public Sector Marketing*, 2017, 29(2): 119-147.

② Hoffman, J. Reconstructing Diplomacy. *British Journal of Politics & International Relations*, 2003, 5(4): 525-542.

③ 张丽华. 国际组织的历史演进. 东北师大学报，2003(5)：64-68.

准则形成了鲜明对比。[1]这一体系进而延伸至全世界，为全球性国际组织的建立奠定了政治基础和秩序基础。在威斯特伐利亚体系建立后，主权国家开始作为独立的政治个体在国际事务中发挥作用。各个国家通过国际会议处理与和平和安全有关的政治问题，但这种国际会议机制仅仅是一种临时性的措施。由于国家间缺少实质性的接触，对于国家间矛盾的认识不足以及没有意识到通过制度性和系统性的方法处理国际关系[2]，国际组织在18世纪并没有被建立起来，彼时的欧洲一直被各国混战所笼罩。而从19世纪起，国际政治形势的变化以及经济社会的发展极大地促进了国际组织的兴起和形成。

国际组织发展史中的第二个重要节点是1814—1815年的维也纳会议。这一会议重建了拿破仑战败后的欧洲封建秩序，创立了为欧洲各国所接受的和平的国际关系。以奥地利、普鲁士、英国、俄国和法国为首的国家共同合作签订了一系列条约，旨在推动欧洲各国外交活动的标准化和规范化，最终形成了欧洲协调机制。[3]各国为了防止战争的发生，参与定期举行的会议，建立起一种较为稳定的多边外交形式。同时，除1783年通过《巴黎和约》承认美国的合法地位外，欧洲各国相继与日本、中国通过平等或不平等条约建立外交关系，欧洲各国的外交局面进一步扩大。维也纳会议后所成立的莱茵河航运中央委员会也被普遍视为最早的具有现代意义的国际组织。根据《维也纳会议最后议定书》的规定，荷兰、比利时、普鲁士、法国和瑞士于1815年6月9日建立莱茵河航运中央委员会，其宗旨是保障莱茵河及其支流的航运自由和安全。

国际组织发展史中的第三个重要节点是1898年和1907年的两次海牙会议。海牙会议召开的最初目的是缓解各国激烈的军备竞争，促进世界和平。而海牙会议最重要的意义在于会议外交制度的创新以及集体协商、多数同意等制度的应用。第一次海牙会议共有27个国家参与，除了欧洲各国，也有中

---

[1] Buzan, B. & Little, R. Beyond Westphalia? Capitalism after the "Fall". *Review of International Studies*, 1999, 25(5): 89-104.

[2] Claude, I. L. *Swords into Plowshares*. London: University of London Press, 1964.

[3] 这种以会议方式协商处理欧洲或与欧洲有关的重大问题的多边外交机制，被国际关系学者和国际法学者称为"欧洲协调"（The Concert of Europe）。"欧洲协调"是大国一致的产物，只有大国才能决定重大的安全问题。参见：张贵洪. 国际组织：国际关系的新兴角色. 欧洲, 2000(4): 4-10.

国、日本和墨西哥等国参与其中；第二次海牙会议则有44个国家参与，包括18个拉丁美洲国家。海牙会议为全球性国际组织的创立提供了借鉴。此外，会议中的小国和大国拥有平等地位，这也凸显了海牙会议作为一种全球性协调机制的价值所在。[①]

以上三个历史性节点逐步奠定了建立全球性国际组织的政治和制度基础，而经济和社会的发展直接推动了相关全球性国际组织的成立。得益于19世纪工业革命带来的技术进步，蒸汽船、电报的出现使得各国的交流增多，各国在经济社会方面的合作也由此不断增多。到1860年，经济已经从政治中获取某些自主权，全球市场开始压倒本土性交换和生产；同时，现代多边外交开始取代王朝外交。[②] 便捷、快速的交通及通信方式使得各国可以更加及时地商讨问题，这极大促进了国际合作，一些全球性的国际组织也随之逐渐建立，包括1865年的国际电报联盟（现为国际电信联盟，International Telecommunication Union，ITU）、1874年的万国邮政联盟（Universal Postal Union，UPU）、1875年的国际度量衡局（Bureau International des Poids et Mesures，BIPM）、1890年的国际海关税则出版联合会（International Union for the Publication of Customs Tariffs）、1893年的国际铁路货运联盟（Intergovernmental Organisation for International Carriage by Rail，OTIF）等。这些国际组织被称为国际行政组织或万国联盟，致力于各国在多边公共事务上的实际合作。这些全球性国际组织普遍设立了秘书处，并进一步创立了国际事务局（International Bureau）这一常设机关，实现了制度性创新。这一时期的事务局、理事会、大会等组织结构为20世纪全球性国际组织的创立提供了宝贵经验。根据国际组织年鉴的数据，1870—1909年，全球性国际组织的数量从7个增长到了37个[③]，这也反映了各国对全球性国际组织需求的增加，以及全球性国际组织重要性的提升。

20世纪的两次世界大战、对殖民势力的抗争以及反法西斯斗争催生了更为迫切和广泛的国际合作，全球性国际组织也因此有了较大发展。其中最为重要的是第一次世界大战后成立的国际联盟（The League of Nations）与第二

---

① 李铁城. 联合国五十年. 北京：中国书籍出版社，1996：8.

② 巴里·布赞，乔治·劳森，颜震. 重新思考国际关系中的基准时间. 史学集刊，2014(1)：3-19.

③ Union of International Associations. Yearbook of International Organizations. Historical overview of number of international organizations by type 1909-2020. [2024-05-02]. https://ybio.brillonline.com/ybio/.

次世界大战后成立的联合国（United Nations，UN）。同时，其他的全球性国际组织也逐步建立，并且发展迅速。在1919年的巴黎和会上，为了重构战后国际关系，防止世界大战再次发生，各国代表对构建新的全球性国际组织提出了广泛意见。《凡尔赛条约》签订后，国际联盟于1920年1月正式成立，其总部设在瑞士日内瓦，后于1946年4月解散，历时26年，先后共有63个国家加入。国际联盟的宪法性法律为《国际联盟盟约》（Covenant of the League of Nations），其对于国际联盟的宗旨、职能及组织机构进行了细致的规定。国际联盟的创立旨在促进国际合作、和平以及安全，且在盟约的第八条中明确规定了有关军备竞赛以及防止战争等内容。国际联盟在结构和工作程序上有着清晰的规划，设有大会、行政院、秘书处、国际常设法院等4个主要机构，同时还附设了国际劳工局等其他机构，相关机构之后也发展成了全球性的国际组织，如国际劳工组织（International Labour Organization，ILO）等。国际联盟（简称国联）的成员无论大小都有一票表决权，国联大会中的决议需要所有成员一致同意。秘书处是国际联盟的事务机关，旨在保证国联工作的效率及公平，此后的国际组织往往借鉴国联的秘书处机构设置。国联为各国代表针对威胁全球和平与安全的问题提供了磋商平台，为各国裁军等问题提供了交流机制，同时也促进了世界各国的经济社会合作。然而，由于各国的利益冲突、一战战败国对于自身所处地位的不满，以及美国这一当时世界军事经济强国的缺席，国联缺乏有力的支持者，也未能阻止第二次世界大战的爆发。最终，二战使国联陷入瘫痪，名存实亡。

第二次世界大战期间，构建联合国的想法开始酝酿，联合国的建立是世界反法西斯战争胜利的成果。1944年8月至10月，在美国华盛顿的敦巴顿橡树园，苏联、美国、英国和中国代表多次举行会议，商讨未来国际组织的宗旨、原则、结构和职能，并提出构建联合国的方案。1945年4月25日，50个国家的代表在旧金山举行联合国制宪会议，并于6月25日一致通过了《联合国宪章》。《联合国宪章》于1945年10月24日正式生效，联合国由此正式宣告成立。1946年4月8日至18日，国联在日内瓦召开了最后一届大会，会后宣布解散，并决定将其权职和资产转移给联合国。自此，联合国成为最大的全球性国际组织，也是当今世界最重要的国际组织之一。

联合国的诞生对于维护国际和平与安全、促进国际合作、解决国际争端、达成国际合作等有着重要意义。联合国包含大会、安全理事会、经济及社会理事会、托管理事会、国际法院以及秘书处等6个主要机构，这一组织结构的设置吸取了国际联盟失败的教训。与国际联盟相比，联合国通过安全理事会进一步明确维护世界和平与安全的职责，设立包含中、美、俄、法、英五国的常任理事国机制来保护全球发展。在联合国的发展过程中，越来越多的国家加入其体系，第三世界国家更是通过加入联合国逐步提升了自身国际地位，赢得国际话语权，联合国在促进世界发展方面的作用也随之进一步提升。冷战结束后，全球化、多极化的形势也赋予了联合国更多的发展空间，联合国的活动覆盖经济社会发展、生态环境保护、和平安全等多个方面，其体系也更加庞大，多个隶属于联合国的专门机构在全球各个领域发挥着重大作用，如世界银行（World Bank，WB）、国际货币基金组织（International Monetary Fund，IMF）、世界卫生组织（World Health Organization，WHO）、国际劳工组织等。联合国作为世界上最具权威性的全球性国际组织，逐渐成为全球治理体系中的核心部分。

2.2　区域性国际组织

区域性国际组织是指"由洲际或跨洲际3个以上的民间团体、机构、国家或政府基于特定目的，通过签订一定协议而建立的，具有常设管理机构的一种国际组织"①。大部分区域性国际组织具有联合国承认的法律地位和权利，并且能够在国际法的约束下自由行动。《联合国宪章》第五十二条规定："本宪章所制定的条约不得妨碍任何区域性条约或机构的存在，这些机构应该被视为处理维护国际和平和安全为目的所采取的区域性行为，只要这些协定或机构之行为是以与联合国的目的与原则相一致为前提。"②从功能上看，区域性国际组织既有为一般目标而设置的，如欧洲联盟（European Union，EU）、美洲国家组织（Organization of American States，OAS）、东南亚国家联盟（Association of Southeast Asian Nations，ASEAN）和阿拉伯国家联盟（League of Arab States，LAS）；也有为特殊目标而设置的，如北大西洋公约组织（North Atlantic Treaty Organization，NATO）、上海合作组织（Shanghai Cooperation Organization，SCO）、亚洲太平洋经济合作组织（Asia-Pacific Economic Cooperation，APEC）。

---

① Union of International Associations. Yearbook of International Organizations 2020. [2024-05-02]. https://ybio.brillonline.com/ybio/.

② 成键. 区域性国际组织与中国战略选择. 贵阳：贵州人民出版社，2004：4.

目前，大量区域性国际组织活跃在国际社会。

区域性国际组织的兴起源自"区域一体化"理论的发展，随着时代的发展及全球政治环境的变化，区域性国际组织经历了从单一经济合作功能到经济、政治、安全多功能的演变；而从其历史演进来看，主要经历了第二次世界大战前（1945年以前）、二战到冷战结束前（1945—1991年）、冷战结束后（1991年至今）三个阶段。

（1）二战前——区域一体化思想的发展与成熟

区域性国际组织的发展伴随着区域一体化思想的发展与成熟。"区域一体化"理论的最初发展是在经济领域。荷兰经济学家丁伯根（Tinbergen）提出，区域一体化是资本主义剩余产品谋求倾销地的一种手段，包括"消极一体化"和"积极一体化"两个方面。[1]其中，"消极一体化"是指"单纯的物理边界的消除"，而"积极一体化"则强调区域一体化对于纠正自由市场的缺陷和加强自由市场力量的作用。这也表明区域一体化能够打破各国贸易壁垒，提高国际市场效率，促进经济发展。19世纪后半叶的工业电气革命、新型交通工具和通信工具的应用大大缩短了国际贸易的时空距离，欧洲国家开始寻求各国之间的经济合作，以英国为核心的欧洲强国间的区域协定和双边贸易协定又进一步推动了功能性统一市场建设，使欧洲一体化得到了前所未有的发展，形成了开放的国际贸易体系。区域一体化思想在20世纪不断发展，形成了关税同盟、自由贸易区等概念，为区域性国际组织的建立提供了思想基础。

区域一体化的雏形可追溯到1921年。当时的比利时与卢森堡结成了关税经济同盟；1928年，其成员国与法国共同成立了关税同盟；1932年，关税同盟的成员国与英国签订了英联邦特惠制，规定其成员国与英国在贸易上互相提供优惠待遇制度；1934年，意大利、奥地利和匈牙利签订了特惠贸易协定。[2]总体来说，虽然"区域一体化"的思想为区域性国际组织的发展奠定了基础，但在第二次世界大战前，各个国家所签订的经济关税条约还不具备国际组织的作用。究其原因，一是当时大多数国家的合作仅仅停留在经济层面，具有局限性；二是当时各个国家签订经济联盟相关协定更多是出于贸易保护，带有明显的歧视性。经济协定仅代表了帝国强权的利益和意志，实际上加深了以

---

[1]　张丽华.国际组织概论.北京：科学出版社，2015：87.

[2]　王珏，陈雯.全球化视角的区域主义与区域一体化理论阐释.地理科学进展，2013(7)：1082-1091.

邻为壑的全球贸易。在某种程度上，当时所签订的经济合作协定反而恶化了全球贸易形势，加剧了帝国主义列强争夺经济利益的局面，诱发了第二次世界大战。

（2）二战到冷战结束——区域性国际组织的形成与发展

随着第二次世界大战对欧洲造成人力与经济损失，西欧各国再也无法巩固他们原有的帝国主义列强地位，于是开始放弃军事策略，寻求共同的经济发展。1945年签订的《联合国宪章》第八章和第九章规定，联合国始终鼓励其成员国互相签署区域性协议，为增进成员国的经济增长、提高人民生活水平而进行经济和社会合作。[①]

20世纪50—60年代，区域经济一体化迎来了第一次高潮。1946年9月，英国前首相丘吉尔提议建立"欧洲合众国"，其他人士也发出了类似呼吁。1949年成立的欧洲委员会（Council of Europe，CoE）成为第一个泛欧组织。1951年4月，法国、意大利、联邦德国、荷兰、比利时、卢森堡六国签订了为期50年的《关于建立欧洲煤钢共同体的条约》，又称《巴黎条约》。欧洲煤钢共同体的重要目标是"决心以合并各国的根本利益，取代世世代代的对立；通过建立经济共同体，为因流血冲突而长期分裂的各国人民间更为广阔与深刻的共同体打下基础；以及为引导今后共同命运的组织机构奠定基石"[②]。欧洲煤钢共同体的成立，不仅为欧洲建立了一个自由流动、自由竞争的煤钢经济市场，更重要的是各国由此建立了一个超越国家层面的"共同体"，并将一部分管理权进行转移。1957年，欧洲经济一体化进程得到进一步发展。法国、德国、意大利、荷兰、比利时和卢森堡六国在意大利罗马签署了《建立欧洲经济共同体条约》和《欧洲原子能条约》，统称为《罗马条约》。《罗马条约》规定欧洲建立关税同盟，实施共同的农业政策，逐步协调经济和社会政策。对于缔约国来说，欧洲经济共同体确立了一个欧洲统一的目标和以共同机构与规则为基础的国家间合作的方式，这一条约的签署也标志着欧洲经济一体化进程的飞跃。二战后，世界格局呈现出美苏两极争霸的"冷战"局势，这也在一定程度上推动了欧洲一体化的进程。1965年，欧洲共同体的诞生成为欧洲一体化进程的重要一步。这一年，法国、德国、意大利、荷兰、比利时和卢

---

① United Nations Charter. [2024-05-02]. https://www.un.org/en/charter-united-nations/.

② 欧洲共同体条约集. 戴炳然，译. 上海：复旦大学出版社，1993：173.

森堡六国签订了《布鲁塞尔条约》，将"欧洲煤钢共同体""欧洲经济共同体"和"欧洲原子能共同体"合并为欧洲共同体（简称欧共体）。欧共体设立了部长理事会、委员会、欧洲议会、欧洲法院和其他相关委员会的基本机构框架，这标志着欧洲联盟机构框架的大致完成。[①]在这个意义上，欧洲共同体已经具备了区域性国际组织的功能。

区域一体化的进程在美洲也得到了发展。美洲国家组织是由美国和拉丁美洲国家组成的区域性国际组织，其前身是1890年成立的美洲国际联盟。1948年，美洲国际联盟更名为美洲国家组织，由西半球的所有主权国家组成，总部设在美国首都华盛顿。然而，在冷战期间，美洲国家组织的活动深受美国政策的影响。在美洲国家组织成立的前一年，美国推动构建了西半球的"集体安全"体系，也称以"美洲国家互助条约"为代表的军事防御联盟，美洲国家组织由此成了美国领导西半球共同反对共产主义的政治机构。20世纪70—80年代，拉美国家利用"新冷战"国际局势谋求独立自主和对外关系的多样性，开始改变对美单一依赖的外交关系模式；它们开始追求经济社会发展目标，参与不结盟运动，加强与第三世界的团结合作。[②]由此，拉美国家与美国逐渐拉开距离，并难以再达成共识，美洲国家组织的作用也逐渐式微。

东南亚国家联盟也是区域一体化进程中的典型代表。1961年，泰国、马来西亚、菲律宾三国作为发起国成立了"东南亚联盟"，开启了东南亚区域合作。1967年，泰国、马来西亚、新加坡、菲律宾和印度尼西亚五国签署了《曼谷宣言》，东南亚国家联盟（简称东盟）正式成立，取代了之前的"东南亚联盟"。此后，东盟不断扩大，先后有文莱、越南、老挝、缅甸和柬埔寨加入。到20世纪末，东盟已有10个成员国，整个东南亚地区实现了联合。东盟在学习欧盟成功经验的同时又保留了自身特色，创建了独特的"东盟方式"：在经济上，东盟坚持以经济发展为基础，在机制内逐步推进区域内的市场开放。1977年，东盟开始启动"特惠贸易安排"（Preferential Trade Agreement，PTA），并且逐步提升各国市场的开放程度。在政治上，东盟将各个成员国的事务放在东盟框架下解决，并且在保持多样性的前提下，积极推进国家间的合作。东南亚地区曾被称作"亚洲的巴尔干"，但在冷战结束之后，东南亚地

① 兰天.欧盟经济一体化模式研究.大连：东北财经大学，2005.
② 张凡.从美洲国家组织看美国政策和美拉关系.当代世界，2016(7)：59-62.

区迎来了和平与发展，这也证实了"东盟方式"确有成功之处。[①]

阿拉伯国家联盟（简称阿盟）是为了加强阿拉伯国家联合与合作而成立的区域性国际组织。1944年10月，阿拉伯各国外交部长在亚历山大港举行会议，拟定了《亚历山大议定书》，并决定成立阿拉伯国家联盟。1945年3月22日，埃及、伊拉克、约旦、黎巴嫩、沙特阿拉伯、叙利亚和也门七个阿拉伯国家的代表在开罗举行会议，通过了《阿拉伯国家联盟条约》（Pact of the League of Arab States），由此宣布联盟成立。阿盟成立后发展迅速，然而，由于中东地区始终是一个争议之地，阿盟的各个成员国始终很难在政治上达成共识，直至1960年，联合国才承认阿盟的存在。

在冷战期间，阿盟在经济文化方面为阿拉伯地区各国做出了很大贡献。在阿盟宣告成立后，1952年正式成立经社理事会，致力于阿拉伯各国在经济方面的合作发展，后来的阿拉伯海运公司、阿拉伯航空公司和阿拉伯经济发展组织等都是通过经社理事会经济委员会的努力而建成的。1973年，阿盟成立了阿拉伯经济及社会发展基金会。1980年，阿盟历史上第一次召开了阿拉伯经济首脑会议，通过了阿拉伯经济发展十年计划。至此，阿盟各个成员国在推动建立阿拉伯统一市场和区域经济一体化上达成了共识。[②]阿盟成立之后，在团结、统一的旗帜下，积极投身阿以冲突、巴勒斯坦问题等地区政治事务。阿盟为结束1980年的两伊战争、1991年的海湾战争，付出了很大的努力，但阿盟无力阻止战争，更无力约束成员国的行为，内部也因此形成阵营分化，未能解决阿拉伯世界的严重分裂问题。

二战前是帝国主义列强激烈对抗和竞争的时代，经济一体化仅仅是帝国主义国家保护自身政治经济利益的工具，带有浓厚的殖民主义色彩。二战后，随着帝国主义殖民体系的瓦解，在美苏争霸的背景下，实力衰减的欧洲，还有刚摆脱殖民主义桎梏的中东地区、东南亚、南美洲、阿拉伯地区，需要寻求区域内各国间的全面合作以增强自身整体实力，这使得冷战时期区域性国际组织的发展与合作具备了更多的政治色彩。

（3）冷战结束后——区域性国际组织的成熟与多样化

随着1991年底苏联解体，冷战格局正式结束。全球在美国作为唯一超级

---

① 张蕴岭.如何认识和理解东盟——包容性原则与东盟成功的经验.当代亚太，2015(1)：4-20.
② 夏菲菲.阿拉伯国家联盟发展历程研究.西安：西北大学，2014.

大国的格局下运行，同时区域一体化趋势也逐步发展成熟。这一阶段的区域性国际组织的发展呈现出两个特点：一是区域性国际组织"超国家性质共同体"的功能更加成熟，最具有代表性的是欧洲联盟和东南亚国家联盟；二是区域性国际组织的功能呈现出多样化和专门化，其中以北大西洋公约组织、上海合作组织、亚洲太平洋经济合作组织等区域性经济合作组织为代表。

1992年后，欧洲逐渐朝着政治经济一体化方向发展。首先，欧洲统一大市场成立。1992年2月7日，欧共体各成员国签署了《欧洲联盟条约》（Treaty on European Union），又称《马斯特里赫特条约》（Treaty of Maastricht，简称《马约》），该条约于1993年11月正式生效。《马约》为欧洲政治联盟奠定了基础，也标志着欧洲统一运动进入了联盟阶段。《马约》包含了《欧洲经济与货币联盟条约》和《欧洲政治联盟条约》，其中，建立经济与货币联盟代表着欧盟经济一体化发展进入更加成熟的阶段。1993年，欧共体正式更名为欧洲联盟（简称欧盟）。至20世纪90年代末，欧洲政治联盟进一步深化。1997年10月2日，欧盟高峰会议于荷兰阿姆斯特丹举行，各国签订了《阿姆斯特丹条约》（The Treaty of Amsterdam），强调欧盟的同一性原则，承认差距性原则，采取灵活性原则，尊重自愿性原则，进一步深化了欧盟政治一体化。1999年，欧洲开始统一使用欧元作为货币。2002年，欧元正式流通。进入21世纪后，欧盟发展成熟，成员国数量逐步增加，形成了集经济、政治、安全、文化功能于一体的超国家性质的区域性国际组织。[①] 2016年6月23日，英国举行全民公投，52%的民众选择"脱欧"；2017年3月29日，英国正式启动"脱欧"程序，英国与欧盟就退出协议进行了多轮谈判；2020年1月23日，英国女王伊丽莎白二世签署批准"脱欧"协议相关法案；同年1月31日，英国正式退出欧盟。

借鉴欧盟的经验，2005年，阿盟设立阿拉伯议会。2010年，一些席卷多国的民众运动促使了政权迅速更迭，但同时也带来了长期的不稳定和冲突，阿拉伯国家始终处于分崩离析的状态。2011年叙利亚危机爆发后，阿盟中止了叙利亚的成员国资格。2022年10月召开的第31届阿盟峰会确定了阿盟独立自主、多元平衡的外交政策。2023年5月19日，第三十二届阿盟峰会发表《吉达宣言》，强调要加强阿拉伯国家团结合作，表示要充分利用本地区的人力和

---

① 兰天.欧盟经济一体化模式研究.大连：东北财经大学，2005.

自然资源，以负责任的方式共同应对挑战。

东盟共同体的建立有其自身特色。2003年，东盟各成员国宣布成立东盟共同体。东盟共同体与欧盟不同，是另外一种模式。东盟共同体的框架分为经济、政治、社会文化三个方面，东盟各国将共同体视为"和平共处"的一种形式，而非组织结构上的一种定式。2007年，东盟制定了《东盟宪章》（ASEAN Charter），这标志着东盟的形式有了重大发展。从前的东盟只是以"志同道合"为理念基础，而宪章意味着东盟作为一个区域性国际组织拥有了法律地位，并且用法律形式明确了组织定位、原则和目标。《东盟宪章》也表明东盟已经由一个地区性合作平台发展成一个具有法律地位和决策效力的区域性国际组织。[①]

除了欧盟、东盟以外，还有包括了55个非洲国家，集政治、经济和军事于一体的政治实体非洲联盟（African Union，AU），以地缘因素结成联盟的北美自由贸易区（North American Free Trade Area，NAFTA）等，它们都在冷战格局结束后迎来了发展成熟阶段。此外，区域性国际组织还出现了功能专门化的形态，这一类国际组织主要由跨区域或跨大陆性质的国家作为成员国因某一特定目的而成立。比如，成立于1949年4月的北大西洋公约组织是欧洲国家和北美国家为实现防卫合作而建立的国际组织。然而，在冷战期间，该组织（简称北约）成为美国控制西欧并且对抗苏联的工具。冷战结束后，欧洲大陆的政治与安全局势发生了剧烈变化，北约转型成为政治军事联盟。随着1993年《马约》生效，北约的欧洲成员增加了其在欧盟框架内的安全政策合作，而逐渐军事化的欧盟则取得了欧洲安全结构的优势地位，也逐步和美国实现了平等地位。北大西洋理事会（North Atlantic Council，NAC）是北约最重要的机构，即部长理事会，是北约的最高决策机构。1995年12月，欧盟和美国就新的跨大西洋议程（New Transatlantic Agenda，NTA）达成了一致，双方承诺在更广泛的问题领域保持更紧密的合作。北约的功能也从过去单纯的军事领域，扩展到全球恐怖主义、能源安全、全球变暖、疾病、网络攻击、大规模杀伤性武器扩散等非传统安全领域[②]。

上海合作组织（简称上合组织）成立于2001年6月15日，是由中国、哈

---

① 张蕴岭. 如何认识和理解东盟——包容性原则与东盟成功的经验. 当代亚太，2015(1)：4-20.

② 陈志敏，杨小舟. 地区间主义与全球秩序：北约、亚太经合组织和亚欧会议. 复旦国际关系评论，2006(00)：4-23.

萨克斯坦、吉尔吉斯斯坦、俄罗斯、塔吉克斯坦、乌兹别克斯坦在中国上海宣布成立的区域性国际组织。上合组织成立初期，其职能在于加强安全合作和地区安全维护，合作的领域比较有限。2002年，上合组织第二次国家元首会议通过了《上海合作组织宪章》（SCO Charter）等文件，从法律层面确定了组织的原则和宗旨，明确了组织设置和运行原则。2004年的塔什干峰会标志着上合组织迎来新的发展，上合组织反恐执行委员会和秘书处正式启动，开始独立在制度框架内发挥作用。自此，上合组织的地区和国际影响力不断提升，成员范围也不断扩大，如给予蒙古国、巴基斯坦、伊朗、印度、白俄罗斯、阿富汗观察员国地位，接纳斯里兰卡、土耳其、阿塞拜疆、亚美尼亚、柬埔寨、尼泊尔为对话伙伴国。安全领域的合作是上合组织成立的基础。除了基本的反恐合作之外，上合组织也逐步加强了其他非传统安全领域的合作。2015年，上合组织乌法峰会通过了《上海合作组织至2025年发展战略》，标志着上合组织的合作内容向其他领域的扩散[1]。

众多区域合作组织蓬勃发展。亚洲太平洋经济合作组织（简称亚太经合组织）是亚太地区重要的经济合作论坛，也是亚太地区最高级别的政府间经济合作机构。创建于1966年11月24日的亚洲开发银行（Asian Development Bank，ADB）是一个致力于促进亚洲及太平洋地区发展中成员经济和社会发展的区域性政府间金融开发机构，截至2013年12月底，已有67个成员，其中48个来自亚太地区，19个来自其他地区。亚洲基础设施投资银行（Asian Infrastructure Investment Bank，AIIB）是一个政府间亚洲区域多边开发机构，重点支持基础设施建设，宗旨是促进亚洲区域互联互通化和经济一体化，是首个由中国倡议设立的多边金融机构，总部设在北京。金砖国家（BRICS）[2]初始成员国有巴西、俄罗斯、印度、中国和南非，2024年扩员，沙特、埃及、阿拉伯联合酋长国、伊朗和埃塞俄比亚成为金砖国家正式成员国。自金砖国家合作机制确立以来，成员之间的合作基础日益夯实，领域逐渐拓展，在经贸、财金、科技、农业、文化、教育、卫生、智库等多个领域开展务实

[1] 朱永彪，魏月妍.上海合作组织的发展阶段及前景分析——基于组织生命周期理论的视角.当代亚太，2017(3)：34-54.

[2] 金砖国家的简称为BRICS，引自巴西（Brazil）、俄罗斯（Russia）、印度（India）、中国（China）和南非（South Africa）国家名称的英文首字母，由于该词与英语单词的"砖"（Brick）类似，因此该组织被称为"金砖国家"。

合作的多层次架构，成为促进世界经济增长、完善全球治理、推动国际关系民主化的建设性力量。区域全面经济伙伴关系协定（Regional Comprehensive Economic Partnership，RCEP）是2012年经东盟发起，由中国、日本、韩国、澳大利亚、新西兰和东盟10国共15方成员制定的协定，是亚太地区规模最大、最重要的自由贸易协定谈判，达成后将覆盖世界近一半人口和近三分之一的贸易量，形成世界上涵盖人口最多、成员构成最多元、发展最具活力的自由贸易区，协定于2022年正式生效。北美自由贸易协定则由美国、墨西哥、加拿大于1992年12月17日签署。

总的来说，冷战格局之后的区域性国际组织发展围绕着政治共同体、安全联盟、经济合作三个方面。与1991年之前的区域性国际组织特点不同，各国之间的联盟不再是被动地寻求美苏两极格局下政治上的"共存"，而是更多地服务于全球化背景下国家之间主动寻求合作与发展的"共享"。

2.3 国际非政府组织

非政府组织是"官方的、非营利的、与政府部门和商业组织保持一定距离的专业组织，它们通常围绕特定的领域或问题结成团体，有自己的利益和主张，代表社会某些集团或阶层的愿望或要求"[1]。非政府组织具备七个特点：1）是非政府的、自主管理的社会组织；2）是合法的社会组织；3）不是宗教团体，也不是种族团体；4）是非政党性质的、不谋取政治权力的社会组织；5）是非营利的社会组织；6）活动目标具有社会公益性；7）具有一定的志愿性。[2]

国际非政府组织（International Non-governmental Organizations，INGOs）的组织目的与活动范围具有跨国性与国际性，其机构组成，以及资金或资源来源与使用也具有国际性。[3]国际非政府组织在全球治理中至少扮演了以下几类角色：作为私有化途径；作为发展型动力；作为社会转型向导；作为慈善事业支柱；[4]作为知识型权威；作为产业协调者。[5]和政府间组织不一样的是，国际非政府组织是由各国的自然人或法人根据国内法订立协议而自愿成立或加

---

① 王逸舟.国际政治中的非政府组织.东方，1995(5)：32-35.

② 赵黎青.非政府组织与可持续发展.北京：经济科学出版社，1998：42-45.

③ 王杰，张海滨，张志洲.全球治理中的国际非政府组织.北京：北京大学出版社，2004：18.

④ Lewis, D. & Kanji, N. *Non-Governmental Organizations and Development*. London: Routledge, 2009: 205.

⑤ 陈桂琼.美国非政府组织在人工智能安全治理中的角色和参与路径研究.杭州：浙江大学，2024.

入的，属民间性质，在政治上、经济上独立于各国政府；它们的构成是国际性的，活动范围是跨国的，设有总部与常设机构，通常享有总部所在国的法人资格；它们是非营利的社会组织，自主经营，以服务于国际社会的公共利益为宗旨。① 在许多情况下，各国政府或政府机构也可以参加国际非政府组织，成为其会员，但不得在组织内行使政府权力。②

1950年2月27日，联合国经济及社会理事会（Economic and Social Council，ECOSOC）第288（Ⅹ）号决议首次提出了国际非政府组织的定义：不是由国际条约建立的任何国际组织（any international organization that is not founded by an international treaty）。在联合国成立之前，国际联盟没有允许非政府组织参与其活动，但其附属机构国际劳工组织在组织结构上实行了独特的"三方性"原则，即参加各种会议和活动的成员代表由政府、雇主组织和工人组织的代表组成，非政府组织一词并不常见。事实上，非政府组织的出现远远早于其名称被知晓与认可之前。

19世纪，非政府组织主要活跃于西方国家。非政府组织的雏形大多限于国内层面，是为解决问题而创立的。由于得到国家的广泛支持，早期的非政府组织得以蓬勃发展。例如，1803年，皇家詹妮拉学会（Royal Jennerian Society）为解决流行病天花提出了一种直接方案：全社会范围的疫苗接种。该组织在科学方面的真知灼见使其与世界各国政府达成了合作伙伴关系。又如，受贵格会启发的宾夕法尼亚废奴协会（Pennsylvania Abolition Society）发起了极具影响力的反奴隶制运动，该运动率先在宾州开展。该协会还建立了道德活动家网络，倡导在大西洋两岸反奴隶制立法。由该协会发起的反奴隶制运动除了在制定1807年《英国奴隶贸易法》中发挥了积极作用外，还影响了一系列国际会议，如1815年的维也纳会议、1890年的布鲁塞尔会议等，这些会议有效地终结了19世纪的大西洋奴隶贸易。

19世纪初期，非政府组织在现代民族国家间的边界空间中蓬勃发展，在某种程度上也培养了人们对科学和道德困境的跨界认知。在这一时期，欧洲势力征服了欧亚大陆、非洲和亚洲的大部分地区，同时也呈现了非政府组织为遏制过度工业化所作的史无前例的努力。这些新兴组织的不懈努力最终在

---

① Hobe, S. Global Challenges to Statehood: The Increasingly Important Role of Nongovernmental Organizations. *Indiana Journal of Global Legal Studies*, 1997, 5(1): 191-209.

② 饶戈平. 论全球化进程中的国际组织. 中国法学，2001(6)：126-136.

19世纪末期开花结果。例如，红十字国际委员会（International Committee of the Red Cross，ICRC）于1863年在日内瓦成立。它将科学与道义相结合，游说欧洲各国政府让医务人员照看战场上受伤的士兵。该委员会负责协调战区的医疗援助并请各国政府承认红十字会工作人员的中立性。19世纪末，国际妇女组织（现为世界妇女组织，World Women Organization，WWO）、国际奥林匹克委员会（International Olympic Committee，IOC）、扶轮国际（Rotary International）和国际社会主义（Socialist International）等相继成立。

到20世纪初，国际非政府组织在推动活动专业化、提升国际地位的同时，数量也不断攀升（见图1-1）。为防止第二次世界大战爆发而创建的国际联盟将民族国家在全球生活中的核心地位编入成文法律，但同时也承认基于公民的组织是联盟成员必不可少的信息和技术专长来源。据估计，到1914年，世界上已经有1083个非政府组织。[1]与此同时，非政府组织开始在国家和国际层面宣传其身份和议程。例如，在1910年的世界国际协会大会上，与会的国际协会代表有132个，它们以国际协会联盟（Union of International Associations，UIA）的名义，在运输、知识产权、麻醉品管制、公共卫生、农业和自然保护等各类社会议题上积极建言献策。一战后的国际联盟时期，非政府组织高度活跃于劳工权利议题。但从1935年开始，欧洲的政治局势日益紧张，战争由此爆发，国际联盟的活跃度因此下降，非政府组织对国际事务的参与也开始减少。[2]

[1] Richmond, O. P. & Carey, H. F. *Subcontracting Peace—The Challenges of NGO Peacebuilding.* Surrey: Ashgate, 2005.

[2] Charnovitz, S. Two Centuries of Participation: NGOs and International Governance. *Michigan Journal of International Law*, 1997, 18(2): 183-286.

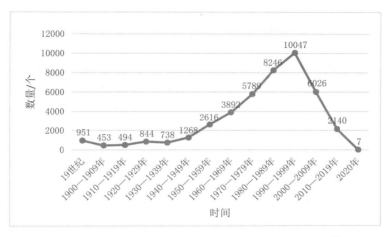

图 1-1　19 世纪至 2020 年国际非政府组织新成立数量情况 ①

　　这一时期值得关注的是，许多知名的非政府组织带动了其所处领域的兴起。比如，第一次世界大战爆发后，埃格拉恩泰·杰布于 1919 年成立救助儿童基金会（Save the Children Fund，SCF）。此后，1942 年，乐施会（原名牛津饥荒救灾委员会，Oxford Committee for Famine Relief，Oxfam）成立，旨在为希腊内战的受害者提供饥荒救济。而后于 1945 年成立的国际救助贫困组织（Cooperative for Assistance and Relief Everywhere，CARE）致力于全球减贫工作，帮助面临粮食安全挑战的国家及地区，为处于饥饿、营养不良等情况中的人们带来希望。

　　二战后，联合国进一步非政府行动专业化。除了赋予非政府组织以专门名称外，联合国还邀请非政府组织参加其经济及社会理事会，与世界各国商议社会、经济与环境问题的跨国解决方案。起初，《联合国宪章》初稿中并未提及与类似非政府组织的私有机构保持合作的条文；1945 年，在联合国诞生的旧金山会议上，包括美国在内的各类利益相关者积极游说，尝试补充这一缺失的条文。他们的努力不仅明确了关于联合国与私有组织关系的规定，使非政府组织的地位正规化，还大大增强了联合国在经济和社会问题中的作用，使经济及社会理事会的地位提升至联合国主要机构。联合国官方还引入了新的术语来涵盖经济及社会理事会与两种新型国际组织的关系，即根据联合国

① Union of International Associations. Yearbook of International Organizations 2020. [2024-05-02]. https://ybio.brillonline.com/ybio/.

宪章第七十条，"根据政府间协议建立的专门机构"可以"以无表决权的形式参与议题商议"，而根据第七十一条，"非政府组织"可以具有"适当的协商安排"。至此，"专门机构"（specialized agencies）和"非政府组织"（NGOs）成为联合国的专业术语。1950年2月27日，经济及社会理事会第288（X）号决议则首次提出了国际非政府组织的定义："不是由国际条约建立的任何国际组织。"到20世纪中叶，非政府组织已经在国际社会占据一席之地，它们与政府共享技术专长，联合国会员国对此也达成了共识。《21世纪议程》第二十七章则承认了非政府组织和其他"主要群体"在可持续发展中的重要作用[①]，从而为联合国与非政府组织之间的协商合作关系打下了基础。

但是，由于冷战的紧张局势，以及联合国经济及社会理事会的薄弱体制，20世纪50年代末至60年代中后期，非政府组织再次失去了影响力。直到20世纪70年代，随着联合国机构改革成效初显，以及各国政府也开始意识到非政府组织在获取由下而上的反馈方面的重要性，非政府组织的作用再次加强，并且在一系列联合国会议中发挥了关键作用。从1972年的斯德哥尔摩人类环境会议到1992年的里约联合国环境与发展会议（The United Nations Conference on Environment and Development，UNCED），非政府组织在筹备和开展活动，以及对会议的参与方面均表现得积极且专业。非政府组织的高度参与最终促使联合国完善了一系列与联合国系统内与非政府组织有关的，且在相关政策设计、颁布、实施和评估等环节具有指导意义的政策声明。

对新自由主义观念的推崇、对市场经济资源配置效率的依赖、公民参与公共事务的积极鼓励，以及日益国际化和世俗化的宗教信仰都在塑造着作为国际社会有机组成部分的国际非政府组织的伦理观念和行动逻辑。

3 国际组织现状

3.1 全球性国际组织

国际组织在数量上一直在增长。根据国际组织年鉴数据，1909年，全世界共有213个国际组织，而2020年，全世界国际组织的数量就达到了74250个[②]，其中包含全球性国际组织、区域性国际组织以及国际非政府组织。国际

---

① United Nations. Agenda 21. (1992-06-03) [2024-05-02]. https://digitallibrary.un.org/record/170126.

② Union of International Associations. Yearbook of International Organizations 2020. [2024-05-02]. https://ybio.brillonline.com/ybio/.

组织数量增加一方面体现了复杂的国际形势和国际议题，另一方面也为国际问题的解决提供了更多的渠道和方式。

21世纪以来，全球性国际组织的数量和规模都达到了历史高峰，全球性国际组织的功能和组织结构也变得更加全面和复杂。国际组织曾被视为国家追求其外交政策的工具[①]，任何国家都难以脱离国际组织来实施自己的外交政策。国际组织与国家相互依存，共同参与国际事务。全球性国际组织相对于区域性国际组织和国际非政府组织有着更庞大的组织体系和权力范围，以联合国为首的全球性国际组织在解决全球性问题上弥补了国家能力的不足。

根据国际组织年鉴给出的分类标准[②]，全球性国际组织可被定义为成员国至少包含60个国家或至少包含两大洲的30个国家，且这些国家在地理上分布均衡的国际组织；或是至少包含两大洲的10个国家，且这些国家在地理分布上均衡的国际组织。依照这一分类标准，1909年，区域性和全球性国际组织共有37个。1981年，国际组织年鉴首次对全球性和区域性国际组织分别进行统计，其中全球性国际组织有81个，2020年，全球性国际组织为76个。在有数据统计的年份中，2002年的全球性国际组织数量最少，为65个。总体而言，全球性国际组织的数量在过去的一个多世纪以来基本稳定，进入21世纪后有所增加，这与全球化进程中各国经济迅速发展有着密切的关系。

一个多世纪以来，全球性国际组织自身的成员规模与包容性相对于20世纪初有了显著发展。以联合国为例，联合国有六大主要机构，包括托管理事会（Trusteeship Council）、安全理事会（Security Council）、联合国大会（General Assembly）、经济及社会理事会、国际法院（International Court of Justice，ICJ）和秘书处（UN Secretariat）。六大机构下设多个附属机构、委员会、专门机构和办公室等，形成了多层次的复杂组织结构。联合国系统内共有15个专门机构和4个其他机构[③]，这19个机构均为具有特定目标和功能的全球性国际组织，包括世界贸易组织（World Trade Organization，WTO）、国际劳工组织、世界卫生组织、世界银行以及国际货币基金组织等。这些专门机

① 李金祥. 析国际组织在国际政治中的三种角色. 淮阴师范学院学报（哲学社会科学版），2011(3): 310-314.

② Union of International Associations. Yearbook of International Organizations 2020. [2024-05-02]. https://ybio.brillonline.com/ybio/.

③ United Nations. UN System. [2024-05-02]. https://www.un.org/en/about-us/un-system.

构统一受联合国管理，同时也拥有自己的法律文件和组织结构，并行使不同的职责。设置不同层级的机构使得联合国的功能和权力得到进一步细化，有利于明确权责，提高组织效率，从而使联合国整个系统得到丰富和发展，扩大联合国的影响力。例如，成立于1865年的国际电报联盟和成立于1874年的万国邮政联盟，虽然它们的成立时间远早于联合国，但都发展成为联合国的专门机构。联合国的组织结构也成为其他国际组织借鉴的典范。联合国系统之外的全球性国际组织，如国际刑事警察组织（International Criminal Police Organization，INTERPOL）等，则在某一专业领域发挥专业实力，进一步填补了联合国功能的空白，拓宽了全球治理与国际合作的领域。

全球性国际组织作为世界各国交流的平台，是最为重要的国际关系调节的方式，为世界各国提供了公正有效的交流斡旋机制。21世纪以来，除了数量以及组织结构的变化外，全球性国际组织的角色和功能也呈现出多元化、复杂化的趋势，其影响力更是达到了创立以来的高峰。

首先是设置国际议程和议题的能力。全球化程度加深使得更多新问题受到了国际社会的关注，以联合国为代表的全球性国际组织的话语权与领导力也逐步提升。例如，国际移民组织（International Organization for Migration，IOM）在移民治理中提高了国际社会对于移民问题的关注度，并推动了构建国际移民治理体系[①]。其次，信息处理功能是全球性国际组织最新也是最重要的功能之一，包括信息采集、分析和共享。比如，国际货币基金组织与世界银行承担了重要的全球经济状况评估与预测功能；联合国安理会能够统筹安排各国参与维和行动，集中解决国际争端以促进战乱国家的治理；国际刑警组织则通过构建国际数据库为各国公安系统提供援助；世界卫生组织在疾病数据统计、国际重大公共卫生事件治理经验和物资交流共享等领域具备信息收集及统计发布功能。再次，国际规则规范的制定与传播是全球性国际组织的又一重要功能[②]。比如，世界贸易组织的争端解决机制，既表现出司法领域对成员施加较强的约束力，又保留了一定的政治余地而成为重要的国际规则。最后，全球性国际组织具有实施操作性活动和行动的功能，能够协调各成员国并实现资源和人力的有效配置。

① 陈积敏. 国际移民的非传统安全挑战与全球移民治理——以国际组织为例. 社会科学文摘，2020(5)：39-41.
② 郭秋梅. 国际组织与全球问题治理：功能、模式与评价. 东南学术，2013(6)：145-151.

3.2 区域性国际组织

根据《国际组织年鉴》的数据，2020年，区域性国际组织有7526个，占常设国际组织的73.58%。政府间的区域性国际组织有212个，占政府间国际组织的73.36%；非政府间的区域性国际组织有7314个，占国际非政府组织的73.58%（见表1-1）。[①]

表1-1　2020年传统国际化机构的组织类型与数量统计

组别	类型							
	政府间（intergovernmental）			非政府间（nongovernmental）			本组别各类型合计	
	数量/个	类型占比/%	组别占比/%	数量/个	类型占比/%	组别占比/%	数量/个	组别占比/%
联盟型国际组织（federations of international organizations）	1	2.63	0.35	37	97.37	0.37	38	0.37
全球性国际组织（universal membership organizations）	37	6.22	12.80	558	93.78	5.61	595	5.82
洲际性国际组织（intercontinental membership organizations）	39	1.88	13.49	2031	98.12	20.43	2070	20.24
区域性国际组织（regional oriented membership organizations）	212	2.82	73.36	7314	97.18	73.58	7526	73.58
类型合计	289	2.83	100.00	9940	97.17	100.00	10229	100.00

从历史数量变化看，自有记录的1981年以来，区域性国际组织的数量一直处于上升态势。1981—1985年，区域性国际组织数量由3246个上升到3736个。1985—1992年，区域性国际组织的数量一直保持在3600个左右。1995年

[①] Union of International Associations. Yearbook of International Organizations 2020. [2024-05-02]. https://ybio.brillonline.com/ybio/.

起，区域性国际组织的数量波动上升，至2020年达到了7526个（见图1-2）。

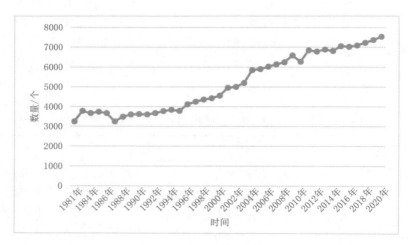

图1-2　1981—2020年区域性国际组织数量

政治功能是区域性国际组织的基础，具有政治功能的区域性国际组织主要依托的是地缘，具有地理临近特性，分布于世界各个地区。区域性国际组织的成员之间往往基于民族、历史、文化等原因形成某种共同意识，或者在政治、经济、军事或社会方面相互依赖，进而在解决争端、维持本区域和平与安全、保障共同利益、发展经济文化关系方面具有广泛合作并结成永久组织。同时，不同的区域性国际组织会各自附属一些特定功能。在欧洲，欧盟是当今世界上一体化程度最高的区域性组织，在其基础上，又有欧洲自由贸易协会（European Free Trade Association，EFTA）、欧洲空间局（European Space Agency，ESA）、欧洲专利局（European Patent Office，EPO）等具有不同功能的区域性国际组织。在非洲，非盟的框架内有西非地区的西非国家经济共同体（Economic Community of West African States，ECOWAS）、南非地区的南部非洲发展共同体（Southern African Development Community，SADC）、东非地区的政府间发展管理局（Intergovernmental Authority on Development，IGAD）、北非地区的阿拉伯马格里布联盟（Union of the Arab Maghreb，UMA）。在亚洲，除东盟之外，还有南亚区域合作联盟（South Asian Association for Regional Cooperation，SAARC）、海湾阿拉伯国家合作委员会（Gulf Cooperation Council，GCC）、中日韩合作秘书处（Trilateral

Cooperation Secretariat，TCS）等。在美洲，同时有着安第斯国家共同体（Andean Community）、加勒比国家联盟（Association of Caribbean States，ACS）、里约集团（Rio Group）等。

经济合作是区域性国际组织形成的最初形式。当今世界，具有经济功能的区域性国际组织持续涌现，包括北美自由贸易区、亚洲开发银行、亚太经济合作组织等。区域性国际组织的成员能够通过签订特惠贸易协定（Preferential Trade Agreement，PTA），打开成员贸易市场，增强区域的经济实力。但同时，不同于全球性的经济组织，区域性国际组织成员之间签订的特惠贸易协定具有排他性，可能会阻碍其他国家的经济利益。例如，2020年1月9日签订的美墨加协定（US-Mexico-Canada Agreement，USMCA）中的第32条就规定了针对限制中国与该协定成员国之间贸易的"毒丸条款"。当前国际经济形势趋于严峻，国家间的贸易战导致国际经济贸易倒退，区域性国际组织的经济功能可能变得更为重要。

"在美国领导力逐渐衰退的当代世界，人们逐渐意识到了去中心化的全球主义意味着超级大国将不复存在，同时区域化的浪潮必将迎来更猛的发展势头。"[①]因此，区域性国际组织和区域一体化进程的重要性都会更加显著，区域性国际组织将继续发展壮大。以亚太地区为例，从东盟成立壮大到亚太经合组织、跨太平洋伙伴关系协定（Trans-Pacific Partnership Agreement，TPP）成立，亚太各国自21世纪以来一直在寻求经济上的合作。然而，亚太地区一直是大国博弈的主战场之一。2009年，时任美国总统奥巴马提出"重返亚太战略"，以增强美国在亚太地区的影响力，维护其在该地区的利益。于是，他在11月便提出参加跨太平洋战略经济伙伴关系协定，并且吸引了澳大利亚、日本、加拿大和一部分东盟国家的参与。自此，东盟内部出现TPP和非TPP两大阵营。

3.3　国际非政府组织

国际非政府组织因其扎根基层且受众广泛的特性，其具体数据难以准确估量。据统计，20世纪以来，国际非政府组织的全球分布数量由1906年的

---

① 巴里·布赞，乔治·劳森.全球转型：历史、现代性与国际关系的形成.崔顺姬，译.上海：上海人民出版社，2020：265-267.

176个增长到2000年的45647个。[①]

　　有学者认为，非政府组织提供了具有极致性价比和灵活性的社会服务。[②]也有支持者强调了非政府组织作为推动政策变革和社会转型的参与者的重要性。[③]20世纪90年代，非政府组织的角色受到了国际社会的广泛认可。随着非政府组织的发展，基于对非政府组织更为准确的定位，决策者对非政府组织能够实现和无法实现的目标有了更为现实的看法。有学者回顾了有关非政府组织的众多文献，总结出了非政府组织的几种主要角色（见表1-2）[④]。

表1-2　非政府组织的主要角色及其核心思想

主要角色	核心思想
私有化途径	非政府组织的最大优势在于其"私有"性质与政府的区别。它们可以作为私人非营利组织与企业有效合作。与此同时，非政府组织是私有化过程的高效推动者，因为它们可以与政府签约以提供服务，从而助力国家经济恢复相对自由与私有。但批评者认为，非政府组织破坏了公民意识并阻碍了国家发展战略的执行。
发展型动力	作为双边、多边和私人捐助体的延伸，非政府组织可被视为发展产业的一部分。这些捐助者主要为非政府组织提供资金。非政府组织将发展主义思想带入社区，充当现代化推动者。但批评者将非政府组织视为西方化的破坏性推动者，其活动或将践踏当地文化甚至扼杀异己思想。
社会转型途径	非政府组织是发展进步与变革的替代观念的载体，是挑战正统政策与观念的工具，因此被视为更广泛的社会运动和公民网络的一部分，能够在全球开展工作以解决贫困和不平等问题。但批评者认为，仅有创新和开发替代方案是不够的，而且具有创新性或有影响力的非政府组织的成功案例相对较少，不足以证明这类主张。
慈善事业支柱	非政府组织是国际慈善捐赠体系中的关键角色。主要宗教信仰的慈善理念以及诸如儿童赞助之类的活动在非政府组织中发挥着重要作用。但批评者认为，慈善组织在一定程度上贬低了受善者的人格。

① Union of International Associations. Yearbook of International Organizations 2020. [2024-05-02]. https://ybio.brillonline.com/ybio/.

② 赵可金.非传统外交：当代外交理论的新维度.国际观察，2012(5)：7-14；赵可金.非传统外交：外交社会化及其后果.世界经济与政治，2013(2)：99-117.

③ Hoffman, J. Reconstructing diplomacy. *British Journal of Politics & International Relations*, 2003, 5(4): 525-542.

④ Lewis, D. & Kanji, N. *Non-Governmental Organizations and Development*. London: Routledge, 2009.

主要角色	核心思想
新的行为体	由于非政府组织具有政府不具备的三方面关键资源（信誉度、专业知识和关系网络），相对于政府，非政府组织的信誉度相对较高。非政府组织具有专业的人力资源和关系网络，可以动员积极分子和专家、接触外国政要，进而利用这些网络在既定政策领域发挥影响力。非政府组织参与各种议题的跨国治理也有助于传播其母国或资助方的价值观，并拓展其母国或资助方开展公共外交的跨国社会基础。

从发展历程来看，非政府组织在过去大半个世纪经历了大波折。最初，联合国的鼎力支持促进了非政府组织地位的正规化，于是其在较短时间内就在发展领域获取了很高知名度。受冷战局势以及联合国经济及社会理事会的薄弱体制的影响，非政府组织在20世纪60年代和70年代默默无闻。而随着20世纪80年代联合国机构的改革，非政府组织的发展又突飞猛进。到20世纪90年代初，非政府组织已经在发展政策和实践中处于中心地位。然而，到21世纪初，消极声音淹没了早期对非政府组织的赞扬，非政府组织的发展受到越来越多的批评。有批评声说，非政府组织更关心组织的可持续性而非社会福祉。非政府组织作为相对不负责任的利益集团甚至是不公平的西方国际安全议程的工具，只是将自己的议程摆在了政策流程中更合法的行为者身上，伪装成国家行为者，甚至伤害了国家政府在推动社会发展进程中所作出的努力。[①]

然而，无论是对非政府组织的普遍批评，抑或对非政府组织作为万金油的过分乐观，都不足以辩证看待其在当今其在国际社会的角色。作为非政府组织的长期观察者和参与者，迈克尔·爱德华兹认为非政府组织在社会发展进程中的整体记录是好坏参半的。他提到，一方面，非政府组织帮助改变了关于全球化的本质，其中包括为发展中国家创造发声的空间，并致力于确保人权被采纳为发展援助的基本原则。此外，它们对国际组织的改革、不公平的贸易规则、全球变暖、非洲贫困等问题持续施压。但另一方面，非政府组织在解决结构性贫困和不平等的问题上，无论是在阶级、种族、性别方面，还

[①] 罗青. 西方非政府组织活动对我国政治安全的威胁及对策研究. 重庆：重庆大学，2009；李开盛，庞蕾. 国际非政府组织与非传统安全. 阿拉伯世界研究，2012(3)：43-61；郑翰君. 国际非政府组织与中国人权发展. 广州：暨南大学，2013；颜屹仡. 在华境外非政府组织对非传统安全的影响研究. 长沙：湖南大学，2017.

是在与社区和合作伙伴的关系方面，都做得相对不尽如人意。①

　　虽然非政府组织在全球范围内的慈善、教育、扶贫、环保等方面发挥着重要作用，但同时它也可能成为美国等西方国家实施对外战略的主要工具之一②。随着西方国家越来越多的安全议程的设置，相关非政府组织的国际援助变得越来越自利，即其可能会对他国的国家利益和国家主权产生负面影响。例如，在非洲、东南亚等区域，一些与西方国家存在历史渊源、资助关系的国际非政府组织在人权、环保等议题领域与西方非政府组织或西方国家政府遥相呼应。③

4　国际组织分布

4.1　国际组织数量分布

　　从《国际组织年鉴》中各国际组织的成立时间及数量的统计数据来看，国际组织的发展大致有三个时间分野：一是4世纪至18世纪，国际组织处于缓慢萌芽阶段；二是19世纪至1944年，国际组织开始早期发展，有一定原始数量积累；三是1945年以来，随着联合国的成立，国际组织的秩序逐渐建立并朝正式化转型，步入黄金发展期。④

　　（1）缓慢萌芽

　　早在4世纪时，世界上就已经出现了国际组织，但是直至18世纪，每个世纪新成立的国际组织数量仍然维持在个位数或者两位数。同时，由于当时世界上绝大多数国家内部尚未建立统一政府，这些国际组织还是以非政府组织为主，政府间国际组织数量占比极低（见图1-3）。活跃至今的国际组织中还有许多与宗教有紧密联系，如1563年成立的基督生活圈（Christian Life Community）。

---

①　Edwards, M. *Just Another Emperor? The Myths and Realities of Philanthrocapitalism*. London: Demos, A Network for Ideas & Action, The Young Foundation, 2008.

②　孙海泳. 非政府组织在美国对华战略中的角色、作用与前景. 国际展望，2021(5)：89-108.

③　李庆四. 社会组织的外交功能：基于中西互动的考察. 世界经济与政治，2009(6)：66-73.

④　Union of International Associations. Yearbook of International Organizations 2020. [2024-05-02]. https://ybio.brillonline.com/ybio/.

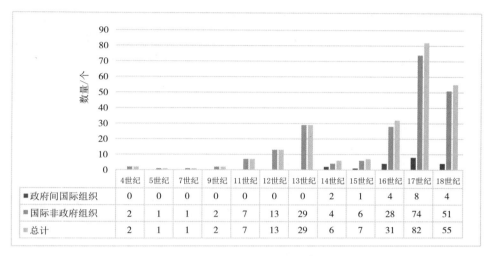

	4世纪	5世纪	7世纪	9世纪	11世纪	12世纪	13世纪	14世纪	15世纪	16世纪	17世纪	18世纪
■政府间国际组织	0	0	0	0	0	0	0	2	1	4	8	4
■国际非政府组织	2	1	1	2	7	13	29	4	6	28	74	51
■总计	2	1	1	2	7	13	29	6	7	31	82	55

图1-3　4—18世纪国际组织成立数量情况 [①]

（2）早期发展

步入19世纪后，新成立国际组织的数量相比18世纪及以前有所增加，但总数仍然较少，仅1044个（见图1-4）。绝大部分的国际组织还是于20世纪以后成立的。所谓"进步的意识形态"观念推动政府间国际组织与国际非政府组织共同构建新型国际社会的结构，呈现出现代的组织形式。

（3）秩序建立

随着1945年第二次世界大战的结束和联合国的正式成立，越来越多的国家意识到维护世界和平与发展总体格局的重要性。如图1-4所示，在紧随其后的近半个世纪中，新成立的国际组织数量开始连年成倍增长：20世纪50年代开始迅猛增长，并于90年代达到顶峰，随后又呈逐年下降趋势，且下降幅度大于此前的增长幅度。20世纪80年代末90年代初，伴随着东欧剧变与苏联解体，国家间关系的调节越来越求助于国际组织，不仅求助于联合国和各类全球性国际组织，而且求助于区域性国际组织。[②] 国际组织、跨国公司与国家一起登上了世界舞台，产生了日益深远的影响。

国际组织的数量也深刻反映着各时代的国际政治经济格局。1990—1999

---

① 数据来源：Union of International Associations. Yearbook of International Organizations 2020. [2024-05-02]. https://ybio.brillonline.com/ybio/.

② 王慧媞. 冷战后区域性国际组织的特点及其作用. 世界经济与政治，1998(3)：68-72.

年，国际组织新增数量从最初的不超过1000个迅速升至10000余个。国际组织进入黄金发展阶段，区域性的国际组织也大量涌现。当然，数量大幅增加的绝大多数是国际非政府组织。

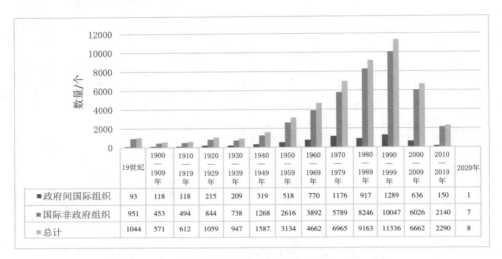

	19世纪	1900—1909年	1910—1919年	1920—1929年	1930—1939年	1940—1949年	1950—1959年	1960—1969年	1970—1979年	1980—1989年	1990—1999年	2000—2009年	2010—2019年	2020年
■政府间国际组织	93	118	118	215	209	319	518	770	1176	917	1289	636	150	1
■国际非政府组织	951	453	494	844	738	1268	2616	3892	5789	8246	10047	6026	2140	7
■总计	1044	571	612	1059	947	1587	3134	4662	6965	9163	11336	6662	2290	8

图 1-4　19世纪至 2020 年国际组织新成立数量情况 [①]

20世纪40—90年代，国际组织数量迅猛增长，而以2000年为节点，新成立国际组织的数量开始呈现连年下降趋势，其中，国际非政府组织的下降幅度较大（见图1-5）。这是由于联合国、国际货币基金组织、世界银行、世界贸易组织等先前成立的国际组织职能范围日趋扩大、机构设置日趋完善，在一定程度上抑制了新兴国际组织的成立；无固定组织机构的国际会议和国际机制日渐增多，成为协调全球经济社会发展的重要平台，如二十国集团（Group of 20，G20）、金砖国家领导人峰会以及各种国际合作高峰论坛等；日渐盛行的单边主义和"逆全球化"浪潮的冲击破坏了全球治理规则，削弱了国际组织的功能和地位，也抑制了新兴国际组织的成立。[②]

---

① 数据来源：Union of International Associations. Yearbook of International Organizations 2020. [2024-05-02]. https://ybio.brillonline.com/ybio/.

② 侯纯光，杜德斌. 百年来国际组织机构地理位置的时空演化：集聚模式与影响因素. 人文地理，2020(5)：85-93.

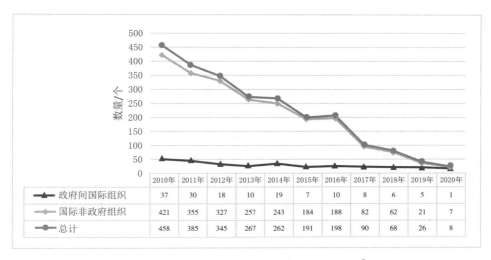

	2010年	2011年	2012年	2013年	2014年	2015年	2016年	2017年	2018年	2019年	2020年
政府间国际组织	37	30	18	10	19	7	10	8	6	5	1
国际非政府组织	421	355	327	257	243	184	188	82	62	21	7
总计	458	385	345	267	262	191	198	90	68	26	8

图 1-5 2010—2020 年国际组织新成立数量情况 [①]

4.2 国际组织地区分布

当前国际组织的分布图景仍然是西方发达国家占据多数，但发展中国家呈现增长性发展态势。当前，传统的国际组织大型聚集地有：布鲁塞尔、日内瓦、伦敦、纽约、巴黎、罗马、维也纳、华盛顿。重要的国际组织聚集地有：曼谷、波恩、布宜诺斯艾利斯、哥本哈根、马德里、墨西哥城、蒙特利尔、内罗毕、斯德哥尔摩、海牙、东京。而新兴的国际组织聚集地则有：阿布扎比、迪拜、首尔、新加坡。[②]

1945 年以前，国际组织主要集中在美国、英国、法国、加拿大、瑞士、比利时、德国等西方国家。1946—1991 年，新成立的国际组织仍然基本集中于这些欧美国家。可见，西方发达国家的先发优势明显。西方国家主导建立了现有的核心国际组织体系，并掌握了在国际组织中的领导权和主导地位。此外，国际组织的集聚效应突出。借助于诸如日内瓦、维也纳、布鲁塞尔、波恩等重要的国际组织聚集地，成立于瑞士、奥地利、比利时和德国等国家的国际组织数量也经历了大幅增长。

---

① 数据来源：Union of International Associations. Yearbook of International Organizations 2020. [2024-05-02]. https://ybio.brillonline.com/ybio/.

② Union of International Associations. Yearbook of International Organizations 2020. [2024-05-02]. https://ybio.brillonline.com/ybio/.

二战结束后至冷战期间，日渐复杂的国际政治环境为国际组织在发展中国家生根发芽提供了机会。亚洲、非洲和拉丁美洲国家经过民族解放和去殖民化运动，纷纷独立，国际社会规模骤然扩大数倍，全球从殖民宗主治理体系转变为主权治理体系，出现多元化的国际格局，广大的第三世界国家为了维护民族独立、发展民族经济，组织和创立了众多国际组织。[①] 随着发展中国家越来越积极地参与到国际事务和全球治理体系之中，发展中国家、新兴国家也积极参与国际组织的成立，通过主动成立国际组织、引进国际组织入驻、参与国际组织事务等更多地参与国际事务，获取在国际社会的话语权。根据《国际组织年鉴》的数据，1990年之后，成立于中国、印度、巴西、南非、肯尼亚等发展中国家的国际组织数量开始比以往时期有明显增加。[②]

[①] 侯纯光，杜德斌. 百年来国际组织机构地理位置的时空演化：集聚模式与影响因素. 人文地理，2020(5)：85-93.

[②] Union of International Associations. Yearbook of International Organizations 2020. [2024-05-02]. https://ybio.brillonline.com/ybio/.

第二讲　国际格局与国际组织

1　国际格局与国际组织的演变关系

"国际格局""国际关系格局"或"国际政治格局"是中国学者较常使用的概念[1]，三者定义并不完全统一。有学者认为国际格局是"国际舞台上各种力量之间形成的一种结构、一种状态、一种局面"[2]；有认为其是"世界上主要力量或力量中心之间的力量对比和相互关系的相对稳定的结构和态势"[3]；也有将其定义为"活跃于世界舞台的主要角色间相互作用和组合形成的一种结构"[4]。西方学者在国际关系问题上论及更多的是"国际体系"（International System）[5]，该概念范围比国际格局更广，也与"全球体系"（Global System）[6]更为接近。一般认为，国际体系由国际格局、国际行为体和国际规范三个要素构成。[7]

---

[1]　彭春艳. 浅析国际关系体系、格局和秩序. 欧洲，1999(4)：46-54.

[2]　冯特君. 当代世界政治经济与国际关系. 北京：中国人民大学出版社，1998：9.

[3]　丁诗传，吴康和. 世界政治经济与国际关系新编. 南京：南京大学出版社，1989：21.

[4]　梁守德，洪银娴. 国际政治学概论. 北京：中央编译出版社，1994：107.

[5]　Barry, B. & Richard, L. *International Systems in World History: Remaking the Study of International Relations*. New York: Oxford University Press, 2000: 32-46.

[6]　Luis, C. *Political Theory of Global Justice: A Cosmopolitan Case for the World State*. London: Routledge, 2004; Habermas, J. *The Divided West*. John Wiley & Sons, 2014; Mathias, K. A. Is global democracy possible. *European Journal of International Relations*, 2011, 17(3): 519-542.

[7]　阎学通. 权力中心转移与国际体系转变. 当代亚太，2012(6)：4-21.

国际格局在一定时间段内是静态的、相对稳定的结构，然而，若将其置于历史发展的长河中，则表现为随国际关系结构发展而不断变化的动态形式，反映着国际力量对比的变化，影响着国家间互动的方式，推动着解决国家间多边关系的新体制的产生。15—21世纪，国际格局的演变对国际组织的产生、建立与发展产生了重要的作用和影响。

1.1　以欧洲为中心的多极格局下的"欧洲协调"、国际联盟

欧洲国家率先开启了全球化进程。在商品经济的发展、宗教的推动、航海技术的成熟以及国家的支持下，一批航海家开始探索海外世界。他们的航线不仅是欧洲开拓海外市场获取利益的渠道和传播文化价值的载体，更成为联结全世界的纽带。得益于经济的全球扩张和宗教文化的广泛传播，欧洲成为世界的"心脏地带"（heartland）[1]，以及早期的国际格局中心[2]。

1618年，由罗马帝国内战引发的欧洲三十年战争催生了近代国际格局的首次演变。1648年，《威斯特伐利亚和约》（The Peace Treaty of Westphalia）的签订削弱了奥地利哈布斯堡王朝及神圣罗马帝国的统治，法国、瑞典也因此获得大量领土，与荷兰一同成为欧洲三大强国，威斯特伐利亚体系（Westphalian System）由此建立。该体系最深远的影响在于确立主权国家为国际基本行为主体，即神圣罗马帝国的各个邦国均享有主权国家的身份，可以独立参与国际交往[3]。此前，欧洲各国对于"主权""国家"的概念非常模糊，国家边界时常随着领土和资源的争夺而改变，而罗马帝国的神权更是凌驾于各邦国主权之上。威斯特伐利亚体系确立后，欧洲国家的边界及宗教格局基本确定下来，国家主权原则开始形成。"主权国家"的概念和国家主权原则随着欧洲殖民扩张而传播到大部分国家并被广泛接受。以主权原则为依据、主权国家为单位的国际关系体系延续至今，是当今国家间事务的主导形式[4]；威斯特伐利亚和会通过国际会议解决争端的模式，也成为国际组织基础运作模式的源起。

---

① Halford J. M. *Democratic Ideals and Reality: A Study in the Politics of Reconstruction*. New York: Henry Holt and Company, 1919: 93-95.

② 张一飞. "欧洲中心"格局的兴起与衰落. 学习时报，2016-10-17(A6).

③ 刘建飞. 威斯特伐利亚体系：现代国际关系的开端. 学习时报，2020-01-10.

④ 秦亚青. 国际体系的延续与变革. 外交评论，2010(1)：1-13.

威斯特伐利亚和会后，法国获得大片领土的同时积极向外扩张，引起欧洲其他强国的不满，这种不满在1805年拿破仑称帝后达到顶峰。英国、普鲁士、西班牙、奥地利及两个西西里王国组成的反法联盟经过一番战争围剿，迫使拿破仑帝国解体。1814—1815年，战后反法同盟各国召开维也纳会议，对欧洲进行再划分，由此形成了英、俄、奥、普、法五国列强并立的维也纳体系（Vienna System）①。由于五国当时的力量对比不相上下，维也纳体系形成了一种相对稳定的均势格局。为进一步稳定国家间相互制约的平衡关系，俄国沙皇亚历山大一世推动组建"神圣同盟"（The Holy Alliance），并将大部分欧洲国家囊括在内，随后英国建立起"四国同盟"（Quadruple Alliance），法国清偿战争赔款后加入其中，"五国同盟"（Quintuple Alliance）最终产生，目的也从起初的镇压法国革命、维护封建旧秩序，逐渐转变为保持欧洲均势、维护大国利益。在以均势为特点的维也纳体系下，欧洲在一个世纪内均未发生全面战争，因而该阶段被基辛格评价为"有史以来最持久的和平"②。

四国同盟建立后，实力差距不大的各国为了和平解决在经济贸易、宗教管理、河流主权等问题上的矛盾，举行了一系列多边协商会议，并保持平均每两年进行一次的惯例，初步形成了一种稳定的协商制度，在国际组织发展史上称为"欧洲协调"（Concert of Europe）③。"欧洲协调"与以往的战后会议不同之处有二：其一是会议内容不限于媾和，还涉及国际关系各个方面，如经济、宗教、河流等问题，其中，莱茵河委员会是主权国家最早创立的国际行政组织之一；其二是创立了许多新的议事规则，例如，由东道主国代表担任国际会议主席、设立委员会分组议事、以字母次序签字等④，这使得国际会议在形式上日趋完善。"欧洲协调"架起了"一座通向现代国际组织的桥梁"⑤，使国际会议成为处理国际问题的常用渠道，也为现代国际组织的活动程序的制定打下了基础。"欧洲协调"作为国际组织的一种过渡形态，虽然随着维也纳体系的瓦解而解散，但其通过多边协商维持和平的作用却为各国所认可。可以

---

① 丛培影，黄日涵.维也纳体系对国际合作的启示.国际关系学院学报，2012(5)：79-85.

② 亨利·基辛格.大外交.顾淑馨，林添贵，译.海口：海南出版社，2006：27.

③ Branislav, L. S. Territory and Commitment: The Concert of Europe as Self-Enforcing Equilibrium. *Security Studies*, 2005, 14(4): 565-606.

④ 杨泽伟.欧洲协作对国际组织形成与发展的影响.法学杂志，1995(5)：38-40.

⑤ 杨泽伟.国际格局与国际组织.现代法学，1996(2)：66-70.

说，关于国际组织的经典叙事正是始于维也纳体系所建立的以"欧洲协调"为主要特征的新政治秩序。[①]

威斯特伐利亚体系、维也纳体系的范围仅限于欧洲国家及其殖民地，因此，当时的国际格局还不具备真正意义上的全球性。第一次世界大战后，这种局面发生了转变。

1914—1918年的第一次世界大战颠覆了国际局势。随着德意志帝国、奥匈帝国、沙皇俄国被战争和革命推翻而退出历史舞台，资本主义五大强国——美国、英国、日本、法国、意大利崛起，并在战后的巴黎和会中掌握话语权，在瓜分世界的争夺中谋求国家利益最大化。经过长达近半年的协商，协约国与德国签订了《凡尔赛和约》（The Treaty of Versailles），后又分别与同盟国奥地利、匈牙利、土耳其、保加利亚签订了一系列和约，确立了战后资本主义世界在欧洲、西亚和非洲的新秩序，构建起凡尔赛体系（Versailles System）。[②]该体系侧重于解决欧洲各国战后的关系，缺乏对远东地区及太平洋海域英、美、日争夺的调和机制，美国也未能从该体系获益。因此，1921—1922年，美国推动召开华盛顿会议，签订了一系列有利于其本国的条约，如《四国条约》《五国海军条约》和《九国公约》，增强了其海上优势，扩大了侵占中国的势力范围。由此建立起的远东—太平洋秩序，与此前的欧洲及列强殖民地秩序共同形成了凡尔赛—华盛顿体系（Versailles–Washington System），覆盖的范围较先前两个体系有所扩大。为了维护战后和平，1919年的巴黎和会上，美国总统威尔逊还极力推动通过《国际联盟盟约》（The Covenant of the League of Nations），由此确立了第一个以维护和平和安全为目的的全球性国际组织——国际联盟。[③]国联在最广泛意义上塑造了作为国际共同体的国际组织，并对当时国际格局的塑造产生了实质性影响——国际事务似乎从国家政府之间不可预测的权力游戏转变为平稳运行的机器。国联秘书处的设立则意味着一个世界性行政机构可以为世界上的几乎所有国家服务。与此同时，新成立的国联成为吸引其他国际组织的中心，它们也纷纷在瑞士

---

① Jacob, K. C., Ian, H. & Ian, J. *The Oxford Handbook of International Organizations*. Oxford: Oxford University Press, 2016: 91.

② 卢静. 浅谈 20 世纪国际格局的变迁. 外交评论，1999(4)：57-63.

③ 郑启荣等. 国际组织（第二版）. 北京：高等教育出版社，2018：61.

日内瓦占据了自己的席位。[①]

20世纪20—30年代，作为一战后国际格局的产物和维护国际格局的工具，国联的活动受到凡尔赛—华盛顿体系下大国间潜在的利益矛盾和实力较量的深刻影响。20世纪20年代初，国联侧重于解决战争遗留问题，但英、法、日等战胜国在重构国际秩序上的利益分歧使国联的工作困难重重；20世纪20年代中后期，资本主义经济稳定发展，国联在协调国际安全方面得以发挥作用；20世纪30年代初期，资本主义经济危机爆发，国家间采取贸易保护主义，国际合作陷入低谷，国联机制的脆弱性也随之暴露；20世纪30年代中后期，德、意、日公然扩军侵略他国，凡尔赛—华盛顿格局全面崩溃，国联因应对不力而失去公信力，逐渐成为名存实亡的机构。[②]

国联的命运是国际组织与国际格局相互作用的重要折射。作为第一个全球性国际组织，不论是其产生与建立的经验，还是最终失败的教训，对联合国及其后国际组织的发展，都具有参考意义：一是大国支持是国际组织发挥行动效能的前提；二是国际组织运行应做好中小国家与大国之间的利益平衡，从而维护普遍性和号召力；三是国际组织不可避免地受到国际格局变化的影响，但这并不意味着国际组织只能成为国际格局的附庸。

1.2　美苏主导的两极格局与联合国

20世纪30年代，德、意、日的军事及经济实力快速发展，要求重新划分世界势力范围的愿望越来越迫切，一战后遗留的潜在矛盾浮出水面并迅速激化，打破了凡尔赛—华盛顿体系下短暂的十年和平，最终第二次世界大战爆发。二战的结果直接塑造了战后的国际格局：欧洲方面，战败的法西斯轴心国失去原有的经济军事实力，国际地位大大下降，退居国际舞台幕后；欧洲同盟国为战争所拖累，以往传统的西欧强国实力大不如前；美国和苏联在战争中的经济和军事优势迅速扩大，逐渐成为国际舞台的主要力量。二战后的雅尔塔会议（Yalta Conference），一方面认可了美国推动的国际集体安全体系和势力范围新划分[③]，另一方面进一步承认了苏联对欧洲和远东的部分领土的主

①　Jacob, K. C., Ian, H. & Ian, J. *The Oxford Handbook of International Organizations*. Oxford: Oxford University Press, 2016: 101.

②　张丽华 . 国际组织概论 . 北京：科学出版社，2015：51.

③　苏格 . 论国际格局的变迁与发展 . 世界经济与政治，1997(5)：5-8.

权，以及其在东欧和东德的势力范围，确认了苏联在亚欧大陆上的强国地位。在此基础上形成的雅尔塔体系（Yalta System），宣告了欧洲为中心的多极格局的瓦解，以美苏为主的两极格局初现端倪，其后的冷战则成为20世纪下半叶国际格局的基本底色。随冷战而建立的北大西洋公约组织和华沙条约组织（Warsaw Treaty Organization）也成为国家依靠国际组织进行政治军事力量博弈的典型。

二战对国际组织发展更直接也更意义深远的影响是联合国的建立。1945年4月25日—6月26日，50个国家的代表齐聚美国旧金山，举行了著名的旧金山会议。在为期两个月的会议中，代表们着手起草、签署了《联合国宪章》（The Charter of the United Nations）并建立了联合国，以防止世界大战再次发生，维护和平与安全、促进合作与发展。[1]

《联合国宪章》指出：运用集体安全（即国际社会的整体力量）代替传统的军事结盟，以"大国一致"（即安理会常任理事国五国全票同意）原则化解冲突、维护小国安全。[2] 事实上，美苏对峙的格局使两国在诸多议题上难以达成一致，联合国成为两国用于冷战抗衡的外交工具，尤其是对否决权的使用常常使安理会的表决陷入僵局（deadlocked）[3]，联合国只能在远离冷战的人权、环境保护等领域发挥作用。20世纪80年代后期，随着两极格局逐渐走向终结，联合国的工作亦恢复生机。在两伊战争的维和问题上，安理会五国首次达成一致；在1988年第43届联合国大会上，成员国一致通过的决议占六成以上。[4] 同时，冷战结束后，国际组织数量猛增，1990—1998年的8年间数量翻了一番有余，总数高达48350个。[5]

1.3 一超多强格局下的国际组织新发展

苏联解体后，美国在经济、军事、政治影响上遥遥领先；而发展层次不同的强国陆续出现，国际舞台上的各种力量也不断增强和活跃，"一超多强"

---

① United Nations. History of the United Nations. [2024-05-02]. https://www.un.org/zh/about-us/history-of-the-un.

② 王杰. 安理会否决权的驱动力. 国际问题研究，2000(2)：20-26.

③ Madeleine, O. H. & Thomas, D. Why Is Change So Slow? Assessing Prospects for United Nations Security Council Reform. *Journal of Economic Policy Reform*, 2019, 22(1): 35-50.

④ 杨泽伟. 国际格局与国际组织. 现代法学，1996(2)：66-70.

⑤ 饶戈平. 全球化进程中的国际组织. 北京：北京大学出版社，2005：3.

格局形成。有学者将冷战后的世界大国按实力分为三个等级①：在一超多强格局形成初期的10年间，美国在经济、政治、军事上首屈一指，是第一等级大国。而俄罗斯继承了苏联遗留的大部分军事力量，在陆军、空军规模上得以与美国抗衡；日本在经济增长和科技发展方面仅次美国，成为亚洲头等强国，俄罗斯和日本成为第二等级大国。传统大国德、法、英通过加入欧盟，经济逐步恢复，也成为不可忽视的力量；中国将改革开放的力度由沿海城市延伸到内地，成为亚洲的新兴大国，这些国家成为20世纪90年代的第三等级大国。

在一超多强的格局下，各大国、各区域的力量对比快速变化，新兴的区域性国际组织产生，协调区域合作和解决冲突的国际组织迅速增多，同时，新崛起的国家也谋求通过加入或成立国际组织提高国际地位，增加话语权。二者之间形成了前所未有的良性互动：亚洲、非洲、拉丁美洲等地区的国家纷纷组建区域性政治和经济类合作组织，如非洲联盟、加勒比国家联盟、亚太经合组织、海湾合作委员会（Gulf Cooperation Council）等。多极多元趋势与全球化趋势相结合，使得国际议题的覆盖面更加广泛，国际格局中多边合作和协调冲突的需求愈发多元，由此催生出一批新兴的国际非政府组织。比如，艾滋病防治议题下的诸多非政府组织，引进有关的先进的防治药物、医疗技术，推动艾滋病科学研究及宣传教育②。

国际组织的演变以国际格局的变化为基础，每当新的国际格局出现，国际组织亦会相应做出变化和调整，以适应新的国际格局下的新变化和新需求。同时，国家间实力对比的变化会使格局内部的力量中心进行洗牌和重组，国家间的合作与竞争也在国际局势中发生着改变，并为国际组织变革或建立新型国际组织提供新的动力。

2　国际格局发展新趋势

2.1　大国关系的调整

当今世界，美国作为全球唯一的超级大国，中国作为世界第二大经济

---

① 阎学通.国际格局的变化趋势.现代国际关系，2005(10)：7-9.
② 中国艾滋病防治领域NGO信息（一览）.(2017-04-20) [2024-05-02]. https://max.book118.com/html/2017/0416/100502321.shtm.

体①，俄罗斯作为曾拥有雄厚军事实力的苏联的继承者，三者关系发展到了一个新的阶段。三个国家在综合国力、外交政策、国际影响力等方面的变化，引起中美、中俄以及美俄关系的深刻调整，成为国际格局演变的重要特点之一。

作为唯一的超级大国，美国建立并维持了长期的世界霸权，并且在相当一段历史时期内，美国仍将保持其优越地位。②美国自特朗普政府以来，以美国为中心出台了一系列逆全球化的贸易保护措施以及政治举措，使得单边主义抬头。③美国一方面存在自身内部社会的不安全性与不稳定性，面临外部挑战、经济危机以及社会危机；另一方面，由于美国霸权的内在柔韧性④，美国总能以有效的战略调整面对各类危机，其世界头号强国的地位长时间内不会改变。但是在此过程中，其他国家也在持续发展，改变着当今的国际形势。美国以战略竞争为指导思想，坚持美国优先地位，在科技、国防、经济、外交等方面，全面开展对华竞争⑤，推动中美关系从合作与竞争并存模式逐渐转向竞争主导型模式⑥。

21世纪以来，中国在经济、社会等方面的发展使得自身国际影响力日益增强。在经济方面，随着2001年加入世界贸易组织，以及对外开放政策的实行，中国的经济发展迎来了繁荣期，并于2010年成为仅次于美国的第二大经济体以及世界GDP增长第一大贡献国⑦；2013年，中国首次正式超越美国成为世界最大贸易国⑧。在整体经济实力提升的同时，中国的科技水平等综合实力

---

① 超126万亿元！中国经济有底气. (2024-01-17) [2024-05-02]. https://www.gov.cn/yaowen/liebiao/202401/content_6926646.htm.

② 于洪君. 美国霸权的演进路径与中美关系的未来走势. 理论与改革，2019(3)：70-78.

③ Mark, B. Donald Trump and Post-Pivot Asia: The Implications of a "Transactional" Approach to Foreign Policy. *Asian Studies Review*, 2020, 44(1): 10-27.

④ 金灿荣，王浩. 衰落—变革—更生：美国霸权的内在韧性与未来走向——基于二战后两轮战略调整的比较研究. 当代亚太，2015(6)：4-36.

⑤ Zhao, Q. America's Response to the Rise of China and Sino-US Relations. *Asian Journal of Political Science*, 2005, 13(2): 1-27.

⑥ 吴心伯. 竞争导向的美国对华政策与中美关系转型. 国际问题研究，2019(3)：7-20.

⑦ 数据显示中国已成为全球第二大经济体和第一大贡献国. (2011-12-07) [2024-05-02]. http://www.gov.cn/wszb/zhibo491/content_2013602.htm.

⑧ 据统计中国2013年成为世界第一货物贸易大国. (2014-03-01) [2024-05-02]. http://www.gov.cn/xinwen/2014-03/01/content_2626310.htm.

也得以不断提升。在关注自身发展的同时，中国从政策层面积极推进全球治理，建构了以"人类命运共同体"为理念目标，以"共建共商共享"为原则，以全球发展倡议、全球安全倡议、全球文明倡议为全球合作领域，以共建"一带一路"倡议（The Belt and Road Initiative，BRI）为行动方案的推动全球治理的框架设计。中国政府针对当今世界存在的国际问题，如全球治理、可持续发展、反恐、维和、自然灾害应对等，提出了中国方案。[1]

俄罗斯经济发展缓慢，但其在军事、资源、综合国力方面，在世界范围内仍然举足轻重。俄罗斯拥有庞大的核武器装备，军事实力不容小觑。拥有得天独厚的资源条件，是世界上最大的油气生产国、出口国之一，其中天然气资源储量更是居于世界首位。美俄曾有意构建双边关系，并在反恐、地区安全等问题上曾达成一致合作，但因乌克兰危机、克里米亚事件以及北约问题等，美俄关系逐渐僵化[2]。2017年，美国国会签署通过《以制裁反击美国敌人法案》，美国两党在反俄问题上达成一致。随后，美俄对峙不断升级，使得美俄关系极度紧张，俄乌战争更是将美俄关系推到新的冰点。基于美国对中俄两国的态度，以及中俄两国自身发展的需要，中俄的战略合作关系进一步发展。同时作为金砖国家成员，中俄开展了广泛的合作，积极谋求共同发展。

大国关系的深刻调整，影响着国际格局的变化以及在此背景下国际组织的发展。国际组织作为国际协商民主的重要场所，是协调大国关系的重要平台之一。[3]"国际组织实际上承担着全球性法律原则、规则和制度的创造者的角色。"[4]例如，联合国推动建立了许多国际性公约，其中最重要的《联合国宪章》在极大程度上规范了国家之间的关系。在大国关系深刻调整的背景下，国际组织的调节功能究竟是更有效还是更式微有待观察，但国际组织的调节功能的重要性显然进一步增强。

[1] Hess, S. & Aidoo, R. Democratic Backsliding in Sub-Saharan Africa and the Role of China's Development Assistance. *Commonwealth & Comparative Politics*. 2019, 57(4): 421-444.

[2] Paikin, Z., Sangar, K. & Merlen, C. R. Russia's Eurasian Past, Present and Future: Rival International Societies and Moscow's Place in the Post-cold War World. *European Politics and Society*, 2019, 20(2): 225-243.

[3] Simonelli, N. M. Bargaining over International Multilateral Agreements: The Duration of Negotiations. *International Interactions*, 2011, 37(2): 147-169.

[4] 饶戈平，黄瑶.论全球化进程与国际组织的互动关系.法学评论，2002(2)：3-13.

2.2 新兴国家的崛起

2008年的世界金融危机致使欧美国家经济遭受了巨大挫折，与此同时，以发展中国家为主的新兴国家逐渐崛起，为世界经济复苏做出了重要贡献。近年来，随着新兴国家经济的发展及其对国际事务的广泛参与，其国际政治话语权逐步提高。这一群体以金砖国家、"十大新兴市场国家""金钻十一国"为代表。[①]其中，印度、巴西、南非等国家的发展尤为突出。

印度位于南亚的中心位置，具有得天独厚的地理位置。2022年，印度人口超越中国成为世界人口第一大国，拥有广阔的市场与人口红利。此外，印度的经济、科技、军事水平也发展较快，进一步增强了其国际竞争力。莫迪执政以来，将"发展"与"治理"作为印度改革的主题，在经济领域提倡"印度制造"转型，在政治领域推行行政改革，极大促进了印度国内经济发展与政治稳定。[②]在对外政策方面，印度与美国在20世纪初签订了《印美关系：21世纪展望》，奠定了美印的外交合作关系，也为印度的进一步发展提供了坚实后盾。此外，印度还与中国、俄罗斯、日本，以及欧盟建立了外交关系，在外交方面取得了丰硕成果，一定程度上提高了其国际地位以及国际事务参与度与国际话语权。[③]印度积极谋求大国地位，其崛起将对亚太格局中的力量中心发起挑战，世界格局也将因此受到影响。

巴西在卡多佐政府和卢拉政府执政的近20年来，在政治、经济、外交等方面均取得了重大成就。作为金砖国家、二十国集团、南方共同市场等国际组织的成员，巴西积极参与国际事务，融入国际舞台谋求大国地位。在多边关系上，巴西坚持在经济合作领域互惠共赢，积极建立与其他金砖国家，以及欧盟等非金砖国家成员的经济合作伙伴关系，不断扩大其出口贸易。21世纪是巴西经济全球化的加速期，其中，出口贸易与国际投资的增长趋势尤为明显，提升了其经济发展的全球竞争力。[④]巴西的快速发展使其成为南美洲强国之一。同时，巴西也积极开拓南美、拉美市场，不断扩大其区域影响力。

①　夏安凌，唐辉，刘恋. 新兴国家的崛起与国际格局的变化. 教学与研究，2012(5)：66-71.

②　陈金英. 莫迪执政以来印度的政治经济改革. 国际观察，2016(2)：113-126.

③　Sahni, V. India's Foreign Policy: Key drivers. *South African Journal of International Affairs*, 2007, 14(2): 21-35.

④　Selwyn, B. The Global Retail Revolution, Fruiticulture and Economic Development in North-east Brazil. *Review of International Political Economy*, 2013, 20(1): 153-179.

南非作为非洲最大经济体，拥有丰富的矿产资源，是世界五大矿产国之一，同时也是最大的黄金出口国。虽然南非在经济实力、国际影响力上不如印度与巴西，但南非在国际社会上可以说代表了整个非洲大陆[①]，尤其是南非积极推进非洲联盟进程，在一定程度上致力于提高整个非洲大陆的国际话语权。新南非成立后，通过经济领域与时俱进的财政和货币政策改革，在依托非洲、走向国际的发展战略指引下，经济一直保持稳定增长势态。[②]1997—2003年，南非先后与印度、中国、巴西建立了合作关系，南南合作为非洲的发展谋取了更大的国际空间。[③]2010年，南非先后成功举办世界杯、加入金砖国家，国际地位逐渐提高，同时与其他新兴大国建立起了更为稳定的战略合作关系。南非的崛起，代表了非洲国家在国际社会中地位的提高，一定程度上缓解了全球发展不平衡的问题，有助于推动国际力量朝着更加均衡的方向发展。

随着越来越多新兴国家的崛起，促合作成为发展的重要途径，加之一些主要国家在区域的影响力，越来越多的国际组织应运而生。国际组年鉴数据显示，2000—2017年，共有9368个国际组织成立[④]，以政府间国际组织为主，极大促进了国家之间的多边交流与合作。除了新的国际组织的诞生，新兴国家的发展也对原有国际组织和规则制度的改革提出了新的诉求，加之自身发展的需要，国际组织的职能进一步扩展。例如，以维护地区和平与稳定为宗旨的上海合作组织，在打击恐怖主义、分裂主义的同时，也在逐步增强成员国之间的政治、经济、文化、科技等方面的交流，以促进共同发展。[⑤]

2.3 区域力量对比变化

随着国家间力量对比的变化，地缘政治、经济格局也发生了深刻变化。基于地理位置、历史以及发展需要等因素，地域相邻的国家往往易于结合成

[①] Van der Westhuizen, J. & Smith, K. Pragmatic Internationalism: Public Opinion on South Africa's Role in the World. *Journal of Contemporary African Studies*, 2015, 33(3): 318-347.

[②] 姚桂梅. 南非经济发展的成就与挑战. 学海，2014(3)：31-37.

[③] 舒运国. 南非：非洲的新兴大国. 上海师范大学学报（哲学社会科学版），2011(6)：130-136.

[④] Union of International Associations. Yearbook of International Organizations 2020. [2024-05-02]. https://ybio.brillonline.com/ybio/.

[⑤] Denisov, I. E. & Safranchuk, I. A. Four Problems of the SCO in Connection with Its Enlargement. *Russian Politics & Law*, 2016, 54(5-6): 494-515.

为一个组织或集体。其中，欧洲和亚太地区是全球各区域中一体化发展尤为明显的，而欧洲实力的相对下降和亚太地区的繁荣，使得区域力量对比变化加快，这是国际格局的一大新特点。

作为历史上的国际格局的中心，欧洲的发展一直处在领先地位。尤其是冷战后，在新自由主义全球化浪潮中，欧洲经济飞速发展，一体化进程加快。然而，进入21世纪后，经济危机、债务危机、民粹主义、反全球化倾向以及其他陆续发生的"黑天鹅"事件，使得欧洲一体化面临诸多危机。[1] 2016年欧洲的四次公投，集中表现了欧洲范围内政党之间的矛盾，也暴露出欧盟内部国家之间难以调解的利益分歧。[2] 此外，随着欧洲移民数量的增加，难民危机对欧洲的政治、经济产生了重大影响，接受难民和反对接受难民的呼声导致欧盟内部政治立场分化，对欧洲政治格局产生了冲击。[3] 同时，2022年俄乌战争的爆发、美国在欧洲的广泛介入、欧洲和俄罗斯关系的改变，各种因素使得欧洲一体化的未来充满了挑战，欧洲的分裂在内外复杂因素和环境的影响下变得更为明显。

亚太地区虽然在安全领域情况复杂，但是在共同发展领域则呈现出相对平稳趋势。近年来，亚太地区进入了以相关国家综合国力对比变化和区域发展战略调整为主要特征的大变革时期。在亚太地区的发展过程中，亚太经合组织发挥着重要作用，它极大加强了成员之间的经济贸易合作，推动了亚太地区的整体发展。此外，2002年建立的跨太平洋战略经济伙伴关系协议、2010年成立的亚太自由贸易区（Free Trade Area of the Asia-Pacific，FTAAP）以及2012年由东盟发起、2022年正式生效的区域全面经济伙伴关系协定，都在积极推动建立亚太地区国家的合作伙伴关系。亚太地区格局越来越显现出"多元复合结构"的特点，由此带来了亚太在经济和政治上的崛起[4]。与此同时，亚太地区由于传统历史问题、边界纠纷、域内发展力量对比转换、美国广泛布局和深度介入等影响，也面临着各种不确定性。亚太地区未来的发展，

[1] 刘金源. 民粹主义、反全球化与欧洲一体化的未来. 探索与争鸣，2019(10)：128-136.

[2] 金玲. 欧洲一体化困境及其路径重塑. 国际问题研究，2017(3)：51-62.

[3] Barbulescu, R. & Beaudonnet, L. Protecting Us, Protecting Europe? Public Concern About Immigration and Declining Support for European Integration in Italy. *Perspectives on European Politics and Society*, 2014, 15(2): 216-237.

[4] 吴心伯. 论亚太大变局. 世界经济与政治，2017(6)：32-59.

将极大影响世界格局的走向。

区域力量的发展使得主权国家作为国际政治的核心范畴受到冲击，而区域性国际组织的作用则得以进一步凸显。欧盟是超国家的国家集团的典型代表，其他区域性组织如非洲联盟、阿拉伯联盟、东南亚国家联盟等，也在区域发展中扮演着重要角色。此外，社会力量包括国际非政府组织也得到了进一步发展。

3　国际组织新议题

3.1　国际组织关注的议题

《国际组织年鉴》将国际组织关注的议题分为十大类，每个议题至多被分为10个子议题，由此呈现10行10列的矩阵，基本涵盖了现有国际组织及其活动相关联的各种主题（见表2-1）。这些议题领域广泛，包括安全、经济、社会、生态等诸多领域，也涵盖价值观、规则、行动、技术等多个维度，还有跨学科等方法领域，更涉及人类与地球等相关议题。

考察2016年和2020年的统计数据（图2-1、图2-2），新成立国际组织的议题分布中，社会行为（结构）[social action (structure)]、社会行为（背景）[social action (context)]是关注度最高的两大议题，其涵盖的国际组织数量是其他议题的数倍。这两大议题主要包含的子议题有：社会、娱乐、商业、对话，以及交通、电信，法律等较为具体的领域（图2-3），相关国际组织的增量明显；而涉及意识、经验价值等抽象议题的相关国际组织则寥寥无几。就国际组织的类型分布来看，第Ⅰ—Ⅴ类的国际组织均对这些子议题有所关注，体现新兴国际组织的议题类型日趋多样化；然而，国际非政府组织、双边/多边条约等的合法性与国际地位是否得到认可仍有待考量。值得注意的是，预期为不活跃的第Ⅴ类国际组织[①]却在各个议题上都呈现明显的数量增长。一方面，在新兴国际组织不断涌现的今天，原有国际组织的活力与作用受到了一定挑战，急需激发或进行改革以更好地发挥作用；另一方面，原先不活跃的组织也逐步转变为全球治理的参与者与行动者，并开始关注新议题。

---

① 《国际组织年鉴》中将国际组织分为五个大类集群：第Ⅰ类为国际组织（International Organizations），第Ⅱ类为依存型组织（Dependent organizations），第Ⅲ类为组织替代型机构（Organizational substitutes），第Ⅳ类为国家组织（National organizations），第Ⅴ类为不活跃组织（Dead, inactive and unconfirmed bodies），共涵盖15个小类组织。

表2-1　国际组织关注的议题①

	0	1	2	3	4	5	6	7	8	9
9	意识（Consciousness）	真实性（Authenticity）	爱（Love）	理解（Comprehension）	创造性表达（Creative expression）	警觉性（Vigilance）	超越（Transcendence）	自由（Freedom）	坚毅（Perserverance）	一体性（Oneness）
8	原则（Principles）	目的（Purpose）	团结（Solidarity）	理想主义（Idealism）	和谐（Harmony）	整合（Integration）	意义（Meaning）	分享（Sharing）	机智（Resourcefulness）	平静（Equanimity）
7	创新变革（Innovative change）	逻辑（Logics）	情感满足（Emotional fulfilment）	哲学（Philosophy）	美学（Aesthetics）	安全（Security）	道德（Morals）	社区（Community）	共同进化（Co-evolution）	和平（Peace）
6	发展（Development）	政策制定（Policy-making）	—	语言（Language）	设计（Design）	跨学科（Interdisciplinarity）	个体化（Individuation）	价值再分配（Value Redistribution）	发明（Invention）	保护（Conservation）
5	思想圈（Noosphere）	科学（Science）	经验活动（Experiential Activity）	历史（History）	文化（Culture）	战略（Strategy）	神学（Theology）	元政治学（Metapolitics）	农业科学（Agrosciences）	国际关系（International Relations）
4	—	社会学（Sociology）	管理（Management）	信息与分类（Informatics, Classification）	城市规划/人类居住学（Ekistics）	人工头脑学（Cybernetics）	心理学（Psychology）	经济学（Economics）	技术（Technology）	环境（Environment）

---

① 资料来源：Union of International Associations. Yearbook of International Organizations 2020. [2024-05-02]. https://ybio.brillonline.com/ybio/.《国际组织年鉴》中，每个大类议题至多被分为10个子议题，每个子议题又涵盖了多种语言中无限数量的单词，直接取自国际组织的标题和简介。只要某一国际组织的标题和简介中含有相关单词，即被归纳到该议题（子议题）中，因此在数量上会出现重复统计的情况。本书在研究分析时，主要观察趋势及排名，因此重复计算并不影响最终结果。

续表

	0	1	2	3	4	5	6	7	8	9
3	一	研究与标准 (Research, Standards)	医疗卫生 (Health Care)	教育 (Education)	娱乐 (Recreation)	防卫 (Defence)	宗教活动 (Religious Practice)	政府 (Government)	农业、渔业 (Agriculture, Fisheries)	法律 (Law)
2	行动 (Action)	社会 (Society)	社会活动 (Social Activity)	信息 (Information)	设施 (Amenities)	交通、通信 (Transportation, Telecommunications)	交流 (Communication)	商业 (Commerce)	工业 (Industry)	社会问题 (Societal Problems)
1	生命 (Life)	生命科学 (Biosciences)	植物生命 (Plant Life)	动物学 (Zoology)	无脊椎动物 (Invertebrates)	鱼类、爬行动物 (Fish, Reptiles)	鸟类、哺乳动物 (Birds, Mammals)	人类 (Mankind)	医学 (Medicine)	地理 (Geography)
0	基础科学 (Fundamental Sciences)	天文学 (Astronomy)	地球 (Earth)	气象学 (Meteorology)	气候学 (Climatology)	海洋学 (Oceanography)	水文学 (Hydrology)	地球物理学 (Geophysics)	地质学 (Geology)	资源 (Resources)

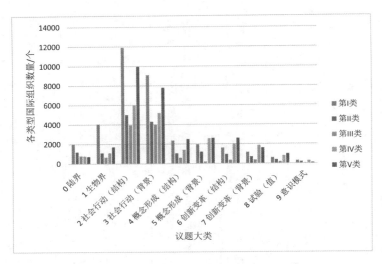

图 2-1　2016 年按议题分类的国际组织数量 ①

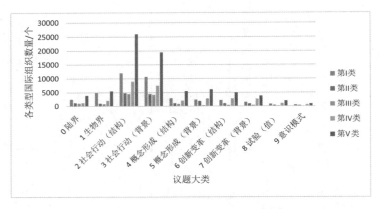

图 2-2　2020 年按议题分类的国际组织数量 ②

① Union of International Associations. Yearbook of International Organizations 2020. [2024-05-02]. https://ybio.brillonline.com/ybio/.

② Union of International Associations. Yearbook of International Organizations 2020. [2024-05-02]. https://ybio.brillonline.com/ybio/.

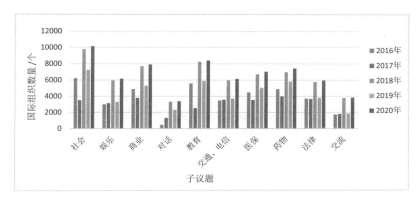

图 2-3　2016—2020 年社会类主要子议题涵盖的国际组织数量 [1]

　　表2-2基于《国际组织年鉴》的数据整理出了2016—2020年最受国际组织关注的议题前十名。按照议题划分的新成立国际组织中，数量最多的是社会（Society）议题，其后是娱乐（Recreation）和商业（Commerce）。国际组织在名称或章程中反复提到"society"一词，体现了其对于社会问题的关注，这种关注既反映了不同行为体和社会制度之间的关系，又反映了国际组织对国家与人类共同发展中产生的新变化与新问题的关注，还反映出社会发展和经济的相互依赖性。

表 2-2　2016—2020 年最受国际组织关注的议题前十名 [2]

排名	子议题	新成立的国际组织数量/个
1	社会（Society）	3940
2	娱乐（Recreation）	3160
3	商业（Commerce）	3028
4	对话（Conversation）	2932
5	教育（Education）	2801

---

[1]　数据来源：2016—2020 年《国际组织年鉴》中按活动主题划分的国际组织数目（Number of international organizations by subject of activity）。详见：Union of International Associations. Yearbook of International Organizations 2016 & 2020. [2024-05-02]. https://ybio.brillonline.com/ybio/.

[2]　将 2020 年国际组织关注议题数据与 2016 年数据作差，可以得出 2016—2020 年按照议题划分的新成立的国际组织数量，排在前十位的即为这 5 年间最受国际组织关注的议题。

续表

排名	子议题	新成立的国际组织数量/个
6	交通、电信（Transportation, Telecommunications）	2673
7	医疗卫生（Health Care）	2561
8	药物（Medicine）	2533
9	法律（Law）	2251
10	交流（Communication）	2105

娱乐（Recreation）、对话（Conversation）、教育（Education）、交流（Communication）这些子议题相关的国际组织发展迅猛。以教育为例，经统计，21世纪以来，新成立的与教育相关的国际组织有844个，总部在欧洲的有337个，在美国的有95个，在亚洲的有49个（其中，中国5个、日本15个、韩国16个），亚洲总体数量较少。

就经济领域而言，进入前十位的只有商业（Commerce）这一议题。究其原因，一方面，经济类议题相关的国际组织已有一定的历史基础和规模，传统的政府间国际组织在这一领域发挥了很大作用，因此并没有大量新成立的专业化组织，相关国际组织更可能与社会和文化教育相互渗透，带动其产业化发展。另一方面，21世纪全球经济格局呈现出了显著的新特点，以2008年金融危机为起点，全球贸易体系遭遇挑战，国际贸易增速放缓，深度影响并推动着国际经济秩序的重塑以及全球贸易体系的变革。[1]此外，制度竞争加剧了全球经贸治理格局的分化，发达国家主导的传统国际经贸治理平台在应对各国经贸摩擦时略显乏力，对传统国际经贸治理平台进行改革的呼声与日俱增。放眼未来，数字货币等新型金融业态为解决当前国际货币体系中美元独大的困境提供了新的解决思路，从提升国际金融体系稳定性、提高金融交易效率以及打破美元的霸权地位等方面加快了国际金融体系的变革。[2]

以人工智能、大数据、云计算为代表，以信息技术作为支撑的技术革命，

---

[1] 佟家栋，何欢，涂红.逆全球化与国际经济新秩序的开启.南开学报（哲学社会科学版），2020(2)：1-9.

[2] 智艳.弱势回稳的世界经济：新变量、新动力、新机遇——2020年世界经济分析报告.世界经济研究，2020(1)：3-11.

具有数字化、智能化、新能源化三大特征，将助力科学技术成为未来经济发展的新引擎。在全球体系的新趋势下，全球安全挑战更加错综复杂，非传统安全问题日益严峻。新兴技术对国际事务的影响巨大，同时，国际科技合作、网络安全问题、太空规则制定等成为国际新议题，但相关国际组织还相对较少。在全球新挑战面前，国际组织的应对能力仍显不足。

3.2　联合国可持续发展目标

（1）联合国可持续发展目标概述

2015年9月25日，联合国可持续发展峰会在纽约总部召开，193个成员国正式通过17个可持续发展目标（Sustainable Development Goals，SDGs），旨在引领2015—2030年的全球发展，是对联合国千年发展目标（Millennium Development Goals，MDGs）之后的继承、扩展和完善。

《国际组织年鉴》在2019年新增了"全球公民社会和联合国可持续发展目标"这一议题，旨在探索现有的38395个国际组织与SDGs的联系。在其细分的840个子议题中，有323个被认为与SDGs有关，每个议题被划分至一个或多个目标下，虽然会有一定的重复计算，但仍可以反映对于不同SDGs的关注程度。SDGs与其分别包含的子议题见表2-3。

表2-3　联合国可持续发展目标（SDGs）及其子议题 [①]

序号	目标	具体内容	子议题
SDG1	无贫穷（No Poverty）	在世界各地消除一切形式的贫困	Food Security, Imbalances, Population, Welfare, Freedom
SDG2	零饥饿（Zero Hunger）	消除饥饿，实现粮食安全、改善营养和促进可持续农业	Agriculture, Food Security, Nutrition, Population, Undernourishment
SDG3	良好健康与福祉（Good Health and Well-being）	确保健康的生活方式、促进各年龄段人群的福祉	Cancer, Hygiene, Physicians, Psychotherapy, Specific Diseases

① 可持续发展目标具体见《2030年可持续发展议程》（2030 Agenda for Sustainable Development）；子议题参照《国际组织年鉴》的分类. [2024-05-02]. https://ybio.brillonline.com/system/files/pdf/v5/2019/8_3.pdf.

续表

序号	目标	具体内容	子议题
SDG4	优质教育 （Quality Education）	确保包容、公平的优质教育，促进全民享有终身学习机会	Academies, Adolescents, Books, Distance Education, Periodicals
SDG5	性别平等 （Gender Equality）	实现性别平等，为所有妇女、女童赋权	Adolescents, Discrimination, Empowerment, Freedom, Women
SDG6	清洁饮水和卫生设施 （Clean Water and Sanitation）	人人享有清洁饮水及用水是我们所希望生活的世界的一个重要组成部分	Hydrology, Hygiene, Pollution, Utilities, Waste
SDG7	经济适用的清洁能源 （Affordable and Clean Energy）	确保人人获得可负担、可靠和可持续的现代能源	Energy, Pollution, Utilities, Waste, Resources
SDG8	体面工作和经济增长 （Decent Work and Economic Growth）	促进持久、包容、可持续的经济增长，实现充分和生产性就业，确保人人有体面工作	Banking, Business Enterprises, Commercial, Unemployment Exchange, Work
SDG9	产业、创新和基础设施 （Industry, Innovation and Infrastructure）	建设有风险抵御能力的基础设施、促进包容的可持续工业，并推动创新	Construction, Navigation, Traffic, Transportation, Waterways
SDG10	减少不平等 （Reduced Inequalities）	减少国家内部和国家之间的不平等	Aid, Countries, Discrimination, Humanity, Humanity
SDG11	可持续城市和社区 （Sustainable Cities and Communities）	建设包容、安全、有风险抵御能力和可持续的城市及人类住区	Architecture, Communities, Cycling, Heritage, Reform
SDG12	负责任消费和生产 （Responsible Consumption and Production）	确保可持续消费和生产模式	Business Enterprises, Clothing, Commercial, Purchasing, Supplying Exchange, Import, Export
SDG13	气候行动 （Climate Action）	采取紧急行动应对气候变化及其影响	Climate, Meteorology, Travel, Emergencies, Action
SDG14	水下生物 （Life Below Water）	保护和可持续利用海洋及海洋资源以促进可持续发展	Fish, Environment, Life, Conservation, Diversity

序号	目标	具体内容	子议题
SDG15	陆地生物（Life on Land）	保护、恢复和促进可持续利用陆地生态系统、可持续森林管理、防治荒漠化、制止和扭转土地退化现象、遏制生物多样性的丧失	Animals, Invertebrate Culture, Destruction, Earth, Whales, Dolphins
SDG16	和平、正义与强大机构（Peace, Justice, and Strong Institutions）	促进有利于可持续发展的和平和包容社会、为所有人提供诉诸司法的机会，在各层级建立有效、负责和包容的机构	Government, Foreign, Agreements, Diplomacy, Politics
SDG17	促进目标实现的伙伴关系（Partnerships for the Goals）	加强执行手段、重振可持续发展全球伙伴关系	Certification, Citizenship, Democracy, Humanitarian, Sharing

（2）国际组织与联合国可持续发展目标

《国际组织年鉴》依据相关程度将2020年国际组织关注的议题分为已知类（known）和假定类（assumed），并为其贴上相关可持续发展目标的标签，由此可以整理出国际组织关注的可持续发展目标（见图2-4）。

首先，从数量上看，关注度最高的是SDG4（优质教育），与此目标相关的国际组织高达17000个，表明国际性组织高度关注文化、教育、艺术等方面的全球合作与发展。其中，国际性组织有3500个，全国性组织有3709个，也就是说，教育文化领域的关注既是国际社会的关注，也是各国国内社会的关注。排在第2的是SDG16（和平、正义与强大机构），数量将近8000个。其中，国际性组织2250个，全国性组织2486个。在SDG4和SDG16这两个目标中，全国性组织数量均大于国际性组织，体现出国际社会和各国内部对这两大议题领域的共同关注度。

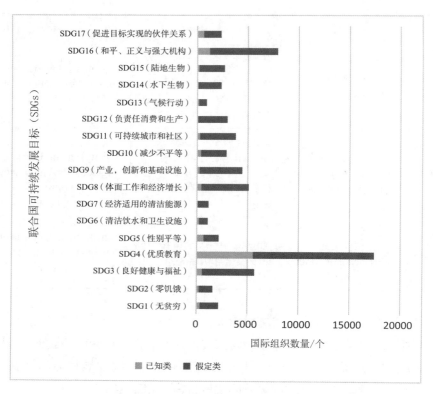

图 2-4　国际组织关注的联合国可持续发展目标（SDGs）①

关注度较低的为 SDG6（清洁饮用水和卫生设施）、SDG7（经济适用的清洁能源）和 SDG13（气候行动），涉及气候、能源和水资源，数量上仅有 1000 左右。但是，这些总数较低的 SDGs 在分类方面呈现出独有特征，以数量最少的 SDG13（气候行动）为例，在全部 939 个国际组织中，国际性组织高达 580 个，国家性组织仅有 346 个，国际性比例远高于国内组织。

2020 年的统计数据显示，除总数外，通过对比已知类与假定类。教育、平等、和平正义、伙伴关系等 SDGs 关键词较为明确，能源、消费、水资源等 SDGs 模糊性较高，大多数国际组织被划分为"假设"与此目标相关（见图 2-5）。

通过对比 2019 与 2020 年的数据，可以发现，关注度较高的 SDG4（优质教育）和 SDG16（和平、正义与强大机构），在 2020 年呈现大幅增长；而 SDG5（性别平等）和 SDG10（减少不平等）这两个议题在 2020 年的关注程度

———————————

① 数据来源：https://ybio.brillonline.com/system/files/pdf/v5/2020/8_4.pdf。

相比2019有所下降，这在某种程度上可以显示国际组织在议题领域的投入态势。

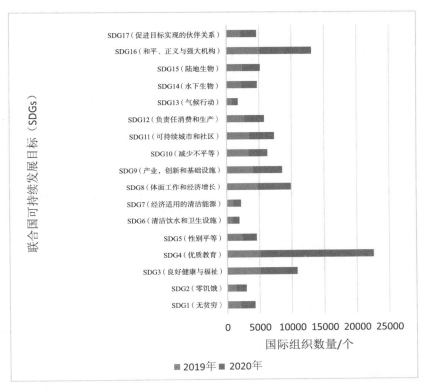

图 2-5　2019 年与 2020 年国际组织关注的联合国可持续发展目标（SDGs）①

4 国际组织功能与角色再定位

4.1 国际组织作为规范和治理工具

在建立健全法治框架的进程中，国际组织作为造法者、监管者、调解者以及制裁者，能够促进双边、多边条约的缔结，为全球治理提供良好的法律工具。在推进规范和治理方面，国际组织的作用主要体现在五个方面。

一是促进沟通与信息获取。立足国际组织法并依靠标准化程序的条约会

———————

① 数据来源：https://ybio.brillonline.com/system/files/pdf/v5/2019/8_4.pdf，https://ybio.brillonline.com/system/files/pdf/v5/2020/8_4.pdf。

议削弱了谈判者欺骗的动机和能力，谈判之前的工作——代表资格的认定和表决规则的制定也已涵盖在国际组织自身的法律中，能够减少烦琐的程序议定，使得谈判者能够更迅速地处理事务。[①] 国际组织秘书处为国际组织的管理职能提供了大量智力支持，包括向谈判者和其他利益相关方提供信息。[②] 这种"知识资产"使其在向国家提供以知识为基础的产品与服务方面具有比较优势，从而有助于增强国家间开展合作的能力。国际公法学者以及其他专门法律的专家组成了国际组织的专家机构，不仅能够提供专业化知识储藏库，处理国际组织工作人员从成员国获取的大量信息，且能够将信息交换作为促进当事方建立信任的方法。

二是减少交易成本。由于缔约方不需要处理经由国际组织法或者各方先前同意的程序性规则已经解决的问题，所以谈判与缔结条约的成本大大降低。虽然组织秘书处与专家会议、发起缔约会议的成本相当高昂，但是修改、后续解释、监督条约或者争端解决的费用都可以得到大幅节省。另外，如最惠国待遇、国民待遇等原则，同时适用于货物贸易、服务贸易等不同的议题，提高了国际规则制定的效率。

三是自行执行行为。国际组织介入缔约有助于实现博弈论学者所说的自行执行行为（self-enforcing behavior），即一种稳定的均衡状态，条约义务的履行依靠国家利己行为维持而非集中化的执行方法。[③] 除了利用监督机制促进缔约方遵守义务之外，国际组织还通过路径依赖、专家主导的立法形式以及资源配置机制推进条约的签署。另外，国际组织的专家群体能够促进规则解释方面的一致性，构建并维持伊恩·约翰斯通所说的"解释共同体"[④]，这类共同体的组织化宪政话语能够推进对国际法的遵守，使之成为一种内在的自我约束。

四是创设财产权。国际组织倡导的条约机制在很多情况下可以为私人或

[①] Aceves, W. J. Industrial Theory and International Legal Scholarship. *American University International Law Review*, 1997, 12(2): 227-266.

[②] Haas, E. B. *When Knowledge Is Power: Three Models of Change in International Organizations*. Berkeley: University of California Press, 1990.

[③] Snidal, D. The Game Theory of International Politics. *World Politics*, 1985, 38(1): 25-57.

[④] Johnstone, I. Treaty Interpretation: The Authority of Interpretative Communities. *Michigan Journal of International Law*, 1990, 12: 371.

者企业创设全球性的私人财产权，并且确保其免受其他私人或者国家的侵犯。在国际层面的财产权是对经济行为体的特殊利益的回应，能够有效激发国家间的合作。① 此外，参与某一国际组织本身就是由于国家希望拥有的新型战略利益，通过加入各种规制国际体系及规范机制，获取新主权，这能够代表一定的国际地位，证明国家或地区在国际体系的存在。②

五是议题联结。国际组织在针对某一议题进行缔约时，难免涉及其他议题并包含和涉及很多国家，为采纳不同国家的观点而付出的努力成为议题联结的起始点。主要实现方式有：规范性原因（议题联结是正义或公平所要求的）、协调（特定机制之前作出过联结，因此有意义和必要）、因果论（议题之间互相有影响）和有效性（联结使得问题的解决更加有效）。国际组织的组织化场所和机制使得不同行为体在不同思维认知模式下运作，产生大量信息，为议题联结提供了良好组织基础。

4.2　国际组织作为国际行为体

全球化的兴起为国际组织尤其是政府间国际组织发挥更大作用提供了有利契机。随着民族国家传统的政府权威在一定程度上的削弱，以及国际组织的数目和种类的迅速增加，各国政府越来越倚重通过国际组织来解决安全、经济和社会问题。③ 国际组织不仅是全球制度的重要组成部分，也是国际社会的重要行为体。爱德华·L·莫尔斯、罗伯特·基奥思和约瑟夫·奈等人最早提出超国家论，在各国间相互依存关系深入发展和国内外问题边界模糊的背景下，超国家论就是对非国家行为主体所进行的超越国界的各种活动及其后果进行研究。④

国际组织是国际政治发展到一定阶段的产物，是国家间多边关系发展的产物。除主权国家、国际市场主体（跨国公司）之外，国际组织是国际社会的第三种力量，像国家一样参与国际事务，并且在诸多领域存在与国家主权的

---

① Raustiala, K. & Victor, D. G. The Regime Complex for Plant Genetic Resources. *International Organization*, 2004, 58(2): 277-309.

② Chayes, A. & Chayes, A. *The New Sovereignty*. Cambridge, MA: Harvard University Press, 1995: 250-270.

③ 张胜军. 全球化与国际组织的新角色. 国际论坛，2004(3)：14-19.

④ 樊勇明. 全球化与国际行为主体多元化——兼论国际关系中的非政府组织. 世界经济研究，2003(9)：8-9.

张力。在《国际社会中的国家利益》一书中，费尼莫认为国际组织的建构能力来自这些组织所承载的社会规范，这些社会规范使得国际组织能作为一位"积极的老师"，引导国家制订某个符合国际行为规范的政策，并使得国际体系中的不同国家选择相似的政策。[①]

国际组织在世界上拥有自治和权威，作为独立的行为体，它为世界分门别类，创造行为体和各种行为的新类别，如联合国难民事务高级专员署（United Nations High Commissioner for Refugees，UNHCR）对难民的划分，以及世界银行对农民、日劳动者等的划分；界定社会化世界的含义，如世界银行对发展的界定为乡村发展等、基本需求和结构调整、冷战后对安全含义的重新界定；在全球范围内阐述和推广新的规范和原则。同时，所有这些权利都来自国际组织对知识的掌握。以联合国为核心的国际组织网络在国际事务中发挥着愈发重要的作用，当今世界重要或知名的国际组织很多都从属于联合国框架下，如联合国粮食及农业组织（Food and Agriculture Organization of the United Nations，FAO）、国际货币基金组织、国际电信联盟、国际劳工组织、世界银行、世界卫生组织、世界气象组织（World Meteorological Organization，WMO）、联合国教育、科学及文化组织（United Nations Educational, Scientific and Cultural Organization，UNESCO）、世界贸易组织等，它们作为独立的行为体，在国际事务的各专门领域发挥着作用。

作为世界上的重要行为体，国际组织在国际舞台上的重要作用也对主权国家具有深远影响，甚至在某种程度上能够对主权形成压力。正如斯蒂芬·克拉斯纳所指出的："经济全球化和国际性规则的最重大的影响将是，它们会改变国家行使主权的范围和空间，但不会造成政治生活原则的彻底改变，即不会导致国家主权的消亡。"[②]国际组织应当朝着通过规则调节国家、国际社会之间的关系，促进人类发展和世界和平的方向持续发力。

4.3 国际组织作为社会性平台

当今世界，国际关系的形式与内容已经发生了巨大变化，"社会力量"成为国际舞台上的新兴力量。新兴的国际行为体在国际舞台上发挥着自身的独

---

① 玛莎·费尼莫. 国际社会中的国家利益. 袁正清，等译. 杭州：浙江人民出版社，2001：31-33.

② Krasner, S. D. Global Communications and National Power: Life on the Pareto Frontier. *World Politics*, 1991, 43(3): 336-366.

特影响力，使国际关系行为主体呈现出愈发多元化的趋势。国际组织作为国际社会的平台这一角色也越来越明显。例如，区域内各国可能会因为某些实际需要，如跨国污染防治、协调区域内相关资源与市场运作、打击犯罪以及处理贸易议题等，促成成立相关的国际组织，以解决类似的跨国问题。梅传尼指出："以该方式组织起来的每项活动，将推动形成一个阶层，以促进和平，而其数量的充分增加，将可逐渐扩大和平的阶层……以充分混合的共同努力与成就，来丰富这个世界上的和平阶层。"[1] 作为解决跨国问题的平台，国际组织可以汇聚各国政府的行为预期，提供信息沟通的渠道，改善信息不对称现状，降低交易成本，更好地协调国家和统治者的政策和行动。一些论坛性的国际组织是平台角色最好的证明。比如，二十国集团并非国际法定义下的国际组织，但其在解决工业化的发达国家和新兴市场国家之间的实质性问题上进行了大量的交流讨论，有助于推动合作并促进国际金融稳定和经济持续增长。类似的还有世界经济论坛（又称达沃斯论坛，World Economic Forum，WEF）、博鳌亚洲论坛（Boao Forum For Asia，BFA）等。

此外，国际非政府组织是此趋势下的新型特征之一。根据国际协会联盟数据显示，1909年，全球各类国际非政府组织仅176个，而到了2000年，这一数字猛增至45647。[2] 国际非政府组织涵盖的领域广泛，不仅对国家行为具有影响力，也会影响到国际政治环境本身。[3] 国际非政府组织的功能主要有以下五个方面。一是向国家及政府间组织提供咨询和信息。包括搜集特定专业领域的技术、法律、政治方面的资料，研究和起草文件，制度或非制度性地向国家和政府间组织提供咨询和信息，并在此过程中表达和宣传自身理念、意见和建议，影响国际舆论和决策过程。二是影响各国政府和政府间组织的决策过程。尽管非政府组织不直接参与国际决策机制，但其通过咨商、建议、游说等方式，实际上促进了民众的政治参与、参与了议题设置。三是监督国家及政府间组织国际义务的实施。非政府组织通过信息收集和传播，跟踪、监督各国政府履行条约义务和国际承诺的实施情况，监督政府间组织的决议及计划、项目的落实情况，对二者形成社会压力。四是参与实施政府间组织

---

① Keohane, R. O. *International Institutions and State Power*. Boulder: Westview Press, 1989: 3-4.

② Union of International Associations. Yearbook of International Organizations 2020. [2024-05-02]. https://ybio.brillonline.com/ybio/.

③ 李少军．国际政治学概论．上海：上海人民出版社，2002：106.

的项目，为国际经济、社会发展提供特定服务。除本身独立组织并实施各种国际援助和发展项目外，国际非政府组织还积极参与实施政府间组织主持的各类开发项目，承接开发项目的操作性责任，提供特定的产品或服务。五是推动国际争端和平解决。非政府组织以其民间的身份，在当事国政府之间斡旋、调停和舆论施压，促成对话和谈判，推动问题的和平解决。

同时，国际非政府组织也存在能力和资源参差不齐、一些组织实际受主权国家操控等问题，这制约了其公信力和在全球治理中发挥更大作用。

第三讲　中国与国际组织

1　中国与国际组织关系的演变

党的二十大报告明确指出要"在全球治理中发挥更大作用"。"全面推进中国特色大国外交，推动构建人类命运共同体，坚定维护国际公平正义，倡导践行真正的多边主义，反对霸权主义和强权政治，反对单边主义、保护主义、霸凌行径"。"完善外交总体布局，积极建设覆盖全球的伙伴关系网络，推动构建新型国际关系。展现负责任大国担当，积极参与全球治理体系改革和建设"。[①]纵览中国与国际组织关系的发展过程，中国对国际组织的态度及在国际组织中扮演的角色随着国际国内形势的变化而不断变化，有其自身的逻辑和线索。[②]

王逸舟曾将中国对国际组织的态度分为三个时期，即"从拒绝到承认""从扮演一般性角色到争取重要位置""从比较注重国内需求到更加兼顾国际形象"。[③]从中国在国际组织中的参与程度来看，大致是从"相对排斥""有限参与"到"积极参与"的发展历程[④]。笔者将中国与国际组织的关系大致划分为四个时期：从游离到重新进入世界体系（1949—1971年）、成为积极主动的

①　习近平.高举中国特色社会主义伟大旗帜　为全面建设社会主义现代化国家而团结奋斗.人民日报，2022-10-26(1).

②　张贵洪，王悦.论当代中国特色国际组织外交的主要特点——以世界卫生组织为例.国际观察，2020(4)：85-113.

③　王逸舟.磨合中的建构：中国与国际组织关系的多视角透视.北京：中国发展出版社，2003：11.

④　武心波.对世界经济与政治的几点思考.国际观察，2000(2)：23-28.

参与者（1972—1989年）、成为灵活务实的建设性参与者（1990—2010年）、尝试成为全球治理体系的改革和建设者（2010年至今）。

1.1 从游离到重新进入世界体系（1949—1971年）

从新中国成立到20世纪70年代，中国处于从游离到重新进入世界体系的阶段。这一时期中国的国际组织战略主要服务于新中国的生存和发展，服从于中国外交总战略。[①]新中国成立后，中国在相当长的一段时间里，对国际组织持较为抵制的态度，拒绝加入两极格局下由大国主导的国际组织。由于受东西方意识形态竞争，西方国家对华采取敌对、封闭和孤立政策及自身"革命外交"的影响，新中国采取了游离于国际组织之外的策略。在恢复联合国的合法席位之前，除了加入一些社会主义国家建立的区域性或功能型国际组织之外，新中国与当时主要的国际组织处于相对隔绝的状态。[②]20世纪50年代中期，中国倡导和平共处五项原则、协助召开亚非会议（万隆会议）、支持不结盟运动反帝反殖反霸的立场，对参与国际组织和国际会议具有鲜明的原则和主张，参与的根本原则在于维护国家主权，确保社会主义中国获得国际社会的承认，立足于世界民族之林。

当然，在这一时期，中国通过国际组织在国际上与其他国家往来和接触的这一重要外交形式依然存在。新中国成立后，新中国在外交上采取了向苏联和社会主义阵营"一边倒"的政策。这一时期，新中国一方面被排斥在联合国体系之外，另一方面也与社会主义阵营的国际组织建立了联系。[③]但新中国成立伊始，就面临严峻的国际形势，在与国际组织打交道方面又无任何经验，存在诸多不成熟之处。[④]由于美国的阻挠及中国自身对外政策的不成熟，除万国邮政联盟外，中国与这些机构和组织均未恢复关系。20世纪50年代初，中国参加了国际红十字会和国际奥委会的活动，但由于国际奥委会一意奉行"两个中国"政策，中国于1956年与其断交，与红十字会国际委员会则一直保持较好的关系。总体而言，当时的中国同国际组织之间的联系很少，甚至一

---

① 蔡鹏鸿. 次区域经济合作与东亚国际格局的变动. 世界经济研究，2003(3)：26-30.

② 孙德刚，韦进深. 中国在国际组织中的规范塑造评析. 国际展望，2016(4)：93-115.

③ 张贵洪，王悦. 论当代中国特色国际组织外交的主要特点——以世界卫生组织为例. 国际观察，2020(4)：85-113.

④ 杨颖，韩景云. 论中国与国际组织的关系演进历程. 社科纵横，2015(3)：106-109.

度没有参与交往，处于孤立状态。

之后，随着中国国际威望的不断提高，中国在国际合作和国际组织中越来越具有不可或缺的作用，这是美国以及西方国家在中国日益强大的背景下而不得不承认的事实。因此，美国尼克松总统在1970年承认，中国属于"世界五大力量中心"的重要一员，要维持稳定和平的国际秩序需要中国的参与和支持。^①在此期间，中国取得的突出成果是1971年恢复在联合国的合法席位。随后，中国同以联合国为中心的政府间政治组织逐渐恢复或建立关系。

1.2　积极主动的参与者（1972—1989年）

20世纪70年代末期被视为中国外交史上的重要分水岭。中国于1971年成功恢复联合国合法席位之后，又成功地实现了与美国建交，所面临的国际环境较新中国成立后的30年有了很大改变。从国际局势看，美苏两大阵营自1976年的限制战略武器会谈陷入僵局后，关系一直处于僵持状态；从中国的战略地位来看，中国成为掣肘两大阵营、平衡两极对抗的关键力量。

与此同时，如何实现自身发展成为核心议题。1978年12月，中国共产党召开了第十一届三中全会，明确了将党和国家的工作重心从以阶级斗争为纲转移到以经济建设为中心，并做出了改革开放的战略决策，进而在1982年的中国共产党第十二次全国代表大会上，提出了把多边外交作为中国外交政策的一个重要内容。这表明，国内经济改革和参与全球制度之间存在相对重要的内在关系和相互加强的关系。中国经济的发展不仅仅需要自身发力，更需从外借力；不仅仅要借助西方国家先行发展之力，也需借助影响力越来越大的国际组织之力。笔者以参与数量为考察维度，对1977—1996年中国及相关国家参与国际组织的情况进行了整理。以1989年为界，横向对比表3-1，可以发现，尽管1977—1989年这一时期中国参与国际组织数量逐年递增，但数量仍旧较少；纵向对比表3-1，可以发现，尽管中国参与国际组织的数量呈现逐年递增趋势，但是与日本、法国、英国及美国等发达国家相比，参与的数量仍然处于相对劣势。^②总体而言，此阶段可以界定为，中国逐渐成为国际组织

① 程又中，徐秀军.与世界三十年互动中的中国对外战略转变.当代世界与社会主义，2008(4)：76-79.

② Union of International Associations. Yearbook of International Organizations 2020. [2024-05-02]. https://ybio.brillonline.com/ybio/.

的积极主动的参与者。

表 3-1　部分国家和地区参与国际组织情况

国家	国际组织类型	参与数量/个								
		1977年	1984年	1986年	1987年	1989年	1992年	1994年	1995年	1996年
中国	政府间国际组织	21	29	32	35	37	44	50	49	51
	国际组织	71	355	403	504	677	856	955	1013	1079
日本	政府间国际组织	71	60	58	60	58	61	62	61	63
	国际组织	878	1296	1222	1420	1583	1749	1863	1889	1970
法国	政府间国际组织	104	93	67	81	83	88	85	88	87
	国际组织	1457	2227	1704	2264	2598	2879	3038	3127	3255
英国	政府间国际组织	71	79	63	72	71	70	71	74	71
	国际组织	1380	2021	1607	2091	2416	2681	2846	2918	3031
美国	政府间国际组织	78	65	33	59	64	66	62	64	64
	国际组织	1106	1593	804	1579	1933	2127	2273	2327	2418
苏俄	政府间国际组织	43	73	69	69	61	48	48	58	62
	国际组织	433	668	646	714	806	1074	822	1093	1300
全球	政府间国际组织	252	365	369	311	300	286	263	266	260
	国际组织	2502	4615	4649	4235	4621	4696	4928	5121	5472

　　若以参与广度作为考察维度，中国与国际组织的互动体现出中国对国际规范的遵守和维护，是国际组织的重要参与者。随着中国改革开放进程的全面推进，中国对国际组织的政策也在迅速不断地变化：一是与国际组织展开了更加积极和具有建设性的合作，并不断通过国际组织融入国际社会；二是更加注重参与国际经济组织，积极参与多边合作，并以此作为获取资金和技术的一个重要途径；三是与重要的全球性和区域性国际组织开展了实质性合作，自1972年起陆续加入了联合国系统的重要组织，如联合国粮食及农业组织、联合国开发计划署（United Nations Development Programme，UNDP）、联合国

环境计划署（United Nations Environment Programme，UNEP）、联合国贸易和发展会议（United Nations Conference on Trade and Development，UNCTAD）、联合国工业发展组织（United Nations Industrial Development Organization，UNIDO）和联合国教科文组织等。中国还与欧洲联盟、世界水坝委员会（World Commission on Dams，WCD）、国际奥林匹克委员会和国际标准化组织（International Organization for Standardization，ISO）建立或恢复了合作。[1] 1988年，中国加入联合国维和行动特别委员会，截至2020年8月，共派出维和军事专业人员2064人次[2]，是联合国安理会五个常任理事国中派遣维和部队人次最多的国家。此外，中国也是国际货币基金组织和世界银行的理事国。在核不扩散机制中，中国签署了《核不扩散条约》（Treaty on the Non-Proliferation of Nuclear Weapons，NPT）和《全面禁止核试验条约》（Comprehensive Nuclear Test Ban Treaty，CNTBT），加入了国际原子能机构（International Atomic Energy Agency，IAEA）。在人权领域，1981年，中国加入联合国人权委员会（United Nations Commission on Human Rights，UNCHR）[3]。

1.3　灵活务实的建设者（1990—2010年）

"冷战结束至今，是国际组织处于全球化时代的发展阶段，也是国际社会组织化程度大幅度增强的阶段。"[4] 多边主义被推向国际舞台的前沿，呼唤着与之相适应的多边合作的组织形态，这些组织形态可以理解为狭义上的国际组织，或者广义上的国际机制。这一时期，和平与发展成为世界的主题，经济的迅速发展为中国在国际社会的建设性参与打下了坚实的能力基础。中国与国际组织的互动达到了前所未有的高度，更加灵活和务实，且富有建设性，成为国际组织的重要建设者。尤其是进入21世纪以来，中国对多边组织的参与度不断提升，成为国际体系中灵活务实的建设性角色。[5]

首先，中国作为国际社会中高度遵约的国家，一直以来严格遵守国际组织的规章制度和条约，具有很强的国际信任度和国际声誉。其次，针对层

---

① 杨颖，韩景云.论中国与国际组织的关系演进历程.社科纵横，2015(3)：106-109.

② 《中国军队参加联合国维和行动30年》白皮书.(2020-09-18) [2024-05-02]. https://www.gov.cn/zhengce/2020-09/18/content_5544398.htm.

③ 孙德刚，韦进深.中国在国际组织中的规范塑造评析.国际展望，2016(4)：93-115.

④ 饶戈平.全球化进程中的国际组织.北京：北京大学出版社，2005：2.

⑤ 毛瑞鹏.多边主义与中国的联合国外交.国际问题研究，2020(5)：109-124.

出不穷的全球性问题和国际规范变迁的事实，中国从维护自身利益及广大发展中国家利益出发，尝试提出问题治理的中国方案，设置国际议程，主动塑造规范，包括发起成立亚洲基础设施投资银行和金砖国家新开发银行（New Development Bank，NDB）等。最后，中国在参加国际组织的态度上更加积极自信。经济的迅速腾飞使得中国在国际社会有能力承担更多的责任，中国开始在国际社会发挥应有的作用。除了传统合作领域以外，中国开始与国际组织开展更深层次的合作，涉及政治、经济、科学、文化、教育各个方面，以更加开放的姿态加强与其他国家的合作与交往，塑造了负责任大国形象。

冷战结束后，中国积极加入全球性和区域性的国际组织和国际条约，参与程度更为灵活。截至2007年底，中国已加入130多个政府间国际组织，并与数千个国际非政府组织保持联系，签署或加入的国际条约已增加至300个，涉及政治、安全、经济和文化等相关领域。[①] 在地区层面，中国在推进与欧盟、东盟、非洲统一组织（Organisation of African Unity）[②]、里约集团和南方共同市场（The Southern Common Market，MERCOSUR）等区域性组织的关系层面取得显著成效。此外，中国更加富有建设性地参与了大量联合国相关活动，不仅每年派出高级别代表团参加联合国大会，还越来越多地就全球治理问题阐明自己的立场，为解决世界热点问题贡献了中国智慧和中国方案。中国不仅在经济和社会发展及维和方面表现积极，还在反恐、联合国改革等问题上也非常主动。这一时期，中国还开始主办亚运会（1990年）、世界妇女大会（1995年）、万国邮政联盟大会（1999年）、奥运会（2008年）等大型国际会议。以2001年中国成功加入世界贸易组织为标志，中国已参加所有重要的全球性国际组织。

同时，中国积极与俄罗斯等国共同创建了上海合作组织，这是中国有史以来积极主动创建并在其中发挥核心作用的第一个重要国际组织，这一标志性的事件在中国与国际组织关系的发展史上具有十分深远的意义。作为冷战后、新千年成立的区域组织，上合组织肩负着多重使命。首先，解决组织成员共同关注的问题。为此，上合组织把合作安全作为首要议题，把遏制与打击分离主义、恐怖主义势力作为重心，成效显著。其次，创建新型国家间关

---

① Zhang, Y. & Austin, G. *Power and Responsibility in Chinese Foreign Policy*. Acton: ANU Press, 2014.

② 2002 年，非洲统一组织被非洲联盟所取代。

系，构建合作机制。上合组织不同于传统的结盟，也不同于具有管理职能的
区域组织。它从现实与可行性出发，创建符合本地区特点且能行之有效的区
域合作方式，既基于现实，又面向未来，既聚焦本地区，又面对世界大局。^①
不断丰富的先进治理理念、日臻完善的制度性建设、日益密切的对外合作使
上合组织参与全球治理占有得天独厚的优势，具有广阔的发展空间和潜力。^②
中国通过国际组织为多个国家提供贷款和技术援助。自1996年起，中国与联
合国粮农组织合作，向发展中国家派遣中国农业专家，截至2009年底，累计
向非洲、加勒比和亚太地区22个国家派遣700多名农业专家和技术员。在大
湄公河次区域合作框架下，中国与泰国和亚洲开发银行共同出资援建了昆曼
公路老挝境内路段，该项目已于2008年3月建成通车，老挝昆曼公路跨湄公
河大桥项目也已于2013年正式开通。^③

1.4　全球治理的积极介入者（2010年至今）

面临百年未有之大变局，世界经济新旧动能逐渐转换，国际格局和力量
对比加速演变，全球治理体系正在深刻重塑。新的国际规范成为中国与国际
组织互动的新现象，中国在全球性和区域性国际组织中，不断发起新倡议，
就全球性或区域性问题提出中国方案，积极参与新的国际规则塑造。

中国向全球治理的积极介入者转变有以下几点原因。第一，中国的实力
增长提升了塑造国际规范的需求和能力。在过去几十年的时间里，中国积累
了与国际组织互动的经验，熟悉并掌握了国际组织运行的原则、规则和决策
程序，发出中国声音、提出中国方案成为新的需求和行动。第二，维护中国
和发展中国家利益的现实需要。由于现行的国际秩序由西方国家主导，国际
规范"往往是美国等强权国家使用的自由主义工具，其目的是确保国际体系
的正常运行和体系内优势国家的利益"^④，因此中国在接受并遵守国际规范和
国际制度约束的前提下，为维护自身和发展中国家利益，对一些存在较大争
议和不公平的领域提出改革方案。第三，中国积极参与新领域新规范的塑造，

① 张蕴岭.上海合作组织：探索新时代的相处之道.世界知识，2020(14)：72.

② 邓浩.新时期上海合作组织与全球治理.国际问题研究，2020(3)：75-91.

③ 《中国的对外援助》白皮书（中文）.(2018-08-06) [2024-05-02]. http://www.cidca.gov.cn/2018-08/06/c_129925064_7.htm

④ 刘鸣.建立新型大国关系的一项议题：国际规范与对外安全战略关系的协调.国际关系研究，2013(6)：3-14.

有利于维护自身利益和推动全球性问题的治理。

在积极参与国际事务的过程中，中国也在多个方面取得了显著成就。首先，中国目前已成为联合国会费的第二大出资国，也是联合国安理会常任理事国中派遣维和人员最多的国家（见表3-2）。2020年，中国加大了对世卫组织的政治支持和资金投入，以大力支持联合国和世界卫生组织在协调国际抗击新冠疫情合作中发挥积极作用。可见，中国积极承担大国责任，履行国际义务，向有需要的国家提供支持和帮助，分享中国方案、中国经验，共同构建人类卫生健康共同体。[1]

表 3-2　2010—2020 年中国承担的国际组织费用比例
（以联合国和世界贸易组织为例）

年度	联合国会费比例/%	联合国维和费用比例/%	世界贸易组织会费比例/%
2010—2012	3.19	3.94	6.87
2013—2015	5.15	6.64	7.85
2016—2018	7.92	10.25	9.53
2019—2020	12.01	15.22	10.20

其次，中国提出"一带一路"倡议等，为亚欧国家深化合作、促进各国共同发展繁荣提供了崭新机遇。中国与联合国开发计划署于2016年9月签署了共建"一带一路"谅解备忘录，这是中国政府与国际组织签署的第一份共建"一带一路"谅解备忘录，是国际组织参与"一带一路"建设的一大创新。[2]与欧洲国家殖民体系下的国际公共产品、美国提供的具有霸权性质的国际公共产品不同的是，"一带一路"倡议以构建人类命运共同体为目标，采取"共商共享共建"的理念，是一个包容的、平等的、多元化的国际公共产品，不追求零和博弈。某种程度上来看，"一带一路"倡议是中国总结自身发展经验，汲取国际公共产品建设的有益经验，根据现阶段本国发展实力承担大国责任，通过政策沟通、设施联通、贸易畅通、资金融通、民心相通实现共建国家共同繁荣。

---

[1] 闻言.夺取疫情防控和实现经济社会发展目标双胜利的科学指引.人民日报，2020-10-31 (6).

[2] 张贵洪，王悦.论当代中国特色国际组织外交的主要特点——以世界卫生组织为例.国际观察，2020(4)：85-113.

最后，中国开始重视国际组织人才培养并向国际组织输送人才。例如，世界卫生组织前总干事陈冯富珍在任10年，面对2009年的甲型H1N1流感疫情、2012年的中东呼吸综合征疫情、2014年的埃博拉疫情、2016年寨卡疫情等多次公共卫生事件，带领团队共同沉着应对，受到了多方肯定。2006年，赵厚麟当选国际电信联盟副秘书长。2009年，林毅夫被任命为世界银行高级副行长兼首席经济学家。2010年，薛捍勤任联合国国际法院法官，她也是国际法院首位中国籍女性法官、首位女性副院长。2011年，朱民出任国际货币基金组织副总裁。2013年，郝平成为联合国教科文组织新一届大会主席（这是中国人首次担任这一联合国专门机构的大会主席）。2019年，屈冬玉任联合国粮农组织总干事，并于2023年高票连任。2023年，徐浩良出任联合国副秘书长兼联合国开发计划署协理署长。2024年，张文才出任世界银行常务副行长兼首席行政官。同时，国际组织人才培养和学科建设，在中国一流高校和专业性大学都得以积极推进。

纵观中国参与国际组织的历史实践近70年的历程，中国的国际组织外交始终以联合国为中心，坚持多边主义和不干涉内政的原则，积极维护发展中国家的合法权益，体现了传承性；中国在国际组织领域以及国际社会做出越来越大的贡献、提出越来越多的中国方案，体现了创新性。正如世界银行前行长佐利克所说的，未来中国应该在国际事务中发挥重要作用，并继续支持这些国际体系，尽管我们还在不断地适应和改变这些体系。[①]

2 中国与重要国际组织的合作

中国自改革开放以来，主动融入国际体系，积极开展多边外交，加强与各类国际组织的合作与交流。中国在国际地位得到很大提升的同时，也为建立国际政治经济新秩序贡献了中国智慧。中国与国际组织的合作总体呈现出如下特征：第一，维护以联合国系统为核心框架的国际组织体制机制，秉持多边主义理念，通过主动参与和支持相关国际事务，提高联合国等国际组织的权威和效率，从而更好地促进国际合作，并为更好地应对全球挑战提供中国方案；第二，致力于建立开放、公平、自由的全球经济贸易体系，积极推动世

[①] 世行行长罗伯特·佐利克：中国经验可为世界所用. (2011-08-31) [2024-05-02]. https://www.gov.cn/jrzg/2011-08/31/content_1937222.htm.

界互联互通；第三，积极参与国际组织改革，在新领域、新议题上积极发挥建设性作用。

以下将选取三个重要国际组织——联合国、世界贸易组织和亚太经合组织分析中国与重要国际组织的合作。

2.1 中国与联合国

联合国作为世界上最具普遍性、权威性和合法性的政府组织，自成立以来，逐步成为国际秩序的核心，而《联合国宪章》所确立的宗旨和原则已成为各政府间国际组织所遵循的国际法基础。[①] "联合国承载着各国人民的期望，肩负着诸多重大使命。"[②]中国于1971年恢复联合国合法席位后，便全面参与联合国大会和安理会工作，坚持通过协商与对话等和平手段解决国际争端与冲突，维护联合国的权威与效力，增进国际合作、维护国际社会的公平正义。联合国既是中国了解世界的重要渠道，也是中国维护自身国际利益的重要平台；中国坚持维护以《联合国宪章》宗旨和原则为基础的国际关系基本准则，以及联合国为核心的国际政治经济体系。[③]

中国作为联合国安理会常任理事国，支持联合国组织开展的各项工作与活动，积极推动构建人类命运共同体，树立了负责任的大国形象。此外，中国支持联合国改革，主张进一步提高联合国效率与权威，进而增强联合国有效应对全球性威胁和挑战的能力，以更好地推进全球议题的治理。1997年7月，联合国秘书长安南正式向第51届联合国大会提交了关于《革新联合国：改革方案》报告。中国以建设性态度积极参加会员国讨论，与77国集团共同提出了代表广大发展中国家意见的集体立场文件。2005年6月，中国发布了《中国关于联合国改革问题的立场文件》，首次以官方文件的形式全面、系统地述了中国对联合国各领域改革的看法和主张。[④]

中国为联合国维和行动做出了重大贡献。自20世纪90年代起，中国已先后参加24项联合国维和行动，仅在非洲地区就参与了16项联合国行动，共有

① 毛瑞鹏. 多边主义与中国的联合国外交. 国际问题研究，2020(5)：109-124.
② 习近平在人民大会堂会见联合国秘书长潘基文. (2013-06-19) [2024-05-02]. https://www.gov.cn/ldhd/2013-06/19/content_2429739.htm.
③ 钟声. 坚持多边主义是人间正道. 人民日报，2019-04-12(2).
④ 王溪桥等. 国际组织（第二版）. 北京：高等教育出版社，2018.

17名中国维和人员牺牲。中国被国际社会誉为"维和行动的关键因素和关键力量"。① 中国是联合国五个常任理事国中派出维和人员最多的国家，1990—2019年，累计派出维和人员3.9万余人次，参与维和任务区道路修建工程1.3万余公里，运输总里程1300万公里，接诊病人17万余人次，完成武装护卫巡逻等任务300余次。② 从2001年到2019年，中国在维和总费用中的出资占比从2001年的不足5%上升至2019年约15%，是仅次于美国的第二大会费国和维和摊款国。中国于2016年设立了高达10亿美元的中国—联合国发展基金，专门拨款1亿美元用于支持和改进非洲地区常备军和快速反应部队的队伍建设工作。

在联合国平台上，中国一方面支持并推动新兴国家提升国际影响力，另一方面积极推动国际关系法治化。比如，2019年6月，金砖国家领导人在G20大阪峰会期间举行会晤，明确表示反对单边主义、保护主义和弱化WTO作用的行为。③ 同年11月举行的金砖国家领导人第十一次会晤再次强调："我们重申致力于应对多边主义当前面临的重大挑战，维护联合国在国际事务中的核心作用，尊重包括《联合国宪章》及其宗旨和原则在内的国际法。"④ 2014年9月，在纪念和平共处五项原则发表60周年大会上，中国提出要推动各方遵守国际法和公认的国际关系基本原则，强调应维护《联合国宪章》所确立的国际法原则，包括国家主权平等、不干涉内政、和平解决国际争端、禁止使用武力和履行国际义务等。⑤ 2020年9月，中国公布关于联合国成立75周年的立场文件，"坚定支持多边主义，坚定捍卫联合国宪章宗旨和原则，维护以联合国为核心的国际体系和以国际法为基础的国际秩序，推动国际关系民主化法治

① 国际时评 | 维护世界和平　中国力量至关重要 . (2020-09-20) [2024-05-02]. https://military.cctv. com/2020/09/20/ARTIM1Pj8YCNtxmkQL5FD5M4200920.shtml.

② 中国晒维和成绩单　迄今已派出近4万名维和人员 . (2019-02-19) [2024-05-02]. http://military.people. com.cn/n1/2019/0219/c1011-30805289.html.

③ 多国领导人在G20大阪峰会期间表示支持多边主义 . (2019-06-29) [2024-05-02]. http://world.people. com.cn/GB/n1/2019/0629/c1002-31203167.html.

④ 金砖国家领导人第十一次会晤巴西利亚宣言 . (2019 -11-15) [2024-05-02]. http://www.xinhuanet.com/ world/2019/11/15/c_1125233888.htm?baike%E3%80%82.

⑤ 习近平在和平共处五项原则发表60周年纪念大会上的讲话 . (2014-06-29) [2024-05-02]. https:// www.gov.cn/xinwen/2014/06/29/content_2709613.htm.

化合理化",并提出完善全球治理的多重具体举措。[1]

2.2 中国与世界贸易组织

世界贸易组织(简称世贸组织)是当今世界上规模最大、影响力最强的全球多边贸易组织,主要负责国际自由贸易与公平贸易规则制定和监督,其前身是关税及贸易总协定(General Agreement on Tariffs and Trade,GATT)。1990年11月15日,中美两国政府在北京签署了关于中国加入世贸组织的双边协议,意味着中国向"入世"迈出了实质性的重要一步。2001年9月17日,世贸组织中国工作组第18次会议通过了中国加入世贸组织议定书及附件和中国工作组报告书,这标志着中国加入世贸组织的谈判落下帷幕。2001年12月11日,中国正式成为世贸组织成员,这成为中国改革开放进程中的一件大事,更是中国进一步参与经济全球化进程的重要体现,也标志着中国的对外开放进入了历史新阶段。

中国自正式加入世贸组织以来,自身国际贸易环境得到较大改善,市场化在持续发展中上了一个新的台阶。由于国际规则在经济各领域被普遍采用,政府对市场调控的行为更加规范,在履行世贸组织国际规则的同时,中国的社会主义市场经济体制得到了进一步的完善,经济实力和综合国力显著提高。加入世贸组织在为中国带来民生福祉的同时,中国的市场经济地位与全球贸易愈发紧密相连。[2]一方面,中国加速融入经济全球化进程,外汇管理从"宽进严出"向均衡管理转变,并进一步发挥利率、汇率的市场化作用,有序推进资本项目可兑换,注重防范和化解国际金融风险,努力促进国际收支平衡。另一方面,中国参照世界贸易组织规则,提出不允许违反世界贸易组织协定和中国对外承诺的法律规范存在,仅在2002年就修订法律文件210件,废止法律文件559件。[3]

中国作为世贸组织中的发展中大国,遵守自由贸易承诺,一方面不断地全方位推进自身高水平开放,另一方面积极承担与国际地位相符的责任,并

---

[1] 这才是对世界反法西斯战争胜利暨联合国成立75周年的最好纪念——多国人士呼吁坚定维护以联合国为核心的国际体系. (2020-09-17) [2024-05-02]. https://www.gov.cn/xinwen/2020-09/17/content_5544299.htm.

[2] 李晓西. 加入世贸组织10年:中国市场化进程演进轨迹. 改革,2011(12):17-28.

[3] 周明阳. 中国切实履行了加入世贸组织承诺. 经济日报,2020-06-05(6).

与广大发展中国家分享了中国经验。2018年6月，中国发布了新的外商投资准入负面清单，共在22个领域推出开放措施，基本完全放开了制造业投资限制；2018年7月，中国开始降低汽车整车及零部件进口关税，涉及218个税目的汽车及零部件；2019年8月，新设6个自由贸易试验区。在逐步成为一个成熟的对外贸易大国的过程中，中国在受益于全球多边贸易体系的同时，也努力与世界分享了自己作为一个成长迅速的新兴经济大国、世界第一货物贸易大国和世界第二进口大国的繁荣和发展。许多国家、企业和消费者都从中国加入世贸组织和对外开放市场中受益。①

　　2018年11月23日，中国发布了关于世贸组织改革的立场文件，阐述了对世贸组织改革的三项原则和五项主张②，充分兼顾发展中国家的利益，凸显中国作为世界上最大发展中国家的定位。在具体措施上，中国呼吁改革应尽快解决上诉机构成员遴选问题，纠正贸易救济措施的滥用，取消对国有企业的歧视，同时也强调世贸组织的规则需要涵盖投资便利化、中小微企业等新兴议题。需要说明的是，世贸组织改革的中国方案并不排斥与其他国家的合作。③ 例如，《第二十一次中国—欧盟领导人会晤联合声明》中提到，中国和欧盟致力于在开放、非歧视、公平竞争、透明和互利基础上打造双方经贸关系，双方承诺将在谈判中，特别是在投资自由化承诺方面，取得结束谈判所必需的决定性进展，实质性地改善市场准入、消除影响外国投资者的歧视性要求和做法、建立平衡的投资保护框架以及纳入投资和可持续发展方面的条款。④ 2019年5月13日，中国向世贸组织正式提交《中国关于世贸组织改革的建议文件》，提出了世贸组织改革四个方面的重点行动领域：一是解决危及

---

① 陶红 . WTO 让中国受益更让世界得利 . 中国外资，2018(19)：46-47.

② 三个基本原则包括：第一，世贸组织改革应维护多边贸易体制的核心价值。中方认为，非歧视和开放是世贸组织最重要的核心价值；第二，世贸组织应保障发展中成员的发展利益；第三，世贸组织改革应遵循协商一致的决策机制。规则应由国际社会共同制定。五点主张包括：第一，世贸组织改革应维护多边贸易体制的主渠道地位；第二，世贸组织改革应优先处理危及世贸组织生存的关键问题；第三，世贸组织改革应解决贸易规则的公平问题并回应时代需要；第四，世贸组织改革应保证发展中成员的特殊与差别待遇；第五，世贸组织改革应尊重成员各自的发展模式。

③ 中国关于世贸组织改革的立场文件 . (2018-12-17) [2024-05-02]. http://sms.mofcom.gov.cn/article/cbw/201812/20181202817611.shtml.

④ 第二十一次中国—欧盟领导人会晤联合声明（全文）. (2019-04-09) [2024-05-02]. https://www.gov.cn/xinwen/2019-04/09/content_5381013.htm.

世贸组织生存的关键和紧迫性问题；二是增加世贸组织在全球经济治理中的相关性；三是提高世贸组织的运行效率；四是增强多边贸易体制的包容性。[1]

中国始终坚定维护以规则为基础的多边贸易体制，是多边贸易体制的积极参与者、坚定维护者和重要贡献者。作为世贸组织的关键成员，中国广泛参与世贸组织各项事务，全面参与多边框架下的各项谈判和对话磋商，积极促进相关新议题讨论，推动世贸组织更加重视发展中成员的关切，全力支持发展中国家融入多边贸易体制。随着对外开放的逐步扩大和自身实力的提升，中国已是世贸组织的核心成员，是世贸组织谈判取得成功不可或缺的角色，在全球贸易治理中已从被动适应者转为主动参与者。[2]

2.3 中国与亚太经济合作组织

亚太经合组织是为适应亚太地区多样性特点而发展起来的重要的经济合作组织，历经25年发展，已成为亚太地区重要的区域经济合作形式。中国于1991年加入亚太经合组织，在亚太经合组织的发展过程中，中国在基本原则的确定以及"茂物目标"[3]（Bogor Goals）的落实等方面发挥了重要作用；作为亚太经合组织成员中最大的发展中国家，中国对亚太地区乃至世界经济的发展都起到了积极推动作用，亚太经合组织也成为中国与亚太地区其他经济体开展互利合作与多边外交的重要平台。[4]

自1993年亚太经合组织领导人非正式会议机制创立以来，中国国家主席出席了历次亚太经合组织领导人非正式会议，每一次都在会上发表重要讲话，阐述中国参与亚太经济合作的重要原则，提出了许多积极、平衡、合理的政策主张和倡议，就全球及地区形势、亚太区域合作、亚太经合组织未来发展等一系列重大问题阐述看法和主张，为历次会议取得成功发挥了积极和建设性的作用。比如，在1996年的苏比克会议上，中国提出了著名的"亚太经合组织方式"，即"承认多样性，强调灵活性、渐进性和开放性；遵循相互尊重、平等互利、协商一致、自主自愿的原则；单边行动与集体行动相结合"，与其

---

① 商务部世贸司负责人就向世贸组织提交《中国关于世贸组织改革的建议文件》发表谈话. (2019-05-14) [2024-05-02]. http://www.gov.cn/xinwen/2019/05/14/content_5391461.htm.

② 陆燕. WTO改革：进展、前景及中国应对. 国际商务财会，2019(10)：5-6.

③ 1994年，在印度尼西亚茂物召开的APEC会议首次提出"茂物目标"，该目标是指发达经济体在2010年前、发展中经济体在2020年前实现贸易和投资自由化。

④ 宫占奎，于晓燕. APEC演进轨迹与中国的角色定位. 改革，2014(11)：5-16.

他国家达成广泛共识。2001年，中国作为东道国在上海举办了第13届亚太经合组织部长级会议和亚太经合组织第9次领导人非正式会议，通过了《亚太经合组织经济领导人宣言上海共识》《数字亚太经合组织战略》等重要文件，提出了实行单边行动计划和集体行动计划相结合的思路，鼓励一些成员先行一步，率先实施贸易投资自由化的集体行动。①

2017年11月10至11日，习近平主席出席了在越南岘港举行的亚太经合组织第25次领导人非正式会议，并发表题为"携手谱写亚太合作共赢新篇章"的重要讲话，阐述了中国对推动创新发展、构建开放型经济、践行包容性发展、深化伙伴关系等亚太合作重大议题的看法和主张。② 2018年11月18日，习近平主席出席亚太经合组织第二十六次领导人非正式会议并发表题为《把握时代机遇　共谋亚太繁荣》的重要讲话，强调亚太各方应该顺应经济全球化发展大势，秉持推动区域经济一体化宗旨，把握构建开放型世界经济大方向，努力保持亚太合作势头，稳步迈向更高水平。③ 2020年11月20日，在亚太经合组织第二十七次领导人非正式会议上，习近平主席发表题为"携手构建亚太命运共同体"的发言，强调中国人民经过艰苦卓绝努力，并同各国携手合作、共克时艰，为全球抗疫贡献了智慧和力量，并承诺中方将毫无保留同各方分享防控和救治经验，向其他国家和国际组织提供力所能及帮助，以实际行动推动构建人类命运共同体。④

2020年对于亚太经合组织具有特殊意义，一是其经过30年发展步入"而立之年"，二是对其发展具有里程碑性质的"茂物目标"于2020年到期。作为亚太地区级别最高、领域最广、影响力最大的区域合作机制，茂物时代的亚太经合组织践行引领地区经济繁荣和增长的承诺，对亚太地区未来的发展至关重要。⑤ 而以世贸组织改革问题为核心的各方博弈在不断加剧。在世贸组织改革的谈判进程中，发达国家开始拒绝向新兴国家让渡权利，并着手限

---

① 王溪桥等.国际组织（第二版）.北京：高等教育出版社，2018(8)：248-256.

② 习近平出席亚太经合组织第二十五次领导人非正式会议并发表重要讲话.(2017-11-11) [2024-05-02]. https://www.gov.cn/xinwen/2017-11/11/content_5238944.htm.

③ 习近平出席亚太经合组织第二十六次领导人非正式会议并发表重要讲话.(2018-11-18) [2024-05-02]. http://www.xinhuanet.com/world/2018-11/18/c_1123730699.htm.

④ 习近平在亚太经合组织第二十七次领导人非正式会议上的讲话（全文）.(2020-11-20) [2024-05-02]. http://www.xinhuanet.com/world/2020-11/20/c_1126767392.htm.

⑤ 刘均胜.后茂物时代APEC的经济增长议题及其意义.中国发展观察，2020(22)：73-77.

制发展中国家借助现有国际机制的发展空间。比如，美国以美墨加自由贸易协定（USMCA）为示范，在亚太地区强推从关税导向转变为规则导向的经济合作；日本加紧落实全面与进步跨太平洋伙伴关系协定（Comprehensive and Progressive Agreement for Trans-Pacific Partnership，CPTPP）；而覆盖范围更广的亚太自由贸易区，则进展相对缓慢。在全球经济治理困境不断凸显的背景下，中国致力于保持APEC议程延续性，积极落实《APEC互联互通蓝图》和《APEC互联网和数字经济路线图》，充分利用亚太经合组织的平台，积极促进作为中国周边安全环境的亚太区域包容性的提升和可持续发展。①

2.4 中国参与创建的重要国际组织和机制

中国不仅积极支持联合国框架下的国际组织、参与西方国家主导的国际组织，也参与创建国际组织和国际机制，包括亚洲基础设施投资银行、二十国集团、区域全面经济伙伴关系协定、金砖国家以及上海合作组织等。

亚洲基础设施投资银行（简称亚投行）是中国倡议设立的第一个多边金融机构，总部设在北京。② 亚投行作为亚洲的一个政府间多边发展机构，侧重于支持基础设施发展，以促进亚洲地区的连通性和经济一体化进程，并加强中国与其他亚洲国家和区域之间的合作，截至2020年7月，共有103个成员。③ 由于当前亚洲超过三分之二的基础设施项目由世界银行和亚洲开发银行合资建成，亚投行的设立广泛汲取了已有投资项目的建设经验。亚投行的设立对中国提升在国际体系内的话语权和影响力具有重要意义，主要体现在提高国企在海外市场的份额、巩固与各个成员之间的关系、加速人民币国际化进程等方面。④

二十国集团（G20）是以峰会形式开展国际合作、讨论如何避免经济危机以及维持全球经济平衡持续运行的国际机制；最初由包括中国在内的发展中

① 苏格. 亚太经合之中国足迹. 现代国际关系，2019(4)：1-7.

② 财政部：亚投行总部将设在北京. (2015-03-25) [2024-05-02]. https://www.chinanews.com/gn/2015/03-25/7158394.shtml.

③ 辛识平：亚投行的朋友圈为何越来越大. (2020-07-29) [2024-05-02]. http://m.xinhuanet.com/2020/07/29/c_1126301489.htm.

④ 闫兴. 提升中国国际话语权路径研究——以亚投行为例. 辽宁省社会主义学院学报，2020(3)：87-91.

国家以及七国集团（G7）发起成立。① 自2008年国际金融危机以来，G20的一般国际事务活动和运行机制逐渐从危机解决向长期治理转变，其在以国际组织为依托的全球治理体系中的地位不断增强。② 作为G20的重要成员，中国在制定议程、建立机制、改革全球治理体系、积极推动政策共识、落实首脑会晤成果等方面发挥了重要作用，推动了全球治理体系由西方国家主导向更加多元开放的模式转变。比如，2016年，在杭州举办的G20峰会上，中国启动了世界第一个数字经济合作倡议，为全球经济复苏和发展注入了强大的推动力。③

区域全面经济伙伴关系协定是2012年由东盟发起，2020年11月由包括中国在内的15方国际行为体作为创始成员正式签署的国际协定，于2022年正式生效。中国认为，区域全面经济伙伴关系协定的签署，是多边主义和自由贸易的胜利，向世界传播了开放、合作、互利的全球治理理念。④ 数据显示，在2020年新冠疫情的背景下，中国—东盟经贸合作逆势上扬，中国对东盟投资同比增长70%以上，超过欧盟和美国。⑤ 区域全面经济伙伴关系协定的合作机制维持了区域产业链、贸易链的韧性，从而为全球经济发展做出了贡献。

除此以外，由中国主导或参与创建的许多其他国际组织和国际合作机制，如金砖国家合作机制、新开发银行、上合组织等，在国际舞台上也发挥着越来越重要的作用。这些国际组织和合作机制，在某种程度上也体现了中国在全球治理中的制度性能力的构建与增强。

3 国际组织视角下的中国贡献

中国既是国际组织的缔造者，又是维护者。中国不仅参与了国际组织尤其是最具影响力的联合国的创建，而且在联合国的诸多政策及文件中均贡献了中国智慧。中国对于国际组织和国际社会的贡献是多方面、多维度的。政

① 参见：二十国集团（G20）. (2017-06-16) [2024-05-02]. http://news.haiwainet.cn/n/2017/0616/c35410 90-30970957.html.
② 刘宏松. 二十国集团的功能拓展、议题设置与中国角色. 当代世界，2020(12)：4-9.
③ 丁武兴. 杭州G20峰会后的五大变化. 浙江经济，2019(19)：55.
④ RCEP签署：多边主义和自由贸易的胜利. (2020-11-16) [2024-05-02]. http://www.china.com.cn/ opinion2020/2020-11/16/content_76913994.shtml?f=pad&a=true.
⑤ 历时八年RCEP正式签署"超级自贸区"将带来哪些改变？. (2020-11-16) [2024-05-02]. http:// finance.cnr.cn/txcj/20201116/t20201116_525330473.shtml.

治上，中国领导人提出一系列外交理念和全球治理观，为推动国际组织发展、完善全球治理贡献了独特智慧和力量；经济上，中国倡导亚洲基础设施投资银行、"一带一路"等多边合作平台，促进区域经济联动，为全球经济稳定发展打下坚实根基；在气候治理等重大议题、教科文卫等其他诸多领域，中国不仅积极遵循各种国际规约和合作机制，还通过国际组织与各国共享物资和技术支持等，主动承担国际责任。

3.1 理念路径

中国积极主动参与全球治理体系改革和建设，并在其中发挥着不可替代的作用。这既是中国为自身营造良好发展环境的需要，也是中国主动承担国际责任、共建人类更美好未来的体现。纵观历史，中国曾在多个国际场合提出过自己的理念、主张和原则，例如，20世纪50年代的和平共处五项原则、70年代关于三个世界划分的理论、90年代提出的新安全观，以及21世纪初提出的和谐世界、共享安全理念等等。党的十八大以来，中国领导人围绕周边外交、多边外交、全球治理等重大问题提出了一系列新的理念和外交思想。其中一些理念已被载入国际组织的正式文件中，并开始引领国际关系实践。

一是平等观。中国始终奉行独立自主的和平外交政策，坚持国家不分大小强弱贫富一律平等，都是国际社会的平等成员，应平等参与决策、享受权利、履行义务。因此，中国在国际事务中秉持公正公平，尊重各国人民自主选择发展道路的权利，追求国际合作中的权利平等、机会平等、规则平等。中国高举和平、发展、合作、共赢的旗帜，积极参与国际事务，在谋求自身发展的同时，积极参与全球发展合作。

二是人类命运共同体。2013年3月，习近平主席在访问俄罗斯时首次提出了人类命运共同体理念；2015年9月和2017年1月，又分别在联合国纽约总部和日内瓦总部向国际社会全面阐述了人类命运共同体理念。①人类命运共同体理念与《联合国宪章》精神高度契合，被写入联合国的多项决议。第71届联合国大会主席彼得·汤姆森认为，构建人类命运共同体是"人类在这个星球

---

① 这两次讲话分别是2015年9月在纽约联合国总部发表的"携手构建合作共赢新伙伴同心打造人类命运共同体"的讲话，以及2017年1月在联合国日内瓦总部发表的"共同构建人类命运共同体"的讲话。

上的唯一未来"①。人类命运共同体的内涵有五：一是政治上相互尊重、平等协商，致力建设持久和平的世界；二是安全上统筹应对传统和非传统安全威胁，致力建设普遍安全的世界；三是经济上维护并完善经济全球化，致力建设共同繁荣的世界；四是文化上尊重世界文明多样性，致力建设开放包容的世界；五是生态上合作应对气候变化，致力建设清洁美丽的世界。

三是新安全观、新发展观、新文明观。中国积极倡导新安全观、新发展观、新文明观，并在2022—2023年间提出全球发展倡议、全球安全倡议、全球文明倡议三大倡议。三大倡议从发展、安全、文明三个维度倡导人类社会前进方向，相辅相成，是构建人类命运共同体大理念的具体支撑。全球发展倡议从发展维度提出"人类需要什么样的发展理念、怎样实现全球发展"的时代之问，为推动构建人类命运共同体提供了物质之基。全球安全倡议从安全维度提出"人类需要什么样的安全理念、怎样实现普遍安全"的世界之困，为推动构建人类命运共同体打造了安全之基。全球文明倡议从文明维度提出"人类需要什么样的文明理念、怎样实现交流互鉴"的历史之惑，为推动构建人类命运共同体夯实了文明之基。

四是共商共建共享的全球治理观。2015年10月，中共中央政治局就全球治理进行集体学习。习近平总书记在讲话中指出，要推动全球治理理念创新发展，弘扬"共商共建共享"的全球治理理念。②"共商共建共享"意味着全球治理的事情由大家一起商量着办，更加完善的全球治理体系由大家一起建设，由此产生的成果也将由大家一起分享。此后，习近平主席在各项会议中多次阐述了这一理念。"共商共建共享"的全球治理理念，既是"对中国一贯奉行的独立自主的和平外交政策的继承和发展"，也是"中国积极参与全球治理体系变革和建设的基本理念和主张。"③ 2017年10月，第71届联大会议首次把"共商共建共享"的全球经济治理理念纳入会议决议之中。

五是"亲诚惠容"周边外交理念。2013年10月，在周边外交工作座谈会上，习近平总书记阐述了"亲诚惠容"的周边外交理念。"亲"指"要坚持睦邻

---

① 弘扬全人类共同价值，推动构建人类命运共同体 . (2022-10-31) [2024-05-02]. http://theory.people.com.cn/n1/2022/1031/c40531-32555572.html.

② 张大卫 . 共商共建共享：中国全球经济治理的新理念 . 光明日报，2017-10-26(13).

③ 坚持共商共建共享的全球治理观 . (2019-03-27) [2024-05-02]. http://theory.people.com.cn/GB/n1/2019/0327/c40531-30998546.html.

友好，守望相助；讲平等、重感情；常见面，多走动；多做得人心、暖人心的事，使周边国家对我们更友善、更亲近、更认同、更支持，增强亲和力、感召力、影响力"。"诚"强调"要诚心诚意对待周边国家，争取更多朋友和伙伴"。"惠"在于"要本着互惠互利的原则同周边国家开展合作，编织更加紧密的共同利益网络，把双方利益融合提升到更高水平，让周边国家得益于我国发展，使我国也从周边国家共同发展中获得裨益和助力"。"容"则是"要倡导包容的思想，强调亚太之大容得下大家共同发展，以更加开放的胸襟和更加积极的态度促进地区合作"。[①]这一理念建立在中国与周边关系的历史和现实基础上，突出友善和包容，根植于中国的传统文化智慧。中国与周边国家和地区，特别是东南亚和中亚地区，在利益、责任、命运三方面的共同体意识不断加强。

3.2　规则路径

在制度供给上，中国的贡献主要体现在：一是对现有国际规则制度的遵循和维护，二是积极推动联合国改革，三是积极在新的制度和规则领域参与、提出中国方案。2012年11月，党的十八大指出要将推动全球治理机制变革、积极参与全球经济治理作为中国政治对外战略的重要指导原则与任务。[②]在G20杭州峰会、联合国日内瓦总部等诸多重要国际场合，习近平主席多次重申全球经济治理的重要性，这体现出中国对于全球经济治理的持续关切。在身份定位上，中国是发展中国家，又是新兴大国，因此在全球性事务中致力于更好地诠释并承担新兴大国的权利与义务；在策略选择上，致力于与其他新兴国家之间的团结与合作，并通过南南合作以及区域合作机制增强自身在全球治理中的地位；在着力点上，立足于自身经济优势，偏重全球经济治理能力的完善，致力于国际经济组织的公开化与民主化改革。在目标取向上，重视理念引领，充分发掘中华文化中积极的处世之道和治理理念，吸收人类优秀文明成果，注重与其他国家合作，共同致力于国际经济体系及国际秩序的变

---

① 中国特色周边外交的四字箴言：亲、诚、惠、容 . (2013-11-08) [2024-05-02]. http://www.xinhuanet.com//world/2013-11/08/c_118063342.htm.

② 胡锦涛在中国共产党第十八次全国代表大会上的报告 . (2012-11-17) [2024-05-02]. http://www.xinhuanet.com/18cpcnc/2012-11/17/c_113711665.htm.

革，推动全球治理体制向着更加公正合理的方向发展。[1]中国参与创新国际制度，推动国际制度趋于完善，有利于破解全球治理的困境，弥补全球治理制度缺失，进一步推动中国对于国际社会的贡献。[2]

中国还积极参与北极治理、太空治理和人工智能领域新规则的制定，2018年发布的《中国的北极政策白皮书》提到，中国参与北极事务坚持科研先导，强调保护环境、主张合理利用、倡导依法治理和国际合作，并致力于维护和平、安全、稳定的北极秩序。[3]在太空治理领域，中方的太空政策清晰明确，中国一向坚持和平利用太空，愿同所有和平利用太空的国家一道，加强交流、深化合作、为维护太空持久和平与共同安全做出贡献。[4]人工智能治理事关全人类共同福祉，需要国际社会群策群力。作为联合国安理会常任理事国和国际社会负责任的一员，中方支持在联合国框架下讨论人工智能治理，增加发展中国家代表性和发言权，推动形成具有广泛共识的人工智能治理框架和标准规范。[5]2023年10月18日，中国发布了《全球人工智能治理倡议》，提出发展人工智能应坚持相互尊重、平等互利的原则，各国无论大小、强弱，无论社会制度如何，都有平等发展和利用人工智能的权利。

3.3　经济路径

在南南合作、中非合作、"一带一路"国际合作等方面，中国正发挥着引领性的作用。无论是全球层面的77国集团与中国的"G77+中国"机制，还是跨地区的金砖国家机制和中非、中拉、中阿等合作论坛，以及上合组织、中国—东盟合作等，中国的地位和作用都是独特的。中国在推动南南合作的内容、方式和力度等方面都有了新的变化：一是中国设立了南南合作援助基金和

---

[1]　刘金源. 负责任大国的必然选择——积极参与全球治理体制变革. 人民日报，2016-04-14(7).

[2]　蔡拓. 中国如何参与全球治理. 国际观察，2014(1)：1-10.

[3]　中国的北极政策. (2018-01-26) [2024-05-02]. https://www.gov.cn/zhengce/2018/01/26/content_5260891.htm.

[4]　国防部：中方坚持和平利用太空. (2024-04-19) [2024-05-02]. http://www.mod.gov.cn/gfbw/xwfyr/ztjzh/16302060.html.

[5]　外交部发言人：中方支持推动形成具有广泛共识的人工智能治理框架和标准规范. (2023-10-30) [2024-05-02]. https://www.gov.cn/lianbo/bumen/202310/content_6912744.htm.

气候变化南南合作基金[①]；二是向发展中国家提供了"6个100"项目支持（其中涉及减贫、农业合作、贸易援助、生态保护、医院诊所、学校和职业培训等领域）；三是向联合国粮农组织捐助了5000万美元。可以说，中国在合作实践上的引领为新时期南南合作的内容和方式奠定了坚实的基础[②]。2015年9月，中国与联合国共同主办了南南合作圆桌会。这在中国与国际组织关系发展史上是首次，也是中国国际组织外交的一个创新举措。在圆桌会上，习近平主席宣布中国将设立南南合作与发展学院。

作为全球公共产品和国际合作的重要平台，"一带一路"已成为中国与联合国等国际组织合作的大平台。"一带一路"多次被载入联合国等国际组织的决议文件之中。"一带一路"建设也得到了联合国秘书长古特雷斯和许多国际组织领导人的高度评价。2016年4月，中国外交部与联合国亚洲及太平洋经济社会委员会（U. N. Economic and Social Commission for Asia and the Pacific，ESCAP）签署首份中国与国际组织共建"一带一路"合作文件。截至2023年8月24日，中国已经同152个国家和32个国际组织签署200余份共建"一带一路"合作文件。[③]其中，联合国、世界银行和国际货币基金组织三个世界上最重要的多边机构，正在"一带一路"的舞台上发挥着独特的作用。[④]与国际组织合作共建"一带一路"在实践方面取得了新的进展。

党的二十大报告指出，中国将"实行更加积极主动的开放战略，构建面向全球的高标准自由贸易区网络，加快推进自由贸易试验区、海南自由贸易港建设，共建'一带一路'成为深受欢迎的国际公共产品和国际合作平台"[⑤]，并进一步提出推进高水平对外开放，包括增强国内国际两个市场两种资源联动效应，提升贸易投资合作质量和水平；扩大规则、规制、管理、标准等制度型开放；推动货物贸易优化升级，创新服务贸易发展机制，发展数字贸易，加

---

① 李荣林 . 中国南南合作发展报告 2016：中国对发展中国家的援助与合作 . 北京：五洲传播出版社，2015：115-116.

② 夏光，俞海，原庆丹 . 中国环境政策述评报告（2014 年度）. 北京：中国环境出版社，2016：227.

③ 我国已与 152 个国家、32 个国际组织签署共建"一带一路"合作文件 . (2023-08-24) [2024-05-02]. https://www.gov.cn/lianbo/bumen/202308/content_6899977.htm.

④ 张旭东 . "一带一路"与三大国际组织的战略对接协作 . (2017-06-05) [2024-05-02]. http://www.chinatoday.com.cn/chinese/sz/sd/201706/t20170605_800097557.html.

⑤ 习近平 . 高举中国特色社会主义伟大旗帜为全面建设社会主义现代化国家而团结奋斗 . 人民日报，2022-10-26(1).

快建设贸易强国；营造市场化、法治化、国际化一流营商环境；推动共建"一带一路"高质量发展；加快建设西部陆海新通道；加快建设海南自由贸易港，实施自由贸易试验区提升战略，扩大面向全球的高标准自由贸易区网络；有序推进人民币国际化；深度参与全球产业分工和合作，维护多元稳定的国际经济格局和经贸关系。

3.4　环境气候路径

全球环境与气候治理是国际组织发挥全球治理作用的重要领域，由于各个国家所处的发展阶段以及面临的环境与气候问题程度不同，各国治理理念的差异较大，中国以"人类命运共同体"为基础提出了全球环境治理的"中国方案"。[①]中国致力于在联合国框架下构建全球环境利益共同体，把纲领性的倡议转化为全球环境治理的一致行动。中国在联合国框架下积极呼吁国际社会加强生态环境、生物多样性保护和应对气候变化合作，客观上推动了全球环境治理合力不断凝聚，为落实2030年可持续发展目标注入了新动力。[②]在以联合国为核心的国际组织发挥全球环境治理作用的进程中，中国一直是全球气候治理进程、生物多样性多边进程的积极参与者和贡献者。[③]

中国履行气候变化、生物多样性等环境相关条约义务，已提前完成2020年应对气候变化和设立自然保护区相关目标。在加强自身生态文明建设的同时，中国以联合国框架下的环境治理为蓝本，着力打造"绿色丝绸之路"。2019年，习近平主席在第二届"一带一路"国际合作高峰论坛上强调，"要坚持开放、绿色、廉洁理念，把绿色作为底色，推动绿色基础设施建设、绿色投资、绿色金融，保护好我们赖以生存的共同家园。"[④]2020年10月，习近平主席在第75届联合国大会上宣布，中国将坚持秉持人类命运共同体的理念，采取更加有力的政策和措施，为减少全球碳排放、提高中国的国家自主贡献力度继续做出艰苦卓绝努力，中国将力争于2030年前达到二氧化碳排放的峰值，并努力争取在2060年前实现碳中和，从而"为实现应对气候变化《巴黎

---

①　王雨辰. 人类命运共同体与全球环境治理的中国方案. 中国人民大学学报，2018(4)：67-74.

②　周国梅. 推动共建绿色"一带一路"凝聚全球环境治理合力. 中国环境报，2020-11-19(3).

③　刘雯. 构建全球环境利益共同体的使命与路径. 人民论坛·学术前沿，2020(6)：100-103.

④　习近平出席第二届"一带一路"国际合作高峰论坛开幕式并发表主旨演讲. (2019-04-26) [2024-05-02]. https://www.gov.cn/xinwen/2019-04/26/content_5386560.htm.

协定》确定的目标做出更大努力和贡献"①。此外，中国积极参与联合国框架下区域层面的全球环境治理合作。比如，2020年11月，在于布鲁塞尔举办的中欧绿色合作高级别论坛上，中国生态环境部气候变化事务特别顾问解振华呼吁，中欧在应对气候变化领域应长期保持友好合作，共同致力于建立高质量的绿色低碳发展模式，积极推动联合国框架下应对气候变化的多边机制建设。②此外，中国还提出"新型基础设施建设""中国碳中和承诺"等绿色低碳发展举措，打造中欧绿色合作伙伴，建设性参与全球应对气候变化和保护全球生物多样性多边进程，释放出高质量及可持续发展的鲜明信号，也向国际社会展示了中国推动建设"绿色丝绸之路"、带动全球后疫情时代经济绿色复苏的决心和信心。③

3.5 卫生治理路径

中国积极参与国际组织在全球卫生治理中的合作，致力于构建人类卫生健康共同体。习近平主席在第73届世界卫生大会开幕式中说："中国既对本国人民生命安全和身体健康负责，也对全球公共卫生事业尽责。"④中国维护公共卫生领域的条约与国际法效力，认真履行义务，通过实地参与国际项目来支持国际组织在全球治理领域促进世界合作。比如，2016年8月，中国政府发布《遏制细菌耐药国家行动计划（2016—2020年）》，世界卫生组织称之为人类应对抗菌素耐药性努力的转折点，因为没有中国发挥领军作用，全球抗菌素耐药问题的战争将很难打赢。⑤

2020年全球新冠疫情暴发后，中国在促进全球公共卫生方面支持世界卫生组织（简称世卫组织），发挥了不可替代的作用，并主动分享方舱医院的经验，借助世界卫生组织的平台与其他国家分享信息、开展科研等方面的国际合作。2020年2月23日，世卫组织专家对武汉的方舱医院进行了实地考察，

---

① 中国提出争取2060年前实现"碳中和"目标　专家：将对全球应对气候变化产生积极影响. (2020-10-06) [2024-05-02]. http://news.cri.cn/20201006/dc1cb367-aae9-1e14-3e95-d192b7b88d2e.html.

② 中欧绿色发展领域合作前景广阔. (2020-11-25) [2024-05-02]. http://env.people.com.cn/n1/2020/1125/c1010-31943639.html.

③ 丁燃，魏雪敬. 构建全球生态治理共同体. 中国社会科学报，2020-11-11(A06).

④ 团结合作战胜疫情　共同构建人类卫生健康共同体——在第73届世界卫生大会视频会议开幕式上的致辞. (2020-05-18) [2024-05-02]. http://www.gov.cn/gongbao/content/2020/content_5515270.htm.

⑤ 徐彤武. 当代全球卫生安全与中国的对策. 国际政治研究，2017(3)：9-37.

听取了方舱医院建设与管理报告,赞扬了中国方舱医院的经验。在3月16日的记者会上,世卫组织表示可以借鉴方舱医院的方式。为了支持世卫组织在抗击疫情方面发挥更大的作用,中国通过向世卫组织捐款进而帮助更多深受疫情影响的国家。中国科学家同世卫组织和其他国家分享有关病毒基因序列,吸取了世卫组织给出的抗疫建议并结合实际情况采取了果断的措施。[①] 中国与全球100多个国家、10多个国际和区域组织分享了疫情防控和诊疗方案等多份技术文件,与世卫组织、东盟、欧盟、亚太经合组织、非盟、加共体、上合组织等国际和区域组织,以及日本、韩国、俄罗斯、德国、法国、美国、老挝等相关国家通过专家研讨和远程会议等方式开展了20多次技术交流,及时分享了中国有关实验室检测、流行病学调查、临床诊疗等方面的防控经验和方案。[②] 2020年11月10日,习近平主席以视频方式出席上海合作组织成员国元首理事会第二十次会议并发表题为"弘扬'上海精神'深化团结协作构建更加紧密的命运共同体"的重要讲话,强调上海合作组织要携手构建卫生健康共同体、安全共同体、发展共同体、人文共同体,为推动构建人类命运共同体做出更多实践探索。[③]

3.6 科学技术路径

随着全球化的深入发展,科技治理已成为各国关注的焦点。作为世界上最大的发展中国家,中国积极参与全球科技治理,推动构建开放、包容、普惠、平衡、共赢的全球科技治理体系。同时,中国积极参与全球创新治理,通过加入200多个国际组织和多边机制并积极互动,有效地推动了全球科技治理体系的完善和科技领域的共同发展。[④]

中国通过国际科技合作倡议,如"一带一路"科技创新行动计划,加强了与各国的科技交流与合作。习近平主席在第二届"一带一路"国际合作高峰论坛开幕式上指出,"技术创新是经济转型的新引擎",应充分发挥"一带

---

① 科学防控疫情 中国为世界做出了哪些贡献. (2020-02-27) [2024-05-02]. https://www.ccdi.gov.cn/yaowen/202002/t20200227_212365.html.

② 贾平凡. 中国为世界战疫做出重要贡献. 人民日报海外版,2020-06-11(6).

③ 习近平出席上海合作组织成员国元首理事会第二十次会议并发表重要讲话. (2020-11-10) [2024-05-02]. http://www.gov.cn/xinwen/2020-11/10/content_5560361.htm.

④ 中国积极参与全球创新治理 已加入200多个国际组织和多边机制. (2022-11-18) [2024-05-02]. https://www.chinanews.com.cn/gn/2022/11-18/9897693.shtml.

一路"在数字经济时代的多边开发作用。^①在全球数字化转型背景下，"数字丝绸之路"倡议是中国紧抓数字机遇而推出的国际公共产品，旨在加强数字基础设施建设，促进数字技术交流与应用，加强数字政策的多边协调。在相关倡议下，"一带一路"国际科学组织联盟（Alliance of International Science Organizations for the Belt and Road Regions，ANSO）、"一带一路"绿色发展国际联盟（BRI International Green Development Coalition，BRIGC）等区域和国际联盟也成立。此外，中国积极参与国际电信联盟等国际组织的合作，推动制定统一的数字标准和政策。截至2023年8月，中国已经同152个国家和32个国际组织签署了200余份共建"一带一路"的合作文件^②。同时，共建"一带一路"倡议也被写入了联合国、二十国集团和亚太经合组织等全球和地区性组织的重要文件中。^③2024年，《"一带一路"高质量发展报告：科技创新与科技合作》发布，聚焦"一带一路"科技合作和技术创新中的关键问题，整理案例并总结发展经验，旨在为政策制定者、学者、企业家以及对"一带一路"科技合作感兴趣的各界人士提供参考和指导。^④

党的二十大报告提出要增强中华文明传播力影响力，指出"坚守中华文化立场，提炼展示中华文明的精神标识和文化精髓，加快构建中国话语和中国叙事体系，讲好中国故事、传播好中国声音，展现可信、可爱、可敬的中国形象。加强国际传播能力建设，全面提升国际传播效能，形成同我国综合国力和国际地位相匹配的国际话语权。深化文明交流互鉴，推动中华文化更好走向世界"^⑤。在应对全球性挑战和全球治理的诸多领域，中国积极参与并提出了自身外交立场和方案。在生态环境领域提出，积极稳妥推进碳达峰碳中和，积极参与应对气候变化全球治理。在科技领域，提出"扩大国际科技交流合作，鼓励在华设立国际科技组织，优化高校、科研院所、科技社团对

① 习近平出席第二届"一带一路"国际合作高峰论坛开幕式并发表主旨演讲. (2019-04-26) [2024-05-02]. https://www.gov.cn/xinwen/2019-04/26/content_5386560.htm.

② 我国已与152个国家、32个国际组织签署共建"一带一路"合作文件. (2023-08-24) [2024-05-02]. https://www.gov.cn/lianbo/bumen/202308/content_6899977.htm.

③ 袁正清，赵洋. "一带一路"倡议与中国的国际组织战略构建. 社会科学文摘，2023(10)：8-10.

④ 《"一带一路"高质量发展报告：科技创新与科技合作》新书发布会在京举行. (2024-01-23) [2024-05-02]. https://www.yidaiyilu.gov.cn/p/0BGVO4V2.html.

⑤ 习近平. 高举中国特色社会主义伟大旗帜为全面建设社会主义现代化国家而团结奋斗. 人民日报，2022-10-26(1).

外专业交流合作管理机制"①。在法治领域，提出"加强涉外法治建设。建立一体推进涉外立法、执法、司法、守法和法律服务、法治人才培养的工作机制。完善涉外法律法规体系和法治实施体系，深化执法司法国际合作。完善涉外民事法律关系中当事人依法约定管辖、选择适用域外法等司法审判制度。健全国际商事仲裁和调解制度，培育国际一流仲裁机构、律师事务所。积极参与国际规则制定"②。

4 中国参与国际组织的挑战

在积极参与国际组织事务和决策的过程中，中国达成了一系列的全球治理贡献，取得了诸多成果。但与此同时，中国在参与国际组织的过程中，也有着人才、规则等领域的短板，比如，中国籍国际组织任职人员数量不足，国际组织落户中国数量不多，参与国际组织的话语权不足等。

4.1 国际组织人才不足

在国际组织任职的官员中，中国籍官员在数量和质量上与中国当今的国际地位和实力不匹配。在联合国系统中，中国是第二大会费国，越来越多的中国人进入联合国系统工作并在重要岗位任职，他们的工作表现及成就也得到了认可。根据中国对联合国的会费贡献和地域分配的原则，联合国系统中的中国籍国际职员实际比例远低于应占比例，高级职位数量也偏少，代表性严重不足，这对中国积极推进全球治理体系变革，提升在全球治理中的影响力、话语权和规则制定权，将形成越来越大的制约。③2021年，在联合国秘书处中国籍职员有548人，占总人数的1.5%，仅为美国的22%，英国的70%。D级以上中高级职员中，中国籍职员仅有19人，是英国的1/3，美国的1/5。④在联合国五大常任理事国中，中国籍人员在联合国任职的数量与英国、美国等有较大差距。而根据2019年4月联合国秘书长古特雷斯的报告，截至2018年底，联合国秘书处专业及以上职类，中国籍职员的数量适当范围是169—229

① 中共中央关于进一步全面深化改革、推进中国式现代化的决定.人民日报，2024-07-22(1).
② 中共中央关于进一步全面深化改革、推进中国式现代化的决定.人民日报，2024-07-22(1).
③ 杨泽伟.中国与联合国50年：历程、贡献与未来展望.太平洋学报，2021(11)：113.
④ 2021年7月5日外交部发言人汪文斌主持例行记者会.(2021-07-05)[2024-05-02].http://new.fmprc.gov.cn/web/fyrbt_673021/jzhsl_673025/202107/t20210705_9171300.shtml.

人，实际职员只有89人，离最低限差80人；印度的数量适当范围是46—62人，实际职员62人，达到其高限。可见，中国与一些发展中国家在国际组织中的代表性也有差距。

中国在联合国系统中代表性不足的问题，在某种程度上反映了中国在国际组织人才储备方面的欠缺，这将制约中国籍官员在国际组织中的晋升以及任职人数的增加。原因主要有以下三个方面：一是联合国等国际组织的任职要求高，即不仅要求熟练掌握联合国的官方语言，而且要求熟悉该组织内的各种规章制度，并拥有与来自其他国家的工作人员进行协调和沟通的能力，具有非常强的综合能力和开拓、合作能力。目前，具有综合素质的中国国际组织人才在数量上存在较大缺口。二是中国国际组织人才推送力度和推送机制不完善。自1972年中国恢复联合国合法席位以来，中国没有认识到向国际组织输送人才的重要性，没有把它作为一项国家战略来看待，而只是将其看作外交工作的一项补充。至今的推送机制，依然面临协同不足、保障机制不完善等问题。三是中国公众尤其是优秀青年学生，对国际组织的认识和了解不多，参与国际事务的意愿不足，国际组织就业意识和胜任力不足。2015年以来，北京大学、清华大学、浙江大学、复旦大学、中国人民大学、外交学院、北京外国语大学、上海外国语大学等40多所中国高校加大了对国际组织人才的培养力度，但总体上人才队伍建设仍处于初级阶段，还需要积累经验，不断发展。

4.2　国际组织总部基地不足

国际组织在城市设立的总部机构或办事处的数量，与国际组织开展各种合作交流活动的能力和频率等，体现了一个城市的国际化水平。吸引国际组织总部落户不仅能够大大提升东道国城市的国际化程度，拉动所在城市的国际化发展，而且能够提升东道国的国际影响力、促进国际交流和认知。受历史的原因以及过去100年中国自身实力不足的现实所限，相比美国和欧洲国家

---

① 为什么在国际组织中任职的中国人不多？（2020-07-02）[2024-05-02]. http://io.mohrss.gov.cn/a/2020/07/02/0378200.html.

② 为什么在国际组织中任职的中国人不多？（2020-07-02）[2024-05-02]. http://io.mohrss.gov.cn/a/2020/07/02/0378200.html.

③ 陈智辉，廖其红，麦珏.吸引国际组织落户 打造卓越全球城市.党政论坛，2018(1)：52-54.

等，中国的国际组织总部和分支机构落户数量寥寥无几。

当前，按总部和地区分部数量排列，世界上国际组织分布数量列前十位的城市依次是：巴黎、布鲁塞尔、伦敦、罗马、日内瓦、纽约、华盛顿、斯德哥尔摩、维也纳、哥本哈根。根据瑞士的官方统计，瑞士目前有44个国际组织，其中41个在日内瓦；同时，日内瓦有750个非政府组织（NGO）。相比较而言，在中国，国际组织总部及下属机构的落户与其在世界上的影响力和中国目前的国际地位是极为不匹配的。以北京、上海为例，根据不完全统计，在北京设立总部的政府间国际组织仅有国际竹藤组织（International Bamboo and Rattan Organization，INBAR）、亚太空间合作组织（Asia-Pacific Space Cooperation Organization，APSCO）、亚太农业工程与机械中心（Asian and Pacific Centre for Agricultural Engineering and Machinery，APCAEM）、上海合作组织等8个。①北京市在吸引国际组织落户的进程中主要面临来自国际和国内城市的双重竞争、缺乏专门机构和专门经费统筹协调、涉外服务体系仍需努力改善等问题。②总部落户上海的政府间国际组织仅有金砖国家新开发银行1家。根据2017年开始执行的《中华人民共和国境外非政府组织境内活动管理法》以及国家其他内部管理规定，经中央主管部门或上海市主管部门审批注册登记的非政府国际组织仅有约30家，其中仅有个别是国际行业组织的总部机构，如全球中央对手方协会（Global Association for Central Counterparties，CCP12）秘书处，其他多为地区级代表机构。③。

近年来，北京、上海、广州、杭州等城市纷纷将吸引国际组织落户列入发展规划的重要指标，从建设"世界中心城市"的角度推动"构建人类命运共同体"的实践。④但是，国际组织落户数量"先天不足"的缺陷，仍会成为中国参与国际组织的掣肘。

4.3　制度性权力不足

在当今世界，无论是大国还是小国，大多数国家已经是国际组织的积极

① 姜水.澜沧江湄公河综合执法安全合作中心落户昆明的实践探索.云南警官学院学报，2021(3)：90-93.

② 李培广，李中洲，贾文杰.国际组织落户纽约对北京城市发展的启发.中国市场，2012(33)：78-83.

③ 陈智辉，廖其红，麦珏.吸引国际组织落户 打造卓越全球城市.党政论坛，2018(1)：52-54.

④ 刘波.北京国际交往中心发展报告（2020）.北京：社会科学文献出版社，2020.

参与者。然而，由于国际组织在制度设计、议程设置以及理念导向等不同层面的差别，各国在国际组织中的角色和地位、权力和影响力存在着事实上的差别。[①]中国虽然是联合国安理会五个常任理事国之一，在联合国安理会拥有一票否决权，但中国在其他国际组织，如国际货币基金组织、世界贸易组织等国际组织中的话语权远低于美英等发达国家。

在制度设计层面，根据《国际货币基金组织协定》(Agreement of the International Monetary Fund)的有关安排，国际货币基金组织执行加权投票表决制，在涉及重大事项的决定时，当总投票权达到85%，表决才可通过，但美国的投票权比重达到17%[②]，这事实上赋予了美国在修改协定等问题上的一票否决权。

在议程设置方面，即国家在国际组织中将所关注的问题提出来，并而通过扩大或缩小议程追求自身国家利益，发达国家和发展中国家具有不同的议程设置能力。以关贸总协定及后来的世界贸易组织推动多边自由贸易谈判进程为例：尽管在制度设计上每个成员能够平等地享有表决权，在各回合谈判中也坚持以共识为基础，但是在实际操作中，美国、欧共体、日本和加拿大四方构成了作为决策核心的"四方集团"(Quad)，在做出有关决定后，再将决定扩展到其他成员，他们甚至一度主导了"东京回合"(1973—1979年)和"乌拉圭回合"(1986—1994年)的谈判[③]，进而做出了一些更利于发达国家的决定。中国加入世界贸易组织历经了多方和多轮谈判，也从侧面证明发达国家在世界贸易组织中推动议程设置的能力。

理念代表人们对事实、因果关系和公正等的一种看法，在国际层面，贸易、发展、环境、人权、安全等不同领域有不同的理念，相关理念不仅能够帮助界定集体行动的目标指向，还能塑造集体行动的具体进程，并对结果产生深远影响。[④]例如，国际货币基金组织"界定和重新界定其贷款的条件限

---

① 马荣久.国际组织中的国家话语权.国际展望，2021(4)：90-111.

② 马荣久.国际组织中的国家话语权.国际展望，2021(4)：90-111.

③ Zangl, B., Heußner, F., Kruck, A. et al. Imperfect Adaptation: How the WTO and the IMF Adjust to Shifting Power Distributions Among Their Members. *The Review of International Organizations,* 2016, 11: 171–196.

④ 马荣久.国际组织中的国家话语权.国际展望，2021(4)：90-111.

制，并且在这个过程中为其成员界定（和重新界定）什么是健康的经济"①。国际货币基金组织的上述有关行动与以自由主义市场经济为特征的发展理念密切相关。

在现有国际制度框架下，中国在制度改良、制度设计、议程设置、规则建设以及理念导向等方面依然面临着如何扩大自身话语权和影响力的挑战。党的二十大报告指出，中国共产党"必须坚持胸怀天下。中国共产党是为中国人民谋幸福、为中华民族谋复兴的党，也是为人类谋进步、为世界谋大同的党。我们要拓展世界眼光，深刻洞察人类发展进步潮流，积极回应各国人民普遍关切，为解决人类面临的共同问题作出贡献，以海纳百川的宽阔胸襟借鉴吸收人类一切优秀文明成果，推动建设更加美好的世界"②。党的二十大报告还专章指出"促进世界和平与发展，推动构建人类命运共同体"③：中国积极参与全球治理体系改革和建设，践行共商共建共享的全球治理观，坚持真正的多边主义，推进国际关系民主化，推动全球治理朝着更加公正合理的方向发展。坚定维护以联合国为核心的国际体系、以国际法为基础的国际秩序、以联合国宪章宗旨和原则为基础的国际关系基本准则，反对一切形式的单边主义，反对搞针对特定国家的阵营化和排他性小圈子。推动世界贸易组织、亚太经合组织等多边机制更好发挥作用，扩大金砖国家、上海合作组织等合作机制影响力，增强新兴市场国家和发展中国家在全球事务中的代表性和发言权。中国坚持积极参与全球安全规则制定，加强国际安全合作，积极参与联合国维和行动，为维护世界和平和地区稳定发挥建设性作用。同时指出，构建人类命运共同体是世界各国人民前途所在。中国提出了全球发展倡议、全球安全倡议，愿同国际社会一道努力落实。中国坚持对话协商，推动建设一个持久和平的世界；坚持共建共享，推动建设一个普遍安全的世界；坚持合作共赢，推动建设一个共同繁荣的世界；坚持交流互鉴，推动建设一个开放包容的世界；坚持绿色低碳，推动建设一个清洁美丽的世界。党的二十大报

① 迈克尔·巴尼特. 为世界定规则——全球政治中的国际组织. 玛莎·芬尼莫尔，薄燕，译. 上海：上海人民出版社，2009：45.
② 习近平. 高举中国特色社会主义伟大旗帜　为全面建设社会主义现代化国家而团结奋斗. 人民日报，2022-10-26(1).
③ 习近平. 高举中国特色社会主义伟大旗帜　为全面建设社会主义现代化国家而团结奋斗. 人民日报，2022-10-26(1).

93

告真诚呼吁世界各国弘扬和平、发展、公平、正义、民主、自由的全人类共同价值，促进各国人民相知相亲，尊重世界文明多样性，以文明交流超越文明隔阂、文明互鉴超越文明冲突、文明共存超越文明优越，共同应对各种全球性挑战。可以预见，中国对国际组织和国际机制的参与、与国际组织的合作都将变得更为广泛和紧密。

第四讲　国际组织与国际法

国际法处于动态、多向的演化中。从国际法的主体来说，诞生时以独立国家主权为基础，调解国家间关系的国际法，随着二战的结束、国际组织的兴起，其主体逐渐向组织、个人拓展。从国际法涉及的领域来说，当今国际法的范围也是巨大的。从太空探索的规制到海底的分割问题，从人权的保护到国际金融体系的管理，它的介入已经从最初的维护和平扩展到了调节当代国际社会的各种利益。同时，国际法也不可避免地遇到许多挑战，多样化的管辖领域需要国际法不断产生新规则，调整旧规则；管辖领域的碎片化也导致国际法体系本身的碎片化，联合国国际法委员会（International Law Commission）为此专门起草报告予以阐述。[①] 在国际法主体之外，国际法面临着大国霸权的威胁与限制。

在人类追求和平、解决国际冲突和矛盾，以及面对各种全球化挑战的过程中，国际规则、国际机制（international regimes）等概念开始兴起和演化。在深入思考国际规则的过程中，很多学者注意到了原则、规范、规则等几个相近概念之间的区分问题。克拉斯纳在定义国际机制的过程中将原则（principles）、规范（norms）与规则（rules）三者纳入了考虑。他认为国际机制是国际行为体的期望在国际关系特定领域汇集而成的一系列隐含或明确的原则、规范、规则和决策程序。其中，"原则"是关于事实、因果关系和公正的

---

① International Law Commission, Fragmentation of International Law: Difficulties Arising from the Diversification and Expansion of International Law. (2006-04-13) [2024-05-02]. https://legal.un.org/ilc/documentation/english/a_cn4_l682.pdf.

信念，"规范"是以权利和义务方式定义的行为准则，而"规则"是指导行为的具体规定或禁止某些行为的规定。[1]基奥思认为规则比规范更为具体地规定了成员的权利与义务，并且规则比原则和规范更易被改变[2]，马克·阿姆斯特茨对原则、规则的定义以及区分也持相似观点[3]。规则与原则、规范有密切的内在联系，规则在某种程度上是原则与规范的体现。事实上，将原则、规范与规则三者完全割裂开来并不现实，也不符合国际社会的运行模式。正如基奥思所言："正是原则、规范和规则之间的联系赋予了国际机制的合法性。"[4]由此，狭义的规则即为指导行为的具体规定，而广义的规则还包括原则与规范。因此，国际规则可以理解为指导世界各国国际行为的规定、规范和原则，被用以维护国际秩序。

国际规则是世界秩序的支柱。赫德利·布尔认为，世界秩序的维持依赖于三个因素：基于社会生活基本或首要目标的共同利益观念、规定行为模式的规则、让规则发挥效力的制度。[5]规则不仅为全球治理创设环境，同时还为全球治理提供基础。在全球治理中发挥重要作用的国际组织本身就是规则的产物。同时，全球治理也对规则有反哺作用，全球治理的演化在某种程度上是一种生成新规则的过程，如气候治理、网络空间治理中有关规则的诞生。

国际法是国际规则的核心之一。国际法被认为是最能规范国家行为、维护世界秩序的一种规则。无论是国际强权的约束，还是国际制度的建构，抑或是全球信仰和价值的达成，法治都是人类理念的选择。[6]法律由一系列规范行为的规则构成，是群体内成员遵守公认的价值观与规范[7]，相较于其他规则，

---

[1] Krasner, S. D. Structural Causes and Regime Consequences: Regimes as Intervening Variables. *International Organization*, 1982, 36(2): 185-205.

[2] Keohane, R. *After Hegemony: Cooperation and Discord in the World Political Economy*. Princeton: Princeton University Press, 1984: 58.

[3] Amstutz, M. T*he Rules of the Game: A Primer on International Relations*. Boulder: Paradigm Publishers, 2008: 8.

[4] Keohane, R. *After Hegemony: Cooperation and Discord in the World Political Economy*. Princeton: Princeton University Press, 1984: 59.

[5] Bull, H. *The Anarchical Society: A Study of Order in World Politics*. New York: Columbia University Press, 1977: 53.

[6] 赵骏. 全球治理视野下的国际法治与国内法治. 中国社会科学，2014(10)：79-99, 206-207.

[7] Shaw, M. N. *International Law*. Cambridge: Cambridge University Press, 2017: 1.

法律规则具有相对的稳定性与可预期性。同时，随着国际法律体系的发展，逐步建立的国际司法机构使国际法在可操作性上也大大增强。[1]随着国际社会的发展，国际法逐渐将国际组织等行为体纳为调整对象。因此，国际法是以国家为主要调整对象的有法律约束力的规则的总和。[2]

1　国际组织与国际法的关系

1.1　国际法是国际组织存在和发展的基础

首先，国际组织的建立依赖于国家间订立的多边协议，这种多边协议即为国际组织的基本文件或章程。基本文件或章程是国际组织的核心，国际组织的国际法能力（行为能力）是有限的，受基本文件或章程规定的组织职能范围限制。国际组织不能开展超越章程规定的事务和活动。国际组织的章程本身往往包括重要的国际法规则和原则，成为国际组织存在和发展的主要法律依据。

其次，国际法增强了国际组织的功能和能力。建立某些普遍性国际组织的基本文件的本身，往往包含着若干重要的国际法原则与制度，因而使国际组织有可能发挥更大作用。例如，《联合国宪章》第二条规定的会员国必须遵守的七项原则，已成为国际公认的国际法基本原则的重要内容。它不仅能够指导和约束联合国的会员国，也对非会员国和其他国际组织具有普遍效力，这就提升和加强了联合国在国际事务中的地位和行为能力。

再次，国际组织法是国际法的一个分支。国际组织法是用来调整国际组织结构、法律地位、议事规则等内部及对外关系的法律规范。[3]国际组织法可以分为内部法和外部法，内部法指调整组织内部的各种关系，如机构设置、议事规则、经费预算等；外部法指调整国际组织同成员国、非成员国及其他国际组织关系的规则。不管是国际组织的内部法还是外部法，不论是联合国法、专门机构法还是区域组织法，本质上都被认为是特殊形式的国际法。[4]

---

[1]　莫盛凯，陈兆源.国际关系中的国际法：一种基于国际制度理论的法理构建.外交评论（外交学院学报），2017(1)：129-151.

[2]　王铁崖.国际法引论.北京：北京大学出版社，1998：13-25.

[3]　张贵洪.国际组织与国际关系.杭州：浙江大学出版社，2003：63.

[4]　饶戈平.国际组织法.北京：北京大学出版社，1996：22.

最后，国际法确认了国际组织的国际法律人格和国际法的主体地位。国际法在二战后的演化中逐步确认了包括联合国在内的政府间国际组织的法律人格。一方面，国际组织的基本文件对法律人格进行规定。《联合国宪章》第104条规定，联合国在每一会员国的领土内，应享受执行职务所必需的法律行为能力；1968年，《关于国家与国际组织之间或国际组织间缔约法的维也纳公约》在序言中正式确定了国际组织的国际法主体性质。另一方面，通过国际法实践进行完善，1949年，国际法院在案件咨询意见中，确认了联合国具有"客观的法人资格"。当前，政府间国际组织具有国际法律人格和国际法主体地位资格已成为共识，其具有独立参加国际法律关系和承担国际义务、行使国际权利的能力。有关国际非政府组织的法律地位问题仍在探讨中。

1.2 国际组织促进和发展了国际法

根据联合国《国际法院规约》第三十八条规定，国际法的渊源是国际条约、国际惯例、一般法律原则、司法判例和著名国际法学说。其中，国际条约被认为是国际法最重要的渊源。国际组织的基本文件或章程规定着国际社会需共同遵守的一般性规范。《联合国宪章》作为联合国的基本文件，是全球最具影响力的多边国际条约。国际组织常以会议方式订立各种多边条约和国际公约，例如，联合国大会1960年通过了《关于给予殖民地国家和人民独立的宣言》；于1982年第三次召开的海洋法会议上签订了《联合国海洋法公约》。通过宣言、决议、判例的方式来阐述和发展国际法，或构成确定国际法原则的辅助资料，从而丰富和发展了国际法，对现代国际法的发展具有极大影响。

国际组织是国际法付诸实践的重要载体和方式。国际组织一方面参与国际法的建构，是国际规则的制定者，同时又是国际法和国际规则的承载者和执行者。国际法院或国际组织的争端解决机构都是国际法的实践载体，行使着规范和约束国际社会的使命。自国际法院成立以来，一些重要案件的判决和咨询意见阐明了一些国际法原则，例如，1949年关于联合国工作人员履行职务时受到伤害的赔偿案、1951年的庇护权案、1969年北海大陆架案和1955年诺特鲍姆案等。

国际组织是国际法编纂工作的主要承担者。国际社会没有一个超国家的立法机构进行国际法立法工作，国际法的原则、规则体现或散见于各国缔结的国际条约和形成的国际习惯中，因此需要对其进行编撰，一方面把分散的现有国际法原则、规则订立成法典，使分散的原则和规则法典化；另一方面按法典形式整理，统一国际法原则、规则，形成新法律。在具体实践中，国际法的编撰主要以联合国国际法委员会和联合国国际贸易法委员会的工作最为突出。国际法委员会承担了《联合国宪章》所规定的发展和编纂国际法的职责，致力于拟定国际法的新规则，更明确地表述和系统地整理现有国际法。自1947年成立以来，其起草的大部分草案已成为由联合国大会或国际会议通过的公约的基础。成立于1966年联合国国际贸易法委员会（United Nations Commission On International Trade Law，UNCITRAL）旨在促进国际贸易法的协调和统一，负责草拟这方面新的法律条文，推动各成员更广泛地参加和统一解释现有国际文书。其他国际组织，如国际劳工组织、世界卫生组织、国际民用航空组织（International Civil Aviation Organization，ICAO）、国际电信联盟和国际海事组织（International Maritime Organization，IMO）等也承担了一些编撰工作。

2　国际组织对外关系法律规则

2.1　国际组织的法律人格与权力

国际组织是成员基于特定目的设立的，各成员一般会在共同制定的组织条约（constituent instrument）中规定组织的职能与宗旨。国际组织执行职能的前提是拥有一定的法律地位，这种地位的前提是在国内法及国际法上具有独立的法律人格。一旦国际组织的法律人格确立，就成为法律关系的主体，能够行使权利、履行义务，以执行其职能，实现其宗旨。

国际组织的法律人格可以从国际法与国内法两方面建立。国际组织的国际法律人格问题可以追溯到1948年发生的"为联合国服务而受损害的赔偿案"。案件中，作为联合国安理会调停人的福尔克·贝纳多特在调查巴以冲突时丧生，联合国因此向国际法庭寻求能否以其独立的法律人格向责任方提起诉讼的咨询意见。国际法庭给出了肯定的答案，认为法律人格是联合国执行其职能的必需，要支持联合国及其职员获得赔偿，以保证在世界动荡地区执行任务。① 此案之后，联合国开始被国际法庭承认为国际法的主体，其法律人格问题也得到了更多关注。

关于国际组织在国际层面的法律人格的来源，主要有两种学说。一种是"主观人格说"（subjective theory 或 will theory），认为成员有意并通过赋予国际组织法律人格，使其得以执行职能，帮助成员实现目标；另一种是"客观人格说"（objective theory），认为国际组织的法律人格是国际组织客观存在的必然结果。② 两种学说都以前文所述的"为联合国服务而受损害的赔偿案"为基础。

相对来说，国际组织在国内法领域的法律人格更为简单明了。不同的法律体系对实体获得法律人格所需满足的条件有不同的规定。为应对不同国家法律体系的不同要求，成员一般会在国际组织建立的条约中统一规定国际组织在各成员国内法律体系下的法律人格，以为国际组织执行其职能提供必要条件。例如，联合国宪章第104条规定："本组织于每一会员国之领土内，应享受于执行其职务及达成其宗旨所必需之法律行为能力。"③ 除了在成员所在领土内需要法律人格，国际组织还可能在非成员领土内需要法律人格，关于后者国际组织可以通过签订协议直接实现。例如，允许在其领土范围内建立组织的总部协议；或者通过国际私法的规则间接实现。④ 国际组织的国内法律人格甚至可以延伸至其机关或附属机构，在授权之下，这些机构的代表能够完成签订合同等类似事务，但其职能无法上升到创建公司，这可能会与国际组织的国际法律人格形成冲突。⑤ 除了签订合同，在各国领土范围内，国际组织可以依据其法律人格购置财产、进行诉讼，其会所、成员代表与职员也享有相应的特权与豁免。

---

① Reparation for Injuries Suffered in the Service of the United Nations. [2024-05-02]. https://www.icj-cij.org/en/case/4.

② Klabbers, J. *An Introduction to International Organizations Law*. Cambridge: Cambridge University Press, 2015: 46-50.

③ 联合国宪章·第十六章 杂项条款. [2024-05-02]. https://www.un.org/zh/about-us/un-charter/chapter-16.

④ Shaw, M. N. *International Law*. Cambridge: Cambridge University Press, 2017: 993.

⑤ Klabbers, J. *An Introduction to International Organizations Law*. Cambridge: Cambridge University Press, 2015: 45-46.

不管是在国际法还是国内法层面，国际组织条约中的规定往往是其法律人格最直接的参照物。国际组织需要权力以执行其职能，因此，权力被认为可以决定法律人格的范围。梁西先生直接将法律人格与国际组织权力联系起来，认为国际组织的法律人格分别体现为"由成员国授予的一种权力，并由组织建立的条约所明确具体规定"和"固有权力"。[①]与国际组织的法律人格类似，国际组织的权力来源也有两种学说，一是约章授权说（the doctrine of attributed power），国际组织权力由成员规定并授权，二是固有权力说（the doctrine of implied power），国际组织不仅拥有明示权力，还拥有默示权力，以保证其职能的执行。但两种权力，尤其是隐含权力（没有在国际组织建立的条约中明确规定的权力，但是国际组织执行其规定职能过程中所必需的权力，即为隐含权力），大体都在国际组织建立的条约所提供的框架内运作，以国际组织建立的条约为直接参照。

讨论国际组织法律人格涉及其成员，一般指政府间国际组织。国际非政府组织由于其特殊性，争论较多。对其国际法律人格的讨论，一般认为其产生于国内法规定，并不直接享有国际权利，参与国际活动的权力也十分有限，现有的国际法律秩序并不足以支撑其享有国际法律人格。在国内法中，非政府组织能够根据其所属国的法律在所属国领土内享有法律人格，但在其他国家，需要根据所在国法律予以判断。

2.2　国际组织的法律责任

法律责任是国际组织拥有国际法律人格、拥有国际权利与义务的必然结果。一般有三个英文单词对应责任：responsibility、liability、accountability。在国际法与国际组织交汇的语境下，responsibility一般指国际组织不法行为（wrongful act）导致的责任的违反；liability则指国际组织的不法行为导致损失后应履行的赔偿的义务；accountability意为权力的合法运用带来的对其行使负

---

① 对国际组织法律人格的两种学说，梁西分别将其概括为"约章授权说"和"隐含权力说"，将国际组织的法律人格与权力较为紧密地结合在一起。（参见：梁西 . 梁著国际组织法 . 武汉：武汉大学出版社，2011：9-10.）。而 Jan Klabbers 在 *An Introduction to International Organizations Law* 中的"The legal position of international organizations"一章对国际组织的法律人格与权力问题分别做了讨论，在权力问题上分别将两种学说（不同于上述国际组织法律人格的两种学说）表述为"the doctrine of attributed power"与"the doctrine of implied power"，此处对国际组织法律人格两种学说的表述按照 *An Introduction to International Organizations Law* 一书的原文表达，以便比较。

有的责任，这种责任指向更为广泛，超越了法律范围，还涵盖了行政、财务等形式[①]。

对国际不法行为导致的法律责任问题，联合国国际法委员会在2011年通过的《国际组织责任的条款草案》(Draft articles on the responsibility of international organizations)[②]对此做出了相对明确的规定。该草案在第一部分通过两条一般性条款对自身的适用范围、重要名词做了规定。第二部分介绍了国际组织不法行为的要件、归因，国际义务的违反，国际组织对另一国家或国际组织行为的责任，排除不法性行为的情形(circumstances precluding wrongfulness)。第三部分主要介绍国际组织国际责任的内容，包括一般原则、损害赔偿(reparation for injuries)，以及对严重违反一般国际法(general international law)强制性规范(peremptory norms)规定的义务。第四部分介绍国际组织国际责任的履行，包括国际组织责任的援引与反措施(countermeasures)。第五部分是国家对国际组织的责任。第六部分是一般规定。

国际组织法律责任问题的凸显始于20世纪80年代国际锡业委员会(International Tin Council，ITC)的崩溃。该组织旨在促进锡在全球范围内的市场稳定，避免价格过度波动。在1985年，该组织资金耗竭，无力支付债务，因此在其总部所在国英国被牵入多起诉讼。在诉讼过程中，焦点问题是如何区分组织与其成员的责任。这也是至今为止国际组织法律责任中亟待明确的问题之一。一方面，国际组织被视为拥有其独立意志(distinct will)与法律人格，应该独立承担不法行为责任；另一方面，国际组织作为成员实现特定目的的工具，其不法行为的归因又无法完全独立于国家。在草案中，联合国国际法委员会采取了双重归因(dual attribution)方法：国际组织及其成员都对不法行为负有责任。但这种方案仍然取决于如何看待国际组织(或其成员如何规定其法律人格)，如果将国际组织视为独立实体，成员在不法行为中就是第三方，将责任归结于成员并没有正当理由。当然，虽则这种方案仍不完善，

---

① Shaw, M. N. *International Law*. Cambridge: Cambridge University Press, 2017: 1006.

② Draft Articles on the Responsibility of International Organizations. [2024-05-02]. https://legal.un.org/ilc/texts/instruments/english/draft_articles/9_11_2011.pdf.

但在司法实践中逐渐被接受。①

在赔偿义务中，责任的划分与不法行为导致的责任类似，面临着如何看待国际组织的问题。国际实践中，有国家在建立国际组织的条约中对赔偿义务的划分进行规定。例如，国际农业发展基金的建立协定第3条写道："任何成员均不因其成员身份而对基金的行为或义务承担责任。"②此处，国际农业发展基金的赔偿义务就与成员完全分割开来。此种规定又导致了新的问题，成员与国际组织之间的协议实质上是一种"他人行为"（res inter alios acta），与受损害一方（第三方）无关，并不对其有约束力。对此，可以通过与第三方签订协议以明确赔偿义务的划分，但无法完全避免实践中可能遇到的问题。③

2.3　国际组织的特权与豁免

为了有效地执行其职能，国际组织需要特权与豁免，避免东道国的干涉。《联合国宪章》第105条规定：1）本组织于每一会员国之领土内，应享受于达成其宗旨所必需之特权及豁免；2）联合国会员国之代表及本组织之职员，亦应同样享受于其独立行使关于本组织之职务所必需之特权及豁免；3）为明定本条第一项及第二项之施行细则起见，大会得作成建议，或为此目的向联合国会员国提议协约。④随后，联合国又通过了《联合国特权和豁免公约》《专门机构特权和豁免公约》两份文件，对联合国及其专门机构在会员国领土内的特权与豁免做了详细规定。⑤对于在两份文件中还没有涉及的问题，还可通过总部协定（headquarters agreement）加以解决。联合国在美国纽约与瑞士日内

---

① Klabbers, J. *An Introduction to International Organizations Law.* Cambridge: Cambridge University Press, 2015: 315-331.

② Agreement Establishing the International Fund for Agricultural Development. [2024-05-02]. https://www.ifad.org/documents/38711624/39421015/agree_e.pdf/b06d3b8f-6fb5-4db1-8054-b1ef21d746a5.

③ Klabbers, J. *An Introduction to International Organizations Law.* Cambridge: Cambridge University Press, 2015: 331.

④ 联合国宪章·第十六章　杂项条款. [2024-05-02]. https://www.un.org/zh/about-us/un-charter/chapter-16.

⑤ Convention on the Privileges and Immunities of the United Nations. [2024-05-02]. https://www.un.org/en/ethics/assets/pdfs/Convention%20of%20Privileges-Immunities%20of%20the%20UN.pdf; Convention on the Privileges and Immunities of the Specialized Agencies. [2024-05-02]. https://treaties.un.org/doc/Treaties/1949/08/19490816%2010-43%20AM/Ch_III_2p-full%20text.pdf.

瓦均有总部，因此与两国都签订了相应的总部协定；对于其他的国际组织，一般会在其建立条约中规定其特权与豁免事宜，同时以总部协定或其他双边条约（国际组织与东道国之间）为补充。

除了上述条约，国内法也可以对国际组织的特权与豁免做出规定。规定国际组织法律地位，或者通过专门针对国际组织的一般法律，以及确定哪些组织有资格根据该法律获得特权与豁免。在没有总部协议的情况下，上述法律可能会替代其作用。在某些情况下，国内法可能直接为国际组织提供特权与豁免规定，甚至会为非政府组织提供。奥地利就有一部法律专门为非政府组织提供特权与豁免地位[①]。国内法还可能定期为国际组织的会议提供特权与豁免，芬兰在1973年分别出台了两部法律法规对此做出了特别规定。[②]

在认知和实践中，国际组织的职能是其能够拥有特权与豁免的关键所在。但这一认知与实践存在一定缺陷。由于国际组织的职能相对开放，没有绝对的范围，那么也难以依照职能精确地判断哪些特权与豁免是国际组织必需的，哪些不是。若依据东道国国内法判断，是否会构成对国际组织执行职能的干扰？另外，在国际组织职能难以判断的背景下，国际组织的特权与豁免是否可能因"执行职能必需"而成为不法行为的保护伞？实践中被认可的"执行职能必需"为国际组织提供的特权与豁免是否过于模糊和宽泛？从这点上来说，国际组织自身也需要完善其内部监管体系。

3　国际组织内部法律规则

国际组织的内部法律规则构成可用图4-1表示。

---

① Federal Law on the Granting of Privileges to Non-Governmental International Organisations. (2019-03-06) [2024-05-02]. https://www.ris.bka.gv.at/Dokumente/Erv/ERV_1992_174/ERV_1992_174.html.

② Act on the Privileges and Immunities of International Conferences and Special Missions. (2011-11-28) [2024-05-02]. https://www.finlex.fi/en/laki/kaannokset/1973/en19730572_19911649.pdf.; Decree on the Privileges and Immunities of International Conferences and Special Missions. (2011-11-28) [2024-05-02]. https://www.finlex.fi/en/laki/kaannokset/1973/en19730728_19920217.pdf.

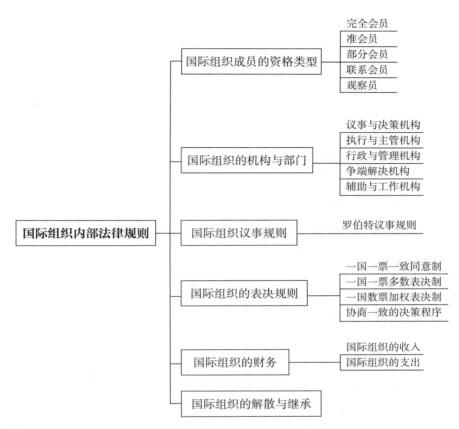

图 4-1　国际组织内部法律规则体系

3.1　国际组织成员的资格类型

国际组织的成员是指在国际组织中享受权利、承担义务及活动的参与者。依据在国际组织中的地位和承担的权利义务的不同，国际组织成员在资格上可分为五种类型：完全会员、准会员、部分会员、联系会员和观察员。①

完全会员，又称正式会员。它可以参与国际组织的所有活动并享受全部权利和承担全部义务，是国际组织的最主要成员。主权国家是国际组织最重要的完全会员。完全会员资格一般是通过参与创立国际组织和加入已存在的国际组织而取得。完全会员在国际组织中的法律地位通常是没有区别的，主权平等，权利和义务也相同。成员必须善意履行基本文件所规定的各项义务，

---

① 邵沙平. 国际法. 北京：中国人民大学出版社，2007：339.

同组织真诚合作，按时交纳会费，给予国际组织及其职员以必需的特权与豁免等。但根据成员的实际情况及组织约章的规定，可以免除某些成员在涉及组织内部运作方面的部分义务，如财政义务。但有关组织活动与职能方面的义务则不能免除。

准会员指在国际组织中享有有限权利、承担有限义务的非完全会员。关于准会员资格的情况，世界卫生组织规定得最为详尽，常被奉为样本。通常，准会员有出席组织会议和参加讨论的权利，但没有表决权、选举权和被选举权，不能在相关机构中担任重要职务。准会员设立的目的是便于一些特殊成员加入。特殊成员主要指历史上那些非独立国家和非自治领土。但随着绝大多数非自治领土取得独立成为主权国家，国际组织中的这类会员越来越少，主要是一些尚未达到正式成员资格条件的国家，或是只同意在一定程度上参与该组织活动的国家，或是民族解放组织、非政府组织、主权国家的某些地区或地方政府等非国家实体。

部分会员指那些仅参加国际组织一部分活动的会员。它只享有部分权利、承担部分义务，因而不是完全会员。但就它所参加的具体机构而言，它又可能是该机构的完全会员，具有全部权利和义务。例如，瑞士加入联合国（2002年）前，一直是联合国的部分会员，参加了联合国下属的许多机构和相关组织，如国际法院、联合国教科文组织、世界贸易组织、国际原子能机构等，是这些机构的完全会员。与正式成员相比，部分会员在国际组织中的地位要低一些，相应地，国际组织对部分成员的影响力也较小。

联系会员是来自联合国世界旅游组织（United Nations World Tourism Organization，UNWTO）的一种特殊会员制度。该组织章程规定，凡是与本组织活动有关的国际实体，无论是政府间国际组织还是国际非政府组织，都可以申请成为该组织的联系会员。联系会员可以单独以观察员身份或集体选派代表参加国际组织的会议和活动。一些专门性国际组织为了吸收非主权领土或非政府组织参与有关活动而设有联系会员。

观察员。大多数情况下，国际组织可邀请或接纳观察员参与其活动。例如，中国在加入世界贸易组织之前，就多次以观察员身份出席世界贸易组织会议。非成员国、民族解放运动组织、政府间国际组织及国际非政府组织和个人都可成为观察员。观察员一般有权参加该组织的会议，有权取得该组织的正式文件和他们所参加会议的全部文件，但没有发言权和表决权，除非得到有关组织的许可。在国际实践中，国际组织间互派观察员的情况是比较常见的。

3.2 国际组织的机构与部门

国际组织的基本特征之一就是它具有一套完整的常设性组织机构。总体而言，主要包括议事与决策机构、执行与主管机构、行政与管理机构、争端解决机构，辅助与工作机构。

议事与决策机构，通常称为大会、代表大会、全体会议等，是国际组织根据基本文件设立的最高权力机关。由全体成员构成，负责该组织全面工作。无论是全球性国际组织还是区域性或专业性国际组织，议事与决策机构向全体成员提供讨论其业务领域所有相关事项的论坛，并就重大问题做出决策。在决策时，多数国际组织的各成员享有平等投票权，除另有规定外，会议以各成员的多数票做出决定。除此之外，其职能还包括接纳新成员、选举下属的执行与主管机构成员并审议年度报告、选举最高行政管理官员、修正基本文件并审批财务报告等。

执行与主管机构，名称比较多样，如执行局、理事会、委员会、董事会、执行委员会、执行董事会等。一般由国际组织中的一部分成员组成，这些成员由议事和决策机构根据公平分配原则选举产生，在一定任期内轮流上任。但也有些组织的执行和主管机构的成员不是经选举产生的，如联合国安理会的五个常任理事国是永久性的。执行与主管机构的基本职能是执行权力机构的决议，监督秘书处的工作，负责处理组织中的专门性问题，并在最高权力机关休会期间负责履行组织的各项职能。有的组织会设置多个此类机构，以分管和负责不同领域内的事务。

行政与管理机构，被称为秘书处，其最高首长被称为秘书长、总干事或执行秘书等。行政与管理机构是一个国际组织经常存在的象征[①]，体现国际组织的常设性质。行政与管理机构负责处理组织的日常事务，为其他机构提供服务，以保持组织活动的持续性和稳定性。具体而言，包括执行各机构制定的政策、方案，负责组织行政和日常事务管理，为各机构的各项工作提供后勤服务，如会议准备和服务，文件整理、翻译和保管，预算管理，对外宣传，协调各机构工作等。在成员方面，行政与管理机构由秘书长和其领导的各级

---

① 陈世材.国际组织——联合国体系的研究.北京：中国友谊出版公司，1986：87.

国际公务员组成。秘书长通常由最高权力机构选举产生，有一定的任期，其工作对组织的其他主要机构负责。其他行政人员一般依据有关规定从各国公民中聘任，他们不代表各自所属国家，而是作为国际公务员，向秘书长负责，为本组织服务。

争端解决机构，指国际组织中设立的专门负责审议和处理法律问题，以及通过司法手段解决国际争端的机构。一般国际组织在创建时，在其基本文件或章程中都会规定专门机构或设置一定程序来防止和解决出现国际争端的情况。例如，联合国的国际法院、欧盟的欧洲法院等。争端解决机构由各国推举并经特定程序选举产生的法官组成依据联合国《国际法院规约》，这些法官"不论国籍，品格高尚并在本国具有最高司法职位之任命资格或公认为国际法之法学家"。机构依据授权对诉讼或咨询事务行使管辖权，其适用的法律一般有明确规定，工作程序与其他机构较为不同。

辅助与工作机构，指各国际组织及其主要机构依据其基本文件的规定而设立，完成各机构职能时必需的工作性机构。一般来说，各组织的基本文件均对设立此类机构做出明确规定。在实践中，由于各国际组织、机构所承担的职能和管辖的业务范围及特点各不相同，它们所设立的辅助与工作机关也多种多样，组成和形式很灵活，是各组织正常运转所必需的组成部分。

3.3 国际组织的议事规则

议事规则指国际组织的各机构在行使其职能、举行各种会议过程中所遵循的程序规则、制度和规定，包括动议、文本起草与讨论、表决制度和决定生效等，是国际组织运作的基本法律规矩。现有的国际组织议事规则起源于英国议会的议事规则，经过数百年的发展形成的罗伯特议事规则已相当成熟，在各国国会和国际组织中有广泛应用。罗伯特议事规则之所以受到广泛认可，是因为它最大限度地保护了竞争环境中的各方利益，能够实现"逐利与制衡的完美结合"，"要让强势一方懂得他们应该让弱势一方有机会自由完整地表达自己的意见，让弱势一方明白既然他们的意见不占多数，就应该体面地让步，把对方的观点作为全体的决定来承认，积极地去参与实施，同时，他们仍有权利通过规则来改变局势"。

罗伯特议事规则有五个基本程序原则。第一是平衡，指保护各种人和人群的权利，包括意见占多数的人，也包括意见占少数的人，甚至是每一个人，即使是那些没有出席会议的人，从而最终做到保护所有这些人组成的整体的权利。第二，对领袖权力的制约。全体成员按照自己的意愿选出领袖，并将一部分权力交给领袖，但同时，集体必须保留一部分权力，使自己仍旧能够直接控制自己的事务，避免领袖的权力过大，避免领袖将自己的意志强加于集体。第三，多数原则，少数服从多数。多数人的意志成为总体的意志。第四，辩论原则，所有决定必须在经过了充分且自由的辩论协商之后才能做出。每个人都有权利通过辩论说服其他人接受自己的意志，甚至一直到这个意志变成总体意志。第五，集体的意志自由，民主基础上的集中。即最大程度保护集体自身，最大程度保护和平衡集体成员的权利。

3.4　国际组织的表决规则

国际组织的表决规则可以分为两大类：正式表决和非正式表决。正式表决是使用投票方式进行决策的方式，包括一国一票一致同意制、一国一票多数表决制、一国数票加权表决制三种表决制度。非正式表决指不用投票，以无异议（no objection）或协商一致（consensus）方式来进行决策。[①]

一国一票一致同意制，也称全体一致通过（同意）制或一致规则。它是指各成员国享有平等投票权，一国一票，同时决议必须经出席会议并参加投票的全体会员国一致同意才能通过，不能强迫任何成员国遵守未经其同意的事项。一国一票一致同意制建立在传统国际法的主权原则基础上，依据主权平等原则。该制度的本质在于一致同意，不论各成员国的地位和作用如何，赋予平等的否决权。其优势在于，充分尊重主权与平等，通过的决议能体现所有成员国的共同意志，有利于决议在成员国的实施。其弊端在于，忽略了各成员国综合国力及其在组织内贡献、责任的差异，特别是过分强调每一成员国的个别意志，从而使任一成员国有权以自身特殊利益和特殊立场而违抗大多数国家的意志，以否决票阻挠决议的通过，影响国际组织的效率和职能的行使。

一国一票多数表决制，指各成员国享有平等的投票权，即一国一票，且组织决议案只需获得出席并参加投票的多数成员国的赞成票即可通过。二战后，大量国际组织摒弃全体一致原则，采用了多数表决制。该制度体现了民主政治制度中少数服从多数的基本理念。多数表决制又可分为简单多数表决

---

① 下文将以成员为主权国家的国际组织为例对这几种表决制度和方式进行说明。

制与特定多数表决制，前者只需要超过投票数二分之一的赞成票，后者则需大于投票数二分之一的某一特定多数。一国一票多数表决制是一种既尊重主权平等又服从多数成员国意志的表决制度，更符合民主政治的基本原则，赋予了国际组织有效的运作能力，在决策中可以防止少数甚至个别国家为了一己私利而阻挠符合多数国家利益的议案的通过。弊端则是会在客观上因投票问题促成或加深成员国内部多数派与少数派两种力量的对立；有时会重视表决的数量而忽略决议的内容，可能降低议案的质量；以该方式通过的决议多是不具有拘束力的决议，在适用范围、执行程序上都受到一定限制；多数表决通过的决议在实施上要比一致同意通过的困难，因为它是在不顾少数成员国反对的情况下通过的。①

一国数票加权表决制，也称加重投票权（weighted voting system），是根据成员国实力大小、责任、贡献及利益关系的多少来分配投票权的方式。在部分国际组织，特别是有关经济、金融事务的国际组织中，其表决程序不是广泛适用的成员国平等投票原则，而是按照一定标准和规则，如人口、综合人力、对组织出资金额所占股份、在组织内所担负的责任等，分别给予成员国以不同票数或不等值的投票权。②目前主要有五种模式：联合国安理会模式、加重投票与基本投票权结合模式、集团投票模式、欧共体模式和国际农业发展基金（International Fund for Agricultural Development，IFAD）模式。③此种表决制真实反映了成员国在人口、经济实力、对组织的责任、贡献等方面的客观差距，并将之与其权利和义务相联系。这一方面有利于组织的稳定和办事效率的提高，另一方面则会导致成员国在决策程序中的不平等，形成组织内成员权利上的等级分层。

协商一致的决策程序，是一种非正式的决策方式。协商一致指成员国之间经过协商，不用投票表决，而达到意思基本一致（consensus）或无正式反对意见（no objection），即可通过决定的决策方法。其特点为不用投票，只要求各成员国对协商问题在基本点上表示同意，在非基本点上持有不同意见的成员国不提出正式反对意见但允许以解释或保留的方式做出，并予以记录。其

① 朱建民．国际组织新论．台北：正中书局，1985：299.
② 参见：江国青．联合国专门机构法律制度研究．武汉：武汉大学出版社，1993：194；杨泽伟．国家主权平等原则的法律效果．法商研究，2002(5)：109-115.
③ 饶戈平．国际组织法．北京：北京大学出版社，1996：210-215.

结果由主持会议的主席予以宣布。该程序不采用投票的方式，避免了硬性投票的弊病，维护了国家间主权平等和民主协商决策等原则，赋予了程序较大灵活性和实用性。但这种表决程序允许成员国对决议提出保留或解释性声明，会使协商不断反复，非常耗时，会降低国际组织的工作效率，甚至会影响决议的实施。

3.5　国际组织的财务

（1）国际组织的收入

对于大多数国际组织来说，成员根据自身承担的义务交纳的会费是其收入的最主要来源。在加入国际组织时，成员所承担的主要义务之一便是交纳组织所规定的会费。《联合国宪章》第十七条规定："本组织之经费应由各会员国依照大会分配限额担负之。"一般来说，国际组织的各类成员均有交纳会费的义务，无论是正式成员还是观察员。但是，成员依据什么标准履行财政义务，会费如何在成员之间划分各自承担的比例，不同的国际组织之间差异很大。目前，多数国际组织使用某一确定的标准来决定每一个成员应交的会费在经费预算总额中的比例，其中最有影响并广泛使用的划分标准是成员的支付能力。这一做法的优点是具有公平性。1965年，联合国大会指出，应考虑各国人均收入、获取外汇能力，照顾经济和财政上面临特殊困难的发展中国家[1]，在确定成员国的经费分摊比额时也应加以考虑和照顾。

为了促使成员充分履行财政义务，按时交纳会费，许多国际组织的基本文件都对成员拖欠会费做了惩罚性规定。这些惩罚性措施最常见的是失去在组织中的投票权。《联合国宪章》第十九条规定，"凡拖欠本组织财政款项之会员国，其拖欠数目如等于或超过前两年所应缴纳之数目时，即丧失其在大会投票权。"这一规定被许多国际组织采纳。相关惩罚还可能包括失去竞选担任非全会性机构成员的资格[2]，中止行使和享受作为本组织成员的权利和特权[3]，由有关法院做出缴纳会费的判决[4]等。一般来说，正常交纳的会费在未交付前

---

[1] Scale of Assessments for the Apportionment of the Expenses of the United Nations. [2024-05-02]. https://digitallibrary.un.org/record/203586?ln=en&v=pdf.

[2] 联合国粮食与农业组织采取此种措施。

[3] 世界气象组织采取此种措施。

[4] 欧共体采取此种措施。

并不计息，但为鼓励各国按时交纳，一些组织对拖欠部分征收利息。除成员国交纳会费外，国际组织也可向成员或在金融市场上筹措贷款，征收外部关税、各成员的增值税，出售组织的出版物，以及各成员国自愿捐款等渠道增加收入。

（2）国际组织的支出

根据国际组织的规模和活动范围，不同组织的支出数额存在很大差异。国际组织的支出与其预算密切相关，预算明确了国际组织的各项支出，使之得到认可和支持，具有法律效力。以联合国的财政预算体制为例，联合国实行的是预先制定活动方案，根据方案编制预算的财政体制。自1974年起，联合国开始实行两年期方案预算办法，预算编制的方式是逐步执行组织在六年中期计划中确定的长期目标。采用中期计划是联合国大会在1973年提出的关于发展制定长期规划的综合方式的要求，有助于确定方案的优先次序，并确保最合理地使用资金。在会员国通过之前，中期计划先由方案和协调委员会和经济及社会理事会审查，然后由全体会员国代表组成的大会第五委员会审议，最后提交联合国大会审议并做出最后决定。

联合国财政方案概算由秘书处草拟，全面叙述秘书处各单位的每项方案，包括方案的组成、法律依据、目标以及所需资源，在单数年度向大会提出。概算首先由方案规划和预算委员会审议，然后交行政和预算问题咨询委员会（该委员会是大会的一个常设委员会，由代表全体会员国的独立专家组成，负责对概算进行详细研究）审查，再经大会和第五委员会审查，后由联合国大会根据第五委员会以及行政和预算问题咨询委员会的建议，通过或修订概算。

3.6　国际组织的解散与继承

国际组织的解散有多方面的原因，且一个国际组织的解散往往会伴随另一个国际组织对其权利和义务的继承。国际组织的继承是指一个国际组织为另一国际组织所取代或两个或多个国际组织合并成一个国际组织时，国际组织的职能及权利、义务的转移。国际组织的继承事项是依照特定的决议来解决的，它的继承与领土变更没有任何关系，不会发生随领土主权转属和政权更迭而自动继承的问题，一个新建立的国际组织与它所取代的原国际组织之间不存在自然的继承关系。国际组织的财产、债务及文书档案等方面的继承，通常也是依照特别协定或决议来确定的。

在国际组织解散时，其未完成的职能可以转给另一个或几个国际组织。例如，联合国战后救济总署，在其解散时将职能转给了联合国、世界卫生组织、联合国难民署、联合国粮食及农业组织和联合国儿童基金会（United Nations International Children's Emergency Fund，UNICEF）。解散的国际组织的法律行为在原则上归于无效，但是有些则转给了继承的国际组织。例如，规定国际组织的机关或其活动的内部原则不一定受继承的影响，但这些内部规则往往需要继承的国际组织做出有拘束力的决定予以采纳。在国际组织订立的条约中，关于国际组织本身运行的协定（如关于互换情报、豁免权等的协定）在国际组织解散时失效，而关于对外关系的协定则不失效，而是转移给另一个国际组织或国际组织的成员。如国际法院于1950年的"西南非国际地位"案中判定国际联盟和南非订立的关于西南非领土委任统治的协定，并未因为国际联盟的解散而作废。国际组织订立的私法性契约，如货物售卖、人员雇用等，通常会随着国际组织的解散而终止。国际组织解散时的财产归于继承的国际组织，而在没有继承的国际组织时则按成员交纳会费的比例分别归于其成员。国际联盟解散时，其大部分财产归于联合国，一部分归于国际劳工组织，而未成为联合国会员的4个国际联盟会员（芬兰、爱尔兰、葡萄牙和瑞士）则得到了财政补偿。

第五讲　国际组织理论研究[①]

国际组织理论是一项受实践驱动影响显著、由多学科知识交融推进的研究工程。有关国际组织的理论思考与一战前通过国际联盟构建持久和平的实践探索密不可分，而无政府国际社会现实与建立世界政府理想之间的反差则激发了一战后新生的国际关系学科关于理想主义和现实主义的第一次理论范式之争。二战后，国际组织作为具有自主性和独特功能及作用的行为体经历了快速发展，成为包括政治学、经济学、社会学以及人类学等在内的社会科学广泛关注和研究的对象。冷战结束后，特别是进入21世纪以来，随着全球治理实践和理论的兴起发展，国际组织日益成为"无政府状态之后"的全球社会和世界政治中不可或缺的组织化与社会化力量[②]，也成为多学科、跨学科知识交汇和相互启发的前沿研究领域。

国际组织理论研究既离不开"组织"本体，也不能脱离"国际"背景。社会科学中的组织理论、制度理论、功能主义理论、社会化理论、规范理论、实践理论等为国际组织研究提供了重要的理论背景和思维工具。同时，国际关系学科从科学行为主义向社会建构主义转向，进而发展为主流理论与多种后现代主义及批判理论多元并立的格局[③]，框定了国际关系视域下国际组织理

---

① 本讲作者为宗华伟。宗华伟，北京大学国际关系专业法学博士，南京大学国际关系学院副教授，曾任教育部中国联合国教科文组织全国委员会秘书处二级调研员、中国常驻联合国教科文组织代表团一等秘书。

② 伊恩·赫德.无政府状态之后：联合国安理会中的合法性与权力.毛瑞鹏，译.上海：上海人民出版社，2018：IV.

③ 王逸舟.西方国际政治学：历史与理论（第三版）.上海：上海人民出版社，2019：115-116.

论研究的宏观发展轨迹，也提供了中观和微观层面的多种理论研究路径。国际组织研究虽然并非国际关系学科专有的研究分支，但在国际关系学科内形成了成果丰富且具有持久动力的研究议程。

在研究议题上，国际关系学界从关注国际组织具象实体的功能和运作，到国际制度和国际规范层面的社会互动关系，再到组织间生态体系和组织内部社群基础，围绕国际组织的授权与代理、合法性与合法化、理性设计与功能失灵、利益界定与身份认同、规范传授与传播、民主参与和制度开放性，以及不同国际组织间的竞争、重叠、协作、网络关系等，产生了不断深入的学理分析和实证研究。在研究层次上，出现了机构层次、次机构层次和跨机构层次的区分，从传统上注重机构层次的功能主义、制度主义、规范主义研究路径，向次机构层次关于成员身份、决策机制、官僚政治、行政机构领导人的"工作世界"研究延伸[1]，也向国际组织与主权国家关系、跨国的多边外交知识共同体，以及特定议题领域内不同类型国际组织关系的跨机构层面研究扩展。在研究方法上，国际组织研究经历了从早期经验主义探索，到实证主义视野下多学科研究深化，再向跨学科意识觉醒与新理论建构的过程。[2]

本讲重点介绍国际关系视域下的国际组织理论研究现状，展示现实主义、自由主义、建构主义、英国学派等国际关系主要理论范式中的国际组织研究视角、观点、重心，从多学科与跨学科研究的角度出发，梳理组织社会学中的组织理论发展脉络，评介国际关系学界引入、借鉴和应用组织研究以推进国际组织理论创新的努力，探讨当前国际组织理论研究的不足与潜力，着眼"组织"与"国际"的关联，对发展实践导向的国际组织理论提出若干思考。

1　多重理论视野下的"国际"知识体系

理论化是一门学科科学化程度的标志。国际关系作为一门独立的社会科学确立于1919年威尔士大学设立国际政治教席时[3]，但建立符合科学哲学标准

---

[1]　Xu YI-CHONG. & Weller, P. *The Working World of International Organizations: Authority, Capacity Legitimacy.* Oxford: Oxford University Press, 2018: 10-11.

[2]　刘莲莲. 国际组织研究：议题、方法与理论. 国际政治研究，2021(2)：9-41.

[3]　参见：托布约尔·克努成. 国际关系理论史导论. 余万里，何宗强，译. 天津：天津人民出版社，2004：XX；Porter, B. & Davies, D. A Hunter for Peace, *Review of International Studies*, 1989, 15(1): 27-36.

的"理论"却要以肯尼思·华尔兹1979年的《国际政治理论》为标志，此后便发展出多元化，且相互争鸣的理论流派。按照华尔兹对理论的经典定义，理论是对规律的解释，是通过对现实的抽象、简化和再造而形成的具有描述、解释、预测功能的智识模型。[1]国际关系研究的不断理论化体现了创建一门国际关系"科学"的努力，但是，国际关系理论作为一种实践性话语，始终兼具经验性和规范性特征。[2]因此，国际关系学科的主要理论流派涵盖从物质主义到观念主义、从实证主义到反思主义的本体论和认识论，既包括对政治社会复合体特定方面进行技术性管理的问题解决理论，也包括构想这一复合体整体规范和秩序"解放性转型"的批判理论，涉及国际社会"权力、制度和文化"，以及"秩序和正义"的各方面。[3]

国际关系理论根据分类标准和研究者偏好可以有不同的归纳方法。比如，可以将华尔兹的结构现实主义、基奥思的新自由制度主义和温特的温和建构主义归纳为三大体系理论[4]，或按照认识论的分野将"新新趋同"的新现实主义和新自由制度主义归纳为理性主义理论，而建构主义、批判理论及各类后实证主义理论归纳为反思主义理论[5]，也可以按照现实主义、理性主义和革命主义三大传统来归纳三大理论范式及其变体。[6]一般而言，学界公认的主要理论流派包括现实主义、自由主义、建构主义、英国学派、批判理论和后现代主义，各理论流派内部形成了细化和丰富程度不同的学理分支。从对国际组织研究的关注度、相关性以及相关知识累积的系统性、前沿性角度看，现实主

---

[1] 肯尼思·华尔兹. 国际政治理论. 信强，译. 上海：上海人民出版社，2017：6-7，10-14.

[2] 克里斯蒂安·罗伊-斯米特，邓肯·斯尼达尔. 牛津国际关系手册. 方芳，范鹏，詹继续，等译. 江苏：译林出版社，2019：7，18-21.

[3] 参 见：Cox, R. *Social Forces, States and World Orders: Beyond International Relations Theory. Neorealism and Its Critics*. New York: Columbia University Press, 1986: 204-254；秦亚青. 权力·制度·文化：国际关系理论与方法研究文集（第二版）. 北京：北京大学出版社，2016：14-25；赫德利·布尔. 无政府社会：世界政治中的秩序研究（第四版）. 张小明，译. 上海：上海人民出版社，2015：68-84.

[4] 秦亚青. 权力·制度·文化：国际关系理论与方法研究文集（第二版）. 北京：北京大学出版社，2016：14-25.

[5] Powell, R. Anarchy in International Relations Theory: The Neorealist-neoliberal Debate. *International Organizations*, 1994, 48(2): 313-344.

[6] 托布约尔·克努成. 国际关系理论史导论. 余万里，何宗强，译. 天津：天津人民出版社，2004：257-259.

义、自由主义、建构主义和英国学派的理论框架和知识积累构成了国际关系视域下国际组织研究的主体内容，但是不同理论流派对国际组织的地位、作用、功能、角色、结构等持有不同的立场观点和研究旨趣。

1.1 现实主义视野下的国际组织：权力斗争的工具

（1）现实主义理论风貌

现实主义是自国际关系学科诞生以来一直占据主导地位的理论范式。威廉·沃尔福斯称："若说国际关系的学术研究就是一场有关现实主义的争论，也不算十分夸张。"[1] 政治现实主义既是国际关系研究中一支历史渊源和积淀深厚的思想传统，也是观点和边界最为清晰、体系化程度最高、内部学派分支最为丰富的理论系统。现实主义作为一种伦理原则或处世方略，可以追溯到修昔底德、马基雅维利以及霍布斯的哲学思想，最具代表性的观点是"强者做他们有权力做的一切，弱者接受他们必须接受的一切"[2]，即承认政治社会中的权力关系和权力斗争，将这一"角斗士现实"作为理解社会现象、选择务实谨慎态度、在决策中注重理性选择的基础。[3] 现实主义作为一种现代国际关系理论，经由爱德华·卡尔、汉斯·摩根索、莱茵霍尔德·尼布尔、乔治·凯南、雷蒙·阿隆、阿诺德·沃尔福斯等学者的思想与理论奠基，之后由华尔兹发展成为严密、简约、科学的国际政治体系理论，在克拉斯纳、罗伯特·吉尔平，以及约翰·米尔斯海默、斯蒂芬·沃尔特、兰德尔·施韦勒、罗伯特·杰维斯、威廉·沃尔福斯等学者的努力下发展出多个分支学派。

一般而言，国际关系学界将现实主义理论分为经典现实主义和新现实主义（即结构现实主义）两大派。经典现实主义注重规范性阐释和经验研究，最具代表性的作品是摩根索的《国家间政治》，这部作品提出了作为现实主义路标的"六原则"，而且探讨了包括战争、和平、外交、国际组织、国际舆论等在内的国际社会各方面，是经典现实主义理论的全景式阐述。[4] 从修昔底德

---

[1] 威廉·沃尔福斯.现实主义 // 克里斯蒂安·罗伊 - 斯米特，邓肯·斯尼达尔编.牛津国际关系手册.方芳、范鹏、詹继续，等译.南京：译林出版社，2019：141.

[2] 修昔底德.伯罗奔尼撒战争史.谢德风，译.北京：商务印书馆，2019：466.

[3] Guilhot, N. *After the Enlightenment: Political Realism and International Relations in the Mid-Twentieth Century*. Cambridge: Cambridge University Press, 2017: 3-6.

[4] 汉斯·摩根索.国家间政治：权力斗争与和平（简明版）.肯尼思·汤普森，修订.北京：北京大学出版社，2004：4-16.

到20世纪60年代科学行为主义兴盛之前的现实主义思想家、理论家都可归为经典现实主义流派。新现实主义、即华尔兹的结构现实主义注重以科学方法提炼变量关系，认为只有通过体系层面的结构分析才能够建构国际政治理论。他在代表作《国际政治理论》中提出了一个简约的、因果式的理论论断，即国际体系的无政府状态决定了体系中的单元、即国家选择追逐权力以确保安全的自助行为模式，从而导致国际体系总是会通过国家间的相互竞争、制衡以及战争走向均势。[1]在华尔兹开启的注重体系层次和结构分析的理论路径下，有防御性现实主义理论和进攻性现实主义理论之分，主要的观点分野在于无政府体系结构究竟更鼓励行为体采取防御还是进攻行为。[2]还有一些学者为弥补结构现实主义理论解释力的不足，主动选择层次回落，将国内政治、即单元层次因素纳入分析框架，从而形成了新古典现实主义理论。[3]

（2）国际组织作为权力工具

现实主义理论体系保持内在连贯性最重要的智识线索在于：认为人类活动以群体主义、自利主义和权力中心主义为主要特征，而且国际社会的根本特征是无政府状态，无政府状态下不存在自动的和谐，因此，政治冲突和斗争是国际关系的常态，合作与和平是难以达成的、暂时的、有限的。[4]根据这一中心立场可以推断，现实主义理论视野中几乎没有国际组织的地位和作用。而且，尽管世界形势和全球化经历了深入发展，现实主义理论关于国际组织

① 肯尼思·华尔兹.国际政治理论.信强，译.上海：上海人民出版社，2017：108-136.
② 参见：威廉·沃尔福斯.现实主义//克里斯蒂安·罗伊-斯米特，邓肯·斯尼达尔编.牛津国际关系手册.方芳，范鹏，詹继续，等译.南京：译林出版社，2019：150；秦亚青.权力·制度·文化.国际关系理论与方法研究文集（第二版）.北京：北京大学出版社，2016：48-51；斯蒂芬·范·埃弗拉.战争的原因：权力与冲突的根源.何曜，译.上海：上海人民出版社，2014：141-203.
③ 参见：李巍.从体系层次到单元层次：国内政治与新古典现实主义.载 陈志瑞，刘丰.国际体系与国内政治：新古典现实主义的探索.北京：北京大学出版社，2015：81-102；威廉·沃尔福斯.现实主义//克里斯蒂安·罗伊-斯米特，邓肯·斯尼达尔编.牛津国际关系手册.方芳，范鹏，詹继续，等译.南京：译林出版社，2019：151-152.
④ 参见：威廉·沃尔福斯.现实主义//克里斯蒂安·罗伊-斯米特，邓肯·斯尼达尔编.牛津国际关系手册.方芳，范鹏，詹继续，等译.南京：译林出版社，2019：145；肯尼思·华尔兹.人、国家与战争：一种理论分析.信强，译.上海：上海人民出版社，2019：125-126；Grieco, M. J. Realist Theory and the Problem of International Cooperation: Analysis with an Amended Prisoner's Dilemma Model. *The Journal of Politics*, 1988, 50(3): 600-624.

的立场观点始终保持着较强的稳定性和连续性。[①]经典现实主义思想家认为，将维系和平的重任寄希望于国际组织是对启蒙主义乐观精神的过分宣扬[②]，对理性主义不加质疑、不分条件地滥用，将国际组织作为世界政治秩序的载体无异于一种乌托邦[③]，是需要批判、警惕并从历史经验中吸取的教训。卡尔将国际联盟批评为"受片面的国际政治理性主义影响最深"的国际组织，由于它试图在理性的基础上为实力地位千差万别的国家及其之间的问题制定统一、抽象的标准，因此注定无法成为一个有效的国际机构。[④]摩根索并不否认国际组织、国际政府和国际协调通过克制（through limitation）促进和平的作用，但是指出国际组织只有按照国际政治的权力分配现实和实践来进行自身的制度设计才可能发挥作用。他分析了被视为国际组织雏形的19世纪"欧洲协调"、第一个普世性国际组织国际联盟和二战后成立的联合国，认为欧洲协调成功地发挥了调节大国关系、维护国际体系权力格局的作用，因此促进了和平，而国际联盟不仅存在宪法缺陷和政治缺陷，更为致命的是其内部权力结构没有反映出国际社会真实的权力分布状况，脱离了神圣联盟的大国协调传统而遭到失败。[⑤]由此，摩根索指出，联合国应该而且只能是"由超级大国管理"的权力政治场域，安理会五个常任理事国的否决权制度为通过大国集体协作防止战争提供了保障。[⑥]

　　对于结构现实主义者而言，科学理论的简约性要求对变量进行筛选，而国际体系中真正重要的行为体只有国家尤其是大国，因此国际组织往往被有意"筛除"了，即使进入理论视野，也是边缘性和间接的。进攻性现实主义代表人物米尔斯海默指出，国际组织甚至不应被视为具有独立性与自主性的

---

①　张小波.国际组织研究的发展脉络和理论流派争鸣.社会科学，2016(3)：30-40.

②　Sylvest, C. & John H. Herz and the Resurrection of Classical Realism. *International Relations*, 2008, 22(4): 441-455.

③　爱德华·卡尔.20年危机（1919—1939）：国际关系研究导论.北京：世界知识出版社，2005：27-28.

④　爱德华·卡尔.20年危机（1919—1939）：国际关系研究导论.北京：世界知识出版社，2005：29-31.

⑤　汉斯·摩根索.国家间政治：权力斗争与和平（简明版）.肯尼思·汤普森，修订.北京：北京大学出版社，2004：299-318.

⑥　汉斯·摩根索.国家间政治：权力斗争与和平（简明版）.肯尼思·汤普森，修订.北京：北京大学出版社，2004：319-322.

行为体，因为它们只是大国政治的副产品和策略工具，"反映了国家为追求相对权力优势而开展的自利的算计"。①约瑟夫·格里科则指出，不能对国际组织和国际机制促进合作的作用抱有太高期望，因为国家不仅看重参与合作的绝对收益，而且出于确保自身权力地位相对优势的考虑，不得不计算相对收益，因此，国际组织和国际机制的作用从根本上说是被无政府状态的国际体系所限定的。②尽管如此，新现实主义理论对国际组织研究仍不无启发和贡献，这体现在两方面：一方面是新现实主义理论的科学化追求促进了决策研究的发展，比如，格雷汉姆·阿利森的《决策的本质》提出了解释古巴导弹危机中决策的三种模式，罗伯特·杰维斯的《国际政治中的知觉和错误知觉》梳理了决策中常见的认知误区，这些研究丰富了国际关系的理性选择理论，为研究国际组织中的决策机制、运行模式、官僚机构及其行政长官等提供了重要借鉴③；另一方面是结构现实主义理论中的一个分支、霸权稳定理论，借鉴金德尔伯格的经济霸权稳定学说，指出一个稳定的自由国际秩序符合霸权国的利益，国际组织是霸权国主动创建和维系，用以维护现存秩序、缓和国际紧张关系进而维护自身利益和地位的工具④，从供给侧的角度解释了国际组织和国际制度被创建和续存的理由，直接启发了与之相对的、从需求侧寻找动因的新自由制度主义理论的诞生。

1.2 自由主义视野下的国际组织：促成合作的机构与制度

（1）自由主义理论风貌

自由主义是孕育和滋养国际关系思想和理论的重要政治哲学传统，也是始终重视国际组织作为重要行为体的理论流派。二战后研究国际组织的人士即被称为自由派，可见自由主义思想理论与国际组织研究的密切关联。⑤自由

① Mearsheimer, J. The False Promise of International Organizations. *International Security*, 1995, 19(3): 5-49.

② Grieco, J. M. Realist Theory and the Problem of International Cooperation: Analysis with an Amended Prisoner's Dilemma Model. *The Journal of Politics*, 1988, 50(3): 600-624.

③ Guilhot, N. *After the Enlightenment: Political Realism and International Relations in the Mid-Twentieth Century*. Cambridge: Cambridge University Press, 2017: 174-183.

④ Gilpin, R. *The Political Economy of International Relations*. Princeton: Princeton University Press, 1987.

⑤ 阿瑟·A. 斯坦. 新自由制度主义 // 克里斯蒂安·罗伊-斯米特，邓肯·斯尼达尔编. 牛津国际关系手册. 方芳，范鹏，詹继续，等译. 南京：译林出版社，2019：219-239.

主义思想渊源包括16世纪欧洲文艺复兴以来的人文主义精神，17世纪格劳秀斯的国际法理主义与契约理论，18世纪的启蒙主义哲学、特别是洛克的个人主义政治观和康德的永久和平论，19世纪亚当·斯密、杰里米·边沁、约翰·米尔等人的商业与共和自由主义理论，以及20世纪启发国际关系学科建立的威尔逊理想主义。[①]现代自由主义国际关系理论继承了人性善良、社会进步、普遍道德、利益和谐等前提假设，将全球化社会中的世界政治、而非单纯的国家间关系视为国际关系的基本图景，中心观点是："全球化导致社会需求和国家偏好的不同，这是世界政治中国家行为差别的根本原因。"[②]这可以理解为自由主义国际关系理论的三个核心假定：第一，国家不是单一的行为体，而是由内部多元化的单元互动共同塑造的；第二，国际体系的无政府状态不是完全的丛林法则，体系内的行为体之间是相互依存的关系；第三，国内和国际政治并非相互隔绝的领域，全球化塑造了社会个人和团体在国际事务上的不同的利益和偏好，它们和国际体系压力一起影响国家的国际行为。[③]通过这一系列核心假定，可以在一体化理论、功能主义理论、新自由制度主义理论、民主和平论、三角和平论，以及国际政治经济学理论等看似迥异的理论学说中找到"由内而外"的视角特点和一种全球主义观照。

自由主义国际关系理论在很大程度上是一门关于如何在国际无政府状态下实现合作的学说。[④]国际组织既是国家、市民社会、跨国团体以及个人通过合作解决共同问题的场域，也是根据自主理性设计和推动合作的重要行为体。它们为国际政治引入了新的科层化、程序化、持续性和可预测性，因此人们

[①]　参见：秦亚青.权力·制度·文化：国际关系理论与方法研究文集(第二版).北京：北京大学出版社，2016：54-86；托布约尔·克努成.国际关系理论史导论.余万里，何宗强，译.天津：天津人民出版社，2004：

[②]　参见：安德鲁·莫拉维斯克.新自由主义//克里斯蒂安·罗伊-斯米特，邓肯·斯尼达尔编.牛津国际关系手册.方芳，范鹏，詹继续，等译.南京：译林出版社，2019：253-276；Moravcsik A. Taking Preferences Seriously: A Liberal Theory of International Politics. *International Organizations*, 1997, 51(4): 512-553.

[③]　安德鲁·莫拉维斯克.新自由主义//克里斯蒂安·罗伊-斯米特，邓肯·斯尼达尔编.牛津国际关系手册.方芳、范鹏、詹继续，等译.南京：译林出版社，2019：253-276.

[④]　Axelrod, R. & Keohane, R. Achieving Cooperation Under Anarchy: Strategies and Institutions. *World Politics*, 1985, 38(1): 226-254.

至少可以小步地离开传统的国家间体系的无政府状态。^①欧洲一体化进程也是在这一点上具有独特意义，即标志着通过国际组织整合治理，使国际体系中的一个地区局部地超越了无政府的自然状态。^②同样着眼于国际体系层次的思考与分析，自由主义也提出了能与华尔兹的结构现实主义相提并论、相互论战但也相互通约的"科学"理论，就是以基奥思和奈的《权力与相互依赖》以及《霸权之后》为代表作的新自由制度主义理论。这一理论提炼的核心因果链条是：国际无政府状态可以被国际制度加以约束和管制，因此国际制度能够使合作成为世界政治的常态而非偶然，即使霸权不再为稳定体系提供制度资源，国际制度也可以凭借国际体系对合作的需求而独立续存。^③但是新自由制度主义在走向理论科学化的过程中主动放弃了自由主义的若干核心假设，比如，接纳了新现实主义的国家中心观和国际体系本质是无政府状态的前提，在方法论上也采用了层次分析和博弈论的框架，与新现实主义形成了彼此趋同的理性选择联盟。

（2）研究国际组织的两种路径：机构 VS 机制

自由主义国际关系理论关于国际组织的研究主要有两种路径，一种是将国际组织本体作为研究重心和直接客体的机构研究路径（institutional approach），另一种是超越国际组织实体，以广义的原则、规则、程序等为对象的机制研究路径（regime approach）。^④有学者认为，国际组织研究路径经历了从机构研究向机制研究转移的过程，从学科建立到20世纪五六十年代，机构研究占主导地位，20世纪70年代到90年代，机制研究成为主流。^⑤早期的

① Puchala, D. J. & Fagan, S. I. International Politics in the 1970s: The Search for a Perspective. *International Organizations*, 1974, 28(2): 247-266.

② Haas, E.B International Integration: The European and the Universal Process. *International Organizations*, 1961, 15(1): 366-392.

③ 参见：罗伯特·基奥思，约瑟夫·奈.权力与相互依赖（第四版）.门洪华，译.北京：北京大学出版社，2012；罗伯特·基奥思.霸权之后：世界政治经济中的合作与纷争.苏长和，信强，何曜，译.上海：上海人民出版社，2012；Keohane, R. O. The Demand for International Regimes. *International Organizations*, 1982, 36(2): 325-355.

④ Barkin, S. J. *International Organization: Theories and Institutions*. London: Palgrave Macmillan, 2006: 27-37.

⑤ Kratochwil, F. & Ruggie, J. G. International Organization: A State of the Art on an Art of the State// Kratochwil, F. & Mansield, E. D. (eds.). *International Organization and Global Governance: A Reader*. 2nd Edition. Pearson, 2005: 37-52.

国际组织研究主要采取正式的机构分析方法（formal institutional analysis），即研究国际组织的正式结构、组织方式、宪章规则，以及科层化官僚机构的运行，直观地理解国际组织的行为和目的。[1]这种方法的缺点在于从静态视角出发，无法对国际组织的发展变化及深层次机理提供解释。因此，在机构研究路径下，注重国际组织角色作用的功能主义和新功能主义理论相继发展起来。

功能主义的核心理念是，国际治理中的组织和制度安排根源于具体的、功能性的交往需求。功能主义代表人物大卫·米特兰尼在《一个有效的和平体系》中指出，功能主义的任务不仅在于让国家民族和平地各安其所，而且要通过具体的功能性合作使其形成合作的习惯，在积极互动中联结在一起。[2]功能主义理论为二战后大量政府间国际组织的建立和发展提供了有效解释，哈罗德·雅克布森等学者1986年所做的一项研究证明，大部分政府间国际组织都可称为功能性合作组织。[3]但马丁·怀特指出，联合国善后救济总署（United Nations Relief and Rehabilitation Administration，UNRRA）以及诸多专门机构的实践证明，国际组织的功能性发展仍然无法解决或回避国家利益冲突的问题，因为功能主义预设利益冲突不存在。[4]针对功能主义过于偏重技术性合作的不足，新功能主义理论重新将政治维度置于国际组织的功能性考量中，提出了非政治领域或低阶政治中的技术性合作可以通过"外溢"（spill over）效应增进政治互信与共识，特别是通过政治精英和认知共同体发挥作用，从而实现功能主义者所期待的、"推动国际体系发生朝向和平的实质性转变"的目标。[5]厄恩斯特·哈斯1964年的《超越民族国家：功能主义与国际组织》被视

① Kratochwil, F. & Ruggie, J. G. International Organization: A State of the Art on an Art of the State// Kratochwil F. & Mansield E. D. (eds.). *International Organization and Global Governance: A Reader*. 2nd Edition. Pearson, 2005: 37-52.

② Mitrany, D. "A Working Peace System"// Brent, F. N. & Alexander, C-G. S. (eds.). *The European Union: Readings on The Theory and Practice of European Integration*. Colorado: Lynne Rienner Publishers, 1994: 77-98.

③ Karns, M. P., Karen, A. M. & Kendall W. S. *International Organizations: the Politics and Process of Global Governance* (*Third Edition*). Colorado: Lynne Rienner Publishers, 2015: 50.

④ Wright, M. Review on A Working Peace System. *International Affairs*, 1947, 23(3): 384.

⑤ 参见: Groom, A. J. R. Neofunctionalism: A Case of Mistaken Identity//Brent, F. N. & Alexander, C-G. S. (eds.). *The European Union: Readings on The Theory and Practice of European Integration*. Colorado: Lynne Rienner Publishers, 1994: 111-124; Ernst, B. Haas. International Integration: The European and the Universal Process. *International Organizations*, Vol. 15, No. 1, 1961: 366-392.

为新功能主义和欧洲一体化理论结合的代表作，集中阐述了国际组织带动国家间政治合作的社会功能。[1]

然而，无论是功能主义还是新功能主义都没有克服机构研究路径的局限性，即缺乏对国际组织行动成效以及与国际社会互动关系的考察，这要求跳出国际组织本体的视角，思考规约国际合作的整体性规则、程序与制度。20世纪70年代起，国际法学者开始使用"机制"（regime）这一术语来涵盖正式法令条文之外、国际行为中大量存在的隐性规范和程序。[2]1975年，约翰·鲁杰将国际机制概念引入了国际关系理论研究，将认知共同体、国际机制和国际组织作为应对全球社会变革的三种不同层次和形式[3]，吸引了自由主义和现实主义学者的广泛关注，激发了关于国际机制是独立变量还是中介变量的学理争论，形成了关于如何克服无政府国际体系中自利困境的机制理论。[4]克拉斯纳提出了为学界广泛接受的机制的定义："特定议题领域中一套明确或潜在的原则、规范、规则和决策程序，能够促进行为体围绕这些共同基础聚拢预期。"[5]鲁杰将自由主义"由内向外"的理论视角与机制研究相结合，分析了国际经济领域国内规范偏好与权威结构的国际化对国际机制的影响，提出了"内嵌式自由秩序"的概念，启发了对国际机制规范性内涵和生成性作用的思考。[6]海伦·米尔纳等学者将国内政治中的利益分配、信息分布和政策偏好等

---

[1] Ernst, B. Haas. *Beyond the National State: Functionalism and International Organizations*. California: Stanford University Press, 1964.

[2] Karns, M. P., Mingst, K. A. & Stiles, K. W. *International Organizations: the Politics and Process of Global Governance*. 3rd Edition. Colorado: Lynne Rienner Publishers, 2015: 50.

[3] 刘莲莲. 国际组织研究：议题、方法与理论. 国际政治研究，2021(2)：9-41.

[4] 参见：Ruggie, J. G. International Responses to Technology: Concepts and Trends. *International Organization*, 1975, 29(3): 557-583; Young, O. R. International Regimes: Problems of Concept Formation. *World Politics*, 1980, 32(3): 331-356; Haggard, S. & Simmons, B. A. Theories of International Regimes. *International Organization*, 1987, 41(3): 491-517; Krasner, S. D. Structural Causes and Regime Consequences: Regimes as Intervening Variables. *International Organizations*, 1982, 36(2): 185-205; Krasner, S. D. *International Regimes*. New York: Cornell University Press, 1983.

[5] Krasner, S. D. Structural Causes and Regime Consequences: Regimes as Intervening Variables. *International Organization*, 1982, 36(2): 185-205.

[6] Ruggie, J. G. International Regime, Transactions, and Change: Embedded Liberalism in the Postwar Economic Order. *International Organization*, 1982, 36(2): 379-415.

因素纳入国际合作行为，建立了包含双层博弈模型的跨层次机制理论。[①]机制理论虽然明确指出国际组织不等同于国际机制，但重视研究国际组织在创建和维系国际机制中的作用，将国际组织视为"原则、规范、规则和决策程序"的母体和载体。从机制的视角出发，可以更好地研究和理解国际组织在特定议题领域中的绩效、作用、等级地位，以及国际组织与主权国家、非政府组织和其他"机制"相关方的互动关系。同时，机制方法的不足之处在于倾向于将国际组织视为"黑箱"般的单一行为体，忽视了国际组织内部动力对规则和制度的形塑作用。

（3）制度主义理论背景下的综合性框架

当基奥思提出了体系层次的新自由制度主义理论后，机制理论很大程度上与之合流，学界也更倾向于用"制度"（institutions）代替"机制"这一术语，主要原因在于，"制度"这一概念能够使国际关系中的制度与经济、政治学和社会学中的制度研究复兴相联系。[②]新自由制度主义中的"制度"相对于以正式形式存在的"旧制度主义"而言，指"社会博弈的法则，或更正式地说，是人为制定的、促成人类交往的限制因素"。[③]由此，国际组织研究拥有了更为广阔的制度背景和理论视野，机构路径和机制路径也得以相互借鉴和交融。有学者认为，国际组织研究的机构路径和机制路径并非发生了由此及彼的转移，而是一直如钟摆般左右兼顾。[④]20世纪90年代至21世纪初，自由主义理论视野下的国际组织研究呈现出三个特点，一是机构路径的复兴，二是向社会学制度主义（sociological institutionalism）的借鉴与靠拢，三是尝试发展更具综合性的分析框架。

机构路径的复兴不是简单地回归对国际组织的分析性描述，而是将国际组织从机制的"模糊性"中抽离出来，重新重视国际组织本体研究，聚焦其

---

① 海伦·米尔纳. 利益、制度与信息：国内政治与国际关系. 曲博，译. 上海：上海人民出版社，2015：65-96.

② 阿瑟·A·斯坦. 新自由制度主义 // 克里斯蒂安·罗伊-斯米特，邓肯·斯尼达尔编. 牛津国际关系手册. 方芳，范鹏，詹继续，等译. 南京：译林出版社，2019：：222.

③ North, D. C. *Institutions, Institutional Change and Economic Performance*. Cambridge: Cambridge University Press, 1990: 3-4.

④ Barkin, S. J. *International Organization: Theories and Institutions*. London: Palgrave Macmillan, 2006: 36-37.

"制度化的行为"①，通过吸收更为广阔的规则和制度要素、国际法学概念、决策分析和理性选择理论工具，致力于解释国际组织深层次的行为逻辑、行动绩效和影响，以及剖析国际组织的"病理"和局限性。这一复兴在一定程度上得益于向社会学制度主义的借鉴，因为社会学制度主义有助于深入考察机构内部的科层制组织运作，以及规则和制度变化的动力。②塞缪尔·巴尔金指出，借用社会学制度主义方法检视国际组织对自身规则与程序的正式承诺和实际成效启发了两类日益丰富的研究：一是关于国际组织的自我赋权和自我强化机制。③比如，增强国际组织秘书处的意志和行动自主性④，集中化管理公共传播部门以实现合法化和再合法化⑤，以及重视国际公务员的认知偏好及作用⑥。二是关于国际组织作为官僚机构不可避免或有意而为的功能失灵和病症。⑦比如，国际组织总部对总部外执行机构给予过多或过少的自主权都有可能造成功能失灵⑧，国际合作政治化的复杂因素对组织行为和绩效具有重要影响⑨，而国际组织即使管理良好，在某一议题领域中的过量存在或协调不当也会成为一种

① Kratochwil, F. & Ruggie, J. G. International Organization: A State of the Art on an Art of the State// Kratochwil, F. & Mansield, E. D. (eds.). *International Organization and Global Governance: A Reader*. 2nd Edition. Pearson, 2005: 37-52.

② Barkin, S. J. *International Organization: Theories and Institutions*. London: Palgrave Macmillan, 2006: 34-35.

③ Barkin, S. J. *International Organization: Theories and Institutions*. London: Palgrave Macmillan, 2006: 34-35.

④ Bauer, M. W. & Ege, J. Bureaucratic Autonomy of International Organizations' Secretariats. *Journal of European Public Policy*, 2016, 23(7): 1019-1037.

⑤ Ehrhardt, M. E. Self-legitimation in the Face of Politicization: Why International Organizations Centralized Public Communication. *The Review of International Organizations*, 2018, 13(4): 519-546.

⑥ Xu, Y. C. & Weller, P. "To be, but not to be seen" Exploring the Impact of International Civil Servants. *Public Administration*, 2008, 86(1): 35-51.

⑦ Barnett, M. N. & Finnemore, M. The Politics, Power, and Pathologies of International Organizations. *International Organization*, 1999, 53(4): 699-732.

⑧ Honig, D. When Reporting Undermines Performance: The Costs of Politically Constrained Organizational Autonomy in Foreign Aid Implementation. *International Organization*, 2019, (7391): 171-201.

⑨ 参见：De Vries, C. E., Hobolt, S. B. & Walter, S. Politicizing International Cooperation: The Mass Public, Political Entrepreneurs, and Political Opportunity Structures. *International Organizations*, 2021, 75(2): 306-332; Rixen, T. & Zangl, B. The Politicization of International Economic Institutions in US Public Debates. *The Review of International Organizations*, 2013, 8(3): 363-387.

系统失灵。①

在广义的制度视角下，芭芭拉·克墨诺斯、查尔斯·里普森和邓肯·斯奈德提出了一种综合性分析框架，即国际制度的理性设计（rational design）理论，用成员规则、议题领域、职能集中化、制度控制和灵活性等变量提供理解国际组织行为特征的统一参照。②乔纳斯·塔尔伯格将理性设计理论与功能主义要素相结合，就国际组织对跨国非政府行为体的开放性做出了"理性功能主义"的解释③，是对国际制度理性设计理论的扩展，也展示了理性主义-功能主义研究议程依然活跃的创造力④。此外，同样基于理性选择逻辑的委托-代理（principal-agent）理论是理解和解释国际组织的另一个重要的综合性分析框架。⑤肯尼思·阿伯特1988年提出了国家为什么授权国际组织而行动的问题⑥，马克·波拉克1997年将经济学中的委托—代理方法正式引入欧洲共同体的议程设定研究。⑦之后，丹尼尔·尼尔森和迈克尔·提埃尔纳用委托—代理框架解释为什么国际组织绩效有时无法满足成员国的预期和利益，并提出通过职员遴选、监管、过程监督和合约制等手段重建国家对国际组织改革的主导权。⑧罗兰·沃贝尔基于欧洲多元主体参与治理的实践提出代理链条过长和代理损耗的问题，指出多元主体作为委托方在偏好、认知和信息获取方面的差异会加剧

① 吉乌利奥·M.加拉罗蒂.国际组织的局限性：国际关系管理中的系统失灵// 莉萨·马丁，贝思·西蒙斯.国际制度.黄仁伟，蔡鹏鸿，等译.上海：上海人民出版社.2018：416-456.

② Koremenos, B., Lipson, C. & Snidal, D. The Rational Design of International Institutions. *International Organizations*, 2001, 55(4): 761-799.

③ Tallberg, J. *The Opening Up of International Organizations: Transnational Access to Global Governance.* *Cambridge*: Cambridge University Press, 2013.

④ 莉萨·马丁，贝思·西蒙斯.国际制度的理论与经验研究// 彼得·卡赞斯坦，罗伯特·基奥思，斯蒂芬·克拉斯纳编.世界政治理论的探索与争鸣.秦亚青，苏长和，等译.上海: 上海人民出版社，2006：107-139.

⑤ 戴伦·霍金斯，戴维·莱克，丹尼尔·尼尔森等.国际组织中的授权与代理.白云真，译.上海：上海人民出版社，2015：III.

⑥ Abbott, K. & Snidal, D. Why States Act Through Formal International Organizations. *Journal of Conflict Resolution*, 1988, 42(1): 3-32.

⑦ Pollack, M. A. Delegation, Agency, and Agenda-setting in the European Community. *International Organizations*, 1997, 51(1): 99-134.

⑧ Nielson, D. L. & Tierney, M. J. Delegation to International Organizations : Agency Theory and World Bank Environmental Reform. *International Organizations*, 2003, 57(2): 241-276.

对代理方国际组织的控制难度。①戴伦·霍金斯和戴维·莱克等提出了无政府状态下国家授权国际组织的不同结构、不同收益以及应对代理懈怠的策略，他们主编的文集《国际组织中的授权与代理》汇集了国际货币基金组织、世界卫生组织、国际法院、欧盟等多个国际组织中授权逻辑和代理问题的理论和经验研究成果。②直至目前，委托—代理理论的检验、应用及批评仍是一项方兴未艾的研究议程。有学者将其用于分析国际行政官员如何在创建新的国际组织过程中扩大自主权，发现公开反对主权国家的偏好也是获得自主权的一种方式。③有学者认为委托—代理理论的进一步发展必须对代理的程度进行具体的概念化和测量。④也有学者提出对委托—代理理论的批评，认为单一的授权逻辑无法涵盖国际组织与成员国的复杂互动关系，主张以内部视角研究成员国代表、国际组织领导人、国际组织秘书处及职员作为主要"玩家"之间的互动，建立机构权威性、合法性和能力之间的关联，作为理解国际组织"工作世界"的逻辑框架。⑤

1.3　建构主义视野下的国际组织：塑造规范的施动者

（1）建构主义理论风貌

建构主义国际关系理论自20世纪80年代末以来逐渐成为与现实主义、自由主义相提并论的三大主流理论之一。但与前两者不同，建构主义是较晚从哲学和社会科学中引入国际关系学科的思想方法，是在反思和批判两大主流理论，特别是新现实主义和新自由制度主义因范式趋同而失去活力的过程中发展起来的。建构主义的思想渊源主要来自19世纪以来的社会学，特别是涂尔干和韦伯的传统，核心观点是强调社会具有不可还原到个体的主体间性，

① Vaubel, R. Principal-agent Problems in International Organizations. *The Review of International Organizations*, 2006, 1(2): 125-138.

② 戴伦·霍金斯，戴维·莱克，丹尼尔·尼尔森等. 国际组织中的授权与代理. 白云真，译. 上海：上海人民出版社，2015.

③ Johnson, T. & Urpelainen, J. International Bureaucrats and the Formation of Intergovernmental Organizations: Institutional Design Discretion Sweetens the Pot. *International Organizations*, 2014, 68(1): 177-209.

④ Brown, R. L. Measuring Delegation. *The Review of International Organizations*, 2010, 5(2): 141-175.

⑤ Xu, Y. C. & Weller, P. *The Working World of International Organizations: Authority, Capacity Legitimacy*. Oxford: Oxford University Press, 2018.

作为有机整体对个体思想行为产生塑造作用。^①但涂尔干坚持关系性社会实在论和实证主义认识论，认为社会事实可以作为相对独立的客体被观察和研究，而韦伯试图摆脱和超越实证主义，认为社会现象的独特性在于其包含的意义，社会科学的任务是理解和诠释而不是发现和验证，研究的主客体不可能严格分离。涂尔干和韦伯的认识论立场差异也铺设了建构主义后来发展出不同流派的线索。国际关系理论向社会学理论借鉴、亦称"社会学转向"，受到了当代哲学和社会学思潮的影响，特别是20世纪70年代社会建构论和批判唯实论的论战，以及知识社会学的发展。^②巴斯卡尔、吉登斯、米德、塞耶、舒茨、伯格、卢克曼、塞尔等社会学家的思想理论对国际关系学科的本体论和认识论反思产生了重要启发。1989年，尼古拉斯·奥努夫首次将社会建构主义引入国际关系理论。^③亚历山大·温特借鉴吉登斯的结构化理论提出了国际关系施动者与结构的问题。^④大卫·德斯勒指出施动者与结构问题反映了国际关系理论本体论的机械和单一，将国际体系视为物化的背景环境，而不是具有建构和变革作用的行动工具，主张国际关系理论吸纳科学实在论、采纳社会建构性本体论立场。^⑤温特1992年发表论文《无政府状态是国家建构的》，对此前一直被奉为既定前提的"国际体系的本质是无政府状态"提出了质疑和挑战。^⑥1999年，温特在《国际政治的社会理论》中全面阐述了建构主义国际关系理论的核心论点，对国际政治中的重大问题，如无政府状态、均势、利益、权力等做出了不同于现实主义和自由主义的系统解释。^⑦

建构主义区别于现实主义、自由主义及其他国际关系理论的关键特征可

---

① Ruggie, J. G. What Makes the World Hang Together? Neo-Utilitarianism and the Social Constructive Challenge. *International Organization,* 1998, 52(4): 855-885.

② 安东尼·吉登斯，菲利普·萨顿. 社会学基本概念. 王修晓，译. 北京：北京大学出版社，2019：59-60.

③ Ruggie, J. G. What Makes the World Hang Together? Neo-Utilitarianism and the Social Constructive Challenge. *International Organization,* 1998, 52(4): 855-885.

④ Wendt, A. The Agent-Structure Problem in International Relations Theory. *International Organization*, 1987, 41(3): 35-73.

⑤ Dessler, D. What's at Stake in the Agent-Structure Debate? *International Organization*, 1989, 43(3): 441-473.

⑥ Wendt, A. Anarchy Is What States Make of It. *International Organization*, 1992, 46(2): 391-425.

⑦ 亚历山大·温特. 国际政治的社会理论. 秦亚青，译. 上海：上海人民出版社，2014.

以概括为四个方面：第一，对物质主义本体论的替代方案，即认为国际关系作为一种社会现象，本质是在社会建构中形成的意义和文化，也就是观念。[①] 但建构主义所持的观念本体论不同于自由主义者所说的作为"路线图、聚焦点和制度化工具"的个体观念[②]，而是指社会共有的主体间和制度化的知识，与其说是心理性的、不如说是象征性和组织性的[③]。权力、战略、领土，甚至国家主权本身的存在都取决于"构成它们的意义和实践交织的网络"[④]。第二，重视国家利益的社会建构。国家利益是先天给定还是后天建构的——这一问题经常被视为建构主义与其他理论，特别是现实主义的标志性区别。[⑤] 但事实上建构主义并无意垄断国家利益的建构说，而是强调国家利益多种构成因素之中的社会身份认同因素。[⑥] 国家利益固然由物质因素和实力界定，也受内部不同集团的偏好影响，但同时，也是更深层次的，行为体在与他者进行社会互动中形成的身份与角色决定了他们对国家利益的理解和期望。[⑦] 第三，将国际体系中的互动视为结构与施动者之间的互相建构。这使国际关系理论重新重视国家行为体的施动性，打破了结构主义的静态、决定论视角，能够理解国际体系的变化及动力。第四，由于施动者与结构的持续互构，无政府状态具有多重逻辑。这意味着国际体系不仅可以出现温特所概括的霍布斯文化、洛克文化和康德文化[⑧]，还可以呈现没有任何权威和层级的"自然状态"，和具有一定权威和等级性的"非无政府主义体系"[⑨]，而且国际体系文化或状态都是非

---

① 伊恩·赫德. 建构主义 // 克里斯蒂安·罗伊 - 斯米特，邓肯·斯尼达尔. 牛津国际关系手册. 方芳，范鹏，詹继续，等译. 南京：译林出版社，2019：324-354.

② 朱迪斯·戈尔茨坦，罗伯特·基奥恩. 观念与外交政策：信念、制度与政治变迁. 刘东国，于军，译. 北京：北京大学出版社，2005：3-30.

③ Legro, J. *Rethinking the World: Great Power Strategies and International Order*. New York: Cornell University Press, 2005: 6.

④ Kratochwil, F. *Rules, Norms, and Decisions: On the Conditions of Practical and Legal Reasoning in International Relations and Domestic Affairs*. Cambridge: Cambridge University Press, 1989.

⑤ 玛莎·费丽莫. 国际社会中的国家利益. 袁正清，译. 杭州：浙江人民出版社，2001.

⑥ 伊恩·赫德. 建构主义 // 克里斯蒂安·罗伊 - 斯米特，邓肯·斯尼达尔. 牛津国际关系手册. 方芳，范鹏，詹继续，等译. 南京：译林出版社，2019：324-354.

⑦ 亚历山大·温特. 国际政治的社会理论. 秦亚青，译. 上海：上海人民出版社，2014：228-236.

⑧ 亚历山大·温特. 国际政治的社会理论. 秦亚青，译. 上海：上海人民出版社，2014：244-301.

⑨ 伊恩·赫德. 建构主义 // 克里斯蒂安·罗伊 - 斯米特，邓肯·斯尼达尔. 牛津国际关系手册. 方芳，范鹏，詹继续，等译. 南京：译林出版社，2019：336.

静止的，存在转化的可能和动力，也总是处在演变的动态进程中。

建构主义国际关系理论的内部多样性和差异性比现实主义和自由主义更为明显，连理论流派的分类方法都有十几种之多。[①]建构主义者之间最根本的差异在于认识论和方法论立场，主要是对实证主义扬弃和批判的程度。较为简化的区分方法是如泰德·霍普夫所言，将接受现代实证主义认识论和主流理论研究方法的称为常规建构主义，将彻底与主流理论断裂、主张解构和话语方法的后现代、后实证主义者称为批判建构主义。[②]鲁杰按照同古典社会学和实用主义哲学传统的延续性，将构建主义分为新古典建构主义学派、后现代建构主义学派和自然建构主义学派。[③]其中，自然建构主义学派的代表人物温特和德斯勒试图通过科学实在论整合社会学传统与国际关系主流理论，使一种全新的"自然派"社会科学成为可能，目前获得了被学界认可的主流理论地位。伊恩·赫德将世界政治中的建构主义分为经验研究和哲学研究两种路径，大致符合美国和欧洲的建构主义研究谱系之分："经验研究的路径'顺流而下'，应用建构主义的洞见来理解国际政治中的模式、行为和困境，哲学研究路径则是'逆流而上'，寻求理解建构主义与研究国际现象其他进路之间的差异及其原因和影响。"[④]

（2）国际组织的规范性作用

建构主义理论对国际组织的关注点不在于它们对国际合作以及世界政治"是否"有用，而是"如何"发挥作用。建构主义者最早对国际组织的关注和兴趣是由国际制度研究而来，他们通过区分管制性规则（regulative rule）和建构性规则（constitutive rule）对新自由制度主义的工具理性视角提出了重要补充。[⑤]建构主义认为，国际制度促进合作的原因不仅在于提供了能够降低交易

---

① 袁正清. 国际政治理论的社会学转向：建构主义研究. 上海：上海人民出版社，2005：37-42.

② Hopf, T. The Promise of Constructivism in International Relation Theory. *International Security*, 1998, 23(1): 171-200.

③ Ruggie, J. G. What Makes the World Hang Together? Neo-Utilitarianism and the Social Constructive Challenge. *International Organization,* 1998, 52(4): 855-885.

④ 伊恩·赫德. 建构主义 // 克里斯蒂安·罗伊-斯米特，邓肯·斯尼达尔. 牛津国际关系手册. 方芳，范鹏，詹继续，等译. 南京：译林出版社，2019：325.

⑤ 参见：亚历山大·温特. 国际政治的社会理论. 秦亚青，译. 上海：上海人民出版社，2014：162；Ruggie, J. G. International Regime, Transactions, and Change: Embedded Liberalism in the Postwar Economic Order. *International Organization*, 1982, 36(2): 379-415.

成本、提升信息透明度、促进共识和收益预期的管制性规则，更重要的是包含了能够不断生成具有同一性行为的建构性规则，这就是指嵌入在主体间知识和社会实践中的规范。比如，创建世界贸易组织的乌拉圭回合谈判的最终文件有多达550页的管制性规则条款，但这些规则都遵循多边贸易中的一项规范，即非歧视原则。① 规则与规范的区别反映了基奥思归纳的关于制度研究的两种路径：理性主义（rationalist）和反思主义（reflectivist），理性主义路径主要指新自由制度主义理论，而反思主义主要指的是建构主义理论。② 詹姆斯·马奇和约翰·奥尔森提出了制度化行为中的两种逻辑：预期后果的逻辑和适当性逻辑，分别代表了理性主义理论和建构主义理论对国际行为模式的不同理解。③

　　国际组织正是按照适当性逻辑发挥了国际社会中规范倡导者和传授者的作用，通过国际规范的生成、扩散和演化影响国家对国家利益的认知和界定，塑造关于合作的理解和知识。芬尼莫和斯金克对联合国教科文组织、世界银行、国际红十字会及跨国规范倡导网络的研究引领了建构主义的规范研究议程。④ 阿查亚对规范扩散理论进行了扩展，提出了规范本土化和规范辅助性等更为精细的理论视角，指出地区性国际组织，如东盟，在将全球性规范转变为本土性规范的过程中具有重要的能动作用。⑤ 巴奈特和芬尼莫指出，国际组

① Barkin, S. J. *International Organization: Theories and Institutions*. London: Palgrave Macmillan, 2006: 47.

② Keohane, R. O. International Institutions: Two Approaches. *International Studies Quarterly*, 1989, 32(4): 379-396.

③ 詹姆斯·G. 马奇，约翰·奥尔森. 国际政治秩序的制度动力 // 彼得·卡赞斯坦，罗伯特·基奥思，斯蒂芬·克拉斯纳. 世界政治理论的探索与争鸣. 秦亚青，苏长和，等译. 上海：上海人民出版社，2006：361-385.

④ 参见：Finnemore, M. International Organizations as Teacher of Norms: the United Nations Educational, Scientific and Cultural Organization and Science Policy, *International Organization*, 1993, 47(4): 565-597; 玛莎·费丽莫. 国际社会中的国家利益. 袁正清，译. 杭州：浙江人民出版社，2001；玛莎·费丽莫，凯瑟琳·斯金克. 国际规范的动力与政治变革 // 彼得·卡赞斯坦，罗伯特·基奥思，斯蒂芬·克拉斯纳. 世界政治理论的探索与争鸣. 秦亚青，苏长和，等译. 上海：上海人民出版社，2006：295-334；Karns, M. P., Mingst, K. A. & Stiles, K. W. *International Organizations: the Politics and Process of Global Governance*. 3rd Edition, Colorado: Lynne Rienner Publishers, 2015: 59-61.

⑤ 参见：阿米塔·阿查亚. 重新思考世界政治中的权力、制度与观念. 白云真，宋亦明，译. 上海：上海人民出版社，2019：195-232，233-268；Acharya, A. *Constructing a Security Community in Southeast Asia: ASEAN and the Problem of Regional Order*. Oxford: Routledge, 2001.

织不仅是世界政治中的独立行为体，还是真正拥有权力的施动者，甚至其功能失灵、违反主权国家作为委托者意志的代理懈怠等病症，都是其以特定的方式运用权威的表现，它们通过权威、专业知识和规范传播对世界政治发挥着管制性和建构性的作用。[①] 杰弗里·切克尔将国际组织根据适当性逻辑促进成员国利益和偏好聚合的机制称为社会化，国际组织作为制度载体是推动社会化的施动者和社会化发生的场域，社会化包括行为调整和价值利益改变两个阶段，战略计算、角色扮演、规范劝服等是不同阶段社会化的具体机制。[②] 江忆恩将社会化作为建构主义的核心理论进行阐述，提出了说服和社会影响两个微观层面的社会互动机制，身份认同的变化是社会化的最终结果，而且权力政治中的战略行为和社会化理论并不矛盾，越是深嵌在某种战略文化中，行为体的战略行为特征就越明显。[③] 社会化理论为研究区域合作和一体化实践提供了新的视角，切克尔在《国际制度与欧洲的社会化》中汇集了欧盟内部社会化的不同动力、机制和问题[④]，江忆恩和阿米塔·阿查亚在《塑造合作》中以比较视角考察了亚太、拉丁美洲、非洲和欧洲的合作制度、社会化机制及国际组织。[⑤] 比尔斯等学者通过中长期统计数据检验了国际组织促进成员国利益聚合的社会化理论，并提示成员国构成及其权力关系也会影响社会化成效。[⑥]

① 迈克尔·巴尼特，玛莎·芬尼莫尔. 为世界定规则：全球政治中的国际组织. 薄燕，译. 上海：上海人民出版社，2009.

② Checkel, J. T. International Institutions and Socialization in Europe: Introduction and Framework. *International Organization*, 2005, 59(4): 801-826.

③ 参见：Johnston, I. A. Treating International Institutions as Social Environments. *International Studies Quarterly*, 2001, 45(4): 487-511; Johnston, A. I. Conclusions and Extensions: Towards Mid-Range Theorizing and Beyond Europe. *International Organization*, 2005, 59(4): 1013-1044; Johnston, I. A. *Social States: China in International Institutions 1980–2000*. New Jersey: Princeton University Press, 2014.

④ Checkel, J. T. *International Institutions and Socialization in Europe*. Cambridge: Cambridge University Press, 2007.

⑤ Johnston, I. A. & Acharya, A. *Crafting Cooperation: Regional International Institutions in Comparative Perspective*. Cambridge: Cambridge University Press, 2007; Iain A. Johnston. The ASEAN Way and Socialization in International Institutions//John G. Ikenberry, Michael Mastanduno (eds). *International Relations Theory and the Asia-Pacific*. New York: Columbia University Press, 2003.

⑥ Bearce, D. H. & Bondanella, S. Intergovernmental Organizations, Socialization, and Member-State Interest Converge. *International Organization*, 2007, 61(4): 703-733.

（3）国际组织与多边主义

国际规范与国际组织、国际制度研究结合的一个重要支点是多边主义。基奥思1990年指出，多边政府间国际组织数量的快速增长预示着多边主义将成为世界政治中一项重要的研究议程。[1]根据鲁杰的定义，多边主义是一种三个和三个以上国家协调合作的形式，这种合作建立在一种规范基础上，核心是扩散的互惠性、不可分割性和普遍的行为准则，这种规范可以生成更多的具体规则和规定。[2]这意味着按照多边主义行事的行为体需要对自身高度克制，而多边主义制度是一种要求很高的形式，需要牺牲暂时的现实利益来遵循适宜性逻辑。[3]弗里德里克·克拉托赫维尔指出，作为制度和规范的多边主义对国际体系具有深远的变革性影响，推动无政府性质的国际体系朝向一种规范主导的秩序转化，而这一演变进程也必然反映出规范等级性以及规范主导权的问题[4]，呼应了鲁杰关于"嵌入性"秩序的观点——二战后多边主义的发展说明决定性力量是"美国"的霸权，而不是美国的"霸权"。这也说明，国际秩序的建构和走向不仅取决于国际体系中实力结构的变化，而且还与国际体系中身份认同的分布密切相关。[5]

关于多边主义的理论探索从国际组织和全球治理实践中不断获得动力和启示，出现了一系列概念变体和创新。比如，欧盟将多边主义视为欧洲通过一体化进程步入康德主义后现代世界的核心规范和价值理念，面对信奉权力政治的大国单边主义和工具性多边主义，提出了"有效多边主义"（effective multilateralism）的概念[6]，并将其定义为通过规范性权力在全球推行多边主义

---

[1] Keohane, R. O. Multilateralism: An agenda for Research. *International Journal*, 1990: 45(4): 731-764.

[2] Ruggie, J. G. Multilateralism: The Anatomy of an Institution. *International Organization*, 1992, 46(3): 561-598.

[3] Caporaso, J. A. International Relations Theory and Multilateralism: The Search for Foundations. *International Organization*, 1992, 46(3): 599-632.

[4] Kratochwil F. Norms Versus Numbers: Multilateralism and the Rationalist and Reflexivist Approaches to Institutions//John G. Ruggie (ed). *Multilateralism Matters: The Theory and Praxis of An Institutional Form*, New York: Columbia University Press, 1993.

[5] Allan, B. B. Vucetic, S. & Hopf, T. The Distribution of Identity and the Future of International Order: China's Hegemonic Prospects. *International Organization,* 2018, 72(4): 839-869.

[6] 参见：European Commission. *The European Union and the United Nations: The Choice of Multilateralism*, Communication from the Commission to the Council and the European Parliament, COM (2003) 526 final, 10 September 2003; European Council. *European Security Strategy, A Secure Europe in a Better World*. EC 2003.

的"欧洲方式"①。此外，为适应多元行为体参与多层次全球治理的趋势，出现了多种"新多边主义"的界说②；针对新兴国家对现有国际规范和实践的质疑和替代性方案，特别是新世纪以来出现的二十国集团、新开发银行等新的国际机制和国际组织，学者从不同角度提出了"多重多边主义"（multiple multilateralism）③、"竞争性多边主义"（contested multilateralism）④等概念；还有国际法学者指出，一些多边机制的推行取决于国际法规与国内法律和行政体系的兼容度，并不能根据国家偏好随意选择，因此可称为"强制性多边主义"（mandatory multilateralism）。⑤

（4）国际组织的权威性与合法性

多边主义秩序意味着一种与现实主义的无政府体系非常不同的排序原则，因此需要对权威的概念进行重新理解和建构。⑥国际组织的权威性与合法性因而成为建构主义理论视野下重要的研究议题。早在1966年，小克洛德就探讨过联合国的政治合法性问题⑦，但现实主义和自由主义理论未对这一概念给

① 参见：Knudsen, M. Effective Multilateralism Revisited: The European Security Strategy Ten Years After. *Studia Diplomatica*, 2014, 67(1):3-14; Smith, M. & Elgström, O. The European Union and International Regimes//Jorgensen, K. E. & Laatikainen, K.V. *Routledge Handbook on the European Union and International Institutions: Performance, Policy, Power*. London: Routledge, 2013; Wright, T. Towards Effective Multilateralism: Why Bigger May Not Be Better. *The Washington Quarterly*, Vol. 32, No. 3, 2009, pp. 163-180.

② 参见：Knight, A W. Engineering Space in Global Governance: The Emergence of Civil Society in Evolving "New" Multilateralism//Michael G. Schechter (ed). *Future Multilateralism*. New York: St Martin's Press, 1999: 282-283; 斯瓦兰·辛格，张贵洪. 亚洲多边主义：政治实践与理论贡献. 国际观察，2012(2): 30-36；Jacobs, G., Kiniger-Passigli, D. & Likhotal, A. Redefining Multilateralism. *Cadmus*, Vol.4, No. 3, 2020: 5-20; Hampson, F. O. & Heinbecker, P. The "New" Multilateralism of the Twenty-First Century, *Global Governance*, 2011, 17(3): 299-310.

③ QIN, Y. Q. Transnational Governance and Multiple Multilateralisms. London: Routledge, 2020: 48-65.

④ Morse, J. C. & Keohane, R. O. Contested Multilateralism. *The Review of International Organization*, 2014, 9(4): 385-412.

⑤ Criddle, E. J. & Fox-Decent, E. Mandatory Multilateralism. *American Journal of International Law*, 2019, 113(2): 272-325.

⑥ Kratochwil, F. Norms Versus Numbers: Multilateralism and the Rationalist and Reflexivist Approaches to Institutions//John G. Ruggie (ed). *Multilateralism Matters: The Theory and Praxis of An Institutional Form*.New York: Columbia University Press, 1993.

⑦ Claude, I. L. Collective Legitimization as a Political Function of the United Nations. *International Organization*, 1966, 20(3): 367-379.

予充分重视。伊恩·赫德指出，合法性研究是建构主义理解国际组织的特有路径。[①]由于权威来自对合法性权力的运用，国际体系包括多种拥有合法性权力的行为体，所以国际体系中的权威也是分散的，这与无政府状态的假设相冲突，但更真实地反映了"无政府状态之后"世界政治的现实。[②]国际组织拥有的权威表现为能够以合法的方式约束甚至侵害主权国家至高无上的自由，其合法性并不来自物质力量或主权国家的委托授权，也不同于强制力或自利工具，而是一种被视为适当的、愿意遵循的规范性信念，是对象征和符号进行调配的权力。[③]塔尔伯格等提出了通过权威、程序和绩效理解国际组织合法性与合法化的概念框架。[④]爱德华·曼斯菲尔德等研究发现民主化转型中的国家更有动力加入国际组织，说明进入国际组织意味着能够获得国际社会中的象征性资源，增强主权国家自身的合法性。[⑤]巴尔金以塔利班为例，说明联合国从未认可其作为阿富汗国家的合法代表，即使在塔利班拥有对国家的实际控制权。[⑥]基奥思等反驳了关于国际组织的精英主义倾向损害民主的批评，指出国际组织事实上能够通过限制特殊利益集团、保护个体权利、促进民主辩论等方式增强多边主义的民主性与合法性。[⑦]

基于合法性与适当性的认同还影响和塑造着国际组织的具体组织形式与行为方式。利斯贝特·霍克、托拜厄斯·林茨和加里·马克斯指出，国际组织在成员身份条件、成员数量、议题领域、政策组合、权威聚合方式方面具有巨大的差异性，功能性需求仅能提供部分解释，国际组织的"社群基础"是被忽

---

① 伊恩·赫德. 无政府状态之后：联合国安理会中的合法性与权力. 毛瑞鹏，译. 上海：上海人民出版社，2018：2.

② Hurd, I. Legitimacy and Authority in International Politics. *International Organization*, 1999, 53(2): 379-408.

③ Hurd, I. Legitimacy, Power, and the Symbolic Life of the UN Security Council. *Global Governance*, 2002, 8(1): 35-51.

④ Tallberg, J. & Zürn, M. The Legitimacy and Legitimation of International Organizations: Introduction and Framework. *The Review of International Organizations*, 2019, 14(1): 581-606.

⑤ Mansfield, E. D. & Pevehouse, J. C. Democratization and International Organizations. *International Organization*, 2006, 60(1): 137-167.

⑥ Barkin, S. J. *International Organization: Theories and Institutions*. London: Palgrave Macmillan, 2006: 48.

⑦ Keohane, R. O. Stephen Macedo & Andrew Moravcsik, Democracy-Enhancing Multilateralism. *International Organization*, 2009, 63(1): 1-31.

略的重要因素，因为只有享有集体身份认同和共同精神气质的成员组合才能确保多边主义所要求的"扩散的互惠性"，全球治理的功能性和社会性叠加，构成了一种理解国际组织结构形态的后功能主义理论。[①] 也有研究表明，国际组织中民主国家的数量和比例影响制度开放性和制度设计。[②] 阿伯特、斯奈德等学者还对政府间国际组织的治理手段和技巧进行研究，认为根据治理对象和议题的复杂性，国际组织很难通过直接介入的行动行使权威，经常需要借助非政府组织等中介行为体、通过伙伴关系等形式发挥作用，从规范和准则的直接推动者转变为议题领域中治理的协调者（orchestrator）。[③]

1.4　英国学派视野下的国际组织：不可低估的次级制度

（1）英国学派理论风貌

如果说国际关系是一门"美国的社会科学"[④]，那么英国学派就是这门以美国为重心的学科最具竞争力的替代性理论体系，该学派的理论是对主流理论语境中现实主义、自由主义和建构主义的综合与重构。英国学派并非指由英国籍学者组成的学术共同体，而是指在英国大学获得学术声誉、持相同本体论观点，且对美式科学主义研究方法持批评态度的一批学者。[⑤] 从 1959 年英国国际政治理论委员会成立到 20 世纪 80 年代的英国学派经典时期，主要代表人物是具有直接师承关系与学术合作的查尔斯·曼宁、赫伯特·巴特菲尔德、赫德利·布尔、亚当·沃森、雷蒙·文森特，从 20 世纪 90 年代至今，代表性学者包括安德鲁·赫里尔、巴里·布赞、安德鲁·林克莱特、蒂姆·邓恩、理查德·利特尔、菅波英美、托尼·克努成、康奈莉亚·纳瓦里等。[⑥] 英国学派更偏向于将

① Hooghe, L., Lenz, T. & Marks, G. *A Theory of International Organization: A Post-functionalist Theory of Governance*. Volume IV. Oxford: Oxford University Press, 2019.

② Tallberg, J., Sommer, T. & Squatrito, T. Democratic Memberships in International Organizations: Sources of Institutional Design. *The Review of International Organization*. 2015, 11: 59-87.

③ Abott, K. W., Genschel, P., Snidal, D. & Zangl, B. *International Organizations as Orchestrators*. Cambridge: Cambridge University Press, 2015.

④ Hoffmann, S. *An American Social Science: International Relations*. London: Palgrave Macmillan, 1977: 41-60.

⑤ 蒂姆·邓恩. 英国学派 // 克里斯蒂安·罗伊-斯米特，邓肯·斯尼达尔. 牛津国际关系手册. 方芳，范鹏，詹继续，等译. 南京：译林出版社，2019：7，291-310.

⑥ 参见：巴里·布赞. 英国学派理论导论. 颜震，译. 北京：世界知识出版社，2018；张小明. 英国学派还是英格兰学派. 世界经济与政治，2008(5)：78-80.

国际关系视为一门关于理解国际社会现象的综合性研究，而不是一种定义严格、边界清晰的理论。因此，国际关系研究应该将现实主义、理性主义和革命主义三大传统兼收并蓄[1]，而且理论与历史、经验与规范相辅相成、不可偏废，在方法论上欢迎多元主义或折中主义。[2]

英国学派的国际关系理论有一套自成体系的概念和叙事，聚焦国际社会的存在和演变。国际体系、国际社会和世界社会这组概念的区分是英国学派的理论基石。当两个或两个以上的国家之间有足够的交往、并对彼此的决策有足够的影响，从而使它们作为一个整体的组成部分来行为时，可以称为形成了国家间体系或国际体系。[3]当这些国家具有共同的利益和价值观念，认为彼此关系受一套共同规则制约，并一起确保共同制度的运行时，才可以说形成了一个国家社会或国际社会。[4]事实上，美国主流国际关系理论研究的对象主要是国际体系，而英国学派关注的核心是国际社会，也就是虽然没有世界政府、但仍有一套制度、规则和规范支撑的"无政府社会"。世界社会与国际社会相似，区别在于它将国家以外的个人、跨国和全球性组织也视为主体，指的是"连接人类群体所有全部"的共同利益和价值观。[5]国际体系、国际社会和世界社会分别体现了现实主义、理性主义和革命主义三大传统的核心理念和研究路径。英国学派的理论具有强烈的规范性色彩和明确的伦理立场，学派内部以此分为多元主义和连带主义两种派别。多元主义是支撑国家中心模式的国际社会的核心规范，通过主权和不干涉来维系文化和政治多样性，倾向于将维护秩序作为追求正义的前提；连带主义则代表了世界社会的价值追求，以寻求建立超越国家联合的体系、推进普世主义原则和正义为导向。[6]

---

[1] Wright, M. The Three Traditions of International Theory//Martin Wight, Gabriele Wight & Brian Porter (eds.). *International Theory: The Three Traditions*. Bloomsbury Academic, 1991: 7-24.

[2] Buzan, B. The English School: An Underexploited Resource in IR. *Review of International Studies*, 2001, 27(3): 471-488.

[3] 赫德利·布尔.无政府社会：世界政治中的秩序研究（第四版）.张小明，译.上海：上海人民出版社，2015：12.

[4] 赫德利·布尔.无政府社会：世界政治中的秩序研究（第四版）.张小明，译.上海：上海人民出版社，2015：15.

[5] 蒂姆·邓恩.英国学派//克里斯蒂安·罗伊-斯米特，邓肯·斯尼达尔.牛津国际关系手册.方芳，范鹏，詹继续，等译.南京：译林出版社，2019：7，303.

[6] William, B. Pluralism and Solidarism//Navari, C. (ed.). *International Society: The English School*. London: Palgrave Pivot, 2021: 95-108.

（2）国际组织作为次级制度

英国学派的理论视野中，国际组织虽然不是首要关注议题，但始终占有一席之地。布尔指出，国际组织在维持世界政治中的秩序上发挥着重要作用，但不应该从国际联盟、联合国等国际组织中寻找世界政治秩序得以维持的原因，而应该从先于这些组织存在的国际社会制度中寻求解释。[①] 可以说，英国学派对国际组织也采取了一种制度视角，但该学派所说的"制度"与自由主义、建构主义理论中的机制或制度都不同。英国学派将制度区分为首要制度（primary institutions）和次级制度（secondary institutions）：首要制度是在历史演化中形成的社会实践、习惯和惯例，被国际社会成员普遍认可和遵循，主要包括主权/不干涉、领土、均势、国际法、外交、大国、战争；而次级制度是人为设计的组织性或规则性安排，涵盖机制理论和新自由制度主义者所讨论的原则、规则、程序以及19世纪以后才出现的国际组织，它们是怀特和布尔言下的"伪制度"（pseudo-institutions）。[②] 国际组织是由主权、大国、国际法等首要制度影响和塑造的次级制度，但这并不意味着其可有可无。布尔和沃森指出，国际组织支撑着首要制度的运作，象征着国际社会的存在，特别是联合国体现了国际社会的扩展，反映了20世纪去殖民化浪潮中新独立国家的不断增长及其多元化的利益诉求，同时，多边谈判的常态化也对传统外交提出了变革的要求。[③]

克努成认为，国际组织作为次级制度不仅仅是被动地承载和体现首要制度，而且具有重要的能动作用，影响首要制度及其支持的国际社会的延续和变革。一方面，国际组织通过不断复制和再造首要制度中包含的共识、规范、知识等维系国际社会的社会性、促进国际社会成员的社会化，另一方面，国际组织对规范具有选择性，能够引导和塑造国际社会的规范性偏好，通过影响建构性规则反作用于首要制度，比如，在国际组织的倡导和推动

① 赫德利·布尔. 无政府社会：世界政治中的秩序研究（第四版）. 张小明，译. 上海：上海人民出版社，2015：3.

② 参见：巴里·布赞. 英国学派理论导论. 颜震，译. 北京：世界知识出版社，2018：16-17，115-116；赫德利·布尔. 无政府社会：世界政治中的秩序研究（第四版）. 张小明，译. 上海：上海人民出版社，2015：63-66.

③ 参见：赫德利·布尔. 无政府社会：世界政治中的秩序研究（第四版）. 张小明，译. 上海：上海人民出版社，2015：153；赫德利·布尔，亚当·沃森. 国际社会的扩展. 北京：中国社会科学出版社，2014：353-358.

下，人道主义、民主、制裁等正在上升为国际社会新的首要制度，使全球治理秩序更富正义性。①基利恩·斯潘德勒提出了首要制度和次级制度双向关联演化的模式，首要制度中的规范转化为具体的合法性规定、再转化为行为体角色身份认知及偏好是一种构成性进程（constitutionalisation），从规范性认知和期望转化为程序、规则、知识以及制度化行为是一种建制性进程（institutionalization），两个进程都分为基础阶段和高级阶段，首要制度和次级制度通过这两个进程双向关联，在实践中实现交汇。②纳瓦里强调的是首要制度和次级制度之间在实践层面上的权力关系和政治维度，指出双层制度互动必须将施动者的利益、规范和权力要素整合进来。③可见，英国学派研究国际组织的制度主义视角具有跨范式特征，既和建构主义共享相似的社会学前提，重视将规范和文化作为核心概念，又接近自由主义的普世价值伦理立场，同时也不忽视权力关系和结构压力的制约，构成了与"美式"制度理论并立与互补另一种路径。④

对于英国学派而言，国际社会演变的根本在于秩序的演化。巴里·布赞提出了以全球现代性作为核心概念的全球转型叙事，认为19世纪以来的工业化、理性国家和进步性意识形态共同生成了一个中心—边缘格局的高度全球化的秩序。国际组织是全球性国际社会中互动能力提升的标志，政府间国际组织和国际非政府组织以不同的方式"增添了外交渠道，提供了政治参与的基本准则、义务和机会，深化了政治互动的层次"，而且推动了当今国际秩序经历着从"有中心的全球化"转向"去中心的全球化"的过程。在这一去中心化的全球主义国际社会中，区域主义成为重要的规范和秩序支柱，意味着区

① Knudsen, T. B. & Navari, C. (eds.). *International Organization in Anarchical Society: The Institutional Structure of World Order*. Cham: Springer International Publishing AG, 2018: 8-9, 41-43.

② Spandler, K. The Political International Society: Change in Primary and Secondary Institutions. *Review of International Studies*, 2015, 41(3): 601-622.

③ Navari, C. Modeling the Relations of Fundamental Institutions and International Organizations//Knudsen, T. B. & Navari, C. (eds.). *International Organization in Anarchical Society: The Institutional Structure of World Order*. Springer International Publishing AG, 2018: 51-75.

④ 参见：Evans, T. & Wilson, P. Regime Theory and the English School of International Relations: A Comparison. *Millennium*, 1992, 21(3): 329-351; Buzan, B. From International System to International Society: Structural Realism and Regime Theory Meet the English School. *International Organization*, 1993, 47(3): 327-352.

域性国际组织将发挥更为重要的作用。①

2 多支理论脉络中的"组织"研究

国际组织并非国际关系学科独有的研究对象和研究领域，而是处在多学科交叉与跨学科交融的中心地带。事实上，国际关系学科关于国际组织的理论视角和研究方法从经济学、社会学、比较政治学、法学、人类学、伦理学等学科中汲取了丰富的知识给养与思维工具，形成了本学科知识体系中关于国际组织的制度理论、规范理论、代理理论等。进入21世纪以来，随着全球治理实践的深入发展和跨学科研究方法的勃兴，国际组织理论的体系化发展要求进一步打破范式和学科藩篱，寻求学科之外的理论源泉，探索对世界政治和全球治理现实问题更具解释力和启发性的创新路径。其中，组织社会学是与国际关系视域下的国际组织研究谱系最为亲近、最富融合潜力的知识门类，在跨学科方法视角下，出现了一系列聚焦组织研究、转向体系层次的"交叉创新"（bisociation）探索和努力。

2.1 组织理论的发展脉络

国际组织作为一种现代社会中的组织现象，是组织社会学研究的天然对象。但组织社会学偏重一般性的组织管理和组织环境研究，较少考虑国际组织的特殊性，或并不将国际组织视作一个特定类别，而国际关系学科感兴趣的是在国际组织中发生及国际组织参与的国际政治活动，组织现象和组织属性是附属和边缘性的因素。1978年，戈登科尔与桑德斯感叹，组织理论在国际关系学科内的应用仅限于一体化研究，这是非常粗浅的。②盖尔·奈斯和史蒂文·布莱彻在1988年发表的论文中指出，国际关系和组织研究之间的鸿沟是深刻而持久的，这两个富有活力的领域应该搭建起沟通互惠的桥梁，将国际组织作为"组织"来研究。③

事实上，社会学中的组织研究几乎与国际关系学科建立同步，始于20世

① 巴里·布赞，乔治·劳森.全球转型：历史、现代性与国际关系的形成.崔顺姬，译.上海：上海人民出版社，2020：265-267.

② Jönsson, C. Interorganization Theory and International Organization. *International Studies Quarterly*, 1986, 30(1): 39-57.

③ Ness, G. D. & Brechin, S. R. Bridging the Gap: International Organizations as Organizations. *International Organization*, 1988, 42(2): 245-273.

纪初，泰勒的科学管理理论和源自霍桑试验的人际关系学派孕育了早期的组织研究。[①] 从两次世界大战期间到20世纪五六十年代，组织研究在美国和欧洲都进入快速发展阶段，在美国主要以同制度理论合流为显著特征，出现了四大研究流派：[②] 一是以韦伯的科层制组织为研究中心的哥伦比亚学派，代表人物是塞尔兹尼克、默顿、古尔德纳、布劳等。他们将具体的科层制组织研究置于结构—功能主义理论背景下，后来为国际关系功能主义一体化等理论所吸收借鉴的组织功能和组织失灵概念最早就出现在默顿的社会结构理论中。[③] 二是以埃弗利特·休斯为代表的、将制度研究与现代社会组织方式相结合的芝加哥学派。休斯通过医学、精神病学等职业中的组织研究，提出制度只能存在于个人的整合与规范化行动中，被认为是最早将制度与组织动态关联起来、并采取一种生态学和演化视角的学者。[④] 值得一提的是，同时期的社会学芝加哥学派代表人物乔治·米德以其符号互动论深刻影响了后来温特的国际关系建构主义理论。三是以哈佛大学的塔尔科特·帕森斯为代表的"文化—制度"学派。帕森斯将被个体内化的规范和文化作为研究组织结构和行动的制度背景，认为规范提供了实现组织目标的合法性意义，提出了组织在技术、管理和制度等不同层次上的类型区分。[⑤] 国际关系视域下的国际组织合法性和规范理论研究都可以追溯到帕森斯开启的文化理论传统中。此外，帕森斯以目的—手段为框架提出的社会行动的一般性理论，对包括国际关系在内的各门类社会科学都产生了深远影响。[⑥] 四是以赫伯特·西蒙和詹姆斯·马奇为代表的卡纳基学派，研究重心在于组织决策。西蒙提出了著名的"有限理性"概

[①] 周雪光. 组织社会学十讲. 北京：社会科学文献出版社，2003：17-18.

[②] W. 理查德·斯科特. 制度与组织：思想观念、利益偏好与身份认同. 姚伟等，译. 北京：中国人民大学出版社，2020：23.

[③] 罗伯特·K. 默顿. 社会理论和社会结构（第二版）. 唐少杰，齐心，等译. 南京：译林出版社，2015.

[④] 参见：Abbott, A. *The System of Professions: An Essay on the Division of Expert Labor*. Chicago: University of Chicago Press, 1988; Ventresca, M. J. & Kaghan, W. N. Routines, "Going Concerns" and Innovations: Towards an Evolutionary Economic Sociology. *Handbook of Organizational Routines*, 2008: 52-86.

[⑤] 参见：Parsons, T. Suggestions for a Sociological Approach to the Theory of Organizations-I. *Administrative Science Quarterly*, 1956, 1(1): 63-85; Parsons, T. Suggestions for a Sociological Approach to the Theory of Organizations-II. *Administrative Science Quarterly*, 1956, 1(2): 225-239.

[⑥] 塔尔科特·帕森斯. 社会行动的结构. 张明德，夏遇南，彭刚，等译. 南京：译林出版社，2012.

念，并指出组织是弥补个人的有限理性、通过程序和规则达到更高理性层次的重要手段。[1]马奇和西蒙认为组织程序影响组织成员的决策模式和行为逻辑，简化个体选择的空间和难度，以至于理性的个体必然是嵌入在组织和制度中的个体。[2]组织决策研究被基奥思、奈等新自由制度主义学者引入国际关系理论，直接推动和影响了国际关系中机制理论和制度理论的兴起，特别是马奇和奥尔森提出的后果性逻辑和适当性逻辑为国际组织和国际制度研究的理性主义和反思主义两大路径提供了理论路标。[3]

从20世纪70年代到90年代，组织社会学经历了以"新制度主义"为标志的另一个黄金发展时期，形成了丰富的理论分支。保罗·迪马乔和瓦尔特·鲍威尔指出"新制度主义"组织研究的特征主要是从个体和组织内部的微观层次向全球化进程中的宏观制度层次发展，将制度视为组织环境中的现象和过程，强调文化和认知要素，引入组织场域作为新的制度分析层次等。[4]周雪光认为"组织与环境的关系"可称为组织社会学新制度学派关注的主题，致力于解释组织如何适应复杂变化的社会环境，并且在形态结构和行为方式上趋同的现象。[5]斯科特提出组织不仅是一个理性的、自然的体系，而且还是一个边界开放、动态演变的体系，将规制性要素、规范性要素和文化认知要素作为制度的三大基础，认为这些要素的不同组合构成了制度的合法性来源，塑造了制度的遵循与扩散机制，强调组织场域是理解制度特征和制度过程的关键概念。[6]而且，组织社会学中的新制度主义大行其道不是孤立的现象，经济学、政治学、社会学，以及认知心理学、文化人类学中的制度研究形成了相互联通的理论渊源和共享的基础概念。科斯的交易成本经济学、奥斯特罗姆的博

① 赫伯特·A.西蒙.管理行为.詹正茂，译.北京：机械工业出版社，2021.
② 詹姆斯·G.马奇，赫伯特·A.西蒙.组织.邵冲，译.北京：机械工业出版社，2013.
③ 詹姆斯·G.马奇，约翰·奥尔森.国际政治秩序的制度动力//彼得·卡赞斯坦，罗伯特·基奥思，斯蒂芬·克拉斯纳.世界政治理论的探索与争鸣.秦亚青，苏长和，等译.上海：上海人民出版社，2006：361-385.
④ Powell, W. W. & DiMaggio, P. J. *The New Institutionalism in Organizational Analysis.* Chicago: University of Chicago Press, 1991: 1-38.
⑤ 周雪光.组织社会学十讲.北京：社会科学文献出版社，2003：67-110.
⑥ 参见：W.理查德·斯科特.制度与组织：思想观念、利益偏好与身份认同.姚伟，等译.北京：中国人民大学出版社，2020：62，219-263；Scott, R. W. *Organizations: Rational, Natural and Open Systems.* 3rd Edition. Hoboken: Prentice Hall, 1992.

弈模型、阿尔奇安和德姆塞茨的代理理论、莫伊和谢普斯勒的政治理性选择理论、格尔茨的文化解释理论、加芬克尔的常人方法学、伯格与拉克曼的社会制度理论、斯维尔曼的组织行动理论、迈耶和罗恩的规则复合体理论等形成了一种共鸣和相互启发的理论互惠空间。[①]正如查尔斯·佩鲁所言，组织研究已经不再仅是社会学的一个分支，而是成为社会科学的核心领域。[②]这一论断在国际关系学科中也得到体现和确证，机制理论和新自由制度主义理论正是在这一时期发展为主流理论，并启发了建构主义规范理论方向的探索和国际关系理论中"文化"的回归。

当美国的组织社会学经历从"经济人"向"社会人"，再向"决策人"和"文化人"假设演变的过程中，欧洲大陆也形成了以法国组织社会学决策分析为代表的研究传统。米歇尔·克罗齐耶于20世纪60年代在法国国家科学院创立了组织社会学所，对美国组织研究的客观理性、内聚力和组织边界清晰等假设进行反思和批评，聚焦行为体的自由度及其对组织环境的超越策略[③]，注重组织中的权力关系和权力建构，将组织内外的行为体及中继者持续互动的"游戏"（jeu）作为基本分析框架，形成了现实问题导向和深度案例研究的学派特色[④]。克罗齐耶和埃拉尔·弗里德伯格在其代表作《行动者和体系》中以古巴导弹危机为案例，提出了组织社会学视角对决策过程中游戏规则与行动者能力的思考。[⑤]法国组织社会学派的重要特色之一是注重组织现象中的权力要素，搭建起了组织社会学与政治社会学相互贯通的研究路径，也因此与作为政治社会学分支的国际关系社会学形成了密切关联。

2.2 国际组织研究的新兴议程

组织理论脉络的发展延伸启发国际关系学科对国际组织的复杂演变和现

---

① Scott, R. W. Reflections on a Half-Century of Organizational Sociology. *Annual Review of Sociology*, 2004, 30: xii, 1-21.

② Perrow, C. *Complex Organizations: A Critical Essay.* New York: Random House, 1986: 7-8.

③ 对于英文和法文的 actor，本书译为"行为体"，这和"行动者"的表述含义相同。

④ 参见：李友梅. 组织社会学与决策分析. 北京：生活书店出版社，2019；克罗戴特·拉法耶. 组织社会学. 安延，译. 北京：社会科学文献出版社，1996；Crozier, M. & Friedberg, E. *L'Acteur et le Système: Les Contraintes de l'action collective.* Paris: Edition Seuil, 2014.

⑤ Crozier, M. & Friedberg, E. *L'Acteur et le Système: Les Contraintes de l'action collective.* Paris: Edition Seuil, 2014: 139-142.

实问题采取新视角、探索新议程，主要体现在由考察单个国际组织内部进程转向探究体系层次的国际组织间关系。当组织社会学的研究重心转向组织与外部环境关系时，国际组织也在经历着数量与规模快速增长、职能和任务大幅扩展、结构和手段日益复杂的过程，国际组织在整个全球治理进程中、与主权国家以及其他国际组织等外部环境的互动成为一项重要命题，这意味着组织理论朝向环境开放体系的发展和研究成果给国际组织研究带来了新的动力，国际关系学界近年对社会网络理论、资源依赖理论、组织生态理论、代理理论、权变理论、组织文化理论的借鉴，启发了一系列国际组织间理论探索和相关实证研究。

　　社会网络理论最初是关于人际关系的网络，后来被拓展到组织和组织之间，核心观点是把组织视为一种具有能动性的网络结构和形态[1]，个体或单个组织在网络中的位置和嵌入程度影响和制约其行为，标志着网络位置的结构洞决定了个体所能获取的社会资本[2]，而网络的嵌入性影响个体对规范的内化过程，造成了社会化程度不足或过度等不同情况。[3]社会网络理论弥补了新制度学派忽视组织内部动力和微观基础的缺陷[4]，尤其适用于碎片化、非正式形式和松散联系的组织间关系，被国际关系学者借鉴并用于全球治理研究。哈罗德·雅克布森1979年将社会网络理论引入国际关系学科，分析国际组织和多元行为体之间的相互依赖关系。[5]约翰森、戈登科尔等最早将社会网络理论用于国际民航组织和国际航空运输协会（International Air Transport Association, IATA），以及世界卫生组织和联合国开发计划署等在相关议题领域中的合作与协调关系。[6]目前的国际组织研究中，社会网络理论主要用于研究超国家、

---

① Kahler, M. *Networked Politics: Agency, Power, and Governance.* New York: Cornell University Press, 2009: 1-22.

② Burt, R. *Structural Holes: The Social Structure of Competition.* Cambridge, MA: Harvard University Press, 1992.

③ Granovetter, M. S. The Strength of Weak Ties. *The American Journal of Sociology*, 1973, 78(6): 1360-1380.

④ 周雪光. 组织社会学十讲. 北京：社会科学文献出版社，2003：22-23.

⑤ Jacobson, H. K. Networks of Independence: International Organizations and the Global Political System. New York: Alfred A. Knopf, 1979.

⑥ Jönsson, C. International Organization and Co-operation: An Interorganizational Perspective. *International Social Science Journal*, 1993, 45(4): 463-477.

次国家和跨国等多层次治理决策分析，解释规范和经验如何在国际组织之间扩散、议题领域中哪个国际组织或哪类机构占据网络结点（nodes）而拥有关键影响力、国际组织如何为共同目标任务开展协调、如何理解跨国联结的政策网络、恐怖主义网络等问题。[1]

　　资源依赖理论是组织社会学制度学派的代表性理论之一，该理论明确将组织界定为一个对外部环境开放的系统，从外部控制角度解释组织现象，认为组织行为是围绕降低对外部物质和观念资源的依赖性以及不确定性而开展的努力。[2]国际关系学者借用这一理论来解释国际组织，特别是政府间合作组织的合作行为，比如，世界卫生组织在对抗埃博拉疫情时需要同无国界医生（Doctors Without Borders，法语：Médecins Sans Frontières，MSF）合作，以获取该组织拥有的跨国专业人员资源。[3]国际组织总是处于资源依赖和不确定性中，因此需要通过同其他机构开展合作与协调来维护自身自主性，并利用资源的不对称性塑造权力、发挥影响。这一观点和国际关系理论中经典的复合相互依赖理论十分近似，但应用场景是"组织间关系"而不是国家间关系，关注的问题是国际组织争取和管理有限资源的方式，如何在资源获取和自主性

① 参见：Schulze M. & Ries F. Social Network Analysi//Biermann R. & Joachin A. Koops. (eds.). *Palgrave Handbook of Inter-Organizational Relations in World Politics*. London: Palgrave Macmillan, 2017: 113-134; Sorensen E. & Torfing, J. Co-creating Ambitious Climate Change Mitigation Goals: The Copenhagen Experience. *Regulation& Governance*, 2020: 1-16; Torfing, J. & Sorensen, E. The European Debate on Governance Networks: Towards a New and Viable Paradigm? *Policy and Society*, Vol. 33, No. 4, 2017: 329-344; Emilie M. Hafner-Burton, Miles Kahler, & Alexander H. Montgomery, Power Positions: International Organizations, Social Networks, and Conflict. *Journal of Conflict Resolution*, 2006, 50(1):3-27; Renee C Van der Hulst. Terrorist Networks: The Threat of Connectivity//John Scott J. & Peter J. Carrington.(eds.). *The SAGE Handbook of Social Network Analysis*. Los Abgeles; SAGE Publications, 2014.

② Pfeffer, J. & Salancik, G. *The External Control of Organizations: A Resource Dependence Perspective*. 2nd Edition. California: Stanford University Press, 2003.

③ Biermann, R. & Harsch, M. Resource Dependence Theory//Biermann R. & Joachin A. Koops. (eds.). *Palgrave Handbook of Inter-Organizational Relations in World Politics*. London: Palgrave Macmillan, 2017: 135-155.

的两难之间进行决策，为何更偏好将同类资源汇聚而非相互交换等。[1]资源依赖理论还强调议题领域中资源的集中程度会影响国际组织之间开展合作的具体形式以及国际组织的制度开放性。[2]

组织生态理论是一种至少部分吸纳了社会达尔文主义视角的组织竞争和演化理论。[3]如果说资源依赖理论强调环境因素要求组织之间采取合作，那么组织生态理论就是从相反的角度来说明由于资源的有限性和不确定性，组织集群内部必然产生竞争关系，竞争驱动组织采取更为有效的结构和形式以占据有利的生态位，否则会出现组织衰亡，这是一个"自然选择"的过程。[4]组织密度是组织生态理论中的关键概念，用来描述特定生态区位中的组织数量和集中程度，解释组织群体在行动策略上的趋同趋势、分布状况及历时演变。[5]阿伯特、杰茜卡·格林和基奥思用组织生态理论来解释为什么政府间国际组织近年来不再快速增长，但出现了大量私人跨境管制机构（Private Transnational Regulatory Organizations，PTROs），它们作为不同组织形式的

① 参见：Barnett, M. & Coleman, V. Designing Police: Interpol and the Study of Change in International Organizations. *International Studies Quarterly*, 2005, 49(4): 539-619; Lipson, M. Performance Under Ambiguity: International Organization Performance in UN Peacekeeping. *Review of International Organizations*, 2010, 5(3): 249-284; Gest, N. & Grigorescu, A. Interactions Among Intergovernmental Organizations in the Anti-corruption Realm. *The Review of International Organizations*, 2010, 5(1): 53-72; Biermann, R. Towards a Theory of Inter-Organizational Networking: The Euro-Atlantic Security Institutions Interacting. *The Review of International Organizations*, 2008, 3(2): 151-177.

② 参见：Hillman, A. J., Withers, M. C. & Collins, B. J. Resource Dependency Theory: A Review, *Journal of Management.* 2009, 35(6): 1404-1427; Wendler, F. The Cooperation of the European Union with Employer and Labor Associations. In Biermann R. & Joachin A. Koops. (eds.). *Palgrave Handbook of Inter-Organizational Relations in World Politics*. London: Palgrave Macmillan, 2017: 611-624.

③ 参见关于同达尔文主义类比关系的辩论：Reydon, T. A. & Scholz, M. Darwinism and Organizational Ecology: A Case of Incompleteness or Incompatibility. *Philosophy of the Social Sciences*, 2014, 44(3): 365-374; Dollimore, D. E. Darwinism and Organizational Ecology: A Reply to Reydon and Scholz. *Philosophy of the Social Sciences*, 2014, 44(3): 375-382.

④ Freeman, J. & Hannan, M. T. Growth and Decline Processes in Organizations. *American Sociological Review*, 1975, 40(2): 215-228.

⑤ Florian Ries. Population Ecology: How the Environment Influences the Evolution of Organizations// Biermann R. & Joachin A. Koops. (eds.). *Palgrave Handbook of Inter-Organizational Relations in World Politics*. London: Palgrave Macmillan, 2017: 157-168.

新兴行为体通过市场、市民社会和专家渠道参与全球气候治理。[1]莱克指出，由于国家间分歧妨碍了原本应更有效的政府间合作安排，因此私人治理组织（Private Governance Organizations，PGOs）填补了生态位空缺，用组织生态理论审视特定议题领域中的治理组织群体，有助于对全球治理进行体系层次分析，理解变化的结构性动力。[2]有研究发现，1815年以来建立的政府间国际组织有1/3已经"死亡"，形式包括解散、合并、重组、继承等，成员身份的异质性、职责的专业性等构成了"制度强健性"的重要因素[3]，还有一些国际组织虽然继续运作，但在推进职责目标方面并无实质进展，处于介于"生死"之间的不活跃状态。[4]由于议题领域中的组织职能交叉重合成为越来越普遍的现象，国际组织采取主动调适和学习策略，并通过合作来化解竞争压力，但是在一些治理领域，即使新兴组织群体表现出更好的效率和活力，资源仍高度集中在已占据关键生态位的组织群体中。[5]

委托—代理理论近年来从"主权国家委托国际组织"的研究领域扩展到"国际组织委托其他国际组织"中，使国际组织既可以扮演代理方也可以扮演委托方的角色，为全球治理中多层次行为体之间的互动以及"制度复合体"

---

[1] Abbott, K. W., Green, J. F. & Keohane, R. O. Organizational Ecology and Institutional Change in Global Governance. *International Organization*, 2016, 70(2): 247-277.

[2] Lake, D. A. The Organizational Ecology of Global Governance. *European Journal of International Relations*, 2021, 27(2): 345-368.

[3] Eilstrup-Sangiovanni, M. Death of International Organizations: The Organizational Ecology of Intergovernmental Organizations 1815—2015. *The Review of International Organizations*, 2020, 15(2): 339-370.

[4] Gray, J. Life Death or Zombie? The Vitality of International Organizations. *International Studies Quarterly*, 2018, 62(1): 1-14.

[5] 参见：Hofmann, S. C. Overlapping institutions in the Realm of International Security: The Case of NATO and ESDP. *Perspectives on Politics*, 2009, 7(1): 45-52; Downie, C. Competition, Cooperation and Adaptation: The Organizational Ecology of International Organizations in Global Energy Governance. *Review of International Studies*, 2022, 48(2):364-384; Wallander, C. A. Institutional Assets and Adaptability: NATO after the Cold War. *International Organization*, 2000, 54(4): 705-735; Morin, J. F. Concentration Despite Competition: The Organizational Ecology of Technical Assistance Providers. *The Review of International Organizations*, 2020, 15(1): 75-107.

（regime complex）内部关系提供了分析工具。[①] 比如，把联合国安理会视为集体委托方，北约、欧盟、非盟作为区域组织代理方，考察在何种情况下联合国安理会愿意将维和任务委托给区域组织，区域组织又为何出现代理懈怠的问题，违背委托方的意图。[②] 组织文化理论不仅被建构主义者用于解释国际组织的规范倡导和规范扩散行为[③]，而且被视为国际组织变革的内在动力[④]，还用来帮助理解为什么一些国际组织倾向于在彼此之间合作，而不愿同其他组织合作——这不仅出于理性、利益和规范，还因为有相近的官僚组织文化和专业知识共识。比如，在维和领域，有学者认为不同国际组织之间已经就干预、发展和人道主义救援等形成了一种共同的"维和文化"[⑤]，也有学者发现分歧性的组织文化妨碍了负有共同任务目标的国际组织开展合作。[⑥]

在上述理论之外，组织研究中的权变理论、社会学思维方法，以及诸如组织场域这样的新兴概念等也值得国际关系学者关注，寻找移植到国际组织

① 参见：Drieskens E. & Yf Reykers. The Principle-Agent Model and Inter-Organizational Relations// Biermann R. & Joachin A. Koops. (eds.). *Palgrave Handbook of Inter-Organizational Relations in World Politics*. London: Palgrave Macmillan, 2017: 271-288; Gawrich, A. Inter-Organizational Relations in the Field of Democratization: Cooperation or Delegation? The European Union, the OSCE, and the Council of Europe//Biermann R. & Joachin A. Koops. (eds.). *Palgrave Handbook of Inter-Organizational Relations in World Politics*. Palgrave Macmillan, 2017: 527-546.

② 参见：Tierney, M. J. Delegation Success and Policy Failure: Collective Delegation and the Search for Iraqi Weapons of Mass Destruction. *Law and Contemporary Problems,* 2008, 71(1): 283-312; Tavares R. The False Promise of Regional Organizations?//Philippe De Lombaerde, Francis Baert, & Tania Felicio. (eds.). *The United Nations and the Regions: Third World Report on Regional Integration*. Berlin: Springer, 2012: 129-140; Wilson Gary. Regional Arrangements as Agents of the UN Security Council: Some African and European Organizations Contrasted. *The Liverpool Law Review*, 2008, 29(2): 183-204; Kilian Spandler. UNAMID and the Legitimation of Global-Regional Peacekeeping Cooperation: Partnership and Frictions in UN-AU Relations. *Journal of Intervention and Statebuilding*, 2020, 14(2): 187-203.

③ 吴文成. 组织文化与国际官僚组织的规范倡导. 世界经济与政治，2013(11)：96-118.

④ 余博闻. 国际组织变革理论的演进与启示. 国际政治研究，2021(3)：38-60.

⑤ Paris, R. Peacekeeping and the Constraints of Global Culture. *European Journal of International Relations*, 2003, 9(3): 441-473.

⑥ McEvoy, J. Inter-Organizational Coordination in Peacebuilding//Biermann, R. & Joachin, A. Koops. (eds.). *Palgrave Handbook of Inter-Organizational Relations in World Politics*. London: Palgrave Macmillan, 2017: 429-446.

研究中的价值点与可能路径。^①乔基姆·库布斯指出，近年来关于国际组织的研究已经出现了从政府间主义向跨国主义转向的趋势，有必要进一步从多种组织理论中吸收借鉴，建立包括体系层次、跨国层次、国家层次、个人层次、科层制组织层次在内的组织间关系多层分析框架，这将对发展国际组织的体系理论大有助益。^②

3 以实践为导向的国际组织理论

由于国际组织既有组织本体的一般属性，又嵌入在国际关系这一特殊的社会系统中，国际组织研究的理论化发展离不开跨学科的知识与方法。国际关系学科自身的确立、成长和发展就是一个在多门类社会科学知识基础上寻求自立并同其他学科积极互动、紧密关联的过程。国际关系视域下的国际组织研究也一直在借鉴其他相关领域理论，特别是组织研究的成果中探索前进，形成了以解释国际合作与秩序为中心命题、具有理性主义和反思主义多重理论棱镜、包含组织、次组织和跨组织等多个层次的知识体系。但这一领域目前的知识积累还难以称得上是一套关于国际组织的成熟理论体系，原因有以下三点。

第一，将国际组织作为一个理论体系中心点的共识度不高。国际关系理论中的不同流派对国际组织地位和作用的观点差异巨大，对国际组织作为独立行为体和能动的施动者的认识还有争论。在这一点上，国际关系学科不像组织社会学那样把"组织现象"视为研究中心，但如果对国际组织的理论定位停留在中介变量或次生现象上，就很难预见较大的理论成长空间。而且，国际关系学科内的国际组织研究者长期以来将其视为单个的组织个体，只是近十年来才开始关注国际组织集群的类属性和组织本身的生命周期。这些因素使国际组织理论研究缺少一套整合性的概念基础，也缺乏连贯的研究动力，容易依附于国际热点事件或其他理论的发展节奏。

第二，国际组织的理论内核尚不明确。虽然关于国际组织的功能、行

① Lipson, M. Organization Theory and Cooperation and Conflict Among International Organizations// Biermann, R. & Joachin, A. Koops. (eds.). *Palgrave Handbook of Inter-Organizational Relations in World Politics*. London: Palgrave Macmillan, 2017: 67-96.

② Joachim, A. Koops. Inter-Organizationalism in International Relations: A Multilevel Framework of Analysis//Biermann, R. & Joachin, A. Koops. (eds.). *Palgrave Handbook of Inter-Organizational Relations in World Politics*. London: Palgrave Macmillan, 2017: 189-216.

为、角色、自主性、权威性、生态状况等形成了一系列具体的理论，但这些理论仅仅是不同视角下的竞争性方案，还是有机联系的一个理论体系，如果是后者，是什么能够将散落在国际关系各流派中的国际组织理论联系起来？这涉及如何理解和定义国际组织理论作为一种整体性的理论探索要回答的问题，是国际组织本身如何在全球化世界中存续和演变，还是国际组织如何促进国际无政府体系的转型？由于缺少坚实的理论内核，国际组织理论可能难免"溶解"于目前较为成熟的制度理论和规范理论之中，或仅作为组织社会学相关理论的扩展性检验和应用。

第三，国际组织理论的内涵和维度还相对单薄。由于国际组织研究迄今的依附性和松散性，可称为国际组织理论的知识描述体相对而言还比较有限，以偏近经验层面的中观理论居多，理论观点及实证检验也需要进一步充实，而且探索相关宏观理论的兴趣和思考目前还比较欠缺。关于国际组织的重要问题研究，特别是与国际关系学科核心概念相关的问题有待进一步深入探讨，如国际组织与权力、国际组织与大国、国际组织与国际秩序等，而且需要就这些问题开展必要的学理辩论。如纪约姆·德文所说，国际组织的定义、分类、功能性，以及作用进程要么是不确定的，要么是有争议的，学界需要听到更多理论方法的争鸣。[①]同时，国际组织理论研究目前主要聚焦政治维度和社会维度，对历史维度的关注不足，贯通历史社会学、政治社会学或历史政治学的视角更是欠缺。

针对国际组织自身的特点和目前理论研究中的不足，国际组织理论发展在方法论上需要强化以实践为导向的跨学科融合。跨学科融合不是概念与范式的移位或杂糅，而是在理论"关节点"上的有机贯通[②]，这需要清醒的问题意识和敏锐的理论直觉，从根本上说就是需要以实践为导向。首先，实践指引了跨学科知识和方法交汇的聚合点。世界政治中的"绩效行为实施"[③]，就是有目的和意义的实践包含了行为体对现实问题的理解、关注和态度，框定了理论所需要解释的"规律"，为跨学科知识融合的努力指明了方向。反思国际关系理论中一些比较成熟的跨范式研究，比如，制度理论之所以能够形成多维度的理论探讨，并不是出于某种设定的研究议程，而是由于制度实践成为

①　Devin, G. *Les Organisations Internationales.* 2e édition. Paris: Armand Colin, 2016.

②　刘莲莲.国际组织研究：议题、方法与理论.国际政治研究，2021(2)：9-41.

③　Adler, E. & Pouliot, V. International Practices. *International Theory*, 2011, 3(1): 1-36.

全球化中最普遍、最重要的一种实践，汇聚了来自多个不同学科的智识贡献。国际组织实践如何区别于制度实践，国际组织实践中的困难与问题，恰是进行跨学科思考和探索的着力点。

其次，国际关系理论近年出现的实践转向提供了发展跨范式研究议程的学术机遇。国际关系的实践理论旨在超越物质与观念、施动者与结构等传统的二分法，以实践场域和行为体惯习相结合的实践逻辑理解复杂的世界政治现实，有助于打破学科和范式之间的人为界限，以更加贴近现实的方式理解和解释多层多维的全球治理，本质上反映了全球化社会中后现代性的浮现和扩展。实践理论虽然不是某种普适性的元理论，但促进了国际关系本体论、认识论和方法论上的进一步反思，为推动新一轮知识重构和创新提供了机遇，对国际组织研究如何"在实践中并通过实践"构建新理论也具有重要启示意义。

最后，实践知识是孕育跨学科知识结晶的重要母体。实践并非独立于知识，特别是理论知识的行动，而是一种社会化的知识话语。实践知识由于其常识性表象而长期被理论忽视，但包含了多学科知识要素依据情境合理性而形成的自然融合。重视并研究实践知识有助于推进"分离、抽象、并归和理想化"的理论提炼进程，形成适用于国际组织这一研究对象特点的跨学科方法路径。比如，国际组织在举行多边会议时使用的《议事规则》是一种日常工作知识，要么仅吸引了少数国际法学家的兴趣，要么仅构成国际政治学者在规范或规则的议题下的案例分析细节，但在多边会议实践中，关于运用《议事规则》的实践知识决定了现实中的博弈结果，影响参与者之间的权力与利益分配，延续或改变了规范认知与组织文化，而这类知识显然难以还原为单一学科的理论认识，需要多学科和跨学科的思维与方法加以萃取。

面对当今的世界政治，已经很难想象国际组织的缺席或失语，国际组织在全球化国际社会中发挥着不可否认和轻视的重要作用，在国际组织中发生和国际组织自身开展的实践刻画着国际关系的面貌，塑造着国家、市民社会、私营行为体、跨国网络以及个人等多元行为体的对外政策和行为。如果说理论的功能在于指导实践，那么首先需要跟上实践的步伐。国际组织理论研究需要跟上国际组织与全球治理实践的发展变化，立足国际关系学科，加强同社会学、法学、人类学等多门类学科知识的交叉融合，形成更具内生动力、开放性和创造力的理论体系，为增强国际社会中的普遍互惠性、扩大合作与共存之道提供智识给养。

下 编

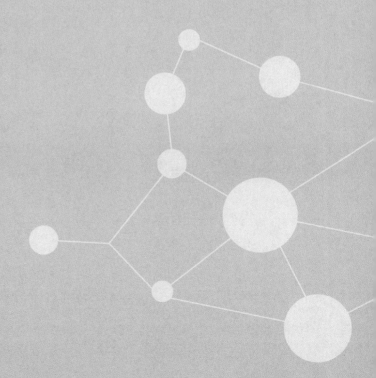

第六讲　国际组织与国际安全维护

　　和平与安全是人类生存与发展的最基本需要，也是世界永恒的主题。联合国因追求和平而生，在应对和平与安全威胁方面，也一直致力于推动大规模杀伤性武器管控及军备控制，通过主持和授权维和行动以及与其他区域性国际组织开展合作，解决冲突与争端，推进和平建设进程。国际刑警组织、联合国毒品和犯罪问题办公室（United Nations Office on Drugs and Crime，UNODC）等则积极推动打击跨国犯罪及国际警务合作。此外，国际组织越来越多地参与到全球非传统安全治理之中，积极推进国家间和国际社会的非传统安全合作。

1　维持和平行动

　　"维持和平"一词诞生于1965年2月召开的联合国大会，会议决定建立维持和平行动特别委员会。但是，《联合国宪章》中并没有出现"维和"一词，哈马舍尔德[①]称它属于《联合国宪章》的"第六章半"[②]，即维和行动既不同于《联合国宪章》第六章规定的和平解决争端手段，也不同于第七章的强制性措施，而是介于两者之间的一种行动，旨在遏制冲突，为最终和平解决争端创造条件，同时又避免使用武力。国际维持和平行动（peace operations）主要包括三类：一是联合国主持或授权的行动，二是区域组织建立的行动，三是经联合国同意或由安理会决议授权的、由国家联盟或临时国家联盟（ad hoc

---

① 联合国第二任秘书长，1961年9月18日在刚果执行和平任务时因飞机失事殉难。

② 夏路.联合国维和：集体安全？国际政治研究，2006(3)：75-87.

coalitions of states）开展的行动。^①以联合国为核心的国际组织在维持和平方面发挥了重要作用，中国作为联合国创始会员国和安理会常任理事国，积极参与维和行动并做出了重要贡献。

1.1 联合国与维和行动

联合国的维和行动是国际和平行动中最主要的类别，是国际社会应对威胁国际和平与安全复杂危机的主要工具，也是联合国规模最大和最主要的工作之一。联合国的维和行动始于1948年联合国安理会授权在中东部署军事观察员以监督以色列与其阿拉伯邻国之间的停战协定（Armistice Agreement）。至2021年，维和行动已有71项，来自120多个国家的数十万名军事人员和数万名联合国警察参与其中，其中有3000余名已经牺牲。^②根据行动特点，联合国的维和行动大致可分为三个阶段。

（1）冷战时期：摸索前行，初显成效

联合国维和行动诞生于冷战时期，主要目标是维持停火和稳定实地局势，从而通过和平方式在政治层面解决冲突。在这一时期，联合国维和特派团主要由不带武装的军事观察员和带轻武器的部队组成，他们主要来自少数几个中小国家，并且几乎全部为男性。特派团的主要责任是监督、报告和建立信任，进而为停火以及签署和平协定提供支持。

联合国授权的首批维和特派任务均属监督和观察类行动，分别由联合国停战监督组织（UN Truce Supervision Organization，UNTSO）和联合国驻印度和巴基斯坦军事观察组（UN Military Observer Group in India and Pakistan，UNMOGIP）负责执行。自1948年5月成立后，联合国停战监督组织的军事观察员就长期驻守中东地区以监督停火、停战协定等的相关事宜，防止孤立事件恶化升级，同时为在该地区的其他联合国维和行动提供协助。^③此外，在联合国安理会授权新的特派团后，来自停战监督组织的军事观察员可以迅速集结就位并投入新的维和行动中，为行动的成功提供人员保障。例如，1949年1月，在秘书长指派的联合国驻印度和巴基斯坦军事观察组军事顾问的指挥下，军事观察员抵达查谟（Jammu）和喀什米尔（Kashmir）地带，监督印度和巴基

---

① 斯德哥尔摩国际和平研究所（Stockholm International Peace Research Institute，SIPRI）的定义。

② 数据来源：https://peacekeeping.un.org/en。

③ UNTSO Fact Sheet. [2024-05-02]. https://peacekeeping.un.org/zh/mission/untso.

斯坦两国停火。

1956年，为解决苏伊士运河危机[①]，联合国派出首个武装代表团——第一支联合国紧急部队（UN Emergency Force I），以监督英国、法国、以色列和英国的武装力量撤出埃及领土。1960年，联合国在刚果部署首个大规模行动——联合国刚果行动（法语：Opération des Nations Unies au Congo，ONUC），派出超两万名军事人员，旨在监督未得到联合国授权的各方撤军并协助维护社会秩序、提供技术援助。这是联合国维和行动在恢复战争区域和平方面的关键尝试，联合国为此付出了惨痛代价，包括秘书长达格·哈马舍尔德在内的250名联合国工作人员在这场行动中献出了生命。在接下来的20余年里，联合国先后派出了多个短期和长期特派团（见表6-1）。

表6-1　冷战时期联合国维和行动情况一览[②]

特派团名称	时间	任务	派出规模	牺牲数量/人
秘书长代表驻多米尼加共和国特派团	（短期）1965.05—1966.10	观察多米尼加共和国局势，就违反《公约》的行为向秘书长报告。	常设2名军事观察员	无记载
联合国驻西新几内亚安全部队	（短期）1962.10—1963.04	在联合国临时当局的领导下，监督停战，保障过渡时期的法律执行，维护领土安全。	1500余名步兵和76名机组人员	无记载
联合国也门观察团	（短期）1963.07—1964.09	观察和报告沙特阿拉伯与阿拉伯联合共和国之间脱离接触协定的执行情况。	189名军事人员（含25位军事观察员）、164位文职人员	无记载
联合国驻塞浦路斯维持和平部队	（长期）1964.03—	1974年前，主要为防止希族塞人和土族塞人之间的矛盾升级；内部战争发生后，主要负责人道主义援助及监督停火。	超1000名维和人员（主要为军队，其次是警察和文职人员）	183

[①]　苏伊士运河危机，即第二次中东战争。1956年，埃及与英国、法国和以色列的军队爆发战争，英法两国在苏伊士运河存在贸易利益，而以色列则需要打开运河实现通航。为劝告上述国家在苏伊士运河以及西奈半岛地区停战，联合国于1956年11月2日召开紧急特别会议，决定派出联合国紧急部队。

[②]　数据来源：https://peacekeeping.un.org/en/our-history。

续表

特派团名称	时间	任务	派出规模	牺牲数量/人
第二支联合国紧急部队	（长期）1973.10—1979.07	与停战监督组织合作监督埃及和以色列部队停火；协助红十字国际委员会为该地区提供人道主义援助。	6973名军事人员	51
联合国脱离接触观察员部队	（长期）1974.05—2017.12	监督以色列和叙利亚武装力量脱离戈兰高地地区。	936名军事特派团成员、54名文职人员	55
联合国驻黎巴嫩临时部队	（长期）1978.03—	初期，负责监督以色列从黎巴嫩撤军；2006年危机发生后，联合国安理会扩充其职能，协助人道主义工作。	11165名成员	320

这一时期，世界民族独立运动兴起，殖民体系日趋瓦解，原属殖民地人民与宗主国冲突不断，联合国通过维和行动解决地区争端与冲突，为促进殖民地国家和人民的独立与解放做出了积极贡献。这一时期的维和行动被誉为联合国所采取的最成功的行动之一，联合国也因此在全球事务中越来越受认可和信任。1988年，联合国维和集体被授予诺贝尔和平奖。

（2）冷战结束至20世纪90年代末：迅速发展，扩充职能

冷战结束之后，联合国维和行动在授权范围和规模上不断扩大。在职能方面，联合国第六任秘书长布特罗斯·布特罗斯·加利于1992年推出了《和平纲领》（Special Committee on Peacekeeping Operations）①，将维和行动的内容从哈马舍尔德提出的"预防性外交""维持和平"扩展到"缔造和平"与"建设和平"，使其发展成为综合性的"和平行动"。

"维持和平"是指维护一个安全的环境、确保已签订的和平协议的实施。根据《和平纲领》的定义，"建设和平"则是指在"维持和平"的基础上巩固和平和避免重陷冲突的行动，重视国家制度建设，采取包括人道主义救援、恢复公共服务、发展经济和促进民族和解等措施，推动建立可持续的机制。因此，这一时期的维和人员构成更加多元，除军事人员外，还包括经济学家、法律专家、民政事务和治理专家、人道主义工作者等。

---

① Special Committee on Peacekeeping Operations. [2024-05-02]. https://press.un.org/en/special-committee-peacekeeping-operations.

随着"预防冲突""缔造和平""建设和平"等不同类型的行动被纳入维和行动概念，维和行动逐步演变成综合性、多层次、多行为体混合参与的和平行动。因此，有些研究也将这一时期的维和行动称为"第二代维和行动"或"复合型维和行动"。在数量和规模方面，1989—1994年间，联合国安理会分别在安哥拉、柬埔寨、萨尔瓦多、莫桑比克以及纳米比亚等地区[①]授权开展了20项新行动，维和行动人员从11000人增至75000人[②]。但自20世纪90年代中期之后，随着特派团数量的增加和规模的壮大，资源不足、任务完成质量不高等问题接踵而至，联合国的维和声誉也因而受损。例如，在南斯拉夫、卢旺达和索马里等战火尚未平息之地的维和人员一度陷入艰难处境，交战双方拒绝遵守和平协定，维和行动并未降低平民死伤人数。

（3）21世纪：合作维和，共迎挑战

进入21世纪以来，为高效执行更为复杂的任务，联合国在维和目标设定以及维和行动形式方面做出了相应的调整。在维和目标设定方面，建设维和成为新时期联合国和平行动的核心任务。2000年，联合国成立和平行动问题高级别小组，联合国秘书处推出《联合国和平行动问题小组报告》（又称《卜拉希米报告》），它进一步明确了"建设和平"的具体措施："建设和平包括但不局限于使前战斗人员重返民间经济；通过当地警察的训练和改组以及司法改革以加强法治；通过调查侵犯人权状况以加强对人权的尊重；提供促进民主发展的技术援助（如选举援助等）。"[③] 2005年12月20日，第60届联合国大会及联合国安理会分别通过决议，决定设立建设和平委员会，致力于推进冲突后国家的和平进程，协调各种资源为冲突后建设和平及恢复工作提供战略支持。当前，联合国采用的是2007年联合国秘书长政策委员会提出的有关建设和平的提议，旨在通过增强国家在各个层面的冲突管理能力，降低其陷入或重陷

---

① 安哥拉：第一期联合国安哥拉核查团（UNAVEM I）和第二期联合国安哥拉核查团（UNAVEM II）；柬埔寨：柬埔寨过渡时期联合国权力机构（UNTAC）；萨尔瓦多：联合国萨尔瓦多观察团（ONUSAL）；莫桑比克：联合国莫桑比克行动（ONUMOZ）；纳米比亚：联合国过渡时期援助团（UNTAG）。

② 数据来源：https://peacekeeping.un.org/en。

③ Report of the High-level Independent Panel on Peace Operations on uniting our strengths for peace: politics, partnership and people. (2015-06-17) [2024-05-02]. https://www.securitycouncilreport.org/atf/cf/%7B65BFCF9B-6D27-4E9C-8CD3-C6E4FF96FF9%7D/s_2015_446.pdf.

冲突的风险，并且为持久和平与发展奠定基础①。在维和行动形式方面，联合国第八任秘书长潘基文于2007年调整了联合国维和行动机构，增设维和外勤支助部，为维和任务区提供行政与后勤服务。此外，21世纪维和行动最大的特点是区域性国际组织正在发挥越来越重要的作用，"合作维和"成为维和机制的基本规范之一。

1.2　区域性国际组织与维和行动

区域性国际组织，又称区域安排、区域协定、区域机构等，是指一个区域内若干国家或其政府、人民、民间团体基于特定目的，通过一定协议而建立的各种常设机构②。冷战结束后，国际争端和地区冲突形势更加复杂，发生于国家内部的冲突（intra-state conflict）逐渐取代发生于国家之间的冲突（inter-state conflict），成为影响国际和平与安全的主要冲突。根据斯德哥尔摩国际和平研究所（Stockholm International Peace Research Institute，SIPRI）2001年的年度报告，1990—2000年，全球共发生了56起重大武装冲突，其中非洲19起、亚洲16起、中东9起、欧洲8起、中南美洲4起。③2001—2010年，地区冲突仍然较为频繁，比如，这期间非洲有10起重大武装冲突，利比亚和叙利亚局势动荡成为国际热点问题。因此，国际维和行动部署发生了变化，区域性国际组织依靠其自身优势成为联合国重要合作伙伴。

1919年《国际联盟盟约》提到了"区域协调"④，但没有关于区域组织的明确条款。1945年的《联合国宪章》则以专门条款确认了区域组织的法律地位及其同联合国的特殊关系，规定联合国并不排除"用以应付关于维持国际和平及安全而宜于区域行动之事件"的区域协定或区域机构的存在，但这类协定或机构及其工作须"与联合国之宗旨及原则符合"。⑤区域性国际组织参与和平行动的历史可追溯至20世纪90年代：1994年，联合国秘书长召开了与联合国合作建立和平与维护和平的区域组织首长会议；同年，第49届联合国大会

---

① UN Peacebuilding: an Orientation. [2024-05-02]. https://www.un.org/peacebuilding/sites/www.un.org. peacebuilding/files/documents/peacebuilding_orientation.pdf.

② 马呈元. 国际法. 北京：中国政法大学出版社，2019：271-273.

③ SIPRI Yearbook 2001. [2024-05-02]. https://www.sipri.org/yearbook/2001.

④ 国联建立初期曾成功和平解决部分地区争端，如欧洲各国之间的领土争端等。

⑤ United Nations Charter, Chapter VIII: Regional Arrangements.(2021-02-02) [2024-05-02]. https://www.un.org/en/about-us/un-charter/chapter-8.

第49/57号文件通过,《关于增进联合国与区域安排或机构之间在维持国际和平与安全领域的合作宣言;1995年,发布了《关于联合国和区域组织分担维持和平责任的报告》;1997年,《和平纲领补编》中也对新形势下联合国与区域国际组织合作的方式和应遵循的原则进行了阐述。

区域性国际组织与联合国的合作关系虽然形式多样,但也有章可循,并受一定框架的约束。《联合国宪章》第八章提供了区域组织参与安理会主要负责的维护国际和平与安全的宪法基础:第五十二条规定了区域办法或区域机构参与和平解决争端的情况;第五十三条允许这些区域办法执行行动,但要有安理会的明确授权,并建立了允许安理会利用区域办法实施其执行措施的机制;第五十四条规定,区域办法或区域机关应始终告知安理会其维护国际和平与安全的各项活动。此外,区域性国际组织在维持和平行动中还普遍遵循以下原则[①]:

1)必须建立一致同意的协商机制(包括非正式的);

2)必须尊重《联合国宪章》所规定的联合国优先的和平解决争端的途径,区域性国际组织不得插手联合国不予支持或会员国不予批准的维和行动安排;

3)在解决同一争端时,联合国与区域性国际组织要有明确分工,以避免职能的重复和机构上的竞争;

4)在处理共同关心的问题时,区域性国际组织应与联合国保持一致。

冷战前,只有少数几个区域组织实施过维和行动,冷战结束后,越来越多的区域组织以其自身独特优势参与到国际维和行动中。非洲联盟、欧洲联盟、美洲国家组织、阿拉伯国家联盟等区域及次区域组织与联合国合作,在解决地区冲突与维持地区稳定方面做出了重要贡献。例如,西非国家经济共同体向利比里亚派出维和部队;马里和中非共和国爆发危机时,西非国家经济共同体和中部非洲国家经济共同体(Economic Community of Central African States,

---

① Report on Sharing Responsibilities in Peace-keeping: The United Nations and Regional Organizations. [2024-05-02]. https://digitallibrary.un.org/record/206500?v=pdf.

ECCAS）率先部署部队并参与调解；欧洲安全与合作会议（Conference on Security and Co-operation in Europe，后改名为欧洲安全与合作组织，Organization for Security and Co-operation in Europe，OSCE）在亚美尼亚与阿塞拜疆的纳卡地区部署观察员部队；美洲国家组织与联合国合作介入海地事件；非盟与联合国合作在苏丹达尔富尔地区部署混合部队等。

区域性国际组织已经发展出越来越多的管理地区冲突和国家内部争端的机制，并在一定程度上克服了联合国易受超级大国意志左右以及会员国之间外交政策偏好差距过大等不足。这些区域性国际组织依照国际惯例和国际习惯法，通过对自身在处理跨国争端过程中积攒的丰富经验进行梳理，逐步将适用于区域办法的若干决定和程序书面化而形成了组织的宪章性文件。[①]这些条约或原则构成区域性国际组织开展维和行动的法律基础——美洲国家组织以《美洲国家组织宪章》《美洲国家互助条约》和《波哥大条约》[②]为程序性根基，其中《波哥大条约》具体给出了直接谈判、斡旋、调查、调解、司法解决、仲裁以及争端当事方选择的其他方式等现实选择。[③]非洲统一组织成立调停、调解和仲裁委员会并在《关于调停、调解和仲裁委员会的决议书》中对这三种方式的内容程序做了具体规定；非洲联盟成立后，主导订立了《非洲联盟互不侵犯和共同防御条约》，逐步建立非盟"协商一致、适当干预"的争端解决模式。东南亚国家联盟于1976年签订《东南亚友好合作条约》，并设立国际委员会这一专职机构负责处理成员国争端。经过多年实践探索，区域性国际组织已经基本形成了参与维和行动的原则、规则、规范和决策程序。

2　国际军备控制与裁军

人类对军备控制与裁军的意识产生于几千年前，古希腊各城邦达成协议在"近邻联盟"（Amphictyonic League）体系下共同保护德米特神庙和阿波罗神庙免遭战争破坏。[④]直至1945年，军备控制一直被归于裁军措施中的一类。

---

① Handbook on the Peaceful Settlement of disputes between States. [2024-05-02]. https://www.un.org/law/books/HandbookOnPSD.pdf.

② 即《美洲和平解决争端条约》。

③ International Monetary Fund Organization Chart. (2021-04-22) [2024-05-02]. https://www.imf.org/external/np/obp/orgcht.htm.

④ A short history of disarmament and arms control. [2024-05-02]. http://www.warpp.info/en/m7/articles/m7-01.

美苏冷战加剧了武器与军队储备的竞争，彼时"军备控制"被重新定义为"缓解超级核大国间紧张态势的一切措施"。20世纪90年代末，国际军备控制的重心随着冷战结束再次发生转移，更加关注大规模杀伤性武器（Weapons of Mass Destruction，WMD）[①]的管控，尤其是核武器，相关导弹技术也备受关注。与此同时，国际社会通过召开大量国际会议，批准一系列国际条约，成立了相关国际组织以推动国际军备控制。

2.1　大规模杀伤性武器的管控

（1）条约协定

19世纪末20世纪初，国际军备控制与裁军最为瞩目的成就是两次海牙和平会议（Hague Peace Conferences）的召开，会议关注的焦点是对于大规模杀伤性武器的管控。第一次海牙和平会议于1899年举行，参加会议的有中国、俄国、英国、法国、德国、日本、意大利、美国、奥匈帝国等26个国家。会议的主要目的是限制军备和保障和平，但最后未能达成任何协议，只在和平解决国际争端和战争法编纂方面签订了3项公约和3项宣言：《和平解决国际争端公约》（1899年海牙第1公约）、《陆战法规和惯例章程》及《陆战法规和惯例公约》（1899年海牙第2公约）、《关于1864年8月22日日内瓦公约的原则适用于海战的公约》（1899年海牙第3公约）；《禁止从气球上或用其他新的类似方法投掷投射物和爆炸物宣言》（1899年海牙第1宣言）、《禁止使用专用于散布窒息性或有毒气体的投射物的宣言》（1899年海牙第2宣言）、《禁止使用在人体内易于膨胀或变形的投射物，如外壳坚硬而未全部包住弹心或外壳上刻有裂纹的子弹的宣言》（1899年海牙第3宣言）。

在同盟国和协约国两大军事集团斗争加剧的情况下，第二次海牙和平会议于1907年召开，包括第一次海牙会议全体参加国在内的44个国家的代表参加了会议。经过1904—1905年的日俄战争，各国迫切希望补充和完善海战陆战法规。会议对1899年的3项公约和第1宣言进行了修订，并新签订了10项公约，总计13项公约和1项宣言（见表6-2）。

[①]　大规模杀伤性武器包括核武器（包括放射性武器）、化学武器、生物武器；常规武器相对于核、化学、生物武器等大规模杀伤性武器而言，其弹药的装填物通常是火炸药或燃烧剂；新武器指新一代的非核武器，尤其是精密制导武器。

表 6-2　1907 年海牙和平会议诸公约

公约/宣言	具体名称
1907年海牙第1公约	《和平解决国际争端公约》
1907年海牙第2公约	《限制使用武力索偿契约债务公约》
1907年海牙第3公约	《关于战争开始的公约》
1907年海牙第4公约	《陆战法规和惯例公约》
1907年海牙第5公约	《中立国和人民在陆战中的权利和义务公约》
1907年海牙第6公约	《关于战争开始时敌国商船地位公约》
1907年海牙第7公约	《关于商船改装为军舰公约》
1907年海牙第8公约	《关于敷设自动触发水雷公约》
1907年海牙第9公约	《关于战时海军轰击公约》
1907年海牙第10公约	《关于1906年7月6日日内瓦公约原则适用于海战的公约》
1907年海牙第11公约	《关于海战中限制行使捕获权公约》
1907年海牙第12公约	《关于建立国际捕获法院公约》
1907年海牙第13公约	《关于中立国在海战中的权利和义务公约》
1907年海牙第14公约	《禁止从气球上投掷投射物和爆炸物宣言》

　　海牙诸公约依其内容可分为三类：1）和平解决国际争端类；2）战争开始和中立国权利与义务类；3）战争法规类。第三类条约是海牙公约的主体部分，它从陆战、海战、空战等方面限制了作战的手段和方法以及武器运用。比如，《禁止从气球上或其他新的类似方法投掷投射物和爆炸物宣言》是关于空战的唯一的国际公约。①总体而言，1899年和1907年两次海牙会议所编纂的公约为战争法的编纂和发展奠定了基础，并对在战争中实行人道主义原则起了促进作用。

　　第一次世界大战结束后，国际军控与裁军进入另一个高潮时期。1925年，《日内瓦协定书》(Geneva Protocol)再次禁止在战争中使用窒息性或有毒气体

① 由于第三次海牙会议未成功召开，此项公约始终具备法律效力，但第一次世界大战爆发后，其实际上已丧失绝对的约束力。

以及细菌生物攻击武器，此后制定的各项公约更是为国际人道法的出台奠定
了基础。1932年，国际联盟首届国际裁军会议召开，旨在推动杀伤性武器的
全面废除，防止大规模战争再次发生。然而，会议决议案中没有实质性内容，
且随着日本和德国相继退出，第二次世界大战爆发，裁军会议被帝国主义之
间进一步激化的矛盾和肆无忌惮的扩军浪潮所吞没。二战末期的广岛—长崎
原子弹事件重新敲响了军备控制的警钟。

　　美苏冷战时期，阵营对抗与军队建设使饱受二战打击的世界再次充满
了竞争与动荡。20世纪60年代，多方签订《禁止在大气层、外层空间和水
下进行核武器试验条约》(局部禁止试验条约)，规定只允许在地下进行核试
验。1968年，《不扩散核武器条约》(Treaty on the Non-Proliferation of Nuclear
Weapons，NPT，又称《防止核扩散条约》或《核不扩散条约》)分别在莫斯科、
伦敦、华盛顿开放签字，其宗旨是防止核扩散，推动核裁军和促进和平利用
核能的国际合作。该条约是国际核裁军与核不扩散体系的基石，是战后国际
安全体系的重要组成部分。该条约在推动核裁军、阻止核扩散、促进核能造
福人类等方面取得了积极成效。2020年3月10日，中国、法国、俄罗斯、英
国、美国外长关于《不扩散核武器条约》联合发布声明，五核国表达了对《不
扩散核武器条约》的政治支持，重申了对条约各项义务的坚定承诺，表明对
维护和加强条约机制的共同意愿，这体现了该条约的基石意义。

　　随着冷战进入尾声，军备控制条约欧洲常规力量条约(The Conventional
Armed Forces in Europe Treaty，CFE Treaty)逐步涵盖了欧洲地区大多数常规
性武器的使用限制。鉴于俄罗斯和美国在冷战时期累积了大量化学武器[①]，
1997年，《关于禁止发展、生产、储存和使用化学武器及销毁此种武器的公
约》(Convention on the Prohibition of the Development, Production, Stockpiling
and Use of Chemical Weapons and on Their Destruction, Chemical Weapons
Convention，CWC)正式生效。这是第一个全面禁止、彻底销毁一整类大规模
杀伤性武器并具有严格核查机制的国际军控条约，规定禁止发展、生产、储
存和使用化学武器。

　　进入21世纪以来，日益完备的武器管控体系与各项和平协议大大减少了

① 任洁.美禁俄专家进入核实化武销毁情况，俄外交部：他们有隐瞒.(2019-03-27) [2024-05-02].
https://world.huanqiu.com/article/9CaKrnKjkYm.

由战争引发的破坏性灾难，各国也逐渐将军备控制与裁军的重心转向防止核武器扩散。同时，新式武器不断涌现，如导弹系统、无人机武器、精确制导弹药等受到许多双边裁军协定的重视。

1925年以来，诸多重大国际裁军和武器管理协定的签订见证了国际社会在军备控制与裁军方面一次又一次的合作与突破（见表6-3）。然而，当前国际社会依旧面临着诸多军备领域的新老挑战。根据世界银行最新数据[①]，2020年，世界军事总支出达到19.29亿美元，整体上仍是逐年上涨趋势；全球一类化学武器还未全部销毁；新型武器管控未成体系。

表6-3　（1925年以来）重大国际裁军和武器管理协定[②]

年份	多边协定名称（及主要内容）
1925	《禁止在战争中使用窒息性、毒性或其他气体和细菌作战方法的议定书》：禁止在战争中使用窒息性、毒性或其他气体和细菌作战方法。
1959	《南极条约》：禁止在该大陆驻扎军队和进行任何试验。
1963	《禁止在大气层、外层空间和水下进行核武器试验条约》（局部禁止试验条约）：只限制进行地下核试验。
1967	《关于各国探索和利用包括月球和其他天体在内外层空间活动的原则条约》（外层空间条约）：规定太空只作为和平基地，禁止核武器在太空存放、试验。
1968	《不扩散核武器条约》：非核武器国家同意决不获取核武器，作为交换，可以使用和平用途的核能源；拥有核武器的国家请求关于停止核武器竞赛和核裁军方面的磋商，不得以任何方式向非核武器国家输送核武器。
1971	《禁止在海床洋底及其底土安置核武器条约》（《海床条约》）：禁止在海床洋底安置核武器和其他大规模毁灭性武器。
1972	《禁止细菌（生物）及毒素武器的发展生产及储存以及销毁这类武器的公约》（《生物武器公约》）：禁止开发、生产、和储存细菌和有毒战剂，并为此类武器的销毁、运送提供帮助。
1972	《禁止为军事或任何其他敌对目的使用改变环境的技术的公约》（环境战公约）：禁止为军事或任何其他敌对目的使用改变环境的技术，以便消除使用这种技术对人类造成的危险。

① Military expenditure (current USD). [2024-05-02]. https://data.worldbank.org/indicator/MS.MIL.XPND. CD.

② 资料来源：中国军控与裁军协会，http://www.cacda.org.cn/plus/view.php?aid=3536.

续表

年份	多边协定名称（及主要内容）
1980	《禁止或限制使用某些可被认为具有过分伤害力或滥杀滥伤作用的常规武器公约》（《常规武器公约》）：禁止或限制使用某些可被认为具有过分伤害力或滥杀滥伤作用的常规武器，《议定书I》禁止使用弹片碎片进入人体后不能为X射线所探察的武器。修改后的《议定书II》（1995年）限制使用某些地雷、诱杀装置和其他装置。《议定书III》禁止使用燃烧武器。《议定书IV》禁止使用激光致盲武器。
1985	《南太平洋无核区条约》（拉罗通加条约）：禁止储存、获取、试验核爆装置，禁止在该地区倾弃核废料。
1989	《关于各国在冻结和裁减军事预算领域内近一步行动所应遵循的各项原则》
1990	《宣布1990年代为第三个裁军十年宣言》
1993	《化学武器公约》：禁止发展、生产、储存和使用化学武器并要求进行销毁。
1995	《非洲无核武器区条约最后案文》
1996	《全面禁止核试验条约》：在任何环境下禁止任何形式的核爆炸试验。《禁止或限制使用地雷、诱杀装置和其他装置的修正议定书》
1997	《禁雷公约》：禁止使用、储存、生产和运输人员杀伤地雷并要求进行销毁。
1999	《在获得常规武器方面实现透明的美洲公约》
2000	《诺贝尔和平奖得主军备转让国际行为守则》
2002	《美利坚合众国和俄罗斯联邦关于裁减进攻性战略武器的条约》
2003	《反弹道导弹扩散国际行为守则》

年份	双边协定名称（及主要内容）
1972	《限制反导弹系统条约》（《ABM条约》）：美国和苏联只能拥有一个反导弹系统。
1997	美国和俄罗斯联邦签署的《"分界"协定》：区分了应禁止的、"战略性的"或者说远程反导弹系统与不应被禁止的、"非战略性的"，或者说短程反导弹系统。《条约》在2002年6月13日因为美国撤出失效。
1987	《美—苏中程和短程核力量条约》（INF条约）：消除所有级的核武器，包括500—5500公里的陆基弹道和巡航导弹。到1996年底，所有条约上列明的武器都被销毁。
1991	《美-苏裁减战略武器条约》（《第一阶段裁武条约》）：双方到2001年应拥有最高限额是各方在1600个远程核导弹上配置6000个弹头，比1991年减少了30%。

续表

年份	双边协定名称（及主要内容）
1992	针对《第一阶段裁武条约》的《里斯本议定书》：俄罗斯联邦、白俄罗斯共和国、哈萨克斯坦共和国和乌克兰替代苏联，遵守《第一阶段裁武条约》；作为无核武器国家，白俄罗斯共和国、哈萨克斯坦共和国和乌克兰也遵守《不扩散核武器条约》。到1996年，该三国已从自己的领土上清除了核武器。
1993	《第二阶段裁武会谈》（《第二阶段裁武条约》）"双方同意到2003年减少远程核导弹弹头的数量为3500个，并同意清除装有多项独立瞄准载体（MIRs）的洲际导弹系统（ICBMs）。1997年签署的协定补充了发射系统，包括导弹发射井、轰炸机和潜水艇的摧毁期限在2007年底。
2002	俄罗斯联邦和美国总统签署了《裁减进攻性战略武器条约》（《莫斯科条约》）：美国和俄罗斯双方同意减少战略性核弹头到1700至2200个。该条约在2012年12月之前有效，也可根据双方协议延期或替换。

（2）联合国

联合国自建立以来一直将多边裁军和军备限制作为中心目标，对裁减并最终消除核武器、销毁化学武器、提升禁止生物武器力度等方面给予了高度重视。这一目标持续不变，但审议和磋商范围一直随政治局势和国际形势变化而变化。

2001年"9·11"事件使得国际社会对于核恐怖主义的威胁愈发重视。2004年4月28日，联合国安理会第1540号决议获得通过，呼吁各国在《联合国宪章》下采取措施，加强出口管制，防止大规模核武器及相关材料和技术的扩散，尤其要防范个人和非国家行为体获得上述物项。该决议在凝聚核安全共识、促进核安全合作方面有着重要意义。2005年，联合国通过了《制止核恐怖主义行为国际公约》，自此，联合国框架下的国际反恐怖主义公约基本上涵盖了所有领域。如今，以联合国为中心的防范核恐怖主义的国际法框架已经成为各国普遍遵守的基本规范。2009年9月，联合国安理会通过了第1887号决议，强调了《不扩散核武器条约》依然是核不扩散机制的基石以及谋求核裁军与和平利用核能的根基，呼吁各国在相关方面继续加强合作，确定可行的现实目标，为建立无核武器世界创造条件。2017年7月，联合国122个国家签署了《禁止核武器条约》，其中再次强调了和平利用核能等关乎核安全的内容，这是国际社会在全面禁核上的首次尝试，也是第一份具有明显效力的法律文书。此外，联合国设立了专门的裁军事务厅（United Nations Office for Disarmament Affairs, UNODA），通过联合国大会及其第一委员会、联合国裁军审议委员会（Disarmament and International Security Committee，DISEC）、联合国裁军谈判会议（Conference on Disarmament）及其他组织，为裁军方面的规范制定提供实质与组织支持；通过军事领域对话，促进区域裁军行动，包括联合国常规武器登记册及地区论坛；协助推动核裁军及核不扩散；强化其他大规模杀伤性武器、化学武器与生物武器裁军制度建设；推动常规武器领域的裁军行动，特别是目前冲突中使用的地雷与小型武器的裁军行动。[①]

（3）禁止化学武器组织

禁止化学武器组织（Organization for the Prohibition of Chemical Weapons, OPCW）成立于1997年5月23日举行的禁止化学武器组织缔约国大会第一届会议，总部位于荷兰海牙，旨在实现《禁止化学武器公约》中的目标，确保公约的各项规定，包括对该公约遵守情况进行核查的规定得以执行，并为各缔约国提供一个进行协商和合作的论坛。截至2019年12月31日，禁止化学武器组织开展了7302次视察。2019年，禁止化学武器组织召开了第24届缔约国大会和第90—92届执行理事会，讨论了化学武器销毁、使用追责、预算、化学工业国际合作等相关问题。[②]截至2021年1月31日，禁止化学武器组织已保障世界98%的人口受该公约保护，已经宣布的化学武器库存销毁量达98.44%，化学剂库存总销毁量达71176公吨，97个已宣布的化学武器生产设施中已有74个被完全销毁，23个被改装用于和平目的。[③]

（4）欧洲安全与合作组织

欧洲安全与合作组织（简称欧安组织）的前身是1975年成立的欧洲安全与合作会议（简称欧安会），包括所有欧洲国家和美国及加拿大，是唯一一个包括所有欧洲国家并将它们与北美联系在一起的安全机构。欧安组织的使命是为成员国就欧洲事务，特别是安全事务提供论坛。冷战后期，欧安组织作为区域性安全组织，开始愈发关注欧洲地区军备控制与裁军问题。通过与其他国际组织及区域组织开展合作，欧安组织主要致力于常规性武器与轻小武器（Small Arms and Light Weapons, SALW）的管控。2000年11月，欧安组织出台了《轻小武器相关文件》（OSCE Document on Small Arms and Light Weapons），旨在打击该类型武器的渗透和日益猖獗的非法交易。为了控制小

---

① About Us. [2024-05-02]. https://www.un.org/disarmament/about.

② 详见：https://www.fmprc.gov.cn/web/wjb_673085/zzjg_673183/jks_674633/hy_674665/t565678.shtml。

③ 禁止化学武器组织官网．[2024-05-02]. https://www.opcw.org/zh-hans/node/9/jinhuawuzuzhideshuzi.

型武器的扩散，该文件制定了有关生产制造、出口管控、储备安全等一系列准则，形成了相对完整的管控体系。2003 年，欧安组织出台了《常规型弹药储备相关文件》(OSCE Document on Stock-piles of Conventional Ammunition)，支持成员国大量销毁常规型弹药储备。[①] 此后，许多苏联国家，包括白俄罗斯、亚美尼亚、塔吉克斯坦、乌克兰、哈萨克斯坦以及俄罗斯等向欧安组织寻求协助，以销毁国内剩余的常规型弹药。[②]

2.2 全球核安全治理

（1）国际原子能机构

斯德哥尔摩和平研究所 2021 年鉴显示，2021 年，世界核武器储备总量为 13080 枚核弹头，其中美国与俄罗斯分别拥有 5550 和 6255 枚，居于世界拥有核武器国家的前列。其余国家按照核武器储备量多少排列为：中国、法国、英国、巴基斯坦、印度、以色列、朝鲜，分别拥有 350、290、225、165、156、90、40—50 枚核弹头[③]。

在大规模杀伤性武器管控中，核武器装备尤其受到国际社会关注。除了联合国之外，国际原子能机构在全球核安全治理中占据了核心地位。国际原子能机构是全球核领域合作的中心，最初作为世界"原子用于和平"于 1957 年成立，与会员国和全球多个伙伴进行合作，致力于确保核能技术的安全、可靠与和平利用。2005 年，国际原子能机构组织在法国波尔多召开放射源安全和保安国际会议，议题包括相关行为准则的执行、加强进出口管控、完善监管和应急水平等；2011 年，日本福岛核电站事故后，国际原子能机构发布了《核安全行动计划》；2024 年，国际原子能机构举行第一届核能峰会于 3 月

---

① 详见：https://www.bing.com/ck/a?!&&p=13c869794119e02591f124cb71057372217cca11aa398f0943debc48c2228ff4JmltdHM9MTc0OTY4NjQwMA&ptn=3&ver=2&hsh=4&fclid=12160369-c3c8-6828-2c9e-1756c282693c&psq=Lynch%ef%bc%8c2008++OSCE+Document+on+Stock-piles+of+Conventional+Ammunition)&u=a1aHR0cHM6Ly93d3cub3NjZS5vcmcvZmlsZXMvZi9kb2N1bWVudHMvYy85LzE1NzkyLnBkZg&ntb=1。

② 详见：https://www.bing.com/ck/a?!&&p=519da23c517d76d24aa337b3aca367528b84f32763a36f02aabc8651e607938fJmltdHM9MTc0OTY4NjQwMA&ptn=3&ver=2&hsh=4&fclid=12160369-c3c8-6828-2c9e-1756c282693c&psq=Evers%2c+Kahl+and+Zellner%2c+2005%3a+21&u=a1aHR0cHM6Ly93d3cub3NjZS5vcmcvZmlsZXMvZi9kb2N1bWVudHMvYy85LzE2MTA4LnBkZg&ntb=1。

③ 资料来源：斯德哥尔摩和平研究所（SIPRI）2021 年鉴。

20日—22日在布鲁塞尔举行，这是围绕核能发展议题举办的最高级别峰会，聚焦核能在减少化石燃料使用、加强能源安全和促进经济发展等全球挑战中的作用。国际原子能机构主导的核安全条约见表6-4。①

表6-4 国际原子能机构主导的核安全条约

年份	核安全条约名称（及主要内容）
1963	《关于核损害民事责任的维也纳公约》
1968	《不扩散核武器条约》：在国际原子能机构的帮助下提供和平利用核能的技术支持，促进各国合作。
1972	《亚洲及太平洋地区核科学技术研究、发展和培训地区合作协定》
1975	《防止倾倒废物及其他物质污染海洋公约》
1980	《核材料实物保护公约》：保护民用核材料，防止核材料被非法取得和使用。该公约于1987年生效，其修正案在2005年获得通过。
1986	《及早通报核事故公约》
	《核事故或辐射紧急情况援助公约》
1994	《核安全公约》：实现和维护更高水平的核安全。
1997	《核损害补充赔偿公约》
2011	《核安全行动计划》：核电站的安全评估、原子能机构的同行评审、应急准备与响应、旨在启动核电计划和建设核电装机容量的成员规划、宣传与信息传播等。
2012	《放射性物质安全运输条例》：规定放射性物质的所有运输路径，以及运输过程中的所有操作和关联性条件。

（2）非政府组织

国际非政府组织关注的核安全议题比较广泛并且紧跟热点，在全球核安全治理中发挥着特有的作用。其主要参与方式包括倡导核安全观念、应对核安全问题、加强与政府间国际组织的合作。

倡导核安全观念。比如，国际废除核武器运动（International Campaign to

---

① Treaties under IAEA auspices. [2024-05-02]. https://www.iaea.org/resources/treaties/treaties-under-IAEA-auspices; IAEA-related treaties. [2024-05-02]. https://www.iaea.org/resources/treaties/iaea-related-treaties.

abolish nuclear weapon，ICAN）在其官网中指出，其重要目标之一是建设一个强大的数字化平台，并提供独一无二的论坛以提高公众对核武器及核安全的认识。该组织希望利用社交媒体向人们展示自身在世界各地开展的工作，传达使用核武器的人道主义后果，从而呼吁更多的人参与工作。该组织通过社交媒体的标签和提及功能，快速讨论和报告运动期间发生的事情；通过标记政府、外交官、代表团和其他利益攸关方，确保推文得到关注，诉求被听见，从而吸引更多的个体及群体加入该组织的事业中。又如，国际防止核战争医生组织（International Physicians for the Prevention of Nuclear War，IPPNW）在全球范围内宣传"武装暴力对健康不利"的理念，目标之一是动员医生和公共卫生领域的专业人员运用专长和权威研究揭示武装暴力对人类的破坏性影响，从而达成教化目的。

应对核安全问题。面对非国家行为体所实施的核扩散行为和核恐怖主义威胁，众多非政府组织参与了发现问题、夯实民意基础、开展基础研究、配合实施监测、提升管理水平、促进交流合作等。比如，成立于1954年的美国核学会（American Nuclear Society，ANS）是一个面向全球的科学教育组织，宗旨是促进核科学技术发展，加强学科融合，促进与政府及不同机构的合作，推动核科技在保障安全方面的研究等。该组织希望利用自身所具备的核科学技术优势保护人们的身体健康和环境不受核安全问题影响，下设的 10 个专门委员会还涉及了教育、医疗、运输、环境、辐射等议题。美国核学会还在全球设立了多个分部，形成了核技术领域内的规范网络。在核事故应急领域，它早在 20 世纪就对研究堆的应急行动发布过相关标准，2008 年发布的新版应急计划再次延续了个人应急、应急警报、反应堆应急和设施应急四个部分，并针对四项应急内容制定了更加详细的行动水平和计算公式。该学会在2011年福岛核事故的跟进上也是及时且全面的，从反应堆活动到辐射照射、公共卫生、人员撤离、现场补救、事后责任与赔偿等都进行了详细叙述，表现了其在核安全治理领域的专业水平。

加强与政府间国际组织的合作。与核安全相关的国际组织，除了国际原子能机构，还有国际辐射防护协会（International Radiation Protection Association，IRPA）、经济合作与发展组织（Organization for Economic Co-operation and Development，OECD）、核能署（Nuclear Energy Agency，NEA）、联合国原子能辐射效应科学委员会（United Nations Scientific Committee on the Effects of Atomic

Radiation，UNSCEAR）、国际刑警组织等。非政府组织与这些机构保持沟通，通过合作构成了一个稳定的国际网络，也弥补了政府间国际组织合作的不足。比如，核材料扩散等核安全问题的敏感性导致政府间交流的不畅，非政府组织就在促进国际社会相关合作上发挥了积极作用。2006年成立的国际裂变材料委员会（International Fissile Material Committee，IFMC）集聚了来自多国的核不扩散专家，专门研究如何确保高浓缩铀和钚的安全，以防恐怖分子将其用于制造核武器。该委员会每年都会发布《全球裂变材料报告》（Global Fissile Material Report）供国际组织、各国政府和非政府组织参考。而国际防止核战争医生组织在联合国会议和其他活动中均有正式代表，包括《不扩散核武器条约》的审议会议和筹备委员会会议等，其能够在参与联合国裁军会议的过程中，向决策者提供武装暴力方面的专业卫生知识。国际防止核战争医生组织与世界卫生组织致力于在健康、暴力、和平和安全的交叉点上找寻共同关心的计划，在国际卫生会议上，他们提议将武装暴力视为公共卫生危机。此外，国际防止核战争医生组织还是美国疾病控制与预防中心（Centers for Disease Control and Prevention，CDC）、医生促进人权（Physicians for Human Rights，PHR）和联合国儿童基金会的合作伙伴，参与了关于"公共卫生在预防战争伤害中的作用"的会议，将核能利用与公共卫生事件两大议题相结合，在全球相关公共卫生综合安全治理中占据了一定地位。

截至2019年10月31日，全球97.3%的一类化学武器已被销毁，但美国作为目前唯一一个仍留有化学武器的国家并未在计划时间内按规定销毁这些武器。朝鲜则先后试爆氢弹，试射洲际弹道导弹。尽管美朝之间进行了一系列接触和谈判，但未能取得锁定成果的进展。与此同时，印度与巴基斯坦对核武器的依赖有所增加，印度甚至威胁放弃"不首先使用核武器"承诺；伊朗核问题重现恶化势头。此外，高新技术领域的军控几无进展。对于外空军备竞争问题，由于美国的反对，军控谈判一直无法启动，且俄美相继建立了专门负责外空军事行动的军事部门。在网络领域，攻击行为频频发生，实质性的军控磋商毫无进展。在人工智能问题上，关于致命性自主武器的磋商也不见起色。总体而言，一方面，积存问题导致国家间冲突风险增大；另一方面，目前的国际军控体制亟待更新，这为全球军控界和各国政府在减少军备对抗、管控高新技术竞争等问题上探索合作之路提供了动力和机会。

3 打击跨国有组织犯罪

随着经济全球化和全球互联互通能力的提高，各国之间的人员、物资、信息、资金等流动日益频繁，跨国有组织犯罪也在全球蔓延。从北美到南美、从西欧至东欧、从亚洲到澳洲和非洲，跨国有组织犯罪使得全球社会安全、经济发展和人类生活受到了严重威胁。联合国在制定惩治跨国犯罪的全球法律框架、建立全球性综合法律机制方面做出了卓越贡献，成为打击跨国有组织犯罪的国际合作重要纽带。

3.1 跨国有组织犯罪概述

迄今为止的一系列国际法律约束性文书均未对跨国有组织犯罪（transnational organized crime）做出统一定义，也未就犯罪形式达成共识。联合国的部分工作文件将跨国有组织犯罪定义为："酝酿阶段、实际作案过程和/或直接、间接影响均涉及一个以上国家的罪行。"[①]《联合国打击跨国有组织犯罪公约》（The United Nations Convention Against Transnational Organized Crime，UNTOC）[②]对"有组织犯罪集团"做出了定义，并解释了犯罪的"跨国性"。有组织犯罪通常分为三类：提供非法物品，提供非法服务，以及渗透合法企业及政府。常见的跨国性有组织犯罪包括毒品贩卖、人口贩运、枪支贩运等。联合国部分工作文件还指出，跨国有组织犯罪不仅涉及恐怖主义集团或组织的非法活动，而且还包括对一些国家施加的不合理制裁和禁运规定和以战争、种族灭绝形式对一个国家进行的侵略行为。

从时间分布看，跨国有组织犯罪呈现一种形式不停变动、数量和种类不断增长的态势。20世纪五六十年代，世界各国被划分到社会主义阵营和资本主义阵营两大阵营之中，受意识形态影响，跨国有组织犯罪者大多只在同阵营的国家间流窜，犯罪活动多在传统犯罪领域，如赌博、卖淫、高利贷、走私烟酒、敲诈勒索、贩卖军火、制造伪钞等。到20世纪七八十年代，民族矛盾和斗争激化，跨国贩毒、非法跨国走私军火成为犯罪的主要活动形式，一些有组织犯罪集团甚至介入恐怖主义活动，从资金、物资及其他方面支持一

---

① 开展国际合作打击跨国犯罪：二十一世纪的新挑战. (1999-12-15) [2024-05-02]. https://digitallibrary.un.org/record/432649?v=pdf.

② United Nations Convention against Transnational Organized Crime and the Protocols Thereto. [2024-05-02]. https://www.unodc.org/unodc/en/organized-crime/intro/UNTOC.html

些民族分裂势力开展恐怖活动。20世纪90年代以来，经济全球化和贸易自由化程度不断加强，跨国有组织犯罪集团逐步实现国际分工，开始利用现代先进的交通、电讯、计算机进行犯罪，借助现代国际金融手段将非法敛集的犯罪资金进行转移并使之合法化，军火走私情况愈来愈严重。①

从空间分布看，在北美，美国是现代有组织犯罪滋生、发展和向外扩散的主要基地，美国也因其对非法物资和非法服务的巨大需求，高度发达的交通、通信和金融体制而成为跨国有组织犯罪者争夺的重要市场。活跃在美国的跨国犯罪组织有意大利黑手党、哥伦比亚国际贩毒集团、亚裔"三合会"以及其他来自世界各地的恐怖主义组织。在欧洲，跨国有组织犯罪活动逐渐加剧，除原有的意大利黑手党外，在英国、法国、德国、瑞士、西班牙等国的走私集团、贩毒集团和洗钱集团也十分活跃。1989—1992年，东欧地区时局巨变，境外犯罪组织乘虚而入，境内也滋生了不少犯罪组织。俄罗斯有组织犯罪集团已经活跃在西欧和北美各地。在亚洲，日本的山口组、华人"三合会"有活跃在世界各地的帮派，在欧美国家、澳大利亚设有基地，并向其他地区扩张。东南亚"金三角"地区的国际贩毒集团控制着亚洲和大洋洲各国毒品的主要来源，是东南亚地区难以除掉的毒瘤。菲律宾因西面与亚洲著名的毒品产地"金三角"地区隔海相望，南面和东面与澳大利亚和美国这两个毒品消费大国经海路相通，亦成为国际贩毒集团的中转站。②除贩毒外，东南亚地区存在严重的人口贩卖、偷渡、野生动物走私和非法木材交易、洗钱等犯罪活动，并因边境管制不善和法律框架薄弱而不断加剧。

3.2　打击跨国犯罪的国际法基础

联合国成立后积极推动形成了一系列控制国际犯罪的国际公约（见表6-5），这些公约对控制跨国犯罪起到了重要作用。

表6-5　控制国际犯罪的国际公约（部分）

公约名称	签订（开放签署）日期
《关于制止非法劫持航空器的公约》 （又称《海牙公约》，Hague Conventions）	1970年12月16日

---

① 赵永琛.关于跨国有组织犯罪的若干理论问题.政法论坛，2000(6)：84-92.

② 程琦.菲律宾打击跨国有组织犯罪综述.犯罪研究，2007(2)：63-72.

续表

公约名称	签订（开放签署）日期
《关于制止危害民用航空安全非法行为的公约》（Convention for the Suppression of Unlawful Acts Against the Safety of Civil Aviation）	1971年9月23日
《反对劫持人质国际公约》（International Convention Against the Taking of Hostages）	1979年12月18日
《联合国禁止非法贩运麻醉药品和精神药物公约》（United Nations Convention Against Illicit Traffic in Narcotic Drugs and Psychotropic Substances）	1988年12月
《关于防止和惩处侵害应受国际保护人员包括外交代表的罪行的公约》（Convention on the Prevention and Punishment of Crimes Against Internationally Protected Persons, Including Diplomatic Agents）	1973年12月14日
《联合国打击跨国有组织犯罪公约》及其三项议定书（The United Nations Convention Against Transnational Organized Crime and the Protocols Thereto）	2000年11月15日
《联合国反腐败公约》	2003年3月8日
《关于反恐怖主义、反腐败和打击跨国有组织犯罪国际合作的布加勒斯特宣言》（The United Nations Convention Against Transnational Organized Crime）	2006年11月30日
《关于将预防犯罪和刑事司法纳入更广泛的联合国议程以应对社会和经济挑战并促进国内和国际法治及公众参与的多哈宣言》又称《多哈宣言》	2015年12月17日

　　2000年11月15日，第55届联合国大会通过《联合国打击跨国有组织犯罪公约》，这是联合国在刑事司法领域制定的重要国际法律文件，是在共同打击跨国有组织犯罪方面形成的一个具有里程碑意义的国际公约，也是目前世界上第一项针对跨国有组织犯罪的全球性公约。①该公约共有41条规定，其所规定的控制跨国有组织犯罪的法律措施涵盖控制跨国有组织犯罪的所有阶段，涉及国际法和国内法的多个领域，明确界定了跨国有组织犯罪的基本要素，对缔约国预防、禁止和惩治跨国有组织犯罪应采取的刑法措施做出了规定，

① 邵沙平，丁明方. 控制跨国犯罪与现代国际法的发展——2000年《联合国打击跨国有组织犯罪公约》评述. 法学评论，2002(01)：62-70.

确立了没收犯罪所得的原则、规则和程序。该公约为世界各国控制跨国有组织犯罪奠定了坚实的法律合作基础，在开放第一天就有124个国家的签署。[①]

2015年，联合国预防犯罪和刑事司法大会将秘书处设在联合国毒品和犯罪问题办公室，第十三届预防犯罪和刑事司法大会通过了《多哈宣言》（Doha Declaration），呼吁各国更有效地利用全球商定的框架（包括《联合国打击跨国有组织犯罪公约》及其三项议定书、《联合国反腐败公约》、各项国际毒品管制公约、打击恐怖主义的全球法律文书、联合国预防犯罪和刑事司法标准和规范等）。《多哈宣言》将预防犯罪和刑事司法纳入了更广泛的联合国议程，进一步加强了预防犯罪和刑事司法方面的集体努力。

3.3　国际组织的参与

打击跨国犯罪的国际合作既有国家间的双边合作，又有国际多边合作，其中，国际刑事警察组织与联合国毒品和犯罪问题办公室是打击跨国有组织犯罪的核心组织，是最为主要的两大工具。

国际刑事警察组织是除联合国外规模最大的政府间国际组织和全球最大的警察组织，现有194个成员，每年预算逾1亿欧元，拥有近百年发展史。国际刑事警察组织的前身是1923年成立于奥地利维也纳的国际刑事警察委员会（International Criminal Police Council，ICPC），二战期间，其被纳粹分子所控制成为盖世太保[②]辖下一个分部并最终解体。1946年，比利时、法国、英国等17个国家的代表在布鲁塞尔召开会议，对国际刑事警察委员会进行改组，制定了新的《国际刑事警察委员会章程》。此后，国际刑警组织通过一系列决议在世界范围内构筑了高效、完整的预防犯罪体系，为各国警察部门的跨国合作和交流提供了有效的途径和场所。

国际刑警组织设有全体大会、执行委员会、秘书处和国家中心局等机构，其中，由各成员代表团组成的全体大会是其最高层级的机关；执行委员会由大会选出的13个成员的代表组成，行使大会授予的一切权力，负责监督大会决议的执行情况、准备大会的工作日程、监督秘书长的管理情况等；秘

---

① 中国、美国、俄罗斯，以及欧盟等124个国家和国际组织在会议期间签署了《联合国打击跨国有组织犯罪公约》。

② 即秘密国家警察，纳粹德国时期的秘密警察。1933年春，希特勒出任威玛共和国总理，而赫尔曼·戈林接管普鲁士警察局并于1933年4月成立政治警察组织盖世太保，其核心成员为普鲁士警察。

书处由秘书长和该组织的技术、行政人员组成，是国际刑警组织负责管理和从事实际业务活动的常设单位；国家中心局是该组织在各国的常设机构，由各成员权威当局指定，是各成员内部警察系统的一个机构，主要负责各国警方同国际刑警组织各成员之间的合作。国际刑警组织通过专有的通信系统（I-24/7系统）建立起各成员间的警务联系，实现各成员间以及成员与秘书处的警务数据信息与服务共享。此外，该组织还定期针对不同犯罪领域组织警察和专家学者召开小组研讨会，共享打击跨国犯罪经验。

联合国毒品和犯罪问题办公室成立于1997年，由联合国禁毒署和联合国预防犯罪中心合并而成，主要负责对毒品和犯罪问题进行调研并制定有关政策和措施；协助各国政府批准和执行有关国际公约；协助各国政府制定关于毒品、犯罪和反恐问题的国内法；通过具体技术合作项目提高各成员国打击毒品、犯罪及恐怖主义的能力。联合国毒品和犯罪问题办公室通过其外地办事处网络（包括8个区域办事处和10个国家办事处）确保将国际性规范和标准融入区域和国家的议程，确保与区域实体、伙伴国家、联合国伙伴及民间社会密切协商，落实区域和国家方案。毒品和犯罪问题办公室还担任联合国预防犯罪和刑事司法大会的秘书处，每五年组织召开一次预防犯罪和刑事司法大会，召集政府、非政府组织和学术界等利益攸关方探讨应对国家、区域和全球层面预防犯罪和刑事司法领域挑战的良好方法。《2021年世界毒品问题报告》显示，2010—2019年世界毒品问题呈现出吸毒者人数持续增多，供应与运输方式更加多样化，毒品市场日益复杂，暗网销售的替代模式持续扩张等新趋势。[1]

4 非传统安全合作

新的安全环境下，"生存安全"与"发展安全"问题不断凸显，"可持续发展"与"可持续安全"成为各国政府决策的重要议题，国际非传统安全合作被提上议程。

人类对非传统安全威胁的重视源于对"非军事问题"的关注。随着现代化、工业化、城市化的推进以及深度全球化的演进，贫困问题、人口问

---

[1]　World Drug Report 2023. [2024-05-02]. https://www.unodc.org/unodc/en/data-and-analysis/world-drug-report-2023.html.

题、环境问题、能源问题、公共卫生问题等不断涌现，演化为人类普遍性威胁。同时，一些"非国家行为体"的安全参与也开始被置于次国家、国家、跨国以及全球多重安全中，成为威胁的重要来源，从而推动军事安全与政治安全以外的经济安全、社会安全、环境安全等成为重要的安全议题。1999年，联合国开发计划署首次发布《人类发展报告》(Human Development Reports, HDR)，提出将发展的衡量标准从经济增长转向人类本身。此后，每年的报告内容都重点关注与人类生存息息相关的议题，如气候危机、海洋酸化、重大疫情灾害等。

4.1　全球性非传统安全议题

经济金融安全。经济全球化加速发展使各国经济往来密切，彼此间的经济相互依赖程度提升，国与国之间的贸易体系、金融体系逐渐构成了一个国际化的网络结构。与此同时，经济全球化的负面影响也日益显现，全球经济金融安全至今仍是人类面临的重要挑战和全球治理的重要内容。例如，20世纪70年代一场由石油价格变化而导致的全球性经济危机、20世纪90年代席卷东南亚的金融危机、2008年由美国次贷危机引发的全球性经济危机。经济金融安全意味着全球经济金融风险得到有效防范或者经济金融危机得到有效治理，除了金融危机、经济衰退和萧条，还包括贸易问题、债务问题、汇率问题等。

生态环境安全。自20世纪70年代罗马俱乐部《增长的极限》发布以来，生态环境问题作为安全问题越来越受国际社会重视。1988年成立的联合国政府间气候变化专门委员会(Intergovernmental Panel on Climate Change, IPCC)在会议声明中指出，全球安全愈发依赖于生态环境，突出的环境问题包括：气候变暖、海平面上升、降水格局改变以及温室气体的"热阱"效应引起的极端气候频率改变；臭氧层遭到破坏消耗；有毒化学和酸化物质的扩散。此外，生态环境灾难频发，如印尼海啸、美国飓风等，是影响人类生命生存安全的重大挑战之一。生态环境问题威胁人类健康和福祉，削减农业生产力，危害可持续发展，会增加政治动荡和国际冲突的可能性。除了带来人类生存环境质量下降，生态环境问题造成的资源和能源短缺也会导致武装冲突，或者催生"生态难民"。

公共卫生安全。公共卫生是关系到一个国家或一个地区大众健康的公共事业，具体包括对重大疾病尤其是传染病的预防、监控和治疗，对食品、药品、公共环境卫生的监督管制，以及相关的卫生宣传、健康教育、免疫接种等。[①]21世纪以来，流感、严重急性呼吸综合征（SARS）、中东呼吸综合征（MERS）、埃博拉出血热、寨卡病毒病、鼠疫、黄热病等一系列公共卫生危机出现、快速传播且影响深远，卫生领域成为跨国治理的重点。2020年新型疫情的全面暴发也使得重大公共卫生事件危机重新成为全球安全治理的重要议题之一。

国际非法移民及难民。目前，全球经济增长、人口增长与分布仍不平衡，与之同时出现的是非法移民数量的剧增。根据联合国统计，每年大约有200万—450万非法移民穿越主权国家边境，全球移民中有10%—15%是非法移民，数量达到2000万—3500万；2014—2015年，非法移民数量增加了6倍，超过180万。[②]移民问题很早便为国际组织所关注，包括国际劳工组织、世界贸易组织、国际移民组织等，但由于缺乏与主权国家治理相对应的机制，非法移民问题及其衍生的社会问题难以从根本上解决。地区冲突与局部矛盾造成的难民问题始终是治理的热点和难点。目前，低收入和中等收入国家收容了世界上85%的难民，约1690万人，其中为最不发达国家提供庇护的比例越来越高，约占全球难民总数的三分之一。根据联合国难民署官方网站资料，主要难民流出国从南到北、由西向东依次是刚果、中非、南苏丹、索马里、苏丹、厄立特里亚、叙利亚、伊拉克、阿富汗。[③]2018年，联合国通过《难民问题全球契约》，但该条约缺少有效执行机制，持续性难民援助资源仍严重缺乏，难民就业、难民儿童的基础教育问题等需要持续跟进。全球难民问题事关国际社会长久发展，也影响国际和平。

国际恐怖主义。国际恐怖主义自20世纪出现以来，不仅造成了大规模的人员伤亡和经济损失，也给全世界人民造成了心理恐慌，已然成为人类安全的最大威胁之一。当今国际社会打击恐怖主义犯罪，不仅要面对传统恐怖主义犯罪尚未解决的困境，还要应对当下高科技恐怖主义犯罪带来的新问题。然而，国际社会至今尚未对恐怖主义犯罪的概念达成共识，缺乏一个全面的

---

① 晋继勇. 全球公共卫生治理中的国际机制分析. 上海：上海人民出版社，2019：28-47.

② International Migration Report 2015. [2024-05-02]. https://www.un.org/en/development/desa/population/migration/publications/migrationreport/docs/MigrationReport2015.pdf.

③ UNHCR Global Trends 2021. (2022-06-17) [2024-05-02]. https://www.unhcr.org/globaltrends2019/.

反恐怖主义犯罪公约或应对机制，这在一定程度上影响了对恐怖主义犯罪的调查、起诉、审判、预防，以及打击恐怖主义犯罪的国际合作。

信息网络安全。随着以信息为代表的第四次工业革命的演进，信息技术已经从根本上改变了人类的工作、交流和生活方式。在这种持续的数字化转型和网络空间不断扩大的背景下，网络信息攻击日益猖獗，包括间谍、政治宣传、服务缺失、数据篡改、黑客攻击、信息数据和基础设施操纵等，对全球经济、就业市场、国家安全以及国家和地区之间的关系构成了严重威胁。根据国际电信联盟出版的《2017年全球网络安全指数和网络健康概况》（*Global Cybersecurity Index, GCI*）[①]，新加坡在全球网络安全指数中排名第一，其次是美国、马来西亚，而巴基斯坦、印度和孟加拉国等这一指数的排名垫底。由于技术鸿沟的存在，大多数发展中国家相比于发达国家在面对网络安全挑战时处于更加不安全的状态。

人工智能安全。人工智能已被广泛应用于经济、社会、军事等领域，其在军事应用方面的发展可能引发诸多新挑战。首先，人工智能的赋能效应将弥补一国在人口、经济等方面的劣势，成为改变国家军事实力对比的核心，人工智能的军事竞争可能演化为新一轮军备竞争。其次，自主武器系统等人工智能军事应用将显著降低战争的伤亡成本，减轻发动战争的道义与政治压力，部署在网络、太空、深海等的智能武器的隐蔽性将催生军事对抗的"灰色地带"。最后，智能技术的易扩散性使其易于成为恐怖分子、犯罪组织等的犯罪工具。[②]当前，面对新型风险与挑战，急需构建人工智能国际规则与国际治理体系，防止人工智能军备竞争，防范智能技术扩散与核技术、生物技术扩散带来的叠加风险，打击人工智能恐怖主义与国际犯罪。

太空安全。随着太空技术的发展与应用，太空作为"全球公地"，国家与非国家行为体纷纷利用太空技术获取商业、社会和军事利益，太空安全问题日益突出，具体表现为：太空碎片增多、环境恶化；在轨航天器增多，卫星无线电相互干扰的事故增多；卫星频率、轨道资源竞争激烈。[③]冷战时期，人类治理太空问题主要集中于防止太空核武器化，当前的关注则转向资源、环境

---

① Global Cybersecurity Index (GCI) 2017. (2017-07-19) [2024-05-02]. https://www.itu.int/dms_pub/itu-d/opb/str/D-STR-GCI.01-2017-PDF-E.pdf.

② 谢望原. 网络犯罪与安全 2018. 北京：中国人民大学出版社，2019：50-55.

③ 何奇松. 太空领域竞争的实质是大国竞争. 人民论坛·学术前沿，2020(16)：40-53.

与太空军事安全问题。有关国家和国际组织共同努力，形成了维护太空安全的条约与倡议，包括《防止在外空放置武器、对外空物体使用或威胁使用武力条约》《太空碎片减缓指南》、"太空长期可持续性倡议"等，但效果并不理想。各国并未就太空安全治理达成共识，太空治理面临环境恶化、资源稀缺、太空武器化威胁，太空治理和国际合作任重而道远。

4.2 国际组织的参与

随着非传统安全问题的凸显，全球安全治理议题下传统的以国家为中心的安全范式和以权力为导向的对抗与控制相结合的安全模式发生改变，国际组织成为其中重要的治理主体。

（1）联合国及区域组织

随着国际和平与安全形势及相关理念的变化，联合国维护和平与安全的领域、手段和途径也发生了变化。人类安全成为重要内容，建设和平、保护的责任等成为联合国多层面、综合性和平行动的组成部分。联合国也是各国建立共识的平台，是变革和倡导者和作为规范性参考的法律渊源。[①]

20世纪60年代，联合国开始关注影响人类生存生活的环境、粮食、人口、贫困等问题；80年代，联合国将这些问题提升到安全高度加以认识，并提出了诸如环境安全、经济安全等概念。1994年，联合国提出人类安全（human security）概念，其《人类发展报告》的"人类安全的新维度"专章指出，人类安全首先意味着免于经受长期的饥饿、疾病和压迫等的折磨，其次意味着免于日常生活模式遭受突发性的伤害[②]，并指出这是对国家安全的补充。21世纪初，联合国以打击恐怖主义为首要议题，同时开始关注气候变化、金融危机、能源短缺等问题；2000年，联合国千年发展目标启动，2015年拟实现的8项目标包括：消灭极端贫穷和饥饿，普及小学教育，促进男女平等并赋予妇女权利，降低儿童死亡率，改善产妇保健，与艾滋病毒/艾滋病、疟疾和其他疾病做斗争，确保环境的可持续能力，全球合作促进发展。这些目标从更广阔的视角看待人类健康和安全及其与发展的关系，被置于全球议程的核心。2015

---

① 奈尔·麦克法兰，云丰空.人的安全与联合国：一部批判史.张彦，译.杭州：浙江大学出版社，2011：3.

② Human Development Report 1994. (1994-01-01) [2024-05-02]. http://hdr.undp.org/en/reports/global/hdr1994.

年，联合国正式通过17个可持续发展目标，强调粮食安全、水安全、生产安全、能源资源安全等，旨在从2015—2030年以综合方式彻底解决社会、经济和环境三个维度的发展和安全问题。

联合国框架下的各条公约从不同的角度对非传统安全治理的各领域进行了规制和调整，从而成为国际合作的主要依据。在应对环境问题方面，联合国1974年通过《防止陆源海洋污染公约》、1989年制定《控制危险废物越境转移与处置的巴塞尔公约》、1991年制定《关于削减挥发性有机化合物排放的议定书》等；在打击恐怖活动犯罪方面，有1971年通过的《关于制止危害民用航空安全的非法行为的公约》（蒙特利尔公约）、1997年通过的《制止恐怖主义爆炸的国际公约》等；在太空探索方面，有1967年的《外层空间条约》（Outer Space Treaty）和1979年的《月球协定》（Moon Treaty）；在保护移民与难民权利方面，1951年的《关于难民地位的公约》（Refugee Convention）和1990年的《保护所有移民工人及其家庭成员权利的国际公约》（Migrant Workers Convention）旨在保护难民和移民的权利，涵盖了工作条件、健康、住房、教育等多个方面。面对新兴的人工智能治理议题，联合国教科文组织通过了首份关于人工智能伦理的全球协议《人工智能伦理问题建议书》（Recommendation on the Ethics of Artificial Intelligence），提出了人工智能发展的伦理原则。

由于非传统安全领域的广泛性和不同区域议题的具体性，区域性合作逐渐得到加强，比如，1971年通过的《美洲国家组织关于防止和惩治恐怖主义行为的公约》、1976年通过的《欧洲制止恐怖主义公约》、1991年通过的《政治联盟与经济、货币联盟条约》（马斯特里赫特条约）。2001年，上海合作组织成员国签署《打击恐怖主义、分裂主义和极端主义上海公约》，强调恐怖主义、分裂主义、极端主义侵犯公共安全的本质。上合组织的安全合作不断拓展深度和广度，主要表现在：反恐机制日趋完善，不断健全打击恐怖主义活动的法律；司法、情报等部门的合作稳步开展；非传统安全领域的合作范围不断扩展，逐步涵盖了打击中亚地区"三股势力"[①]、武器扩散、毒品犯罪、难民和

---

① 指中亚地区最具实力且破坏性最大，造成影响最为恶劣的三大恐怖组织："乌兹别克斯坦伊斯兰运动""阿克罗米亚""伊扎布特"（伊斯兰解放党）。近年来，中亚地区恐怖主义和极端主义由南向北逐渐扩张，域内域外恐怖势力勾结，暴恐活动越来越依赖毒品所提供的资金来源和物资支持。

非法移民、领土争端和水资源争端、保证政权稳定性等方面。2002年,《中国与东盟关于非传统安全领域合作联合宣言》发表,以打击贩毒、偷运非法移民等为重心,推动了地区间非传统安全合作。

（2）国际非政府组织

"20世纪中期以来,尤其是20世纪90年代以来,非政府组织在数量、规模、涉及领域、作用发挥和国际影响上,都呈现出兴盛之势,在国际公共领域,如人权、环境污染、全球变暖、动物保护、艾滋病防治、知识产权保护、人口膨胀、贫困、难民、裁军等非传统安全问题上,发挥出了国家和政府间国际组织都难以企及的作用。"[1]例如,联合国难民事务高级专员公署2000年的预算为10亿美元,其中多数都是通过合同方式委托国际非政府组织来执行的。国际地球之友（Friends of the Earth International,FOEI）于1971年由来自法国、瑞典、英国和美国的四个环境保护组织创建,愿景是在社会与自然和谐相处的基础上建立一个和平与可持续的世界。该组织的捐助者包括荷兰外交部、欧盟等政府部门和政府间国际组织。再如,国际红十字会、人权联盟、国际禁雷运动、无国界医生组织等国际非政府组织及其领导人曾因贡献而获诺贝尔和平奖。又如,"过去20年,中非政府组织的影响不断上升,已成为一个明显的事实"[2]。

维护和促进国际和平与安全是国际组织的基本功能和职责,国际组织的各种机构、制度和规范建立在各成员国共同接受和遵循的基础上,具有普遍性和权威性,可以调整国际行为体之间的利益分配,为国际社会提供国际关系基本准则,伸张国际正义,进而形成国际共识的平台。

---

① 余潇枫,魏志江.非传统安全概论（第二版）.北京:北京大学出版社.2015:301.

② Aswal, B. S. *NGO in the Human Rights Management*. New Delhi: Cyber Tech Publications, 2010: 70.

第七讲　国际组织与全球经济发展

冷战结束后，世界经济沿着国际化深入发展，这不仅体现在生产、分配、消费等领域，也表现在各类资源的开发配置、各种生产要素的流动和全球应用等方面。在推进经济全球化过程中，各类国际经济组织应运而生，以联合国为代表的政府间国际组织的经济职能开始凸显。20世纪90年代以来，以国际货币基金组织、世界银行、世界贸易组织三大全球性机构为首的国际经济组织体系，在世界经济领域中发挥着制定规则、维护秩序、平衡利益、调解争端的重要作用。

1　国际组织与国际贸易发展

国际贸易是指国际范围内的商品流通，是世界各国各地区对外贸易的总和。[①]国际贸易伴随着生产力的发展、社会大分工的产生，以及商品交换的出现而逐渐形成。

1.1　国际贸易机制演变

在资本主义生产方式产生之前，各国生产力水平低下，只存在局部的、个别的国家间经济联系。真正意义上的国际贸易在资本主义出现后才有了发展并继而体现出世界性。19世纪末20世纪初，在第二次科技革命的推动下，资本主义国家的经济活动进一步国际化，其殖民扩张也将越来越多的国家和地区卷入国际经济生活，国际贸易获得空前发展。但这一阶段的国际贸易活

---

① 　《国际组织》编写组.国际组织（第二版）.北京：高等教育出版社.2018：129.

动以单边或双边形式为主，各资本主义国家从自身利益出发制定以邻为壑的贸易策略，通过货币贬值、进出口政策变化等措施牺牲与本国有贸易往来的其他国家，以确保本国经济稳定和繁荣，全球范围内没有能够对世界经济进行宏观调节的国际组织或机制。1919年，美国总统威尔逊在巴黎和会提出"十四点原则"，包括消除贸易壁垒、公海航行自由等原则，但以失败告终。两次世界大战给人类带来了巨大灾难，各国深刻认识到也由此经济领域的国际协调对于避免战争的重要意义，因而开始尝试通过建立国际多边机制来维护国际贸易秩序。

第二次世界大战即将结束时，美、英等国开始积极筹划战后的国际经济秩序。1945年冬，美国提出召开国际贸易与就业会议（the United Nations Conference on Trade and Employment），建议成立一个国际贸易组织（International Trade Organization）。1946年10月，国际贸易与就业会议第一次筹备会在伦敦召开。1947年4月，美、英、法、中等23个国家参与了在日内瓦举行的国际贸易与就业会议第二次筹备会，完成了国际贸易组织章程的起草工作。1947年11月—1948年3月，在哈瓦那举行的联合国贸易与就业会议通过了《国际贸易组织章程》（Havana Charter for an International Trade Organization，Havana Charter，又名《哈瓦那章程》）。[1] 会议期间，与会国经谈判签订了123项双边关税减让最后议定书，与《哈瓦那章程》中有关贸易政策的条文结合在一起，构成了于1948年1月1日正式生效的《关税及贸易总协定》。[2]

由于各国立场不同，观点互异，《哈瓦那章程》没有得到多数国家政府的批准，拟建的国际贸易组织也未真正建立起来，而关贸总协定在二战后的国际贸易中实际发挥了一个国际贸易组织的作用。关贸总协定的宗旨是：各缔约方本着提高生活水平、保证充分就业、保障实际收入和有效需求稳定增长、充分利用世界资源、扩大商品生产和交换、促进经济发展的目的，来处理在贸易和经济发展方面的相互关系，彼此减让关税，消除各种贸易壁垒和

---

① Final Act and Related Documents. [2024-05-02]. https://treaties.un.org/doc/source/docs/E_CONF.2_78-E.pdf.

② The General Agreement on Tariffs and Trade (GATT 1947). (2002-08-27) [2024-05-02]. https://www.wto.org/english/docs_e/legal_e/gatt47_e.doc.

歧视性待遇，实现贸易自由化。①其基本原则包括：自由贸易原则、非歧视原则、互惠原则、透明度原则、取消数量限制原则、反倾销与限制出口补贴原则等。②关贸总协定的基本原则在实践中成为国际社会普遍接受的关于关税与贸易方面最具权威性的行为准则，是推行多边贸易自由化的总括性国际条约。

20世纪90年代初，随着苏联解体，冷战时期以美苏为首的两大对立经济集团不复存在，真正意义上的世界经济得以形成，重建国际经济机制的需求日益迫切。在此背景下，世界贸易组织于1995年1月1日正式成立，取代了已经运行近40年的关贸总协定。截至2020年11月，世贸组织已经拥有164个成员、25个观察员。③世贸组织继承了关贸总协定的基本原则，致力于进一步推动货物贸易自由化，并在服务贸易、同贸易相关的知识产权以及投资等领域加以推广。世贸组织的运转，标志着以自由贸易为宗旨的全球性多边贸易机制已经形成。但是，21世纪初以来，贸易保护主义势头上升，多哈回合谈判陷入困境、区域贸易机制竞争加剧等难题对世贸组织的发展带来严峻挑战。因此，如何进行有效的改革将直接影响世贸组织以及国际贸易机制的未来前景。

1.2 国际组织推进国际贸易发展的方式

世界贸易组织作为国际贸易领域最重要、拥有最广泛成员的国际组织，具备以下职能：第一，促进《多边贸易协议》（Multilateral Trade Agreements）的建立及执行、管理和运作；第二，为成员提供谈判的讲坛和谈判成果执行的机构；第三，管理争端解决的规定和程序的谅解；第四，管理贸易政策的评审机制；第五，同国际货币基金组织、世界银行及其附属机构进行合作，以达到全球经济政策的一致性。④世贸组织推进国际贸易发展的主要方式有：组织多边贸易谈判、建立贸易政策审议机制及争端解决机制。这些机制先后被其他

---

① The General Agreement on Tariffs and Trade (GATT 1947). (2002-08-27) [2024-05-02]. https://www. wto.org/english/docs_e/legal_e/gatt47_e.doc.

② The General Agreement on Tariffs and Trade (GATT 1947). (2002-08-27) [2024-05-02]. https://www. wto.org/english/docs_e/legal_e/gatt47_e.doc.

③ Members and Observers. [2024-05-02]. https://www.wto.org/english/thewto_e/whatis_e/tif_e/org6_ e.htm.

④ Agreement Establishing the World Trade Organization. (2002-08-27) [2024-05-02]. https://www.wto.org/ english/docs_e/legal_e/04-wto.pdf.

国际组织借鉴采纳，成为推进国际贸易发展的重要方式。

组织多边贸易谈判是世贸组织推动贸易自由化的重要方式。关贸总协定时期成功举行了八轮多边贸易谈判，其中著名的乌拉圭回合谈判①取得了巨大成效，重振了多边贸易体系，有效促进了世界贸易体系向健康良性方向发展。2001年11月，在卡塔尔首都多哈举行的第四次部长级会议上，世贸组织成功发起了新一轮的多边贸易谈判，即多哈回合谈判，又名多哈发展议程。多哈回合谈判是世贸组织发起的首轮多边贸易谈判，也是有史以来涵盖议题最广泛、参与方最多的多边贸易谈判。然而，2003年，在墨西哥坎昆举行的世贸组织第五次部长级会议上，各成员难以就农业问题、非农业市场准入问题等达成一致②，会议无果而终，多哈回合谈判首次陷入僵局。之后的10年中，多哈回合谈判多次重启，但进展缓慢，未能彻底打破僵局，其根源是发达国家和发展中国家在贸易利益上均难以做出妥协。2013年12月，世贸组织第九次部长级会议在印度尼西亚巴厘岛召开，会议通过了"巴厘一揽子协定"（the Bali Package）③，实现了世贸组织成立18年来多边谈判零的突破。与多哈回合谈判的雄伟目标相比，"巴厘一揽子协定"没有涉及非农产品市场准入、服务贸易、知识产权等敏感议题，距离全面完成多哈回合谈判目标仍然非常遥远。但这一协定将世贸组织带回多边贸易谈判舞台，重建了国际社会对全球多边贸易机制的信心。

贸易政策审议机制是世贸组织监督国际贸易制度运行的重要方式。贸易政策审议作为世界贸易组织的三大法律机制之一，其目的是确保各成员的贸易政策和措施与世界贸易组织规则保持一致，加强其他成员对被审议成员经贸政策的理解，同时监督、鼓励各成员遵守世界贸易组织规则。世贸组织以召集贸易政策审议会议的形式，在集体审议的基础上实施监督，通过成员间的相互审议鼓励各成员更加严格地遵守世贸组织规则，并履行承诺。不同成

---

① 1986年9月，关贸总协定的部长级会议在乌拉圭的埃斯特角城举行，会议决定进行一场旨在全面改革多边贸易体制的新一轮谈判，称之为乌拉圭回合。它是关贸总协定框架下历时最长、内容最为复杂的多边贸易谈判。该轮谈判于1993年12月成功结束，其协议和决定于1994年4月在摩洛哥经100多个参加方的代表签署和通过，于1995年1月正式生效。

② The Doha Round Texts and Related Documents. (2009-12-01) [2024-05-02]. https://www.wto.org/english/res_e/booksp_e/doha_round_texts_e.pdf.

③ Ninth WTO Ministerial Conference. (2017-04-03) [2024-05-02]. https://www.wto.org/english/thewto_e/minist_e/mc9_e/mc9_e.htm.

员在国际贸易中所占份额不同，接受贸易审议的频率也就不同。贸易额排名前4位的成员每2年接受一次审议，贸易额排名5—20名的成员每4年审议一次，其余成员每6年审议一次，最不发达成员审议的间隔时间更长。[①]贸易政策审议作为世贸组织各成员相互评判、互相监督的重要机制，在其规则基础上友好地、建设性地提出评论和咨询，这对被审议成员和审议成员都有积极意义。

争端解决机制是世贸组织法律体系的支柱，也是其保障多边贸易自由化的最后一道防线。在世贸组织体系中，争端解决机制以法律方式解决成员间的纠纷，其宗旨是：根据国际法的习惯规则来阐明各项协定的内容，通过有效执行的裁决来解决成员之间的贸易争端，以避免贸易冲突的产生，保障缔约方的相应权利和义务得以实现或履行，从而为多边贸易机制提供安全保障。[②]然而，由于执行期过长，世贸组织对于成员从申诉到获得裁决以及等待执行过程中所发生的经济损失，没有相应的补偿制度。此外，以规则为基础的世贸组织争端解决机制保留了成员的权力基础，上诉机构成员遴选和连任所适用的协商一致原则，往往使国际竞争力较弱的发展中国家处于不利地位，为国际贸易秩序变革时代世贸组织法治的持续演进埋下了隐患。

自20世纪90年代以来，区域性贸易安排蓬勃发展，通过采取优惠贸易协定、自由贸易区、关税同盟、共同市场等制度形式来消除区域内经济发展的障碍，从而实现各经济要素的合理流动和有效配置，北美自由贸易区、美洲自由贸易区（Free Trade Area of Americas，FTAA）便是这一时期区域性贸易安排的典型代表。2020年11月15日，谈判历时8年的《区域全面经济伙伴关系协定》（RCEP）在越南正式签署，这标志着当前世界上人口最多、成员结构最多元、经贸规模最大、最具发展潜力的自由贸易区正式启航。RCEP的达成，不仅可以简化成员间错综复杂的经贸关系，也有益于处理诸如削减国家间贸易壁垒和障碍等问题，提高整个地区的经贸水平和产业竞争力，进而促

---

① Trade Policy Review Mechanism（"TPRM"）. (2017-08-08) [2024-05-02]. https://www.wto.org/english/tratop_e/tpr_e/annex3_e.htm.

② Final Act and Related Documents. [2024-05-02]. https://treaties.un.org/doc/source/docs/E_CONF.2_78-E.pdf.

进区域贸易蓬勃发展。[①]在贸易保护主义兴起、全球贸易结构调整的大背景下，RCEP将贸易自由便利作为主要宗旨，超过90%的货物贸易将在域内实现零关税进出；同时，在市场开放、原产地规则、贸易便利化、知识产权等方面制定了严格标准。

《全面与进步跨太平洋伙伴关系协定》（CPTPP）是这一时期另一个高水平自由贸易协定。相较于RCEP，CPTPP的贸易协定规则更加严格，在劳动和环境规则、竞争政策、国有企业、知识产权监管、互联网规则和数字经济等方面设定了更高的标准，且CPTPP的关税减让力度更大，不同于RCEP要求的零关税商品达到90%，CPTPP的"货物的国民待遇和市场准入"章节规定成员国应加快减让至零关税。此外，任一成员国对其他成员国关税减让的承诺也必须自动赋予其他成员。在市场准入方面，RCEP采用的是正面清单与负面清单相结合的方式，而CPTPP采取的是完全负面清单形式，负面清单以外的各类商品和服务，成员国必须以一般自由化措施给予完全开放。CPTPP还将传统议题以外的很多高水平自由化的领域纳入了贸易框架，如知识产权、劳工标准和国企改革等，对这些领域提出了非常高的自由化要求。另外，CPTPP首次将国有企业和垄断单独成章，制定了高标准、严要求的限制国有企业在市场中的不公正行为，还对国有企业界定、非歧视对待和商业考量、非商业援助、透明度、管辖权等规则进行了详细阐述，旨在给予跨国公司参与公平市场竞争的机会。

相比全球性的多边贸易谈判，区域性贸易安排成员方有限，彼此间或者疆域相邻，或者有相似的历史文化传统，或者经济互补性较强，或者有共同的政治安全利益，因此贸易谈判比较容易达成一致。同时，由新兴发展中国家引领创建的区域贸易新机制，能够根据国家间力量对比的现状、全球挑战的现实以及新兴国家群体的共同利益和诉求，重新设定运行规则、表决程序和功能目标，是全球多边贸易机制的有效补充。虽然区域性贸易安排的兴盛对世贸组织及多哈回合谈判进程形成了挑战，削弱了全球性多边贸易机制的吸引力，但长远来看，两者并存、互相促进，才有助于实现全球自由贸易这一远景目标。

---

① 杨娜.全球经济治理机制的革新与探索——以RCEP的构建为例.国际经贸探索，2020，36(12)：67-81.

1.3　国际组织在国际贸易中的作用

第二次世界大战结束后，国际贸易的增长速度不仅超过了国际贸易史上任何一个时期，而且快于整个世界经济的增长速度，国际贸易成为世界经济增长的引擎。在这一过程中，国际组织起着不容忽视的作用。

首先，国际组织推动了国际贸易运行规则的确立，促进了国际贸易相关法律体系的逐步发展和完善。从关贸总协定到世贸组织的实践奠定了目前国际贸易运行规则的基础，关贸总协定是具有国际法效力的多边条约，世贸组织则是一个具备国际法主体资格的国际组织，更具有权威性和全球性，是真正的"经济联合国"。世贸组织通过数以百计的法律文件构成了庞大的法律体系，全面覆盖货物贸易和服务贸易以及与贸易相关的投资、知识产权等领域。同时，诸如北美自由贸易区、亚太经合组织等的区域性贸易安排不仅以国际协定的法律方式予以确立，而且还建立起相应的国际组织或机制的法律形式予以保障，能够对多边贸易机制的法律体系起到补充作用。

其次，国际组织加速了世界范围内的贸易自由化进程。贸易自由化是二战后世界经济及生产力发展的内在要求。关贸总协定和世贸组织，都以贸易自由化为宗旨，以多边谈判为手段，旨在降低关税、减少贸易壁垒、消除各种歧视性待遇，从而大大提高了世界各国的贸易自由化程度和市场准入程度。区域性关税同盟、自由贸易区、共同市场等虽然具有一定的排他性，但也都以促进贸易自由化为宗旨，使得传统的封闭色彩在经济全球化冲击下淡化，代之以开放的地区主义，共同推进了国际贸易自由化进程。1991年建立的南方共同市场是首个完全由发展中国家组成的共同市场，也是南美地区最大的经济一体化组织，旨在通过有效利用资源、协调宏观经济政策、加强经济合作等措施促进南美地区贸易自由发展，最终实现经济政治一体化。[①]但是贸易自由化的发展也有可能加剧世界各国各地区经济发展的不平衡，从而导致了以非关税壁垒为手段的贸易保护主义重新抬头，进而阻碍贸易自由化的进程。

再次，国际组织能够管理和监督国际贸易活动的正常运行。二战后，国际贸易的发展一直伴随着不断增多的国际经济协调。国际贸易越发展，国际经济协调的范围越大；国际经济协调越有效，国际贸易的发展就越健康。国

---

① Southern Common Market (MERCOSUR) Agreement. [2024-05-02]. https://wits.worldbank.org/GPTAD/PDF/archive/MERCOSUR.pdf.

际组织作为多边跨国机构，是世界各国贸易谈判与对话的重要场所，在组织全球多边贸易谈判方面扮演着重要角色，关贸总协定时期著名的乌拉圭回合谈判，以及世贸组织发起的多哈回合谈判，为促进各国贸易对话、推动世界贸易健康发展提供了重要平台。以世贸组织为代表的国际组织运用公认的国际贸易规范对国际贸易交往进行管理和监督，通过调整国际贸易规则来适应贸易形势发展变化的需要，能够协调并兼顾各国利益。通过对全球经济状况的宏观把握，国际组织能够在一定程度上改变成员间资源配置不合理的状态，减轻因资源盲目流动而带来的消极影响，在重新配置资源、调节供需平衡方面发挥重要作用。各类区域贸易协定，如美洲自由贸易区，也为构建更完善的经贸规则体系、推动发达国家与发展中国家贸易合作做出了贡献，维护着国际贸易的正常往来。

最后，国际组织为解决国际贸易争端提供了法律框架和制度保障。世贸组织的争端解决机制以各成员接受的协议作为解决贸易纠纷的法律依据，成员承诺不采取单边行动解决贸易争端，而是在多边争端解决机制下寻求解决，形成了具有自身特色的争端解决原则和程序。与关贸总协定时期的争端解决方法相比，世贸组织的争端解决机制增加了规则取向的程序，如仲裁程序、专家组报告的司法属性、上诉程序、争端解决机构裁决的通过等，极大地强化了处理成员贸易争端的法律约束性。作为补充，区域性国际组织在推进区域贸易安排进程中，也为成员间贸易争端的解决提供了谈判平台和制度化框架，为区域内的贸易发展创造了有利条件。2019年成立的非洲大陆自由贸易区（African Continental Free Trade Area, AfCFTA）通过建立争端解决机构，以透明、公平、可预见原则解决争端，其程序包括磋商、斡旋、调解与调停、专家组程序以及上诉。[①]虽然目前这一争端解决机制下的实践尚少，但它为非洲大陆自由贸易区成员国的争端解决提供了谈判平台和制度化保证，也是对世贸组织争端解决机制的补充。

当然，国际组织作为多边合力机构，其作用也受到国际政治因素等的制约，因此其对国际贸易的协调作用也是有限的。但国际组织在国际贸易领域的全方位协调活动，把世界各国各地区的贸易活动连接起来，在很大程度上

---

① Protocol on Rules and Procedures on the Settlement of Disputes. (2018-03-21) [2024-05-02]. https://africanlii.org/akn/aa-au/act/protocol/2018/rules-and-procedures-on-the-settlement-of-disputes/eng@2018-03-21.

实现了国际贸易的秩序和稳定，推动了世界经济的规范化发展。

2　国际组织与国际金融合作

国际金融是指国家或地区之间由于经济、政治、文化等联系而产生的货币资金的周转与运行。全球性金融组织以国际货币基金组织和世界银行为代表，地区性金融组织主要有亚洲开发银行、非洲开发银行（African Development Bank，AFDB）、美洲开发银行（Inter-American Development Bank，IADB）等。频繁的国际金融动荡和危机会严重冲击世界经济的健康发展，围绕国际金融机制的改革日益迫切。

2.1　国际金融机制的演变

国际金融机制是随着国际金融活动的不断扩大而发展起来的，旨在协调由于各国间经济贸易往来等形成的国际货币关系需求，协调各国货币制度与经济制度。其中，调节各国货币关系的国际货币制度构成了国际金融机制的基础。国际金融机制的演变可分为四个历史时期。

第一个时期，即一战前以金本位制为代表的稳定国际金融时期，各国货币币值和外汇市场基本稳定。19世纪，英国、德国、法国、美国等主要资本主义国家先后实行了金本位制，各国货币均以一定数量的黄金定值，货币间的汇率由各国货币的含金量之比决定。作为一种严格的固定汇率制，金本位制保证了各国货币币值和外汇市场的稳定，极大地促进了世界经济的发展。

第二个历史时期以第二次世界大战后形成的布雷顿森林体系（Bretton Woods system）为代表，核心是美元与黄金挂钩，其他国家的货币与美元挂钩，实行固定汇率制度。双挂钩制度将美元置于国际金融的中心，成为世界上最主要的国际货币和国际储备资产。两次世界大战对国际金融机制造成了巨大的冲击。一战后，参战国因财政支出膨胀而大量发行纸币，并停止黄金出口和纸币自由兑换黄金，严重破坏了金本位制的基础。此外，1929—1933年，资本主义经济大危机爆发，各主要资本主义国家着手建立以本国货币为中心的排他性货币集团，如英镑区、法郎区、马克区等，以邻为壑的政策加深了资本主义国家之间的矛盾，造成国际金融领域的混乱局面，金本位制彻底瓦解。二战后，1944年7月，在美国新罕布什尔州的布雷顿森林召开了国际货币与金融会议，讨论战后国际金融秩序的重建，与会国签署了《国际货币基金组织协定》和《国际复兴开发银行协定》(Articles of Agreement of the International Bank for Reconstruction and Development),合称为《布雷顿森林协定》(Bretton Woods Agreement)。1945年12月,国际货币基金组织和国际复兴开发银行(International Bank for Reconstruction and Development,IBRD)正式成立,《布雷顿森林协定》生效,以美元为中心的国际货币制度由此建立。布雷顿森林体系的建立结束了二战前国际货币金融领域的混乱,为战后世界经济提供了相对稳定的汇率制度,战后世界经济出现了长达20年的空前繁荣。然而,布雷顿森林体系也存在着重大缺陷,在这一制度下,美元作为国际储备手段和国际支付手段,发挥着世界货币的职能,这就要求美元币值稳定,要求美国拥有足够的黄金储备且在国际收支中保持顺差。然而,美国的国际收支状况在体系建立后不久便开始经历波动,黄金储备流失,美元国际信用发生动摇。到了20世纪60年代,由于频发的美元危机,世界各国开始对单一的货币制度做出调整反应:1970年5月,加拿大率先宣布加元汇率浮动;1972年6月,英国宣布实行英镑汇率浮动;1973年,其他发达资本主义国家相继效仿,宣布实行浮动汇率。至此,布雷顿森林体系宣告崩溃。

第三个历史时期以牙买加体系为代表。20世纪70年代末,为了应对各国货币制度的混乱情况,适应西德马克和日元加速国际化带来的国际储备多元化趋势,国际货币基金组织在1976年初召开会议,达成了关于国际货币制度改革的《牙买加协定》(Jamaica Agreement),正式确立了浮动汇率制的合法性,允许成员自由地选择汇率制度,并推行黄金非货币化,取消黄金官价,成员央行可以按照市场价自由进行黄金交易。1978年,《牙买加协定》正式生效,就此建立起以美元为中心的多元化的国际储备和浮动汇率制度,即牙买加体系。尽管牙买加体系多元化的国际储备结构和汇率安排适应了不同发展水平的世界各国经济,保证了世界经济发展的灵活性,但多元化的国际储备结构缺乏统一的货币标准,相互之间汇率波动频繁,加剧了金融领域的动荡和危机。

第四个历史时期为20世纪80年代后,彼时发达国家和发展中国家逐步放松金融和外汇管制,推行金融自由化改革,由此推动金融创新,大量投资机构迅速兴起,传统融资方式逐步让位于通过金融市场发行债券的方式。逐步加深的经济全球化在加速金融自由发展的同时,也加大了监管难度,全球性金融问题凸显,全球范围内金融危机频繁爆发,严重冲击了世界经济的健康发展。当前全球金融机制仍处在应对全球经济金融新态势的摸索阶段，存在诸多不足。例如，以美元主导的国际储备货币体系容易引发金融危机。此外，作为国际储备货币发行国的美国的货币政策，很少受到实质性的约束；与金融体的全球化发展现状相比，全球金融监管体系建设滞后；国际金融组织与机构存在代表性不足、有效性不足和组成结构不够合理等问题。为了确保国际金融市场安全有序运行，改革现有国际金融机制，发挥国际金融监管与协调作用成为世界各国的共同呼声。强化、完善国际金融机构的管理能力，防范金融风险，需要世界各国之间长期的协调与合作。

2.2　国际组织推进国际金融合作的方式

国际货币基金组织和世界银行是国际金融合作中影响最大的两个国际组织，是《布雷顿森林协定》的直接产物。两者同时成立，都从属于联合国体系，总部都设在美国华盛顿，但职能和活动方式有着很大不同。

国际货币基金组织致力于促进全球货币合作，确保金融稳定，促进国际贸易，促进就业率和可持续的经济增长以及减少世界各地的贫困。其主要目的是确保国际货币体系（即汇率体系和国际支付体系）的稳定，使各国（及其公民）能够相互交易。[①] 目前，国际货币基金组织由组成其全球成员的190个国家管理并对其负责。[②] 基金组织理事会是最高权力机构，由各成员指派的1名理事和1名副理事组成，理事通常由各国财政部部长或中央银行行长担任，每年举行一次会议。理事会的主要职权包括批准接纳新的成员和成员的退出申请，批准特别提款权的分配，讨论有关国际货币制度的重大问题等。理事会一般同世界银行理事会年会联合举行。负责处理日常业务的是其执行董事会，指定董事由24名执行董事组成，任期2年。执行董事包括指定与选派两种，由持有基金份额最多的5个成员，即美国、英国、德国、法国、日本，以及中国、俄罗斯与沙特阿拉伯各自指派1名；选派董事由其他成员按选区轮流选派。执行董事会可通过选举产生最高行政领导，即国际货币基金组织总裁，带领董事会每星期至少召开3次正式会议以履行相关行政职权。不过，多年来，根据不成文的规定，总裁一般来自欧洲。

---

①　Articles of Agreement of the International Monetary Fund. (2020-03-11) [2024-05-02]. https://www.imf.org/external/pubs/ft/aa/pdf/aa.pdf.

②　The IMF by the numbers. [2024-05-02]. https://www.imf.org/en/About.

　　根据2020年国际货币基金组织组织架构公开资料显示，国际货币基金组织有18个常设部门，负责经营业务活动，其中包括9个职能和特殊服务部门：信息交流部（Communications Department）、财务部（Finance Department）、财政事务部（Fiscal Affairs Department）、能力建设学院（Capacity Development）、法律部（Legal Department）、货币与资本市场部（Monetary and Capital Markets Department）、战略政策与检查部（Strategy, Policy and Review Department）、研究部（Research Department）、统计部（Statistics Department）；4个辅助服务部门：机构服务和设施部（Corporate Services and Facilities）、人力资源部（Human Resources Department）、信息技术部（Information Technology Department）、秘书部（Secretary's Department）；5个地区部门：非洲部（African Department）、亚太部（Asia and Pacific Department）、欧洲部（European Department）、西半球部（Western Hemisphere Department）及中东和中亚部（Middle East and Central Asia Department）。[1]基金组织的资金来源于各成员认缴的份额，成员按所缴份额的一定比例借用外汇，即享有"提款权"[2]。

　　国际货币基金组织主要通过四种途径参与并推动国际金融合作。一是为成员提供有关国际货币合作与协商等会议场所，促进国际金融与货币领域的合作，促进国际经济一体化。二是确定并实施国际货币体系中的规则制度，包括制定成员间的汇率政策和经常项目的支付以及货币兑换性方面的规则，协助成员之间建立经常性多边支付体系。三是监督成员的汇率安排及其经济政策，并在其国际收支发生不平衡时，向其提供短期贷款；汇率监督是为了保证国际汇率体系的稳定，取消不利于国际贸易的外汇管制，防止成员操纵汇率。基金组织通过《世界经济展望》（World Economic Outlook）定期提供其对全球经济前景的评估，通过《全球金融稳定报告》（Global Financial Stability Report）定期提供其对金融市场的评估，通过《财政监测报告》（Fiscal Monitor）提供其对公共财政发展的评估，还会出版一系列地区经济展望。短期贷款是给财政出现问题的成员提供信贷以支持其调整和改革，短期贷款特点有：一，贷款对象仅限于成员政府，国际货币基金组织只同成员的财政部、

---

① International Monetary Fund Organization Chart. (2021-04-22) [2024-05-02]. https://www.imf.org/external/np/obp/orgcht.htm.

② 国际货币基金组织在1969年创设"特别提款权"的货币（记账）单位，作为国际流通手段的一个补充，以缓解某些成员的国际收入逆差。

中央银行等官方机构往来；二，贷款仅限于解决成员因经常项目逆差而产生的国际收支暂时不平衡，不包括其他成员内部因素造成的财政问题；三，发放贷款的规模与成员缴纳的基金份额大小成正比；四，通过组织培训、派出代表及专家等形式，对成员提供有关财政、货币、银行、外贸等方面的技术援助。此外，贷款的具体货币形式是以本国货币"购买"或"提取"外汇，因此成员还款称为"购回"，即以黄金或外汇买回本国货币。对于严重财政赤字的国家，基金可能提供资金援助，甚至协助管理国家财政。

随着世界经济金融局势的发展变化，国际货币基金组织在参与国际金融机制协调中所起的作用也是动态发展的。国际货币基金组织在成立之初，主要职能体现为调节国际收支、维护汇率稳定，主要方式是向国际收支不平衡的国家提供贷款和向成员提供各类援助。在20世纪70年代前，国际货币基金组织的宗旨始终要求成员稳定汇率，当一国为维护固定汇率而耗尽本国外汇储备时，可以向国际货币基金组织申请援助，调整汇率。1973年以后，固定汇率制被放弃，国际货币基金组织的主要职能逐渐转到与发展中国家有关的援助项目上。

国际货币基金组织的使命于2012年更新，以涵盖更多影响全球稳定的宏观经济和金融部门议题，当前关注的议题包括：金融科技、气候变化、低收入国家、性别平等、跨境支付、数字货币等。国际货币基金组织正密切监测金融和技术领域（金融科技）的发展，努力促成全球金融科技合作。为了缓解全球气候变化，国际货币基金组织持续推广绿色金融概念，从最初的绿色投资，到稳定的碳价格，力争以合理的过渡性全球产出效应提供所需的减排量，从而为全球经济发展提供一个更牢固、更可持续的基础。以越南为例，国际货币基金组织帮助它从20世纪80年代的战后时期恢复，通过经济转型协助、贷款等方式，解决其高达400%的通货膨胀率，实现了越南一国宏观经济的基本稳定[1]。同时，国际货币基金组织致力于联合国可持续发展目标的实现，坚持五大支柱（人、繁荣、地球、和平与伙伴关系），并支持其成员实现可持续性经济增长。[2]

世界银行，又称国际复兴开发银行，以及另外四个机构：国际开发协会

① Vietnam: Raising Millions Out of Poverty. (2018-08-14) [2024.05.02]. https://www.imf.org/en/Countries/VNM/vietnam-raising-millions-out-of-poverty.

② Overview. [2024-05-02]. https://www.imf.org/en/Topics/SDG.

（International Development Association，IDA）、国际金融公司（The International Finance Corporation，IFC）、国际投资争端解决中心（The International Center for Settlement of Investment Disputes，ICSID）和多边投资担保机构（Multilateral Investment Guarantee Agency，MIGA），共同组成世界银行集团。世界银行集团的两大使命是以可持续的方式消除极端贫困和促进共享繁荣。① 加入世界银行的国家必须以加入国际货币基金组织为先决条件，世界银行有189个成员，员工来自170多个国家，在130多个地方设有办事处。② 世界银行的主要机构有理事会和执行董事会，行长是执行董事会的首脑，负责领导世界银行和办事机构的日常工作。世界银行按股份公司的原则建立，成立初期的法定资本为100亿美元，全部资本10万股，每股10万美元。凡是会员国，均要认购银行的股份，认购额由申请国与世行协商并经世行董事会批准。世行的资金来源主要有三个途径：各成员缴纳的股金、向国际金融市场借款和发行债券及贷款利息收益。

世界银行参与和推动国际金融合作的方式，除了向政府、政府机构或政府所担保的私人企业发放用于生产目的的长期贷款之外，还有派遣调查团到借款国实地考察、提供技术援助等。世界银行的贷款期限长、利率低、手续严密，从项目的提出、评定、取得，直到执行，都有一套严格的条件和程序。由于世界银行贷款只以政府为对象，为弥补不足，成立于1956年的国际金融公司负责向成员，特别是发展中国家成员的私人企业融通资金，以帮助这些企业的发展。1960年成立的国际开发协会，专门向低收入的发展中国家提供长期无息或低息贷款。国际投资争端解决中心成立于1966年，目标是通过调解与仲裁的方式解决投资者和东道国之间的投资争端。鉴于投资者与东道国之间力量悬殊，国际投资争端解决中心章程允许投资者以个人名义向东道国提起诉讼，为保护外国投资者在东道国的利益做出了重要贡献。多边投资担保机构成立于1988年，旨在向投资者提供长期政治风险担保，鼓励在发展中国家的外国投资，以及通过向发展中国家提供技术和资源帮助其吸引外资。

除了联合国体系下这两个最主要的国际金融组织外，其他全球性金融监管组织还包括：1930年成立的国际清算银行（Bank for International Settlements，

---

① The World Bank Group strategy: Overview. (2013-10-08) [2024-05-02]. https://documents.worldbank. org/en/publication/documents-reports/documentdetail/602031468161653927/overview.

② Who We Are. [2024-05-02]. https://www.worldbank.org/en/who-we-are.

BIS）、1994年成立的国际保险监督官协会（International Association of Insurance Supervisors，IAIS）、2009年设立的金融稳定委员会（Financial Stability Board，FSB）等。

国际清算银行的前身是英、法、德、意、比、日等国的中央银行与美国摩根银行、花旗银行组成的银团，根据海牙国际协定成立于1930年，成立的最初目标是处理一战后德国战争赔款问题，而后逐渐演变为各国中央银行合作的国际金融机构，是世界上历史最悠久的国际金融组织，总部设在瑞士巴塞尔，并在香港和墨西哥城设有两个代表处。国际清算银行的客户是中央银行和国际组织，主要作用包括促进中央银行之间的合作，对与货币和金融稳定有关的问题进行研究和政策分析，担任国际金融业务的代理人或受托人，支持各国当局促进金融稳定对话等。[①]国际清算银行不接受来自私人或公司实体的存款或其他金融业务。国际保险监督官协会是一个由来自200多个管辖区的保险监督和监管机构组成的国际组织，是国际保险标准的制定机构，负责制定、协助执行监督保险部门的原则、标准和其他材料。国际保险监督官协会的使命是促进对保险业的有效性和全球一致的监督，以发展和维持公平、安全和稳定的保险市场，造福并保护投保人，促进全球金融稳定。金融稳定委员会成立的背景是2008年的国际金融危机，2009年4月初，伦敦G20峰会决议设立一个全球金融监管体系，金融稳定委员会应运而生，专家称其为"全球央行"。2009年6月27日，金融稳定委员会正式开始运作，以促进国际金融稳定为使命，通过协调国家金融当局和国际标准制定机构之间的沟通，制定强有力的监管策略，并通过鼓励跨部门和司法管辖区执法一致促进公平竞争。

近年来，区域性金融机构和开发银行在国际金融合作中显现出越来越强的影响力。以成立于2013年的亚投行为例，截至2021年1月，亚投行已批准并实施项目112个，2020年较2019年项目数量增长达60%，融资超23亿美金，其中68%的项目是主权国融资。[②]作为区域性国际金融机构，亚投行与世行等全球性国际金融组织互为补充，共同致力于减少全球贫困、促进世界经济可持续发展。

---

① The BIS-Promoting global monetary and financial stability through international cooperation. (2023-09-08) [2024-05-02]. https://www.bis.org/about/profile_en.pdf.

② Project Summary. [2024-05-02]. https://www.aiib.org/en/projects/summary/index.html.

2.3　国际组织在国际金融合作中的作用

从全球性国际金融组织成立开始，国际金融组织在制度设计和监督方面起着主导作用。二战后初期，国际金融组织的实质运行由发达国家主导，有效抑制了资本主义国家间的恶性竞争。其后，随着大批发展中国家成员的加入，国际组织在国际货币金融领域逐渐确立起世界各国共同遵守的原则和规范，监督各国行为，提供磋商舞台，并在必要时向成员国提供帮助，发挥着维护国际金融秩序稳定的作用。

第一，国际金融组织的活动确立了国际金融领域通行的原则、规范，具有软法性质[1]，监督国际金融体系的运行。比如，国际货币基金组织协定第4条规定，各成员的汇率安排要与国际货币基金组织的目标相一致，要与国际货币基金组织和其他成员合作，使汇率安排有利于汇率体系的稳定，避免多重汇率或妨碍国际收支的有效调节。[2]成员的相关义务体现在国际货币基金组织协定第8条和第14条中，主要包括：避免限制经常性支付、避免采取歧视性货币做法、成员之间就现行国际协定进行协商、就储备资产政策进行合作、提供信息等。[3]国际货币基金组织有权对成员履行这些义务进行监督；同时，根据协定，每年定期与成员政府就其经济、金融形势和政策进行磋商，磋商在国际货币基金组织专家组与成员政府官员之间进行，并持续监督各国各地区和全球经济和金融的发展变化。

第二，国际金融组织致力于消除贫困，推动国际金融的可持续发展。经济发展的不平衡问题是世界经济的基本旋律，实现消除贫困的可持续发展目标需要世界多元主体的共同努力。国际金融组织通过对广大发展中国家庞大的贫穷落后人口提供经济援助的方式实现有效减贫。根据世行数据，非洲每年收到的援助金额超过600亿美金。[4]1960年前，世行的贷款商业性质强，弱国很少能够从国际市场上获得贷款。1960年国际开发协会成立后，国际上出

---

[1]　软法指相对而言强制性较弱，不能运用国家强制力保证实施的法律法规。

[2]　Articles of Agreement of the International Monetary Fund. (2020-03-11) [2024-05-02]. https://www.imf.org/external/chinese/pubs/ft/aa/aac.pdf.

[3]　Articles of Agreement of the International Monetary Fund. (2020-03-11) [2024-05-02]. https://www.imf.org/external/chinese/pubs/ft/aa/aac.pdf.

[4]　Net official aid received (current US$). [2024-05-02]. https://data.worldbank.org.cn/indicator/DT.ODA.OATL.CD.

现了向贫穷落后国家提供"软贷款"①的新机制。世界银行在推动世界减贫的过程中日趋成熟，其援助已经从单一的贷款资金援助发展成为技术援助等，涉及领域涵盖农业、交通运输、环境改善、疾病预防等各个方面。

第三，国际金融组织发挥着解决成员国债务危机，迅速应对和救助国际金融危机的作用。金融业的发展是整个经济良性循环的核心，国际资本流通、国际资金融通和国际金融服务是世界经济增长的基础。因此，国际社会需要通过各种形式的国际合作来联合预防金融危机爆发，尤其是需要强化各种国际金融协调组织和专业监管组织的作用。比如，固定汇率制崩溃后，20世纪80年代的全球性经济萧条导致的问题使得许多发展中国家陷入国际收支失衡、高通胀和低增长的困境。国际货币基金组织面对发展中国家因债务总额扩大与结构恶化等问题陷入的债务危机，承担起了积极协调帮扶的作用。2008年全球经济危机后，国际金融监管体系爆发出诸多问题，金融稳定委员会与世行等其他国际组织展开了各项协调恢复工作。2009年4月5日，金融稳定委员会针对资本流动性问题成立了关于资本流动工作小组，以评价减少短期外债积累的相关风险的政策和做法，改进资本流动数据的充分性和及时性等。该小组向金融稳定论坛提交了工作报告，即《关于资本流动工作组的报告》，指出国际货币基金组织和世界银行致力于建立一系列有关主权债务和流动性管理的良好行为准则，其他经济部门亦应当采取行动增强各自的风险管理程序②，有效促进了金融全球风险管控标准的一致性。1996年，国际货币组织与世界银行发起重债穷国减债计划，向发展中国家提供技术和财政援助，将债务减低至可持续的水平。③

第四，国际金融组织的活动加速了金融自由化和金融全球化进程。国际金融组织是自由市场理念的拥护者。金融自由主要指国内金融部门的运行由

---

① 软贷款指的是条件优惠的贷款或可用本国货币偿还的外币贷款。世界银行提供的长期无息优惠贷款，贷款期限最长可达50年，一般每年只收取0.75%的手续费。贷款对象主要是人均国民生产总值在680美元以下的发展中国家，尤其是低收入国家。

② Report of the Working Group on Highly Leveraged Institutions. (2000-04-05) [204-05-02]. https://www.fsb.org/wp-content/uploads/r_0004a.pdf?page_moved=1.

③ Debt Relief Under the Heavily Indebted Poor Countries (HIPC) Initiative. [2024-05-02]. https://www.imf.org/en/About/Factsheets/Sheets/2023/Debt-relief-under-the-heavily-indebted-poor-countries-initiative-HIPC.

市场力量决定，主张放松市场管制、利率自由化、汇兑自由化等①。金融全球化指的是一国的金融活动与国际金融活动融合，扩大资本合作②。在这个过程中，国际金融组织既承担了推广与帮助践行金融自由化和全球化的责任，又担负了预防与应对金融自由化和全球化带来的监管问题的任务。

3　国际组织与多边援助

国际多边援助以国际组织为平台，向主权国家提供无偿或优惠的物资、资金、技术等，以解决受援国所面临的政治经济困难或问题。

3.1　国际多边援助机制的演变

第二次世界大战后，现代国际援助正式兴起，其主要通过两条脉络展开：一是美苏冷战时期两大阵营有目的的对外援助；二是联合国系统及其他国际组织向发展中国家及地区提供的援助。

20世纪40年代末，以美国为首的资本主义阵营与以苏联为首的社会主义阵营，在政治、经济、军事、意识形态等方面展开全面对抗，对外援助成为两大阵营对抗的工具。美国提出"马歇尔计划""第四点计划"等，通过向西欧国家提供经济援助、协助其战后重建，以达到遏制苏联影响及扩张的目的。苏联也相应地向东欧国家和其他社会主义国家提供援助，并建立了经济互助委员会（The Council for Mutual Economic Assistance，COMECON），同美国阵营对抗。20世纪50年代，亚洲、非洲殖民地国家纷纷独立，美苏两个超级大国通过对外援助拉拢第三世界国家的战略意图客观上带来了这一时期国际多边援助的发展高潮。20世纪60年代末，西方国家经济衰退，美苏关系有所缓和，两大阵营带有政治色彩的国际多边援助发展出现停滞。③20世纪90年代，随着冷战结束，第三世界失去了美苏争霸格局下的战略意义，以政治为目的的国际多边援助规模显著下降。

国际组织开展的多边援助始于20世纪40年代中期，为医治战争创伤，消除贫困饥饿和疾病，新成立的联合国、国际货币基金组织、世界银行等国际

① 黄范章，徐忠.金融全球化·金融风险·国际金融体制改革.财经研究，1999(5)：3-10.
② 弗朗索瓦·沙奈，齐建华.一次重大危机的序幕.马克思主义研究，2009(3)：109-116.
③ 彭云.战后国际援助潮流评析——发展轨迹及其特点.湖南师范大学社会科学学报，2008(5)：43-46，64.

组织开始进行国际多边援助的尝试。1961年，联合国大会通过了第一个"联合国发展十年"的战略报告，就对外援助与第三世界发展提出了一系列具体目标[1]，开创了为促进发展中国家经济、社会发展而制定综合性长期国际战略的道路，具有划时代的意义。同年，经济合作与发展组织正式成立，取代了1948年成立的欧洲经济合作组织（Organization for European Economic Cooperation，OEEC）。该组织下属的发展援助委员会，专门负责协调向发展中国家提供官方发展援助，是国际社会援助发展中国家的核心机构，体现了西方国家的多边援助立场。此外，非洲开发银行、亚洲开发银行等区域性金融机构也相继启动。

1970年，联合国通过了第二个"联合国发展十年"报告，首次正式提出发达国家向发展中国家的官方发展援助应该达到发达国家总收入的0.7%，援助重点开始从经济基础设施建设转到更多关注卫生、教育等社会基础设施建设。[2]进入20世纪80年代后，新自由主义"华盛顿共识"成为国际援助的主导理论，其核心是减少政府对经济的干预，使市场在经济生活中全面发挥主导作用。国际货币基金组织和世界银行是"华盛顿共识"的积极推行者，其通过附带苛刻条件的援助来实现第三世界国家经济结构朝自由化方向调整的目标。

1996年，经济合作与发展组织出台了题为《规划21世纪：发展合作的贡献》的报告，倡导将援助焦点转到消除贫困上。2000年，联合国千年首脑会议通过了《联合国千年宣言》，提出了联合国千年发展目标，其中包含8个需要援助国和受援国共同协作去努力完成的贫困消减目标。[3]这一时期，国际援助的主体更加多元化，大量国际非政府组织开始活跃于人道发展等援助领域，中国、巴西、印度等发展中大国成长为国际援助的新兴力量。

当前，国际多边援助已经形成了相当完备的体系。在联合国系统内，由联合国开发计划署、联合国儿童基金会、世界粮食计划署（World Food

---

[1] United Nations Development Decade: A Programme for International Economic Cooperation. [2024-05-02]. https://digitallibrary.un.org/record/204609?v=pdf.

[2] International Development Strategy for the Second United Nations Development Decade. [2024-05-02]. https://research.un.org/en/docs/dev/1971-1980.

[3] Millennium Summit. (2020-08-04) [2024-05-02]. https://www.un.org/en/conferences/environment/newyork2000.

Programme，WFP）、联合国粮农组织、联合国人口基金（United Nations Population Fund，UNFPA）、全球环境基金（Global Environment Fund，GEF）等机构共同构成一整套全球性援助系统。经济合作与发展组织下属的发展援助委员会（Development Assistance Committee，DAC）在国际多边援助中占据重要地位。区域层次的多边援助一般由区域性国际经济组织和区域性开发银行负责。国际非政府组织的积极参与使得国际多边援助方式更加灵活多样。

3.2　国际组织推进国际援助的方式

根据援助内容的不同，国际多边援助的运作方式可分为财政援助、技术援助、粮食援助和债务减免。财政援助是最基本的一种多边援助方式，是国际金融机构为解决受援国财政困难或资金短缺问题而提供的援助。技术援助的目的是提高受援国技术水平，主要通过培训技术人才、传授管理知识、转让技术专利、提供咨询服务等活动来实现。粮食援助旨在缓解全球粮食安全问题，尤其是最不发达国家的粮食安全问题。债务减免是在发展中国家爆发债务危机后出现的一种援助方式。[①]

根据执行方式的不同，国际多边援助可以分为项目援助和方案援助。项目援助[②]是国际多边援助的主要方式，采用项目援助方式的主要领域有：综合扶贫、健康医疗、公民社会发展、教育、环境保护与自然资源管理、妇女儿童发展等。方案援助是向受援国提供服务于整体经济运行方案的援助方式，不同于项目援助针对具体问题的做法，方案援助的目标是调整整体制度结构，与项目援助相互补充，共同推动受援国的经济发展。[③]

联合国系统中负责社会经济发展领域的机构以提供技术援助和人道主义援助为主。联合国开发计划署是联合国提供技术援助计划的管理机构，其主要职能是帮助各国应对国内及全球性发展挑战，为发展中国家提供专业建议、培训和其他支持措施等；主要援助领域为：民主治理、减少贫困、危机预防与恢复、环境与能源、艾滋病等。[④]联合国儿童基金会是服务于儿童的全球机构，

---

① 《国际组织》编写组.国际组织（第二版）.北京：高等教育出版社，2018：148.

② 一般来说，项目援助的基本程序为：先由受援国提出申请，再由国际组织讨论、审查、批准，双方签订项目条约后开始项目实施，国际组织负责对项目建设进行监督，并在项目完成后对项目的效益进行评估，继续对项目予以支援以巩固所取得的成果。

③ 《国际组织》编写组.国际组织（第二版）.北京：高等教育出版社，2018：148.

④ Our mission, our goals, our mandate. [2024-05-02]. https://www.undp.org/about-us.

致力于解决发展中国家儿童的营养不良、疾病和教育等问题，援助领域涉及妇幼保健、儿童营养、儿童早期综合发展和基础教育、贫困地区妇女和儿童参与发展等。[①]世界粮食计划署是联合国负责多边粮食援助的人道主义机构，主要通过向饥饿人口和脆弱人口快速提供食品，拯救生命；通过以工代赈、以粮代训的方式向贫困人口发放粮食，如参加农田水利、人畜饮水等基础设施建设等。[②]联合国粮食及农业组织是专业性的国际多边援助机构，其宗旨是实现人人粮食安全，确保人们正常获得积极健康生活所需的足够的优质食物；其主要活动包括：向成员提供世界粮食形势的分析情报和统计资料，对世界粮农领域的重要政策提出建议；帮助发展中国家研究制定发展农业的总体规划，负责组织援助项目等。[③]联合国工业发展组织的主要目标是促进发展中国家和转型期经济体的包容及可持续工业发展（ISID），以创造一个经济可持续发展并且公平进步的世界。工发组织的主要活动是通过政府间论坛和一系列的综合服务，在政策、机构和企业三个层次上帮助广大发展中国家和经济转型国家提高经济竞争力，改善环境，增加生产性就业；其优先事项是清洁能源和气候行动、消除饥饿和发展可持续供应链。

世界银行、国际货币基金组织与区域性开发银行等金融机构的援助主要通过提供贷款实现，多边金融机构除了自有资金之外，还能利用国际资本市场筹集资金，由此带动向发展中国家的资本流动。以新开发银行（New Development Bank，NDB，又名金砖银行）为例，新开行致力于动员资源支持金砖国家和其他新兴经济体以及发展中国家实现可持续发展，促进全球增长；其主要职能是向成员国的公共和私营部门项目提供贷款，重点支持基础设施和可持续发展领域。新开行致力于以创新和灵活的方式满足借款人的需求，同时确保项目的财务可行性和环境可持续性。从运营情况来看，新开行持续稳健运营、不断开拓创新，这表现在：一是贷款规模稳步提升，二是本币投融资业务不断拓展，三是迅速反应和积极参与国际合作，四是保持较高国际信用评级，并获联合国大会永久观察员地位。新开行2022—2026年总体战略中提出的目标是成为全球领先的多边发展融资机构。新开行坚持以成员国和客户为核心，支持可持续发展目标和气候变化目标的实现，多元化调动发展融

① About UNICEF. [2024-05-02]. https://www.unicef.org/about-unicef.

② Our work. [2024-05-02]. https://www.wfp.org/our-work.

③ How We Work. [20204-05-02]. https://www.fao.org/about/how-we-work/en/.

资，积极发挥知识和创新的重要作用。此外，新开行也继续推进扩员，以持续提升机构的代表性和国际影响力。

欧盟在国际援助领域拥有一整套战略及管理体系，是迄今为止世界上最大的对外援助机构之一，其重点援助地区为非洲、加勒比海和太平洋地区。在2006年发布的《欧洲发展共识》中，欧盟明确表示将减少贫困作为其发展援助的首要目标："欧盟发展合作的主要和首要目标是在可持续发展和实现千年发展目标的背景下消除贫困。"①在具体援助领域上，欧盟将发展援助的重点转向包括环境保护、人类发展、社会融合和就业等在内的九大关键领域。②

经合组织的三大工作之一是向发展中国家提供援助，负责此项工作的两大部门为对外援助委员会和发展中心。对外援助委员会致力于通过影响成员国的援助政策来改善援助质量和效率，发展中心致力于全球和区域性问题研究。经合组织对外援助的显著特点是其在政策一致性和专业性数据统计方面领先于其他国际组织，使得援助更易落到实处，也为成员国及其他国家提供了可靠的援助依据。③

国际非政府组织也是国际援助的积极参与者。灵活性和专业性使得它们既能够进行筹款，又能够直接实施援助，在人道、扶贫、发展、环境等各个领域发挥着积极作用。"不需要庞大的政府系统和极其复杂的协调机构，更不需要政府部门之间利益关系的协调与分配，它们的项目可以直接到达村庄和乡镇，甚至具体到每个农户、家庭和个人，这就减少了大量的中间环节，从而有效地降低了发展援助的成本。"④成立于1942年的乐施会是致力于国际援助的国际非政府组织典范，其活动从最初供给食物以解决饥荒，逐渐扩展到扶贫、提供基本药品、保护环境、促进公平贸易等领域。1987年，乐施会在广东省实施了其在中国大陆的第一个扶贫项目。1991年，乐施会启动中国西南地区社区发展项目、农村基础教育项目等，通过"授人以鱼"和"授人以

① The European Consensus on Development. [2024-05-02]. https://international-partnerships.ec.europa.eu/document/download/82d8bfca-54ef-4664-b0d3-77742bc84410_en?filename=publication-the-european-consensus-on-development-200606_en.pdf.
② 张超. 全球视野下的欧盟与美国发展援助政策论析. 国际政治研究，2019，40(4)：6，44-72.
③ 李大伟. 经济合作与发展组织的对外援助研究. 北京：外交学院，2011.
④ 王杰，张海滨，张志洲. 全球治理中的国际非政府组织. 北京：北京大学出版社，2004：282.

渔"的方式促进了中国减贫成效提升及农村地区的可持续发展。[①]成立于2000年的比尔及梅琳达·盖茨基金会（Bill & Melinda Gates Foundation，BMGF，简称盖茨基金会）是致力于将人类创新才能应用于减少健康和发展领域不平等现象的新兴国际非政府组织，其四大使命为：确保未成年人健康成长、帮助贫困人群遏制传染性疾病、增强妇女和女童改善生活的能力、激励人们行动起来改变世界。盖茨基金会的援助遍及非洲、东亚、中东等地区。[②]

3.3　国际组织在多边援助中的作用

目前，国际多边援助已经形成了制度化、规范化的体系，以联合国为首的国际组织在多边援助中发挥着越来越重要的作用，它们不仅是提供援助资金和物资的平台，还是政策咨询、技术服务及发展研究的核心机构，同时也是国际多边援助体系的协调中心，具体表现如下。

一是国际组织的参与丰富了多边援助主体，推动了多边援助多元化发展。以联合国为首，其多边主义平台能够凝聚来自不同援助国的力量，既可以代表援助国去实施国际援助，也可以直接向受援国提供援助。多边援助形式多样、条件优惠，是受援国获得国际援助、学习引进先进技术和管理经验的重要途径。以联合国为首的国际组织扩充了国际援助主体，拓展了国际援助领域。

二是国际组织把多边援助与全球性问题的解决联系起来，为全球性问题的解决探索了更多途径。联合国提供的多边援助倾向于全球性问题的解决，引导国际援助的关注重点和资金流向。联合国系统的援助活动机构多、领域广，既有附属机构和专门机构实施针对发展中国家的发展援助，也有应对各种紧急情况而设立的紧急援助。比如，世界银行一直大力支持各种旨在消除贫困、防治疾病、保护生物多样性、资助教育等的金融项目。

三是国际组织提升了多边援助的制度化水平，尤其是联合国在多边援助领域通过了一系列决议和宣言，采取了相应的措施和行动，对多边援助的实践产生了重大影响。比如，1974年联合国大会通过的《建立国际经济新秩序宣言》《建立国际经济新秩序行动纲领》《各国经济权利和义务宪章》，提出向

---

① 刘源. 精准扶贫视野下的国际非政府组织与中国减贫：以乐施会为例. 中国农业大学学报（社会科学版），2016(5)：99-108.

② About. [2024-05-02]. https://www.gatesfoundation.org/about.

发展中国家提供援助是建立新的国际经济秩序的基础和原则，明确了发达国家的援助责任。2009年9月，联合国千年发展目标用更加具体的发展指标[①]对国际援助提出了更高的要求，为世界各国的对外援助以及国际组织的援助计划提供了更加详细的依据和标准。[②]

四是国际组织推动了国际社会对于多边援助有效性问题的关注与研究。多边援助越来越注重评估受援国的经济社会条件，以向受援国提供更加有效的援助。2002年，联合国发展融资峰会通过了《蒙特雷共识》(Monterrey Consensus of the International Conference on Financing for Development)并首次提出有效援助(aid effectiveness)理念[③]。2005年，经合组织召开有效援助高层论坛，61个援助国、56个受援国和14个国际组织共同签署了《巴黎宣言》[④]，提出了有效援助的5个原则[⑤]。2011年，在韩国釜山召开的有效援助高层论坛通过了《促进有效发展合作的釜山宣言》(Busan Partnership for Effective Development Co-Operation)，认为援助有效性是发展有效性的组成部分和必要条件，建立了实现发展有效性的框架[⑥]，使得国际援助的有效性问题变得越来越具有可操作性。

国际多边援助在整个国际援助中所占比例较小，从事多边援助的国际组

---

① 联合国的八大千年发展目标分别为：消灭极端贫穷和饥饿、普及小学教育、两性平等和女性赋权、降低儿童死亡率、改善产妇保健、对抗艾滋病及其他疾病、确保环境可持续性、全球发展合作。在2009年的《千年发展目标报告》中，联合国在这八大目标下提出了更加具体的指标，如消灭极端贫穷和饥饿的具体指标为：1990—2015年靠每日不到1美元维生的人口比例减半；使所有人包括妇女和青年人都享有充分的生产就业和体面工作；1990—2015年挨饿的人口比例减半。

② The Millennium Development Goals Report 2009. [2024-05-02]. https://www.un.org/millenniumgoals/pdf/MDG_Report_2009_ENG.pdf.

③ Monterrey Consensus of the International Conference on Financing for Development. [2024-05-02]. https://www.un.org/en/development/desa/population/migration/generalassembly/docs/globalcompact/A_CONF.198_11.pdf.

④ The Paris Declaration on Aid Effectiveness and the Accra Agenda for Action. (2005-03-02) [2024-05-02]. https://www.oecd.org/dac/effectiveness/34428351.pdf.

⑤ 5个原则，即所有权、和谐、合作、成果与共同原则，也被称为"巴黎原则"，其强调受援国对发展援助的所有权、受援国与援助主体的合作关系、捐助与受援的和谐、发展结果的双方共同责任四大关系。

⑥ Busan Partnership for Effective Development Co-Operation. (2011-12-01) [2024-05-02]. https://www.oecd.org/dac/effectiveness/49650173.pdf.

织数量较多，在职能和资金方面存在着竞争关系。那些受到西方援助国偏爱的国际组织经费充足、援助能力强，其地位日益提高，如经合组织等；而那些援助政策保守、管理不善的国际组织，则面临筹资困难、地位削弱的困境，如世界贸易组织、乐施会、红十字国际委员会等。

4　区域机制与区域经济一体化

区域经济一体化又称区域经济集团化，指两个或两个以上的国家或地区，通过相互协商制定经济贸易政策和措施，并缔结经济条约或协定，在经济上结合起来形成一个区域性经济贸易联合体的过程。[①]区域性国际组织是区域经济一体化的实体形式。

4.1　经济多体制并行的发展演变

一般认为，区域经济一体化始于二战后，以意识形态为区分。1949年，苏联与东欧国家成立经济互助委员会，共同抵御西方资本主义国家的经济制裁。同时，战后的欧洲复兴在客观上需要各国共同努力，西欧国家间的政府间机构也在这个背景下不断发展：1947年，比利时、荷兰、卢森堡率先组建经济联盟；1948年，欧洲经济合作组织成立；1951年，西欧六国签署《欧洲煤钢共同体条约》，随后煤钢共同体的运行使得缔约国受益，合作扩大到以《罗马条约》（1957年）为标志的欧洲经济共同体和欧洲原子能共同体两大合作机构；1965年，《布鲁塞尔条约》签订，法国、联邦德国、意大利、比利时、荷兰和卢森堡宣布合并欧洲煤钢共同体、欧洲经济共同体和欧洲原子能共同体，成立欧洲共同体，即欧盟雏形。同期，世界其他地区借鉴效仿西欧经济体一体化的做法，以非洲和美洲为代表的发展中国家在20世纪六七十年代也掀起了区域经济一体化浪潮。此间，中美洲共同市场（1961年）、东南亚国家联盟（1967年）、安第斯条约集团（1969年）、南部非洲关税同盟（Southern African Customs Union，SACU，1969年）、加勒比共同体（1973年）等先后涌现，反映出发展中国家通过区域合作发展民族经济的愿望，但这些组织的合作水平较低，均未达到欧洲共同体的合作协同效应，并与20世纪70年代的世界经济衰退一道走向低潮甚至

---

① 　方士华. 国际贸易. 大连：东北财经大学出版社，2003：6-15.

沉寂。

到20世纪90年代，冷战结束后意识形态对立逐渐减弱，加之全球化使经济领域的竞争合作上升为各国对外关系的重要内容，区域经济一体化重新经历了一轮井喷。世界各地都着手探索符合本区域特色的一体化模式，区域经济一体化从过去简单追求数量扩张、规模扩张转向了追求内涵发展。这一时期，欧共体被欧盟取代，欧洲区域一体化建设进入了更高级的阶段；美国开始重视区域主义，继与加拿大签署《美加自由贸易协定》后，于1994年1月和加拿大、墨西哥启动了北美自由贸易区，这是首个发达国家与发展中国家之间以垂直分工为基础的区域一体化组织；亚太地区则出现以亚太经合组织为代表的"开放地区主义"，反对组建超国家管理机构和主权让渡机制。

世界贸易组织于2001年启动的多哈发展议程谈判停滞，这个全球性的多边贸易谈判于2006年宣告正式中止，加上2019年世贸组织争端解决机制上诉机构由于成员数量低于有效运行人数下限正式停摆，以及2020年席卷全球的新冠疫情及其带来的跨国贸易低潮，整个世贸组织陷入空前危机。①这为各类区域经济机制的发展提供了契机，逐渐形成了经济全球化与区域化多机制并行的格局。

4.2 区域经济一体化组织

以欧洲、北美与亚太三大区域为代表，这三个区域内逐渐形成与发展出各自的区域性经济一体化组织。

欧洲联盟是目前世界上一体化程度最高的区域性集团，欧盟从20世纪50年代欧洲煤钢共同体起步，逐渐发展为欧共体，再到超国家联盟，取得了令人瞩目的成就，对成员国及国际关系都产生了重大影响。欧盟现有27个成员国，超5亿人口。1991年12月，欧共体马斯特里赫特首脑会议通过了《马斯特里赫特条约》(即《欧洲联盟条约》)，提出了建立经济货币联盟和政治联盟的目标。1993年11月，《马斯特里赫特条约》生效，欧洲联盟正式取代欧共体，其最重要的特征是单一货币和带有联邦性质的机构设置与决策程序。1999年1月1日，欧元正式启用，并于2002年进入流通领域，欧元区资本、贸易、资源配置效率得到进一步提升，且有效消除了汇率风险，减弱了货币投机，削

---

① Petersmann, E. U. How Should WTO Members React to Their WTO Crises?. *World Trade Review*, 2019, 18(3): 503-525.

弱了美元霸主地位。2009年,《里斯本条约》生效,欧盟进一步改革调整,得到了更广泛的政治权利。至此,欧盟已经不仅是一个一般意义上的国际组织,而是超国家集团,主权国家和超国家机制共同完成对政治、经济、社会、司法等事务的治理。当然,经历冗长的"英国脱欧"(2016—2020年)事件的冲击,欧盟的发展也充满着不确定性。

北美自贸区是由三个北美国家组成的统一大市场,即美国、加拿大和墨西哥。1992年12月,美、加、墨三方达成北美自由贸易协定,1994年1月1日,正式生效,北美市场一体化程度达到了前所未有的程度,甚至一举超越西欧成为全球最大的自由贸易区。北美区域贸易额从1993年的约2900亿美元增长至2016年的逾1.1万亿美元[①],经历大幅飞跃,跨境投资也大幅增加。美国第45任总统特朗普在任期间认为该协定对美国的就业和制造业造成了损害,因此重启了北美自由贸易协议(North American Free Trade Agreement, NAFTA)谈判,于2019年12月达成了更新版协定,即《美墨加协定》(United States-Mexico-Canada Agreement,USMCA),2020年7月1日,新协定正式生效。《美墨加协定》保留了北美自贸协定中的大部分内容,在以下三个方面有重要变化:其一,产业布局。新协定在汽车、乳制品等条款上有较大更新,将原先的原产地规则进一步提升,如汽车零部件的75%必须在三国生产,才能享受零关税,高于此前62.5%的标准。其二,对非市场经济国家具有排他性。新协定中有一项"毒丸条款",即协定第32章第10条规定,若三方中任何一方与非市场经济国家达成自贸协定,另外两方可将其踢出协定。[②]其三,涵盖范围。除了传统的劳工、环境、竞争政策等议题,还包括了21世纪开始进入讨论范围的数字贸易、国有企业、中小企业等议题。

亚太经合组织是亚太地区重要的经济合作论坛,也是亚太地区最高级别的政府间经济合作机制,拥有21个成员,除了美国、日本、加拿大、澳大利亚和新西兰这5个发达国家外,都是发展中国家和地区。亚太经济合作组织开创了一种新型的区域一体化合作模式,不同于传统模式中要求的一整套具有约束力的组织章程,其采取自主自愿、协商一致的合作方式,坚持灵活性

---

① 邵玉蓉.《北美自由贸易协定》与《美墨加协定》对北美贸易的影响. (2020-07-16) [20204-05-02]. http://www.cbnri.org/news/5443516.html.

② 32: Exceptions and General Provisions. [2024-05-02]. https://usmca.com/exceptions-and-general-provisions-usmca-chapter-32/.

和非强制性。传统模式带有一定的排他性和封闭性，对非成员有一定的歧视，而亚太经合组织则采用开放的区域主义，对非成员也实行非歧视原则，不存在共同的对外关税壁垒，不是封闭的贸易集团。亚太经合组织是亚太地区多样性和差异性的产物，其依据区域特点建立了独特的机制策略，对协调成员利益、促进地区和全球经济发展发挥了积极作用。但同样，差异性可能造成利益分歧和矛盾冲突，难以实现区域合作的紧密性和高效性。

西非国家经济共同体（简称西共体）是非洲最大的发展中国家经济合作组织，成立于1975年，下设西共体委员会、西共体议会、西共体法院、西共体投资开发银行等机构，委员会总部设在尼日利亚首都阿布贾，截至2020年12月，共有15个成员国，分别是贝宁、布基纳法索、多哥、佛得角、冈比亚、几内亚、几内亚比绍、加纳、科特迪瓦、利比里亚、马里、尼日尔、尼日利亚、塞拉利昂和塞内加尔。2020年，西共体推出了统一货币（ECO），区域经济一体化程度进一步提升。①2001年7月，非洲的"非洲发展新伙伴计划"（the New Partnership for Africa's Development，NEPAD）在赞比亚首都卢萨卡第37届非洲统一组织首脑会议上通过，是非洲自主制定的第一个全面规划非洲政治、经济和社会发展目标的蓝图，旨在解决非洲大陆面临的包括贫困加剧、经济落后和被边缘化等问题②。

拉美的南方共同市场是世界上第一个完全由发展中国家组成的共同市场。1991年3月，阿根廷、巴西、乌拉圭和巴拉圭四国总统签署《亚松森条约》，宣布建立南方共同市场，宗旨是通过有效利用资源、保护环境、协调宏观经济政策、加强经济互补，促进成员国科技进步，最终实现经济政治一体化。组织机构下设秘书处、议会仲裁法院等。③南方共同市场成立后，拉美地区经济发展迅速。1998年，成员国相互开放电信、交通、金融、能源等领域的服务贸易，2000年，决定制定统一宏观经济政策，并提议建立欧盟式的

---

① Alter, K. J., Helfer, L. & McAllister, J. R. A New International Human Rights Court for West Africa: The ECOWAS Community Court of Justice. *The American Journal of International Law*, 2013, 107(4): 737-779.

② Landsberg, C. The African Union and the New Partnership for Africa's Development (NEPAD): Restoring a Relationship Challenged?. *African Journal on Conflict Resolution*, 2012, 12(2): 49-71.

③ 南方共同市场. (2024-01-01) [2024-05-02]. http://new.fmprc.gov.cn/web/wjb_673085/zzjg_673183/ldmzs_673663/dqzz_673667/nfgtsc_673711/gk_673713/.

货币同盟和解决贸易争端机制；2003年，成员国支持巴西提出的2006年实现"关税同盟倡议，有效推进了南美洲一体化。2004年12月8日，在秘鲁库斯科召开的第3届南美洲国家首脑会议通过了《库斯科声明》，南美洲国家共同体正式宣告成立。2008年5月，南美12国元首在巴西利亚签署《南美国家联盟组织条约》，宣告南美洲国家联盟（Union of South American Nations，法语：Unión de Naciones Suramericanas，UNASUR）正式成立，南美一体化水平进一步提升。

亚洲基础设施投资银行成立于2015年，最初由中国倡导，旨在促进区域互联互通建设和经济一体化进程。虽然名为"亚投行"，但其57个创始成员国遍及亚洲、欧洲、非洲、南美洲和大洋洲，包括亚洲的中国、孟加拉国、缅甸、伊朗等；欧洲的奥地利、法国、德国、西班牙、瑞士、英国等；非洲的埃及、南非；南美洲的巴西；大洋洲的澳大利亚、新西兰以及南美洲的巴西。与世界银行和亚洲开发银行致力于减贫不同，亚投行专注于投资基础设施，为亚洲经济社会发展提供支持。在区域发展领域，亚投行的建设也配合共建"一带一路"倡议，为相关国家提供了更多互联互通资金，也为欧洲和亚洲国家打开了更广阔的市场，日益成为亚太各成员间和亚太区域内外的重要媒介。①

4.3　国际组织对区域经济一体化的作用

区域经济一体化的类型可分为以下几种。一是优惠贸易协定：通过签订协议，互相承诺全部或部分商品进出口的特别关税等贸易优惠政策，形式较为松散。二是自由贸易区：商品在成员间的自由贸易区内自由流动，完全取消限制商品贸易的关税和非关税壁垒，且各自保持独立的贸易政策和对非成员的贸易壁垒。三是关税同盟：除成员之间消除所有贸易限制外，对非成员实行统一的关税和非关税壁垒。四是共同市场：在关税同盟基础上，开放除商品以外的其他生产要素，包括人才、资本等的自由流动，同时保持对外统一的贸易政策。五是货币同盟：成员之间发行通用统一货币，或确定固定汇率，实行统一的货币和财政政策。货币同盟象征着高级区域经济一体化阶段的形成。六是经济同盟：这是目前经济一体化可以达到的最高阶段，即在货币同盟的基

① Lichtenstein, N. AIIB at Three: A Comparative and Institutional Perspective. *Global Policy*, 2019, 10(4): 582-586.

础上，统一成员的社会经济政策，包括货币、财政、社会福利、经济发展等各个方面，通用外汇储备，让渡部分经济主权给超国家组织。

区域性国际组织是区域经济一体化的载体，在追求一体化的进程中体现了不同区域的特性，反映出不同阶段的区域一体化程度，能够共同推进区域一体化水平。

第八讲　国际组织与全球环境保护

　　20世纪中叶以后，人类征服自然界的能力大大增强，随着煤炭、石油的广泛应用，环境污染问题日益严重，世界各地接连发生污染事件，如伦敦烟雾事件（1952年）、日本水俣湾事件（1953—1956年）等。20世纪70年代，人类认识到环境问题的紧迫性，并开始通过国际合作应对环境问题。经过了半个世纪的努力，更为有效的全球环境保护依然迫在眉睫。2020年1月15日，世界经济论坛在伦敦发布的《2020年全球风险报告》（The Global Risks Report 2020）[1]指出，未来10年的全球五大风险首次全部与环境相关。极端天气事件、减缓和适应气候变化措施的失败、重大自然灾害、生物多样性受损和生态系统崩塌、人为环境破坏是最可能发生且产生严重影响的全球风险。在经济、环境、技术和公共卫生等关键问题上，利益攸关方必须找到办法，在不稳定的全球形势下迅速、有目的地采取行动。

　　全球环境问题，也称"国际环境问题"或者"地球环境问题"，是指超越一个以上主权国家的国界和管辖范围的环境污染和生态破坏问题。[2]全球环境保护是世界性的社会问题，是对人类赖以生存的地球环境提供国际保护，使其免遭污染和破坏。随着各国政治和经济互动的日益紧密，国际环境问题已经由环境、社会领域扩展到科技、经济和政治领域。国际组织参与环境保护打破了传统以主权国家为主导力量的国际合作关系，其地位和作用无法取代。

---

[1]　The Global Risks Report 2020. (2020-01-15) [2024-05-02]. https://cn.weforum.org/publications/the-global-risks-report-2020/.

[2]　杨志峰，刘静玲. 环境科学概论. 北京：高等教育出版社，2004：74-75，102-103.

但是，国际组织的作用仍受到强制力不足的制约。

1 国际组织与全球气候变化治理

气候变化（Climate Change）是指自然气候变化之外，人类活动引致大气组成改变所导致的气候变化，主要是指使用化石燃料导致大气中温室气体浓度上升。温室气体就像大气中的一层覆盖层，阻止热力离开地球，使地球保持温暖，但人为引致的温室气体增加使温室效应加剧，气候系统变暖，此现象称为全球暖化。全球暖化引起了许多问题，如热浪频密、降雨量改变、海平面上升、农业生产量下降、水资源枯竭、疾病传播，以及生态和环境失衡等。[①]全球气候变化为人类及生态系统带来的可能性灾难包括：极端天气、冰川消融、永久冻土层融化、珊瑚礁死亡、海平面上升、生态系统改变、旱涝灾害增加和致命热浪产生等。根据2020年10月13日世界气象组织发布的《2020年气候服务状态报告》（2020 State of Climate Services），过去50年，与气候有关的自然灾害事件共发生了1.1万起，直接或间接导致了200万人死亡，造成了3.6万亿美元的经济损失。[②]近些年全球明显变暖，2015—2019年全球变暖1.1℃，是有全球记录以来最暖的5年[③]。

1.1 国际组织参与全球气候变化治理的历程

气候变化最初是一个科学问题。1827年，法国科学家傅里叶提出，大气犹如玻璃瓶，会把阳光的热能困在其中，这后来发展成温室效应理论。[④]1898年，瑞典科学家万特·奥古斯特·阿累尼乌斯最早发出警告，二氧化碳的过量排放可能会导致全球变暖。[⑤]1908年，斯万明确提出，工业迅速发展将造成大气中二氧化碳浓度显著增加，从而导致地球温度上升。自此之后，科学界对于二氧化碳对大气温度影响的关注度持续上升。1938年，盖伊·斯图尔特·卡伦达率先证明了大气中二氧化碳含量的确正在增加，而这将会导致全球变暖。1957年，美国科学家查尔斯·大卫·基林观测得出大气中二氧化碳浓度正在稳

① 气候变化. (2024-05-14) [2024-05-02]. https://www.gov.hk/sc/residents/environment/global/climate.htm.

② 吴慧玲. 近20年气候灾害数量急剧上升. 生态经济，2020(12)：5-8.

③ 赵宗慈，罗勇，黄建斌. 全球变暖与气候突变. 气候变化研究进展，2021(1)：114-120.

④ 刘雅章，严兆辉. 全球暖化问题的科学认识. 科学中国人，2008(2)：26-31.

⑤ 碳达峰与碳中和专题｜①应对气候变化的发展. (2021-04-17) [2024-05-02]. https://www.thepaper.cn/newsDetail_forward_12267104.

步上升的结论，这就是著名的"基林曲线"（Keeling Curve）。经过了一个漫长的发展和成熟过程，人类逐渐建立起应对气候变化行动的科学基础。

至20世纪70年代，随着环境问题的影响逐渐显著，全球环境问题受到更为广泛的关注，逐渐从科学化走向政治化。1972年6月5日—6月16日，联合国人类环境会议在瑞典首都斯德哥尔摩召开。这是各国政府代表团及政府首脑、联合国机构和国际组织代表参加的讨论当代环境问题的第一次国际会议，标志着环境问题开始成为一项重要的国际政治议题。会议通过了《联合国人类环境会议宣言》（Declaration of the United Nations Conference on the Human Environment），呼吁各国政府和人民为维护和改善人类环境、造福全体人民、造福后代而共同努力。该宣言是这次会议的主要成果，阐明了与会国和国际组织所取得的7点共同看法和26项原则，以鼓舞和指导世界各国人民保护和改善人类环境，开创了人类环境保护事业的新纪元，是人类环境保护史上的第一座里程碑。

在环境问题政治化的进程中，气候变化作为其中的重要议题，也逐渐为更多主权国家及非政府组织所关注。在气候变化问题政治化的初期，政府间国际组织和国际非政府组织成为全球气候治理的活跃主体。在联合国大会第六届特别会议的要求下，世界气象组织于1979年在瑞士日内瓦召开了主题为"气候与人类"的第一次世界气候大会。与会科学家明确提出，大气中二氧化碳浓度增加将导致地球升温并对人类活动产生普遍影响，呼吁世界各国采取紧急行动。这次大会标志着气候变化科学性得到认可，开始受到国际社会关注并提上议事日程。1985年，世界气象组织、联合国环境规划署（United Nations Environment Programme，UNEP）和国际科学理事会（International Science Council，ISC）在奥地利共同举行的菲拉赫气候会议，评估了二氧化碳等温室气体在气候变化中的作用，并建议进行政策研究、成立特别小组、缔结全球性公约等。[①]这次会议强调了气候变化问题从进行科学研究到采取政治行动的路径转变，推进了气候变化问题的政治化进程。

为了建立一个良好的"科学—政治"互动关系，1988年，联合国环境规划署和世界气象组织成立联合国政府间气候变化专门委员会（以下简称委员会），旨在全面评估气候变化科学方面的最新进展，为应对气候变化的国际进

---

① 　徐再荣．环境问题：从科学共识到政治博弈．文化博弈，2009(5)：1-7.

程提供科学支撑；同时，该组织兼具宣传职能，能够让决策者和一般公众更好地理解这些科研成果。1990年，委员会发布了第一份评估报告，评估了气候变化及其影响，提出了一些减少温室气体排放的技术和政策工具，同时指出了许多不确定性。① 迄今为止，委员会已经开展了五次评估，分别于1990年、1995年、2001年、2007年和2014年发布了权威的评估报告。这些报告不仅提供了关于人为因素导致气候变化的越来越确凿的科学证据，同时很好地提高了公众和政治家对气候变化问题的认识，对应对气候变化政治进程产生了极大影响。

第二次世界气候大会于1990年召开，主题为"全球气候变化及相应对策"，主办方世界气象组织、联合国环境规划署和其他国际组织，呼吁建立一个气候变化框架条约。此次会议是迈向全球气候协定的重要一步。会议形成的部长声明中，实际已经涉及了"共同但有区别责任"原则、可持续发展原则、风险预防原则等重要原则的雏形，为未来全球性气候协定的谈判提供了重要基础。但同时这次会议也见证了气候变化问题作为一个政治问题的复杂性：发达国家之间、发达国家与发展中国家之间，以及发展中国家内部立场各异，关于减排目标及方法的矛盾激烈、争论不断。

1990年12月21日，为进一步推进全球性气候协定的制定，第45届联合国大会通过了第212号决议，决定设立气候变化框架公约政府间谈判委员会（The Intergovernmental Negotiating Committee for a Framework Convention on Climate Change，INC/UNFCCC）以拟订一项有效的气候变化纲要公约。随后，政府间谈判委员会举行了数次会议，谈判各方围绕着应对思路、历史责任分担、减缓与适应的关系、资金援助和技术转让等问题展开了激烈讨论。谈判进行得异常艰难，各方于最后时刻才达成一致，在1992年5月9日正式通过了公约的案文。②

《联合国气候变化框架公约》（United Nations Framework Convention on Climate Change，UNFCCC，以下简称《公约》），于1992年6月在巴西里约热内卢召开的首届联合国环境与发展大会上被提交与会国签署，其最终目标是"将大气中温室气体的浓度稳定在防止气候系统受到危险的人为干扰的水

---

① 张乐.全球气候治理发展历程与欧、中、美气候政策分析.苏州：苏州大学，2011.

② 张乐.全球气候治理发展历程与欧、中、美气候政策分析.苏州：苏州大学，2011.

平上"。《公约》指出，历史上和目前全球排放的温室气体最大部分源自发达国家，发展中国家的人均排放量仍相对较低，因此，应对气候变化应遵循"共同但有区别的责任"原则。根据这个原则，发达国家应率先采取措施限制温室气体的排放，并向发展中国家提供有关资金和技术；而发展中国家在获得技术和资金支持后，应采取措施减缓或适应气候变化。自1995年起，联合国每年在世界不同地区轮换主办联合国气候变化大会（United Nations Climate Change Conference），《公约》缔约方参加会议。

1997年12月，《公约》缔约方在日本京都联合国气候变化大会上通过了《京都议定书》（Kyoto Protocol，以下简称《议定书》）。《议定书》为39个发达国家规定了一期（2008年—2012年）减排目标，即在他们1990年排放量的基础上平均减少5.2%，还建立了严格的监测、审查和核查制度，以及确保透明度和追究缔约方责任的遵约制度。根据《议定书》，必须监测各国的实际排放量，并对所进行的贸易保持精确的记录。①《议定书》承认发展中国家，特别是其中最脆弱国家的具体需要和关切。因此，附件一缔约方必须提供资料，说明它们如何努力实现排放目标，同时尽量减少对发展中国家的不利影响。②2005年2月16日，《议定书》正式生效。这是《联合国气候变化框架公约》下的第一份具有法律约束力的文件，也是人类历史上首次以法规的形式限制温室气体排放的文件。

2009年，丹麦哥本哈根联合国气候变化大会召开，会议宗旨是全球必须停止增加温室气体排放，并且在2015到2020年间开始减少排放。科学家们预计，想要防止全球平均气温再上升2℃，到2050年全球的温室气体减排量需达到1990年水平的80%。2010年底在墨西哥坎昆召开的气候公约第16次缔约方大会上，在玻利维亚的强烈反对下，缔约方大会最终强行通过了《坎昆协议》，总体上维护了《议定书》二期减排谈判和公约长期合作行动谈判并行的"双轨制"谈判方式。这增强了国际社会对联合国多边谈判机制的信心，并同意2011年就《议定书》二期和巴厘路线图所涉要素中未达成共识的部分继续谈判。

---

① What is the Kyoto Protocol?. [2024-05-02]. https://unfccc.int/kyoto_protocol.

② Kyoto Protocol—Targets for the first commitment period. [2025-05-02]. https://unfccc.int/process-and-meetings/the-kyoto-protocol/what-is-the-kyoto-protocol/kyoto-protocol-targets-for-the-first-commitment-period.

2015年12月，联合国的195个成员国在巴黎举行的《联合国气候变化框架公约》第21次缔约方大会上达成协议，为2020年后全球应对气候变化行动做出安排。随后于2016年生效的致力于解决这一环境问题的《巴黎协定》（The Paris Agreement）指出，21世纪全球平均气温上升幅度应控制在2℃以内，并努力将全球气温上升控制在前工业化时期水平之上1.5℃以内。[1]执行《巴黎协定》需要在现有最佳科学的基础上进行经济和社会变革。《巴黎协定》以5年为一个周期，由各国实施日益有雄心的气候行动。《巴黎协定》是多边气候变化进程中的一个里程碑。[2]至此，世界各国对全球变暖的事实、气候变化的危害已达成共识，国际社会、主权国家和广大公众都开始关注全球气候变化问题对人类生活以及生存的影响，国际组织推动签订的有关气候变化的条约和协定，对全球气候变化的治理起到了重要的推动作用，促进了全球共同应对因气候变化对人类活动产生的种种影响。

2021年10月，《联合国气候变化框架公约》第二十六次缔约方大会（COP26）在英国格拉斯哥正式开幕。经过两周的谈判，各缔约方最终完成了《巴黎协定》实施细则，包括市场机制、透明度和国家自主贡献共同时间框架等议题的遗留问题谈判。除此之外，大会还在资金、适应等议题上取得了积极进展。在资金方面，各方同意将资金议程延续至2027年，同时就资金机制、资金透明度等也做出了一系列后续工作安排。在适应方面，大会就全球适应目标问题做出了下一步的工作安排，决定建立并立刻启动"格拉斯哥-沙姆沙伊赫全球适应目标两年工作计划"，以落实《巴黎协定》关于实现全球适应目标的要求，并提高各方关于全球适应目标的理解。[3]

1.2 相关国际组织及活动形式

国际社会对全球气候变化治理的协作，经历了一个由浅入深、不断深化的过程，包括联合国环境规划署、世界气象组织等在内的国际组织对促进全球气候变化的治理起到了非常重要的作用。不同的国际组织对全球气候变化

[1] 杨子民. 实现巴黎协议环保目标的化石能源可燃烧总量研究. 环境科学与技术，2020，43(9)：111-118.
[2] What is the Paris Agreement. [2024-05-02]. https://unfccc.int/process-and-meetings/the-paris-agreement/the-paris-agreement.
[3] 联合国气候变化大会闭幕. (2021-11-14) [2024-05-02]. https://www.chinanews.com.cn/gj/2021/11-14/9608800.shtml.

的治理做出了积极贡献，在国际组织不同形式的活动及会议推动下，各国在气候治理方面的国际合作得以加强。

（1）联合国环境规划署

联合国环境规划署是全球领先的环境机构，负责制定全球环境议程，促进联合国系统内连贯一致地实施可持续发展环境层面的相关政策，并承担全球环境权威倡导者的角色。1972年，第27届联合国大会根据同年6月在瑞典斯德哥尔摩召开的联合国人类与环境大会的建议，决定成立联合国环境规划署。1973年1月，该署正式成立，其宗旨包含了以下方面：促进环境领域国际合作，并为此提出政策建议；在联合国系统内协调并指导环境规划；审查世界环境状况，以确保环境问题得到各国政府的重视；定期审查国家和国际环境政策及措施对发展中国家造成的影响；促进环境知识传播及信息交流。该署的主要活动形式包括：1）环境评估，具体工作部门包括全球环境监测系统、全球资料查询系统、国际潜在有毒化学品中心等；2）环境管理，包括人类住区的环境规划和人类健康与环境卫生、陆地生态系统、海洋、能源、自然灾害、环境与发展、环境法等；3）支持性措施，包括环境教育、培训、环境信息的技术协助等。

此外，联合国环境规划署和有关机构还经常举办同环境有关的各种专业会议。[①]例如，联合国环境规划署推动下的气候与清洁空气联盟（Climate and Clean Air Coalition，CCAC）是一个联合各国政府、民间社会的部门，致力于通过减少各部门的短期气候污染物来改善空气质量和保护气候。该联盟扮演着催化剂的角色，创造、实施和分享应对近期气候变化的即时解决方案，以迅速改善人们的生活，并确保子孙后代的可持续发展。同时，联合国环境规划署和欧洲委员会加快推进独立的国际甲烷排放观察站（International Methane Emissions Observatory，IMEO）建设计划。IMEO将汇总和分析多个甲烷排放数据流，包括石油和天然气甲烷伙伴关系（OGMP）成员公司报告的数据，以加速降低全球甲烷排放量。根据2015年《巴黎协定》，各国应每5年修订或重新提交其国家自主贡献承诺。因此，政策制定者有机会采用粮食系统解决方案，并设定更具雄心的目标和措施，以减少温室气体排放，进而改善生物多

---

① 联合国环境规划署. [2024-05-02]. https://www.mfa.gov.cn/wjb_673085/zzjg_673183/gjjjs_674249/ gjzzyhygk_674253/lhghjch_674325/gk_674327/.

样性、粮食安全和公共卫生。

（2）全球环境基金

全球环境基金是世界银行1990年创建的实验项目，是世界上最大的环保基金，由183个国家和地区组成，目的是支持环境友好工程；其宗旨是与国际机构、社会团体及私营部门合作，协力解决环境问题。作为一个国际资金机制，全球环境基金主要是以赠款或其他形式的优惠资助，为受援国（包括发展中国家和部分经济转轨国家）提供关于气候变化、生物多样性、国际水域和臭氧层损耗四个领域，以及与这些领域相关的土地退化方面项目的资金支持，以取得全球环境效益，促进受援国有益于环境的可持续发展。它是联合国《生物多样性公约》《气候变化框架公约》的资金机制和《持久性有机污染物公约》的临时资金机制。①

全球环境基金资助的一大项目是针对气候变化的。作为《联合国气候变化框架公约》的资金机制，全球环境基金接受《公约》成员国大会对其在资金使用上的指导。气候变化项目旨在减少全球气候变化的危险，同时为可持续发展提供能源。全球环境基金关于气候变化的业务规划（Operation Planning，OP）包括：（1）OP5，消除提高能效和节能的障碍；（2）OP6，通过消除障碍和降低实施成本促进使用可再生能源；（3）OP7，降低温室气体排放能源技术的长期成本；（4）OP11，可持续交通。②全球环境基金同时管理《联合国气候变化框架公约》下两个聚焦适应性的独立基金——最不发达国家基金（Least Developed Countries Fund，LDCF）和气候变化特别基金（Special Climate Change Fund，SCCF），二者专门用于为与适应有关的活动调动资金，后者也适用于技术转让。全球环境基金帮助发展中国家开展"双赢"项目，不仅能减少温室气体的排放，也可为当地经济及其环境条件创造效益。全球环境基金计划着眼长远，通过促进市场更加高效地运作，转变现有碳密集型技术，从而实现发展中国家能源市场转型，其重点支持的业务领域已涵盖气候变化、生物多样性、化学品和废物、国际水域、土地退化和可持续森林管理等多个

---

① 全球环境基金简介 . (2002-10-14) [2024-05-02]. https://www.gmw.cn/01gmrb/2002-10/14/10-CA801F2AF5A68FB348256C5100833FD2.htm.

② 参见：https://wiki.mbalib.com/wiki/%E5%85%A8%E7%90%83%E7%8E%AF%E5%A2%83%E5%9F%BA%E9%87%91.

领域。^①截至2002年6月30日，全球环境基金已资助160多个国家的1000多个项目，赠款总额40多亿美元。其中约39%为生物多样性领域项目，约36%为气候变化领域项目，约18%为国际水域和臭氧层损耗领域项目，其余为综合领域项目。全球环境基金的影响力大大超出了它资助各个单独项目所获得的成果。作为一个战略性联盟，它能够汇集其执行机构的最大效力，有效地帮助发展中国家履行国际公约。全球环境基金也是全球环境科学技术有关信息的主要"消费者"。通过吸取各方面教训，传播其自身经验，全球环境基金为全球环境的良好发展做出了积极贡献。目前，全球环境基金正在发挥着其他基金所无法替代的作用，有潜力成为其他国际环境公约的资金机制。^②

（3）欧盟

欧盟作为重要的国家集团组织，一直在全球气候变化问题上持积极姿态，并形成了区域性的气候政策认同。欧盟气候政策认同是经济因素、政治因素、文化因素、社会因素等因素综合作用下的产物。经济方面，促进欧盟经济可持续发展和减少因气候变化带来的损失是欧盟气候政策认同的根本因素；政治方面，增加外交独立性、促进欧盟内部的稳定与发展，进而寻求全球气候领导者身份是欧盟气候政策的客观要求；文化方面，民众的环境意识、国家政策与观念的推动以及社会因素中欧洲绿党（European Green Party）和非政府组织的推动是欧盟气候政策的内在动因。^③

欧盟通过参与或制定一系列政策在气候变化领域实现了较为显著的治理效果。欧盟于2000年6月启动欧盟气候变化计划（ECCP, the European Climate Change Program）。该计划旨在确保欧盟在其管辖范围内制订最为经济有效的政策措施，减少温室气体排放，实施《京都议定书》确定的各项减排目标。计划整合了欧盟的减排活动，除欧盟委员会牵头外，还发动了行业部门、非政府组织、专家等相关资源。2002年，欧盟通过了《第六届环境行动方案》（6th Environmental Action Programme），该方案将应对气候变化问题视为欧盟可持续发展战略的重要内容，并将它列为4个优先环保行动领域的首

---

① 王爱华，陈明，曹杨. 全球环境基金管理机制的借鉴及启示. 环境保护，2016，44(20)：70-72.

② 全球环境基金（GEF）介绍. (2013-08-08) [2024-05-02]. http://www.fecomee.org.cn/zthd/hhysdkcx/xmjj/201308/t20130808_567730.html.

③ 傅媚梦. 欧盟气候政策的认同构建及启示. 济南：山东师范大学，2019.

位。①欧盟应对气体变化政策的基本模式是协同运用各类经济政策手段，利用市场机制，构建最低成本的温室气体减排体系，实现已确定的各项减排目标。在21世纪的前10年中，欧盟通过立法、排放交易制度改革、参与联合国项目设计等方式不断落实温室气体减排目标。至2016年，欧盟已经在1990年的基础上减少19%的排放量，但是其同期GDP的增长达44%，实现了增长方式的转型。②

2020年9月，欧盟委员会公布《欧盟2030年气候目标计划》，其中包括加强欧洲2030年气候雄心的通信文件、欧盟成员国能源及气候计划评估、关于修订《气候法》的提案等一系列文件。欧盟将2030年温室气体排放量目标调整为较1990年至少减少55%，并将提升可再生能源消费占比作为首要工作。同时，《2030气候目标计划》认为，为实现减排目标，2021—2030年，欧盟每年需要比2011—2020年新增3500亿欧元投资。

（4）相关国际非政府组织

在应对全球气候变化进程中，国际非政府组织的参与不可忽视。气候领域的国际非政府组织在全球范围内征集志愿者，在不同国家和地区开展有关环境保护的民间运动，宣传了环保、可持续发展的理念，一定程度上为全球气候变化的治理提供了建设性意见。它们充分发挥自身人力、物力和财力的优势，调查协议违反情况，利用国际舆论力量施压，或作为法律顾问参加国际环境诉讼程序，对各国政府履行国际环境条约和遵守国际环境机制的情况进行长期的监督和协调，保障了国际环境合作有效开展。③

绿色和平组织（Greenpeace）是一个旨在保护地球环境与世界和平的国际环保组织。绿色和平气候与能源项目致力于减缓由燃烧煤、石油和天然气等化石燃料造成的气候变化，推动能源革命，提倡大力发展可再生能源和提高能源使用效率，呼吁政府和企业采取有效措施，改善能源结构，应对气候变化，调查并揭露燃烧化石燃料对气候、环境和人类所造成的危害，鼓励大家节约能源，利用可再生能源，共同参与能源革命。绿色和平组织积极地参与到全球环境治理过程中，其在提供环境信息、提倡环境意识、监测国家实施

① 张乐. 全球气候治理发展历程与欧、中、美气候政策分析. 苏州：苏州大学，2011.
② 卢琳琳，梁丹. 欧盟与美国气候变化公约谈判进程跟踪与我国林业对策研究. 林业资源管理，2016(4)：14-18.
③ 安祺，王华. 环保非政府组织与全球环境治理. 环境与持续发展，2013(01)：18-22.

环境公约，以及推动世界环境治理机制产生等层面上均具有重大意义。[①]以绿色和平组织为代表的国际非政府组织对推动国际环境法做出了巨大贡献。

世界自然基金会（World Wildlife Fund，WWF）与民间社团、政府、社区和私营部门等合作，以实现公正、有效、科学的全球气候协议。世界自然基金会希望看到各国领导者们就形成一个公正、有效以及科学的气候变化协议达成共识，此协议应包括：到2050年，使全球二氧化碳排放量在1990年的基础上减少80%；2020年之前，全球二氧化碳排放量达到峰值；到2020年，发达国家二氧化碳排放量在1990年的基础上减少40%；支持发展中国家，尤其是最脆弱的国家采取措施适应气候变化；为向低碳经济过渡提供便利；向发展中国家提供清洁技术，以及足够的资金和能力建设；支持世界自然基金会的零砍伐森林目标。

皮尤全球气候变化中心（Pew Center on Global Climate Change，简称皮尤中心）成立于1998年5月，是一家非营利性、无党派的独立组织。该中心的主要任务是针对全球气候变化问题提供可靠的、直接的和具有创新性的解决方案。[②]皮尤中心的成立为务实的发展政策及解决方案提供了一个客观的共同探讨平台，汇集了商业领袖、关键决策者、科学家及其他各领域专家，强调为了应对气候变化问题的国际合作的必要性，同时具有较强的宣传教育功能。2006年，皮尤中心发布了美国第一个减少温室气体排放的综合报告——《气候行动议程》（Agenda for Climate Change），旨在为应对全球气候变化而制定一套可靠的行动计划。

世界绿色设计组织（World Green Design Organization, WGDO），是世界上首个致力于推动绿色设计发展的国际非政府组织。该组织旨在全球范围内倡导和传播"绿色设计"理念，以"绿色设计"为手段引领生产方式、生活方式、消费方式变革，实现人与自然和谐共生。世界绿色设计组织通过世界绿色设计论坛中国峰会、欧洲峰会、世界绿色设计博览会以及评选绿色设计国际大奖/绿色设计国际贡献奖、绿色产品标识认证、发布《世界绿色设计报告》等形式，促进"绿色设计"领域的信息、技术、材料、项目、资本、人才等的交流与合作，搭建全球性绿色发展对话平台。世界绿色设计组织已吸纳西门子、

---

①　蔡梦晰.论绿色和平组织的国际环境法主体地位.重庆：西南政法大学，2017.

②　焦玉洁.皮尤全球气候变化中心.世界环境，2011(4)：93.

海尔、宝洁、万科等数百家领军企业参与其活动，吸引了百位领军人物，促成百余项绿色设计成果转化落地。

2 国际组织与水资源保护

水资源是基础性资源，是人类生存环境的重要组成部分，是农业种植不可或缺的因素，并决定着农产品的品质和产量，同时也影响着粮食安全。[①]日趋加重的水污染，已对人类的生存和安全构成重大威胁，成为人类健康、经济和社会可持续发展的重大障碍。水污染是指有毒物质进入湖泊、河流、海洋等水体，溶解在水中，悬浮在水中或沉积在水底，降低水质。这不仅会给水生生态系统带来灾难，污染物也会渗入并到达地下水，最终可能会污染生活用水，包括饮用水。[②]水污染由多种因素引起，其中污染最严重的是城市污水和工业废水排放。水污染的间接来源包括从土壤或地下水系统，以及通过雨水从大气进入水源的污染物。[③]水污染问题已经成为世界上最为紧迫的危机之一，在那些人口急剧增长的发展中国家尤为严重。

2.1 国际组织的水资源保护发展历程

1977年3月，联合国水事会议（The United Nations Water Conference）通过了《马德普拉塔水资源开发管理行动计划》（the Mar del Plata Action Plan），对保护水资源、合理使用水资源达成了共识。联合国水事会议是第一次关于确保未来充足供水问题的政府间会议。来自105个国家以及政府间组织和非政府组织的代表出席了会议，其目标是避免20世纪末的水危机，并针对联合国各机构、各国政府和整个国际社会制定了10项决议，包括水资源评估、社区供水、农业用水、工业技术研究与开发、水在防治荒漠化中的作用、发展中国家间的技术合作、国际流域河流委员会、水部门国际合作的机制安排、水部门国际合作的融资安排，以及被占领土的水政策。[④]

---

① 李福利. 基于可持续发展的水资源保护措施. 农业与技术，2020，40(20): 126-127.

② Water Pollution. [2024-05-02]. https://wwf.panda.org/discover/knowledge_hub/teacher_resources/webfieldtrips/water_pollution/.

③ Water Pollution. [2024-05-02]. https://wwf.panda.org/discover/knowledge_hub/teacher_resources/webfieldtrips/water_pollution/.

④ United Nations Water Conference. Mar del Plata Action Plan. [2024-05-02]. https://digitallibrary.un.org/record/136713.

1981—1990年国际饮水和卫生十年活动如火如荼地进行。世界总人口中约3/5的人得不到安全卫生的饮水，尤其是发展中国家，安全饮水和卫生设施的问题更为严重。为了改变全球性的饮水和卫生问题，1977年3月在阿根廷召开的联合国水事会议提出了开展国际饮水供应和环境卫生十年活动的建议。1980年11月10日，联合国第35届大会做出决定，从1981年起至1990年发起一场为期十年的"国际饮水供应和环境卫生"活动，向全世界一半以上的人口提供安全饮水和卫生设施，这项活动耗资1400亿美元左右。

1992年6月，联合国环境和发展会议通过了《二十一世纪议程》和《关于环境与发展的里约宣言》(Rio Declaration on Environment and Development)，对保护水资源、防止水污染达成了新的协定，内容包括各国应制定有效的环境法例，各国应制定国内法中关于赔偿责任、赔偿与污染和其他环境损害的受害者的内容，各国也应进行合作，以迅速和更坚决的方式进一步发展国际法有关赔偿责任。

联合国水机制(United Nations Water，UN-Water)和联合国人类住区规划署(United Nations Human Settlements Programme，UN-HABITAT)负责对全球世界水日活动进行协调。2010年3月，在第一次世界水日国际集会期间，联合国水机制的几个成员国和合作伙伴决定协同合作。当时已有一些合作围绕水问题展开，因此联合国水机制尝试以其取得的成就为基础建立维护机制。2010年9月，联合国水机制建立了水质的专题优先领域，并由联合国环境规划署进行领导，以加强联合国现有各机构间合作并为各国政府应对全球水质挑战提供支持。水质专题优先领域所设想的工作范围包括：制定水生生态系统水质的国际准则，改进全球水质监测和数据收集，推动与水质有关的立法、政策和法规，支持与水质有关的研究、教育和能力建构，以及提升全球对水质问题的认识。[1]

2012年，在联合国可持续发展大会（"里约+20"峰会）上，各国政府认识到，水是可持续发展的核心。[2]2012年10月，联合国举办了第一届国际水质研讨会，以启动水生生态系统水质准则的制定、改进监测和数据收集的行动，以及首份全球水质评估报告的筹备工作。大会召开之际，匈牙利政府以

① 联合国水机制.[2024-05-02]. https://www.un.org/zh/waterforlifedecade/unwater.shtml.
② 雷冬雪.2015年之后的全球水目标——联合国水机制的主要结论和建议的综合.山西科技，2019，34(03)：1-4.

其2011年担任欧盟轮值主席国期间所取得的成就为基础，选择了水资源问题作为优先工作。为跟进会议成果，时任匈牙利总统阿戴尔·亚诺什在里约热内卢宣布匈牙利计划在2013年10月组织一次重要的国际水资源活动（布达佩斯世界水峰会）。1200多名代表出席了由匈牙利政府、联合国机构和世界水理事会（World Water Council，WWC）共同举办的为期四天的布达佩斯水峰会。会议旨在结合水资源在确保食品安全、消除贫困和赋予女性权力，以及提升发展中和发达国家人们生活质量中发挥的重要作用，促成可持续发展目标的规划。峰会的一项主要成果是在声明中建议联合国制定专门的水目标。

在联合国体系之外，2018年，第八届世界水论坛在巴西利亚举行，是该活动历史上规模最大的一届，其将水问题置于政治和社会议程的首位。世界水论坛由世界水理事会组织，是世界上最大的与水有关的活动，其任务是"提高认识，建立政治承诺，并在各级就关键的水问题采取行动，促进在环境可持续的基础上有效地养护、保护、开发、规划、管理和利用水的各个方面，造福所有生命"。此次世界水论坛重大创新是司法机构的参与，这是一个法院级的审判机构，对涉及水资源的争端拥有最终决定权。

世界水大会（IWA World Water Congress & Exhibition）是每两年一届的大型全球活动。自2000年起分别在法国巴黎（2000年）、德国柏林（2001年）、澳大利亚墨尔本（2002年）、摩洛哥马拉喀什（2004年）、中国北京（2006年）、奥地利维也纳（2008年）、加拿大蒙特利尔（2010年）、韩国釜山（2012年）、葡萄牙里斯本（2014年）、澳大利亚布里斯班（2016年），日本东京（2018年）和丹麦哥本哈根（2021）成功举办。作为代表全球最高水平的行业盛会，IWA世界水大会每次都会吸引来自世界各地水领域的专业人士参会。2021年哥本哈根世界水大会的主题是"Water for Smart Liveable Cities"，关注与水相关的科学研究、技术创新和管理经验在建设智慧宜居城市中的应用，聚焦数字经济、智慧宜居城市、创业和创新传播、气候变化适应、社区参与以及可持续性发展。

2.2 相关国际组织及活动形式

联合国在参与水资源保护中居于核心和领导地位，同时，一些国际组织凭借其科学性和专门性在水资源保护中发挥着重要作用，其他领域的国际组织也广泛参与到国际水资源保护的合作中。

（1）联合国教育、科学及文化组织

联合国教育、科学及文化组织管辖联合国系统中水资源安全的相关事项，并负责联合国各项水资源保护活动的开展。1993年1月18日，第47届联合国大会做出47/193号决议，根据联合国环境与发展会议通过的《二十一世纪议程》第十八章所提出的建议，确定每年的3月22日为"世界水日"，旨在推动对水资源进行综合性统筹规划和管理，加强水资源保护，解决日益严峻的淡水缺乏问题，开展广泛的宣传以提高公众对开发和保护水资源的认识。进入21世纪后，国际水日、国际水合作年等活动举办常态化，有助于传播水资源保护和防治水污染的理念，促进各国民众的参与。2011年2月11日，联合国大会在第65/154号决议中决定宣布2013年为国际水合作年，目的是帮助人们了解各国在水资源领域合作的巨大潜力，以及在对于水的供应、分配和服务需求日益增大的背景下，水资源管理所面临的各项挑战。2013年，在第15届高级方案管理人（SPM）会议上，联合国大会委派联合国教科文组织作为领导机构，同时由联合国欧洲经济委员会（the United Nations Economic Commission for Europe，UNECE）提供支持，筹办2013国际水合作年及庆祝活动。世界水日作为"国际水合作年"的组成部分举办。2013年，世界水日的庆祝主题是"国际水合作"。举办庆祝活动的目的是提高公众对于淡水重要性的认识，并倡导关注水合作及其挑战，关注淡水资源的可持续管理。联合国可持续发展目标提出，到2030年，要通过减少污染，消除倾倒废物现象等方式改善水质，并从根本上保护和恢复与水有关的生态系统，包括山地、森林、湿地、河流、地下含水层和湖泊。所有行业大幅提高用水效率，确保可持续取用和供应淡水，以解决缺水问题，大幅减少缺水人数。[①]

联合国教科文组织致力于通过多种途径构建水资源保护的科学基础，帮助各国通过可持续方式管理水资源，其中包括国际水文计划、联合国世界水资源发展报告等。国际水文计划（International Hydrological Programme，IHP）是联合国中专门从事水研究和管理以及有关教育和能力发展的唯一政府间方案。国际水文伙伴关系始于1975年，是一个国际协调的水文研究项目，旨在推动对流域和含水层管理采取跨学科和综合办法，支持水文和淡水科学方面在决策者层面的国际合作，并不断加强机构和个人的能力。[②]联合国教科文组

① 刘琪. 联合国提出可持续发展目标　关注安全水源和卫生环境. 上海城市管理，2016，25(6)：94.
② 政府间水文计划. [2024-05-02]. https://en.unesco.org/themes/water-security/hydrology.

织代表联合国水机制发表《世界水发展报告》，其编制工作由联合国教科文组织世界水评估计划负责协调。《世界水发展报告》是联合国水机制关于水与卫生问题的旗舰报告，每年关注一个不同的主题，探讨全球水资源的不同管理方式以及世界不同地区面临的水资源问题，以及对水资源产生影响的跨学科问题，并提出可持续水资源管理的相关建议。2021年的报告题目为《珍惜水、爱护水》(Valuing Water)。[1]

水资源保护的活动形式还包括联合国牵头召开的一系列以"水"为主题的合作研讨会议，这些会议为各国提供了水资源保护的交流场所，加强国际合作。2012年6月19日，联合国教科文组织、联合国水机制在"里约+20"峰会期间召开以"水合作"为主题的周边会议，呼吁各国和国际参与者关注公平、公正地分享和管理水资源，以使水资源成为推动和平的工具。联合国高度重视水问题，在千年发展目标、可持续发展议程中都包含了涉水的目标。[2]

（2）联合国粮食及农业组织

联合国粮食及农业组织通过举行主题会议与提案、与其他国际组织开展联合项目等活动方式来促进水资源保护。例如，2012年，联合国粮农组织与国际灌溉排水委员会(International Commission on Irrigation and Drainage, ICID)协调，对"通过水资源的最佳使用促进粮食安全"这一主题开展工作。国际社会将通过高级别政策对话等一系列互动环节对该主题进行审议，将关注重点从九个优先目标转向可行的解决方案。这一系列会议有助于制定行动计划，确保粮食安全，提高粮食产量。提案希望整合一套解决方案，涵盖从田野到餐桌的整个粮食链条，以及在各水系中的农业用水链条——包括绿色降水，蓝色地表水和灰色再利用水资源。

联合国粮农组织把农业生产用水作为粮食安全和结束饥饿的推动力，以及扶贫和农村发展的引擎，将关于水治理的工作作为其战略框架的一部分，有助于水治理贯穿各领域的主题并与之协调，有助于为联合国粮农组织的相关区域倡议，并力求确保与其他自然资源，特别是与土壤治理有关的活动保

---

[1] UN World Water Development Report 2021. (2021-03-21) [2024-05-02]. https://www.unwater.org/publications/un-world-water-development-report-2021.

[2] 发挥国际组织作用 服务水利改革发展——访水利部国际合作与科技司副司长李戈. (2020-10-22) [2024-05-02]. http://www.chinawater.com.cn/ztgz/xwzt/2020xsjjhzgslgs/202011/t20201105_757924.html.

持一致。水治理工作的基础是联合国粮农组织的成就和经验，特别是其应对水资源短缺的综合方案和近东和北非缺水问题的区域倡议。联合国粮农组织在灌溉治理方面的工作包括开发工具和开展旨在实现灌溉现代化的活动。通过这种方式，联合国粮农组织支持政府机构和其他利益攸关方，包括用水者组织，建立有利的环境，加强体制机制，以解决灌溉管理的复杂性。其直接目标是支持各国提高灌溉农业的水生产力，以此作为解决缺水问题的核心办法。2019年，联合国粮农组织投资中心参与设计和实施的"世界银行鄱阳湖水环境管理项目"，补充了当地政府在建设废水处理和固体废物处理设施方面的投资，改善了优先基础设施和关键公共服务。此外，该项目支持湖泊和河流恢复活动及改善栖息地，以实现本地水生和陆地物种的可持续发展功能。[①]

（3）世界卫生组织

饮用水安全和质量是人类发展和福祉的根本所在。提供安全饮用水是促进健康和减少贫困的最有效手段之一。作为公共卫生和水质的国际权威机构，世卫组织领导全球防止水源性疾病的传播，主要通过其开展的一系列项目来促进水卫生与健康保护，开展工作处理水、环境卫生和个人卫生方面造成很大健康负担、干预措施可产生巨大差异以及现有知识不足的问题。世卫组织还通过推动各国政府制定基于健康的法规以及与合作伙伴一起促进供水商、社区和家庭进行有效的风险管理。[②]

水安全计划由世卫组织提出，全面覆盖整个供水系统，包括原水管理、制水管理、供水管理、水质管理等，是系统性、综合性的质量管理系统。世卫组织的水安全计划是水检测和监控的综合举措。截至2017年，全球已有93个国家和地区施行水安全计划，水安全计划对于保障饮用水安全的意义已得到了广泛认可。[③]水安全计划使供水系统的各利益相关方（供水方、用户、监督方和管理方）受益。世卫组织推荐生活用水处理及安全存储的监测与评价工具包，它是确保饮用水安全和防控水源性疾病的有效手段。世卫组织在水、环境卫生和个人卫生方面的工作包括6项核心职能：1）提出一致、符合道德和以证据为基础的政策与宣传立场；2）通过评估趋势和对比业绩管理信息；3）制定研究与发展议程并促进研究与发展；4）通过技术和政策支持，以促进

---

① 刘学明.联合国粮农组织项目助鄱阳湖美景重现.环境经济，2019(23)：58-59.

② 参见：https://www.who.int/water_sanitation_health/water-quality/zh/.

③ 阮辰旼.水安全计划对供水安全保障的意义和应用指南.净水技术，2019，38(S2)：155-158.

合作、行动、协助、发展国家和国家间持久能力的方式推动变革，协商和维持国家和全球伙伴关系制定，确认、监测和开展适当实施规范与标准工作，促进发展和试用新的技术、手段与准则。

联合国2030年可持续发展目标重申了需继续努力改善环境卫生。世卫组织正在推动以下各方面的工作进展：监测与环境卫生相关疾病的全球负担，衡量医疗服务获取水平和分析推进或阻碍进展的因素，通过规范性指南和工具促进有效的卫生设施风险评估和管理实践，以及与合作伙伴共同加强在其他卫生倡议中的环境卫生问题。[①]

（4）相关国际非政府组织

成立于1951年的大自然保护协会（The Nature Conservancy，TNC）是国际上最大的非营利性自然环境保护组织之一，致力于在全球保护具有重要生态价值的陆地和水域，维护自然环境、提升人类福祉。气候变化、海洋、淡水以及保护地是TNC最为关注的四个领域，其管护着全球超过50万平方公里的1600多个自然保护区、8000公里长的河流以及100多个海洋保护区。TNC遵循以科学为基础的保护理念，坚持以科学为基础的保护方法和标准化分析方法；运用"自然保护系统工程"（Conservation by Design，CbD）的方法甄选出优先保护区域，制定保护方案；因地制宜地在当地实行系统保护；坚持多方协作，并衡量保护成效。这套保护方法及标准化的分析方法构成了"自然保护系统工程"的核心内容。比如，TNC确定了长江流域淡水生态系统保护优先区，加强淡水保护区的能力建设，提升管理的有效性，以恢复重要淡水生态系统栖息地，形成更广泛和有效的淡水保护区网络。该长江保护项目主要针对长江目前所面临的水电开发、栖息地破坏、过度捕捞和全球气候变化等问题开展保护工作，致力于通过改变传统大坝调度运行方式和洪泛平原管理方式来优化水力发电和洪水管理，从而尽可能减少对于人类社会和野生生物的影响。[②]

世界自然基金会诞生于1961年，是目前世界上最大的生态环境类非政府组织。半个多世纪以来，在从事全球生态治理的活动中，世界自然基金会积累了丰富的经验。其使命是遏止地球自然环境的恶化，创造人类与自然和谐

---

① 参见：https://www.who.int/water_sanitation_health/water-quality/zh/.

② 参见：http://tnc.org.cn/home/richproject?cid=7.

相处的美好未来，主要致力于保护世界生物多样性、确保可再生自然资源的可持续利用、推动降低污染和减少浪费性消费的行动等。世界自然基金会的工作特色之一是重视理念。世界自然基金会很早就指出，河流也有生命，其生命力来自干流与支流和湖泊、湿地的"血脉"沟通、自由流淌形成的独特系统。河流是流域内所有生命形式的发源地和载体，而人类只是河流生态系统中的一个组成部分。流域不仅包括河流水生生态系统本身，还包括与之关联和作用的其他生态系统，如山地、森林、草地、湖泊、湿地、农田、村庄、乡镇和城市。保护与发展共进是世界自然基金会保护工作的另一个突出特色，其给予当地经济发展和民计民生充分重视。以世界自然基金会的西洞庭湖项目为例，初始阶段，在发现扶持网箱养鱼、建立环境教育中心、加强巡视巡护等方式并不能从根本上解决湿地保护和周边居民生计之间的矛盾后，其引入了保护区和社区共管的概念，本质在于将保护与发展有机结合。保护区共管措施为当地居民带来了直接收益，使当地农民和渔民意识到，他们的生计改善与自然保护并不矛盾，而是密不可分。因此，社区居民对保护工作的参与和配合成为主动行动，形成了良性循环，也提高了保护区的综合管理水平。[①]

3　国际组织与生物多样性保护

生物多样性（biodiversity）是人类赖以生存和发展的根源，是改良土壤、涵养水源、调节气候的重要基础。生物多样性，即植物和动物物种的多样性，是描述自然界物种多样性程度的一个广泛概念，包含遗传多样性、物种多样性、生态系统多样性等多个层次。[②]《生物多样性公约》将之定义为"所有来源的活的生物体中的变异性，这些来源包括陆地、海洋和其他水生生态系统及其所构成的生态综合体；这包括物种内、物种之间和生态系统的多样性"[③]。全球物种灭绝速度的增长远超人类预期。联合国可持续发展目标15指出，在已

---

① 孙孟新. 从长江项目看 WWF 的工作特色. 科技导报，2014，32(24)：78-83.

② Hooper, D. U., Chapin, F. S., Ewel, J. J., Hector, A., Inchausti, P., Lavorel, S. Lawton, J. H., Lodge, D. M., Loreau, M., Naeem, S., Schmid, B., Setälä, H., Symstad, A. J., Vandermeer, J. & Wardle, D. A. Effects of Biodiversity on Ecosystem Functioning: A Consensus of Current Knowledge. *Ecological Monographs*, 2005, 75(1): 3-35.

③ Convention on Biological Diversity. [2024-05-02]. https://www.cbd.int/convention.

知的8300个动物品种中，8%已经灭绝，22%濒临灭绝。与此同时，非法捕猎和贩运野生动物持续阻碍生物保护工作。根据2019年《生物多样性和生态系统服务全球评估报告》，目前约有100万种动植物濒临灭绝，许多物种在未来几十年内就会灭绝，人类可能正在目睹"第六次生物大灭绝"[①]。越来越多的研究表明，生物多样性锐减会对生态系统功能产生诸多不利的影响，如土壤肥力丧失、工业生产原材料供应不足等。

3.1　国际组织参与生物多样性保护的发展历程

国际组织参与生物多样性保护源于20世纪70年代，在20世纪90年代之后得以加强。全球范围内已经形成了一系列与生物多样性保护相关的重要公约、条约和协定等指导性文件（见表8-1）。

表 8-1　生物多样性保护相关的公约（条约、协定）

年份	公约（条约、协定）
1971	《拉姆萨尔湿地公约》
1972	《保护世界文化和自然遗产公约》
1973	《濒危野生动植物国际贸易公约》
1979	《保护迁徙野生动物物种公约》
1982	《联合国海洋法公约》
1993	《生物多样性公约》
1995	《联合国关于跨界鱼类种群与高度洄游鱼类种群的协定》
2001	《粮食和农业植物遗传资源国际条约》
2002	《约翰内斯堡可持续发展声明》
2003	《卡塔赫纳生物安全议定书》
2010	《卡塔赫纳生物安全议定书关于赔偿责任和补救的名古屋—吉隆坡补充议定书》
2014	《关于获取遗传资源和公正和公平分享其利用所产生惠益的名古屋议定书》
2015	《变革我们的世界：2030年可持续发展议程》

---

① 韩一元.保护生物多样性的世界行动与中国力量.世界知识，2020(20)：66-67.

　　湿地能提供粮食、储存碳、调节水流量、储存能量，对生物多样性具有至关重要的作用，但湿地目前仍然是全球生物多样性受威胁最严重的生态系统。1971年，湿地保护的重要性得到了充分认识，在伊朗伊斯兰共和国拉姆萨缔结，人类签订了第一个政府间环境公约——《关于特别是作为水禽栖息地的国际重要湿地公约》（简称拉姆萨湿地公约）。1972年11月16日，联合国教科文组织大会第17届会议在巴黎通过了《保护世界文化和自然遗产公约》（Convention Concerning the Protection of the World Cultural and Natural Heritage）。该公约主要规定了文化和自然遗产的国家保护和国际保护措施等条款，旨在呼吁各国政府高度重视世界遗产地对解决生物多样性问题的贡献。同年，瑞典斯德哥尔摩召开的联合国人类环境大会通过了环境宣言，着重提出了环境与可持续发展的主题，也讨论了如何管理国际濒危物种贸易等议题。1973年6月21日，《濒危野生动植物国际贸易公约》（Convention on International Trade in Endangered Species of Wild Fauna and Flora）在美国首都华盛顿签署，由联合国环境规划署负责执行。该公约于1975年7月1日正式生效，通过实行物种分级与许可证的方式，管制野生物种的国际贸易，对濒临灭绝的物种实施保护。该公约共有162个缔约国定期开会，对那些需要实行配额制或无条件禁令加以保护的动植物物种或产品（如象牙）清单进行及时更新。1979年6月23日，《保护迁徙野生动物物种公约》（Convention on Migratory Species）在德国波恩签订（又名《波恩条约》，Bonn Convention），是为了保护国家管辖边界以外野生动物中的迁徙物种而签订的国际公约，旨在保护陆地、海洋和鸟类的迁徙与安居。1982年，在内罗毕召开的联合国环境管理理事会议上，世界环境与发展委员会（World Commission on Environment and Development，WCED）成立。1987年，联合国环境规划署组织专家组探讨了在生物多样性领域制定国际公约的可能性。同年2月，世界环境与发展委员会发布了《我们共同的未来》报告，集中分析了全球物种和遗传资源等多方面的情况，呼吁"一个健康的、绿色的经济发展新纪元"[1]。《联合国海洋法公约》制定于1982年，于1994年11月16日生效，是一项规定世界海洋使用规则框架的国际条约，该条约旨在确保对资源和海洋环境的节约和

---

[1]　World Commission on Environment Development. *Our Common Future*. Oxford: Oxford University Press, 1987: 53-78.

公平使用，以及对海洋生物的保护和保存，在海洋生物多样性保护方面具有开拓性意义。

20世纪90年代是生物多样性保护的关键时期。1992年5月22日，生物多样性公约的协议文本在肯尼亚内罗毕获得通过。1992年6月5日，在巴西里约热内卢召开的联合国环境与发展大会上，《生物多样性公约》（Convention on Biological Diversity）向所有国家开放签署。中国于同年6月11日签署了该公约，成为最先签署的国家之一。截至目前，《生物多样性公约》一共有196个缔约方，是全球签署国家最多的具有法律约束力的国际环境公约。它的颁布标志着人类开辟了合作开展生物多样性保护与持续利用的新纪元。该公约于1993年12月29日正式生效，秘书处设在加拿大的蒙特利尔，主要包含三个目标：保护生物多样性、持续利用生物多样性组成部分、公平合理地分享利用遗传资源产生的惠益，从而最大限度地保护地球多种多样的生物资源，造福当代和子孙后代。在海洋生物多样性保护方面，1995年，大约60个国家签署了《联合国关于跨界鱼类种群与高度洄游鱼类种群的协定》，2001年11月，该协定正式实施。该协定规定，对这些鱼类种群实行配额管制，以确保鱼类种群能在将来继续存活。该协定还就如何分阶段和平解决公海捕捞纠纷的问题做出了规定。

21世纪以来，各国之间的合作更加紧密，目标更加明确。2001年4月，联合国粮农组织制定并通过了《粮食和农业植物遗传资源国际条约》，它是有关粮食和农业植物遗传资源保护与可持续利用的国际法律文件。2002年，鉴于包括生物多样性锐减在内的环境恶化趋势没有得到根本扭转，可持续发展世界首脑会议在南非约翰内斯堡召开。会议通过了《约翰内斯堡可持续发展声明》（Johannesburg Declaration on Sustainable Development），对包括生物多样性在内的一些具体领域做出了新的承诺，提出通过制定目标、时间表和伙伴关系的各项决定，加快步伐，尽快达到保护生物多样性的基本要求。[①]2010年举办的《生物多样性公约》第十次缔约方大会正式发布《生态系统与生物多样性经济学》研究报告，显示了森林、淡水、土壤和珊瑚礁等生态系统的巨大经济价值及其被破坏所造成的社会经济损失，从而确立了2020年全球生物

① Johannesburg Declaration on Sustainable Development. (2004-12-15) [2024-05-02]. https://www.un.org/esa/sustdev/documents/WSSD_POI_PD/English/POI_PD.htm.

多样性目标（又称"爱知生物多样性目标"）。该目标在2021年中国昆明举办的《生物多样性公约》第十五次缔约方大会上得到审议。《生物多样性公约》下已形成三项议定书：《关于获取遗传资源和公正和公平分享其利用所产生惠益的名古屋议定书》（Nagoya Protocol on Access to Genetic Resources and Fair and Equitable Sharing of the Benefits Arise from Their Utilization）[①]、《卡塔赫纳生物安全议定书》（Cartagena Protocol on Biosafety）[②]及《卡塔赫纳生物安全议定书关于赔偿责任和补救的名古屋—吉隆坡补充议定书》（Nagoya Kuala Lumpur Supplementary Protocol on Liability and Remedies to the Cartagena Protocol on Biosafety）。三项议定书均对可能影响生物多样性及人类健康的行为进行了限制，为生物多样性的可持续发展奠定了基础。2015年，联合国可持续发展峰会通过了《变革我们的世界：2030年可持续发展议程》（Transforming Our World: The 2030 Agenda for Sustainable Development，以下称《议程》）。《议程》宣布了17个可持续发展目标和169个具体目标，其中"保护、恢复和促进可持续利用陆地生态系统，遏制生物多样性的丧失"为第15个可持续发展目标。该目标内容包括：到2030年，保护山地生态系统，包括其生物多样性，以加强山地生态系统的能力，使其能够带来对可持续发展必不可少的益处；采取紧急重大行动减少自然栖息地的退化，遏制生物多样性的丧失。到2020年，保护受威胁物种，防止其灭绝；采取紧急行动，终止偷猎和贩卖受保护的动植物物种，处理非法野生动植物产品的供求问题等。[③]

3.2 相关国际组织及活动形式

据2020年《国际组织年鉴》（Yearbook of International Organizations），全球现有与生物多样性保护相关的国际组织227个。[④]

（1）联合国系统

联合国为全球生物多样性保护目标的制定奠定了基础。联合国环境规划署作为生物多样性保护的引领者，在生物多样性保护的国际和国家两级协

[①] Nagoya Protocol on Access to Genetic Resources and Fair and Equitable Sharing of the Benefits Arise from Their Utilization. [2024-05-02]. https://www.cbd.int/abs/doc/protocol/nagoya-protocol-en.pdf.

[②] Cartagena Protocol on Biosafety. (2021-05-18) [2024-05-02]. http://bch.cbd.int/protocol.

[③] Transforming Our World: The 2030 Agenda for Sustainable Development. [2024-05-02]. https://sdgs.un.org/2030agenda.

[④] Yearbook of International Organizations. [2024-05-02]. https://ybio.brillonline.com/.

同方面提供指导。联合国环境规划署于1988年11月召开了生物多样性问题特设专家工作组会议,探讨是否需要一个国际生物多样性公约。到1991年2月,特设工作组已成为政府间谈判委员会,并在1992年通过《生物多样性公约》协定文案,直接促成了该公约的缔结。联合国环境规划署还通过设立实体机构、构建伙伴关系等方式推动相关工作,如设立生物多样性和生态系统服务处、世界保护监测中心、国际生态系统管理伙伴计划等。联合国环境规划署于2008年以来在全球组织"生态系统与生物多样性经济学"研究,通过估算生态系统和生物多样性价值,帮助世界各国了解其重要性,推动生物多样性保护纳入国家及地方相关工作,实现生物多样性保护工作主流化。在其支持与帮助下,截至2020年底,189个国家完成了"生物安全信息交换所"(Biosafety Clearing House,BCH)能力建设项目,旨在加强有效参与生物安全信息交换的能力,协助培训相关国家的技术与管理人员,为更好实现生态安全及生物多样性数据资源规范化而努力,其中76个国家受到资助。[1]

联合国的数个专门机构也为生物多样性保护提供了重要支持。世界银行在1990年创建了全球环境基金实验项目,其目的是支持环境友好工程,促进环境健康可持续发展。全球环境基金被指定为运作《生物多样性公约》资金机制的实体,并接受缔约方大会的指导。在资金使用的政策、战略、项目重点及资格标准等方面,全球环境基金积极支持发展中国家及经济转型国家实现"爱知生物多样性目标"和"2030年可持续发展目标"、预防和控制外来入侵物种、提高保护地系统的有效性、优先保护濒危物种、保护海洋生态系统等[2]。联合国环境规划署联合全球环境基金支持帮助了多个生物安全项目的实施,具体措施包括在国家和区域两级制定和实施生物安全框架[3]。其中包括"生物安全试点活动项目"和"生物安全框架发展项目",项目已援助超过100个国家,旨在"协助确保在安全转移、处理和使用凭借现代生物技术获得的、可能对生物多样性保护和可持续使用产生不利影响的改性活生物体(Living Modified Organism)领域内采取充分的保护措施,同时顾及对人类健康所构成

---

[1] Developing Biosafety Frameworks. https://www.unep.org/explore-topics/biosafety/what-we-do/developing-biosafety-frameworks

[2] Official Website of Global Environment Fund. http://www.globalenvironmentfund.com/.

[3] Developing Biosafety Frameworks. https://www.unep.org/explore-topics/biosafety/what-we-do/developing-biosafety-frameworks

的风险并特别侧重越境转移问题"①。

联合国粮农组织从技术角度在深海脆弱海洋生态系统保护方面先后于1995年出台了《负责任渔业行为守则》，2001年制定了《公海深海渔业管理国际指南》，为管理公海深海渔业和保护脆弱海洋生态系统提出了技术标准和管理框架。国际海事组织是联合国负责海上航行安全和防止船舶造成海洋污染的一个专门机构，其发布的关于船舶压载水、生物淤积和防污底系统管理的公约和指南有助于减少外来物种入侵的风险，以保证外来物种不会破坏当地的生态系统。②国际海事组织的条约有效制约了向海洋倾倒垃圾的行为，同时还禁止了放射性垃圾和工业垃圾的倾倒，将海洋污染降到最低，在一定程度上控制了对生物多样性的影响。联合国教科文组织在第44届世界遗产委员会会议（World Heritage Committee）上与世界自然保护联盟（International Union for Conservation of Nature，IUCN）联合建议，《世界遗产公约》应当在应对气候变化和生物多样性保护方面做出更大贡献。其下属的政府间海洋学委员会（Intergovernmental Oceanographic Commission，IOC）旨在通过科学调查增加人类关于海洋自然现象及资源的知识。它与许多政府机关、民间机构、团体联络，进行海洋调查、大气调查、海洋环境污染调查等，从而为海洋生物多样性的保护提供帮助。

（2）国际非政府组织

1976年，世界自然基金会与世界自然保护联盟合作支持成立野生物贸易项目——国际野生物贸易研究组织（TRAFFIC），在全球设立了21个办公室，形成了全球性工作网络，对可能因贸易导致濒危的野生物种，提前向有关部门发出预警，以引起有关方面的关注，及时采取相应措施来保证贸易不造成物种濒危。除此之外，世界自然基金会还在大熊猫保护、淡水和海洋生态系统保护等领域发挥着作用，积极借鉴生物学、水文学、海洋学和社会科学等领域的知识，开发先进的工具和方法用于保护生物多样性、整合自然和社会

---

① Cartagena Protocol on Biosafety. (2021-05-18) [2024-05-02]. http://bch.cbd.int/protocol.

② 国际海事组织（IMO）保护海洋生物多样性的全球行动. (2020-12-04) [2024-05-02]. https://cimrc. shmtu.edu.cn/2020/1204/c5091a43493/page.htm.

系统，以应对新威胁。①

1987年成立的环保组织保护国际（Conservation International，CI）旨在保护地球上尚存的自然遗产和全球生物多样性。CI在全球生物多样性保护需求最迫切的地区开展工作，包括生物多样性热点地区（Biodiversity Hotspots），关键的海洋生态系统区（Key Marine Regions），以及生物多样性丰富的荒野地区（Wilderness Areas）。其中热点地区以及海洋生态系统指已经受到了严重的人为活动干扰的地区。为了更好地完成保护生物多样性的使命，保护国际创建了应用生物多样性科学中心，以支持生物多样性数据的收集和分析。同时，保护国际也积极与社区、企业和政府合作，调动多方面的力量支持生物多样性保护。

国际地球观测组织（Group on Earth Observations，GEO）为生物多样性的保护与决策提供了足够的信息支持。国际地球观测组织是73个国家政府和46个参加组织建立的一种自愿伙伴关系，其成员在第一个十年执行计划（2006—2015）间启动了全球生物多样性观测网络（Group on Earth Observations Biodiversity Observation Network，GEO BON），以帮助解决生物多样性数据在空间、时间和主题上的不平衡问题，清除数据供给者和用户之间传递中的障碍，提高政策制定者对于生物多样性的认识。目前，第一个十年执行计划已经结束，进入第二个十年执行计划（2016—2025），在全球合作伙伴的共同努力下，不断完善世界生物多样性数据状况②。

在海洋生物多样性保护领域活跃着包括公海联盟（High Sea Alliance，HSA）在内的专门性组织。公海联盟是一个伙伴关系组织，目前由40多个非政府组织以及世界自然保护联盟组成。该组织旨在促进建立公海保护区和加强公海治理的国际合作。公海（High Seas）包括国际海域、国际海洋水体与国际海底，是超越国家管辖范围的全球海洋区域，包括世界上最重要的生物多样性保护、最不受保护和受威胁最严重的生态系统。公海联盟汇集了30多个成员，这些成员一是作为个体组织，来促进国际合作以改善海洋治理；二是确

① Winfield S. L.，许胜蓝. 世界自然基金会：借助科技保护生物多样性. (2019-12) [2024-05-02]. https://www.huawei.com/cn/huaweitech/publication/winwin/34/wwf-safeguarding-biodiversity-with-technology.

② GEO Strategic Plan 2016-2025: Implementing GEOSS. [2024-05-02]. file:///C:/Users/liu/Documents/Downloads/GEO_Strategic_Plan_2016_2025_Implementing_GEOSS.pdf.

保海洋环境的保护和保全，包括海洋生物的保护和可持续利用[①]。

4 国际组织与森林保护

森林是陆地生态系统的重要组成部分，覆盖了全球约31%的陆地面积，也是应对气候变化的关键。各国在应对气候变化的同时，可为森林保护提供新的机遇，如提供额外的资金来源和加强对森林治理的政治支持。国际森林问题（International forest issues）指的是全球森林数量减少、质量下降带来的环境问题、经济增长问题、社会发展问题和全球可持续发展问题，以及这些问题的国际化、政治化和复杂化进程。[②]该议题除了关注森林原本的自然属性和功能特征，还赋予了森林问题在政治、经济、社会等方面的属性，使森林问题更加综合化。国际森林问题日益严峻，森林面积不断减少，森林质量有所下降，一些发展中国家森林退化现象严重。据统计数据[③]，仅2000—2010十年，全球天然林面积每年减少 $1300 \times 104 \ hm^2$，森林面积每年减少 $530 \ hm^2$，这使荒漠化、水土流失等环境问题更加突出，也将对人类文明、生态环境和社会经济造成深远影响。

4.1 国际组织的森林保护发展历程

从20世纪80年代开始，国际社会关于森林问题的焦点最初集中在热带林的毁林问题上。国际热带木材组织（International Tropical Timber Organization，ITTO）是国际热带木材协定的实施与管理机构，总部设在日本神户。国际热带木材组织为促进和扩大热带木材的国际贸易以及改进热带木材市场的结构条件、促进支持研究和发展工作、改善森林经营和木材利用提供了很大的帮助。1983年，国际热带木材组织制定的《国际热带木材协定》（以下简称《协定》）充分考虑了热带森林在全球生态平衡中的重要作用，同时也考虑了热带木材的经济价值，希望通过这一协定有效地保护和发展热带森林的木材生产能力，并保证木材得到最适度的利用[④]。《协定》支持研究和发展以改进森林

---

① Official Website of High Sea Alliance. http://www.highseasalliance.org/.

② 刘金龙，董加云，李凌超.国际森林问题的分歧及其诠释.生态经济，2013(9)：67-71.

③ Global Forest Resources Assessments. [2024-05-02]. https://openknowledge.fao.org/server/api/core/bitstreams/748a4f51-dcd5-49da-a52a-c00ebff17782/content.

④ International Tropical Timber Agreement. [2024-05-02]. https://www.itto.int/direct/topics/topics_pdf_download/topics_id=3363&no=1&disp=inline.

管理和木材利用，鼓励发展旨在持久利用和养护热带森林及其生成资源、保持有关区域生态平衡的国家政策，支持和开展热带工业用材森林再植和森林管理活动，设立森林再植和森林管理委员会，为有关森林再植和森林管理的国家方案提供技术援助，促进森林再植和森林管理领域的知识转让，促进并协调有关森林再植和森林管理的活动。①20世纪80年代，另一重要的政府间协作计划是联合国粮农组织、联合国开发计划署和世界银行于1985年共同制定的《热带林业行动计划》，这是一种保护和合理利用热带森林的综合活动框架，或者说是一种解决全球热带森林问题的新的综合方法，旨在促进热带森林资源的持续发展，制止热带森林的破坏，满足国家和地区对森林多种效益的需要；重点强调国家能力的提升，其内容既包括长远战略规划也包括近期行动计划，主要涉及制定制止乱砍滥伐的政策和措施、制定决议相关的法律程序、确定林业发展战略目标以及建立现代化的信息库等。

　　1992年召开的联合国环境与发展大会是全球环境保护历史上的重要里程碑，森林问题的全球性讨论也由此正式拉开了序幕。会议通过了无法律约束力的《关于所有类型森林的经营、保护和可持续发展的无法律约束力的全球协商一致的权威性原则声明》（Non-legally Binding Authoritative Statement of Principles for a Global Consensus on the Management, Conservation and Sustainable Development of All Types of Forests），在全球范围内掀起了森林保护热潮。至此，国际森林问题谈判成为全球环境领域重要多边活动之一。②国际组织的参与为国家间就国际森林问题交流搭建平台，积极推进多边谈判进程，在阻止全球毁林、森林退化及推进森林可持续经营、森林贸易可持续发展等方面已经取得一定进步，但目前尚未在缔结全球性的具有法律约束力的森林公约（或协定）方面取得实质进展。2003年10月，欧盟通过了"欧盟森林执法、施政与贸易"（Forest Law Enforcement, Governance and Trade, FLEGT）行动计划，采取了一系列措施打击非法采伐。FLEGT进程是欧盟单方面采取的行动，是在其意识到难以缔结具有法律约束力的森林公约的背景下发动的，

---

① 中国可持续发展林业战略研究项目组.中国可持续发展林业战略研究·森林问题卷.中国草学会，2002：13.
② 蒋业恒，吴水荣.国际森林公约的前景分析.林业经济，2015，37(10)：13-19.

是推动国际森林问题治理的重要组成部分。① 自从欧盟FLEGT行动计划制定出台后，国际社会对于森林保护的意识大大提高，同时，这也为世界范围内缔结具有法律约束力的国际公约奠定了基础。2007年，联合国大会批准的《国际森林文书》（2015年更名为《联合国森林文书》），将森林可持续经营问题和全球粮食危机、气候变化放了同等高度。这是联合国为解决国际森林问题而通过政府间谈判达成的一个成果性文件，旨在建立全球森林治理体系，加强世界各国的承诺和集体努力，通过各国政策协调和国际合作，推动全球森林的可持续经营与管理，以消除贫困、改善生态、促进可持续发展。《联合国森林文书》是当前国际社会针对国际森林问题，有关林业发展和森林经营方面最系统、最权威的国际文书，也是影响各国林业政策、国际林业发展形势的最重要文件，包含了国际条约的宗旨、原则、成员权利和（自愿）义务等基本内容，已具备国际法"软法"的性质。2017年4月，第71届联合国大会审议通过《联合国森林战略规划（2017—2030年）》（United Nations Strategic Plan for Forests，以下简称《规划》），这是首次以联合国名义提出的全球发展战略，彰显了国际社会对林业的高度重视。《规划》在《联合国森林文书》4项全球森林目标的基础上，列出了六大全球森林目标和26个具体目标，阐述了2030年全球林业发展愿景与使命，制定了全球森林目标和行动领域，提出了各层级开展行动的执行框架和资金手段，明确了实现全球森林目标的监测、评估和报告体系，并制定了宣传策略②，具有重要的指导意义和导向作用。2018年，第13届联合国森林论坛会议上，联合国森林论坛秘书处编制了《全球森林战略目标和具体目标手册》（Global Forest Goals and Targets Booklet）。该手册结合2030联合国可持续发展目标，进一步阐述了全球森林保护的目标与方向。可持续发展目标的第15项涉及森林可持续管理的必要性，但林木和森林对于实现其他16项目标同样重要，其中包括那些与消除贫困，实现粮食安全，促进农业可持续发展，确保人人享有可持续能源等目标。

---

① Communication from the Commission to the Council and the European Parliament—Forest Law Enforcement, Governance and Trade (FLEGT)—Proposal for an EU Action Plan. [2024-05-02]. https://eur-lex.europa.eu/legal-content/EN/TXT/?uri=CELEX%3A52003DC0251.

② Proposal for the United Nations Strategic Plan for Forests for the Period 2017–2030. (2017-01-05) [2024-05-02]. https://digitallibrary.un.org/record/855591?ln=zh_CN&v=pdf.

森林拥有地球上最丰富的陆生生物多样性。[①]2021年，联合国森林论坛秘书处召开"新冠疫情对森林可持续经营的影响"线上专家组会议。会议认为，新冠疫情对森林及其管理、以林为生人群的生计和原住民及妇女儿童等林业相关人群、林业产业和贸易、机构能力、林业投融资与国际合作等方面在不同国家地区都有不同程度的影响。专家提出，应突出联合国森林论坛和实施《联合国森林战略规划》的重要作用，加强各成员国及合作伙伴间的交流合作，突出国际涉林目标中森林在应对疫情挑战和各国国内经济总值核算方面的重要地位。[②]在《联合国气候变化框架公约》第26次缔约方大会上，代表全球85%森林面积的至少110个国家加入了《关于森林和土地利用的格拉斯哥领导人宣言》，承诺将在2030年前停止和扭转森林砍伐和土地退化趋势。

4.2　相关国际组织及活动形式

国际组织在推动世界各国就森林恢复和保护问题达成共识，并持续在森林可持续管理与发展方面发挥专业性、示范性作用。

（1）联合国系统

早在20世纪70年代，联合国环境规划署就负责制定一项能够制止森林砍伐的国际协定。然而，深刻的政治分歧——"全球北方"在很大程度上推动了森林发展，而大多数主要森林存在于"全球南方"——使得全球性的协议不太可能达成。之后，联合国环境规划署扩大了策略，与世界银行、联合国粮农组织和联合国开发计划署等主要发展机构合作，有效地打击森林砍伐。联合国环境规划署是组成联合国关于森林和气候的知识和咨询计划（UN-REDD计划）的三个机构之一。联合国环境规划署与世界保护监测中心（World Conservation Monitoring Centre，WCMC）合作，评估全球森林损失率，并在2019年与6个非洲国家和全球环境基金、世界银行、世界自然保护联盟合作，启动了刚果盆地可持续景观项目。[③]2020年5月22日，由联合国环境规划署

---

① 联合国报告：全球毁林和森林退化速度令人震惊，必须立即采取行动保护森林生物多样性 . (2020-05-22) [2024-05-02]. https://www.unep.org/zh-hans/xinwenyuziyuan/xinwengao-17.

② UNFF Expert Group Meeting on the Assessment of the Impact of the COVID-19 Pandemic on Sustainable Forest Management. [2024-05-02]. https://www.un.org/esa/forests/events/egm-covid-jan-2021/index.html.

③ Inside the Global Effort to Save the World's Forest. (2021-11-02) [2024-05-02]. https://www.unep.org/news-and-stories/story/inside-global-effort-save-worlds-forests

与联合国粮农组织合作首次编写并发布的最新版《世界森林状况》报告指出，全球毁林和森林退化速度令人震惊，必须立即采取行动保护森林生物多样性。联合国环境规划署世界保护监测中心对此提供的技术意见指出，虽然毁林速度在过去 30 年中有所下降，但自 1990 年以来，全球已有约 4.2 亿公顷森林土地被转换为其他用途。

在较高层次上参与森林可持续发展的还有联合国经济与社会理事会（简称经社理事会），它致力于推动《关于森林问题的原则声明》的落实。经社理事会秘书处参加了 1996 年 9 月 9 日—9 月 20 日在日内瓦举行、1997 年 4 月 25 日在纽约举行的森林工作组第三次、第四次会议，形成了《关于森林问题的原则声明》（以下简称《声明》）实施情况的报告。[①]《声明》阐述了森林评估和发展森林可持续经营的标准与指标，分析了与森林产品及其服务功能有关的贸易和环境等，推动了国际森林问题的治理与解决。2000 年 10 月，经社理事会设立了联合国森林论坛，以发挥对所有种类森林的有关管理、养护及可持续发展的职能，包括联合国环境发展会议的森林原则、政府间森林工作组及政府间森林论坛的基本职能；同时，设立森林合作伙伴机制以协助联合国森林论坛工作。

联合国系统内的专门机构也涵盖全球森林保护工作。1971 年，联合国粮农组织正式确认每年 3 月 21 日为 "世界森林日"（World Forest Day）。世界森林日的诞生，标志着人类对森林问题的思考和警醒。2012 年，联合国大会宣布 3 月 21 日为 "国际森林日"，并在联合国森林论坛与联合国粮农组织的协作下于 2013 年开始举办庆祝活动，提高公众对所有类型森林重要性的认识。除了倡导各国在国际森林日在地方、国家和国际层面举办森林和树木相关活动之外，国际森林日广泛关注森林与民生的更深层次的本质问题。国际森林日每年的主题均由森林合作伙伴关系选定，2020 年的国际森林日强调了森林和生物多样性之间的联系；2021 年的主题是 "森林恢复：通往复苏和福祉之路"（Forest restoration: a path to recovery and well-being）。联合国粮农组织不断为世界林业的发展提供动力，并且以多种形式参与国际森林问题的改善，包括为全球森林治理研究提供基本的信息资料和报告，如《世界森林状况》报告、《2020 年全球森林资源评估》等，并为具体的国家进行全球森林治理提供技术和研

---

① 中国可持续发展林业战略研究项目组. 中国可持续发展林业战略研究·森林问题卷. 中国草学会，2002：18.

究支持，如联合国森林论坛第7次会议（2007年）通过的《国际森林文书》等。联合国粮农组织林业部积极帮助国际组织和世界各国以可持续发展的方式管理森林，在国际森林问题治理及森林可持续经营方面起着指导作用。①森林合作伙伴关系于2001年4月出台，以支持联合国森林论坛的工作，并强化森林合作伙伴关系成员间有关森林问题的合作与协调，森林合作伙伴关系由联合国粮农组织任主席，由联合国森林论坛秘书处提供服务。此外，由联合国粮农组织组织的世界林业大会（World Forestry Congress，WFC）是全世界规模最大、最具影响力的国际性林业学术研讨会，旨在针对全球性的热点问题，开展广泛的国际交流与合作，协调各国政府对森林问题的认识。第一届大会于1926年在罗马举行，第二届大会于1936年在布达佩斯召开，其后由于世界大战而中断。第二次世界大战以后，芬兰政府再次提议并于1949年在赫尔辛基主办了第三届大会。此后基本上每6年召开一次，目前已经举办了14届（见表8-2）。最近的一次是大会自成立以来首次在非洲大陆举行的，大会通过了《德班宣言》，就2050年森林和林业状况制定了远景。该远景提出，未来的森林将是确保粮食安全和改善生计的"根本"。森林和树木还应当与农业等其他土地用途相结合，以便从根本上解决森林砍伐和土地争端；还必须将森林可持续管理作为"根本解决办法"，以应对气候变化，优化其碳吸收和储存，以及提供其他环境服务的能力。受新冠疫情影响，第十五届世界林业大会后延到2022年5月2—6日在韩国首尔举行，"通过森林打造绿色、健康和有韧性的未来"被选定为本届世界森林大会的主题。总体而言，世界林业大会提供了一个交流观点、经验以及讨论涉及林业各方面事项的全球性参与的论坛，也为林业部门提供了纵览世界森林和林业状况的机会，以便认清趋势、调整政策和提高认识。大会以宣言的形式建议采取的行动在适合的地方、国家、区域或世界范围予以实施②，致力于推动审议国际主要森林相关会议成果，以及适当的后续行动建议。相关国际会议包括三项里约公约缔约方会议，联合国粮食体系峰会，世界自然保护联盟的世界自然保护大会，这些会议同样涵盖了大量关于森林和林业的议题③。

---

① 中国可持续发展林业战略研究项目组.中国可持续发展林业战略研究·森林问题卷.中国草学会，2002：18.
② 卢燕华.世界林业大会.广西林业，2011(7)：50.
③ 第十五届世界林业大会筹备情况.[2024-05-02].https://www.fao.org/3/ng016zh/ng016zh.pdf.

表8-2　历届世界林业大会信息 [①]

届次	年份	地点	主题
第1届	1926	意大利罗马	林业调查与统计方法
第2届	1936	匈牙利布达佩斯	通过国际合作达到木材产业与消费平衡
第3届	1949	芬兰赫尔辛基	热带林业
第4届	1954	印度台拉登	林业在土地经济与经济发展中的作用和定位
第5届	1960	美国西雅图	森林与林地的多种用途
第6届	1966	西班牙马德里	林业在不断变化的世界经济中的作用
第7届	1972	阿根廷布宜诺斯艾利斯	森林与社会经济发展
第8届	1978	印尼雅加达	森林为人类
第9届	1985	墨西哥墨西哥城	社会综合发展中的森林资源
第10届	1991	法国巴黎	森林：未来的遗产
第11届	1997	土耳其安塔利亚	森林为可持续发展：迈向21世纪
第12届	2003	加拿大魁北克	森林：生命之源
第13届	2009	阿根廷宜诺斯艾利斯	森林在发展中的至关重要的平衡作用
第14届	2015	南非德班	森林与人类：为可持续的未来而投资

　　作为森林合作伙伴关系成员之一，世界银行是全球各多边机构中森林项目融资最大的来源机构，它也实施了相关战略和政策开展森林保护工作。[②] 由世界银行主办的森林规划署（The Program on Forests，PROFOR）已将森林治理列为一项重点工作，并提供技术援助，旨在加强对森林项目的监测，帮助就重点改革达成共识和政治意愿。同时，世界银行长期为保护森林资源提供巨额资金，是建立可持续发展森林法制的资金保障，有助于可持续森林战略和业务政策的实施。2020年度，世界银行涉及森林相关项目有102项，净

---

① 中国林业科学研究院. 世界林业大会简况. (2015-08-31) [2024-05-02]. http://www.caf.ac.cn/info/1070/9435.htm.

② 金慧华. 世界银行的森林战略和政策述评. 上海立信会计学院学报，2008，22(2)：89-89.

投资额达到37亿美元。^①在环境服务定价与保护方面，世界银行集团也在寻找一系列机会帮助参与REDD+机制（减排因森林砍伐和森林退化形成的温室气体，并保护森林的碳储存功能，增加森林的碳储存量，对森林储存的碳进行可持续管理）的发展中国家。要实现因森林砍伐和森林退化形成的温室气体减排，世界银行下的森林碳伙伴基金（Forest Carbon Partnership Facility，FCPF）、森林投资计划（Forest Investment Program，FIP）与UN-REDD和REDD+等行动计划以协同互补的方式进行合作，共同识别REDD+援助的国家。除此之外，世界银行的林业战略采用综合的方式实现减贫和广泛的共享式增长，包括将林业内容纳入农业、农村发展和自然资源管理项目，目的是确保森林的可持续管理、经济的可持续发展以及农村减贫。

（2）其他相关国际组织

1997年成立于中国北京的国际竹藤组织是致力于利用竹藤资源推动环境可持续发展的政府间国际组织，其充分发挥了竹藤在保护环境，特别是在缓解森林破坏方面的作用，维护和扩大了竹藤资源的多样性，旨在实现竹藤作为木材替代品的全部潜力的政策与增值技术。^②1997—2019年，其成员数量由9个增加至45个，其中大部分为发展中国家。作为多边发展机构，国际竹藤组织拥有竹藤领域相关的专业信息和技术，成为传播竹藤知识的信使和桥梁，为成员分享竹藤资源管理与利用的相关知识、技术与战略提供平台、克服障碍。在2030联合国可持续发展目标指导下，国际竹藤组织致力于加强成员之间合作、推进知识共享、实施技术转移。与联合国南南合作办公室联合发表的《利用竹资源推进可持续发展报告》彰显了国际竹藤组织在南南合作领域中取得的成就，该报告属于联合国《南南合作行动》系列出版物之一。^③

国际非政府组织在国际森林问题的行动中也表现十分活跃，如世界自然基金会、绿色和平组织（Greenpeace）和地球之友（FOEI）。这些环境保护组织力图通过对森林经营活动进行评估，将"绿色消费者"与寻求提高森林经营水平和扩大市场份额以求获得更高收益的生产商联系在一起，在世界范围内

---

① The Win Win of Forest Protection Enhancing Lives While Slowing Climate Change. (2021-06-09) [2024-05-02]. https://www.worldbank.org/en/news/feature/2021/06/09/the-win-win-of-forest-protection-enhancing-lives-while-slowing-climate-change.

② About International Bamboo and Rattan Organization. [2024-05-02]. https://www.inbar.int/about/.

③ SDG 17: South-South Cooperation. [2024-05-02]. https://www.inbar.int/programmes/sdg17-ssc/.

发起了"森林认证"运动，强调以市场为基础，并依靠贸易和国际市场的控制和调节作用来促进世界森林的保护。①世界自然保护联盟森林保护项目认为，只有将扶贫和促进良好的森林共管放在保护工作的核心位置，才能实现对自然资源的可持续利用，因而发起了生计与景观战略这个全球性项目。该项目旨在提高森林共管水平，通过恢复森林植被，使森林的综合价值得到更好的体现。此外，一些国际非政府组织还在林业、林产品的研究方面起了一定作用，比如，以森林管理委员会（Forest Stewardship Council，FSC）为代表的关注森林与林产品认证的发展和市场情况的国际组织，以及国际林业研究组织联盟（International Union of Forestry Research Organization，IUFRO，简称国际林联）。国际林联是全球性的林业科学组织的合作联盟，成立于1892年，其宗旨是加强所有与森林和树木相关的科学研究的协调和国际合作，以确保森林健康和人类福祉。②国际林联主要通过组织各种交流活动来实现其宗旨，包括研究、交流和传播科学知识，提供林业相关信息的获取渠道以及协助科学家和机构提升其科研能力，愿景是实现以提升经济、环境和社会效益为目的的世界森林资源的科学经营和可持续经营。

　　国际组织在全球环境保护中发挥着重要的作用，具体体现在以下几个方面。

　　第一，联合国系统在全球气候治理中发挥着主导作用，创设了一系列有法律效力的制度安排，为全球气候变化问题提供了法律基础。包括《联合国气候变化框架公约》《京都议定书》《巴黎协定》，形成了一套关于全球气候治理的制度框架。1992年，首届联合国环境与发展大会达成《联合国气候变化框架公约》，迈出了全球气候治理制度框架的第一步。两年后，《京都议定书》作为《联合国气候变化框架公约》的具体实践要求被正式通过，首次以具有法律约束力的文件要求各国制定并落实减排目标。2015年，各缔约国达成了《巴黎协定》，首次共同致力于实现相同的目标，做出大胆努力以应对气候变化并适应其影响，并加大力度支持发展中国家做出同样的努力。

　　第二，国际组织是国际环境保护意识和理念的传播者和推广者，传播环保理念，提高公众认知。每年的6月5日是世界环境日，是联合国规模最大的

①　中国可持续发展林业战略研究项目组.中国可持续发展林业战略研究·森林问题卷.中国草学会，2002：18.

②　国际林联简介.（2014-05-23）[2024-05-02]. http://www.caf.ac.cn/info/1069/9436.htm.

年度环境庆典活动，旨在提高全球环保意识、倡导全球环保行动。环保领域的诸多国际非政府组织在形形色色的活动中（如讲座、主题活动、考察、发表环境问题报告等）促进了环保意识的宣传，拥有环境领域的专家资源并具备高度的专业性，针对重大环境问题提出新概念、新思想和新措施，提升游说能力，影响甚至左右全球环境治理进程。这些组织针对特定的环境问题开展调查，评估环境影响，公开相关环境破坏行为信息，提供舆论压力，促使问题改善。

第三，国际组织为全球环境保护搭建了交流合作平台。国际组织的参与为国家间就全球环境保护议题的讨论和交流提供场所，积极推进多边谈判进程，在减排目标安排、生物多样性保护、水污染治理合作、森林贸易可持续发展等方面取得了很多成就。例如，联合国水事会议（1977年）、水与环境问题国际会议（1992年）和地球问题首脑会议（1992年）为各国政府提供了解决水资源短缺问题的重要交流平台。除此之外，国际组织的参与还促进了国际社会的交流与合作，国际组织与政府、学术界、企业界、国际机构、民众和媒体之间，通过实施项目进行沟通与合作，促进项目实施，培养当地人力资源，引入新观点和新手段，获得社会效益、经济效益和示范作用。

第四，国际组织凭借其专业性和科学性，为全球环境保护提供科学依据和技术支持。众多国际组织往往拥有优秀的科研团队和专门的研究方向，能够通过发布报告等方式为各国决策者及国际社会提供判断依据和决策依据。例如，政府间气候变化专门委员会、皮尤中心等可通过发布各类科学报告为全球气候治理合作提供信息支持。国际组织还为发展中国家提供技术帮助和专业技术支持，专业技术支持建立在国际组织众多专家、会员、企业以及各种全球论坛基础上，如在水资源保护领域主要包括：提高用水效率、节水技术、污水资源化、水循环利用、防治水污染、咸水淡化、提高水资源管理效率、水质检测和改善饮用水水质的技术项目。

第五，国际组织为全球环境保护提供了重要的基金支持，如世界银行、全球环境基金、世界自然基金会等。例如，全球环境基金被指定为运作《生物多样性公约》资金机制的实体，在资金使用的政策、战略、项目重点及资格标准等方面接受《生物多样性公约》缔约方大会的指导，积极支持发展中国家和经济转型国家实现"爱知生物多样性目标"和"2030年可持续发展目标"、预防和控制外来入侵物种、提高保护地系统的有效性、优先保护濒危物种、保护海洋生态系统等①。

　　国际组织在全球环境保护中的局限性体现在：全球环境保护缺乏强有力的约束机制，共识和多边协定也并不完全具有法律效力，对违反规定或未能达成预定目标的国家不能做出有效的应对，而且没有规定具有法律约束力的排放承诺，其未来所能取得的效果依然值得人们思考。另外，国际环境保护合作往往难以兼顾不同国家经济结构和能源结构的差异，造成了发展中国家与发达国家间以及两个阵营内部的分歧和争论。此外，国际组织常常因其资金来源、人员代表比例等因素，在其独立性和科学性方面受到质疑，因此影响其在全球环境保护中的权威性和灵活性。可见，全球环境保护历程依然漫长而艰难，它不仅涉及需要国家共同解决的环境问题，还包括经济问题、政治问题和社会问题。

---

① 详见：http://www.globalenvironmentfund.com/。

第九讲　国际组织与全球教科文卫治理

　　"全球治理"这一概念最早出现于冷战结束后，其主旨在于加强国际合作，动员多方力量参与全球事务管理。①经德国前总理维利·勃兰特提议，在时任联合国秘书长布特罗斯·布特罗斯-加利的支持下，联合国成立了全球治理委员会（Commission on Global Governance）。1992年，联合国学术委员会（Academic Council on the United Nations System，ACUNS）创办《全球治理》（*Global Governance*）学术期刊，专门研究和讨论全球治理问题。②1995年，在联合国成立50周年之际，全球治理委员会发布报告《天涯若比邻》（*Our Global Neighborhood*），指出治理是个体以及公共和私营机构管理其共同事务的诸种方式的总和，是使彼此冲突的或各不相同的利益得到调和并促成各方合作采取行动的一个持续过程。它既包括正式机构和机制，也包括得到民众和机构认可或者说符合其利益的非正式的安排。③经过几十年的发展演变，全球治理已具有治理主体多元、治理方式多样及治理领域广泛的特点。在全球治理各子领域中，全球教育、文化、科技及卫生治理是基础也是重点，事关全人类与社会的可持续发展与进步，国际组织在其中起着不可替代的引导与协调作用。

---

① 蒋振西."全球治理"的中国视角.和平与发展，2015(2)：1-14.
② 孙进，燕环.全球教育治理：概念·主体·机制.比较教育研究，2020(2)：39-47.
③ Our Global Neighbourhood Report of the Commission on Global Governance. (2010-03-02) [2024-05-02]. https://www.gdrc.org/u-gov/global-neighbourhood/chap1.htm.

1　国际组织与全球教育治理

在中国，"教育"一词来源于《孟子·尽心上》中的"得天下英才而教育之，三乐也"。在西方，"教育"一词源于拉丁文educate，本意为"引出"或"导出"。①随着全球化的发展，教育作为深刻影响人类社会的重要领域，已经突破国界限制，教育质量和教育平等愈加受到国际社会共同关注，全球教育治理日益成为重要领域。国内外学者对全球教育的概念界定并未达成一致。加拿大学者卡伦·芒迪是最早关注全球教育治理问题的代表人物，他在1998年提出了"教育多边主义"的概念，即在普遍的行为原则基础上协调三个或三个以上国家教育关系的体制形式。②2009年，联合国教科文组织发布全民教育全球监测报告《消除不平等：治理缘何重要》(Overcoming Inequality: Why Governance Matters)，指出教育治理不仅涉及一个国家的教育行政和管理系统，而且还与政策制定、资源分配和监测改革等所有正式和非正式进程有关。③在讨论全球教育治理相关话题时，如分析国际组织参与全球教育事务时，德国学界主要使用"国际教育政策"这一概念。在国内学界，杜越在分析联合国教科文组织参与全球教育治理的基础上，提出了具有代表性的全球教育治理定义：各社会主体共同参与并推进全球教育发展的现象。④全球教育治理指全球范围内的个人或机构团体，通过正式或非正式的国际机制，管理教育事务，进而对教育领域产生超越国家界线的影响和作用。

国际组织参与全球教育治理的历史由来已久。从19世纪50年代到20世纪初，一些国际教育组织和跨越国界的教育会议便开始在欧美地区出现。比如，1893年，在美国芝加哥召开了哥伦比亚世界博览会教育展(The World Congress of Education of the Columbian Exposition of 1893)，这是全球首次召开的国际教育会议，具有里程碑意义。⑤通过这次会议，各国的教育体系第

① 唐宏宇.成就自觉者.人民教育，2016(22)：67-70.

② Mundy, K. Educational Multilateralism and World (Dis)Order. *Comparative Education Review*, 1998(02): 448-478.

③ United Nations Educational Scientific and Cultural Organization. Education for All Global Monitoring Report 2009: Overcoming inequality: why Governance matters. London: Oxford University Press, 2009: 129.

④ 杜越.联合国教科文组织与全球教育治理——理念与实践探究.北京：教育科学出版社，2016.

⑤ Sylvester, R. Mapping International Education: A Historical Survey 1893—1944. *Journal of Research in International Education*, 2002(1): 90-125.

一次有组织地构建了联系，这标志着人类已逐渐打破"民族思维"的限制，以开放包容的心态接受"国际思维"，为日后全球教育治理发展奠定了基础。随后，一些教育领域的国际组织逐渐在各国兴起。例如，瑞士于1901年成立国际商业教育学会（International Society for Business Education，ISBE），英国于1913年建立英联邦大学协会（Association of Commonwealth Universities，ACU）。1913年，由美国率先提议，荷兰负责召集，拟于1914年10月在海牙召开一次国际教育会议，但由于第一次世界大战爆发而未能召开。

一战后至二战前夕，国际教育组织获得了极大发展。1920年，总部设在日内瓦的国际联盟成立，其下设立了国际教育机构，它的成立对于国际教育的发展具有划时代的意义。1921年，各国教育学者开始倡议"教育跨越国界"，成立了国际知识合作委员会（International Committee of Intellectual Cooperation，ICIC）。1922年，国际联盟行政会任命英国、美国、法国等国的著名学者共13人为委员，成立了世界文化合作委员会，即国际联盟文化合作组织。"该委员会中设立五个分委员会：大学联络分委员会（Sub-committee for University Relations），书目分委员会（Sub-committee for Bibliography），文学美术分委员会（Sub-committee for Arts and Letters），知识所有权分委员会（Sub-committee on Intellectual Rights），青年儿童教育专家分委员会（Sub-committee of Experts for the instruction of Children and Young People）。"[1]1923年，国际非政府组织——世界教育会联合会（World Federation of Education Associations，WFEA）在美国旧金山成立，旨在"谋国际教育事业之互助，鼓励国际、种族间教育消息之传播，培植国际之好感，增进世界和平之兴趣"[2]。1925年，国际教育局在瑞士日内瓦成立，后成为联合国教科文组织不可分割的一部分。

第二次世界大战的爆发给世界各国带来了灾难性创伤，阻断了国际教育组织的发展。战争结束后，各国为了维护战后世界和平，振兴世界经济，开始注重国家间各方面的交流合作。国际教育组织的发展逐渐重新恢复活力，并进入了全新的发展阶段。1945年11月1日—11月16日，根据盟国教育部长

---

[1]　兰军. 试析国际教育组织在近现代的演变及特点——以19世纪末至20世纪上半叶为限. 理论月刊，2009(5)：165-168.

[2]　Gerould, W. G. International Congresses and Conferences, *1840–1937: A Union List of Their Publications Available in Libraries of the United States and Canada*. New York: H.W. Wilson company, 1938.

会议的提议，旨在成立一个教育及文化组织的联合国会议在伦敦举行，约40个国家的代表出席了这次会议，决定成立一个以建立真正和平文化为宗旨的组织。① 会议结束时，37个国家签署了《联合国教育、科学及文化组织组织法》（Constitution of the UNESCO），联合国教科文组织从此诞生，是唯一一个涵盖教育各方面目标的联合国机构。

当今，各类国际组织活跃于教育领域，已成为全球教育治理中的关键主体，形成了相对成熟的全球教育治理体系：以联合国教科文组织、经合组织及世界银行为代表的政府间国际组织引航，以全球教育伙伴关系组织（Global Partnership for Education，GEP）、全球教育运动联盟（Global Campaign for Education，GCE）等为代表的国际非政府组织为辅，在重视人力资本、倡导教育平等、发动全民教育、开展国际评估、构建学习型社会等方面发挥着重要作用。

1.1　政府间国际组织与全球教育治理

政府间国际组织是全球教育治理领域的关键力量。联合国千年发展目标提出，要在2015年前，确保不论男童或女童都能完成全部初等教育课程。联合国可持续发展目标进一步重申了全球教育治理的目标，SDG4即为确保包容和公平的优质教育，让全民终身享有学习机会。其中，联合国教科文组织、经合组织和世界银行参与全球教育治理的机制相对成熟，具有代表性。

（1）联合国教育、科学及文化组织

联合国教科文组织是全球教育治理中最重要的国际组织。根据1945年在伦敦签订的《联合国教科文组织法》，"教育改变生活，这是联合国教科文组织建设和平、消除贫困和推动可持续发展使命的核心"②。联合国教科文组织认为，教育是全民享有的一项终身人权，在保障教育机会的同时，还必须保障教育质量。《联合国教科文组织法》（以下简称《组织法》）明确指出联合国教科文组织在教育领域的主要职能有：第一，通过各种大众传播手段，为增强各国人民之间的相互了解而共同努力，并建议制定必要的国际协定，以文字和图像的方式促进人们思想的自由交流；第二，通过下列方式促进大众教育和文化传播：应成员国请求，与其开展教育活动；通过建立国家间的合作以实现教

---

① History of UNESCO. [2024-05-02]. https://www.unesco.org/en/history.

② 教育改变生活 . [2024-05-02]. https://www.unesco.org/zh/education.

育机会平等的理想而不考虑种族、性别和任何经济或社会差异，推荐最适合培养世界各地孩子懂得享受自由但承担责任的教育方法。[①] 在具体实践中，联合国教科文组织主要通过举办国际会议，开展教育研究，组织相关教育人员交流互鉴的形式参与全球教育治理。

举办国际会议是联合国教科文组织制定行动纲领，推动各国政策性对话的重要方式。联合国教科文组织大会是教科文组织的最高机构，由联合国的会员国代表组成。1954年之前，大会一般为一年一届，1954年之后，改为每两年举办一次。一般在联合国教科文组织的总部巴黎举行。除了会员国与准会员国参会外，大会还邀请非会员国、政府间和非政府组织及基金会等作为观察员出席会议。根据《组织法》，大会的主要职能包括：1）决定本组织的政策及工作方，并就执行局提交大会的工作计划做出决定。2）大会认为必要时，按其制订的章程，召集关于教育、科学、人文学科及知识传播的国家级国际会议；大会或执行局可依该章程召集上述科目的非政府性会议。3）通过该组织的中期战略。[②] 自1946年在巴黎索邦大学召开首届大会后，联合国教科文组织至今已举办了40次大会，每一届大会都会结合时代变革背景，就全球治理方面的热点问题展开探讨，并制定下一阶段各项行动的战略重点，从而不断深化联合国教科文组织"教育改变生活"的核心理念。例如，2001年10月15日—11月3日，联合国教科文组织第31届大会在巴黎举办，正值美国遭遇"9·11"恐怖主义袭击的背景，该会议通过了《2002—2007中期战略》《文化多样性宣言》《生物伦理公报》《保护水下文化遗产公约》以及《反对恐怖主义决议》等文件。来自188个成员的部长和代表就联合国教科文组织如何更好地通过教育、科学、文化及传播为反对恐怖主义、为全球化时代的长久和平与人类发展做出贡献进行了深入讨论，并审议通过了《2002—2007中期战略》，重点为"在实现全民基础教育之上，构建知识社会"[③]。在联合国2030年可持续发展目标引领下，联合国教科文组织于2015年在巴黎总部通过并发布了《2030

---

① Constitution of the United Nations Educational, Scientific and Cultural Organisation. (2023-11-22) [2024-05-02]. https://www.unesco.org/en/legal-affairs/constitution.

② Constitution of the United Nations Educational, Scientific and Cultural Organisation. (2023-11-22) [2024-05-02]. https://www.unesco.org/en/legal-affairs/constitution.

③ 赵中建，李敏. 实现全民基础教育与构建知识社会——从联合国教科文组织的"中期战略"看教育的国际发展. 全球教育展望，2002(05)：66-72.

年教育行动框架》（Education 2030 Framework for Action），提出了未来15年的教育愿景。其中的行动核心为：在教育领域实现包容和公平、努力提供优质教育和保障公民终身学习机会。①2019年11月12日—11月27日，联合国教科文组织第40届大会在巴黎召开。在全球化遭遇困难、单边主义抬头的情境下，年轻一代已成为各国发展、国家间交流合作的中坚力量。在大会的开幕式上，联合国秘书长安东尼奥·古特雷斯强调，当今各方需要共同努力，在气候变化、经济发展等各全球性问题上采取行动，使年轻人免遭灾难性的后果。同时，还需要鼓励年轻人主动创新，以共同建设一个更美好的未来。②大会期间，多国元首和政府首脑出席了一系列关于教育、社会发展等方面的会议活动，包括重新创造与青年变革者重新思考多边主义的高级别活动，召开关于包容性和流动性的部长级会议，并通过了旨在提升教育质量、包容性和平等性的《全球高等教育学历学位互认公约》。

　　开展教育研究是联合国教科文组织研究教育理论及应用的重要方式。联合国教科文组织在教育领域的研究机构主要有：国际教育规划研究所（International Institute for Educational Planning，IIEP）、终身学习研究所（UNESCO Institute for Lifelong Learning，UIL）、国际教育局（International Bureau of Education，IBE）、非洲国际能力培养研究所（International Institute for Capacity Building in Africa，IICBA）、教育信息技术研究所（Institute for Information Technologies in Education，IITE）等。各研究机构作为联合国教科文组织下属的国际研究机构，致力于以各个领域的研究推动全球教育治理进程，以实现联合国教科文组织在教育领域的使命与责任。以终身学习研究所为例，该所于1951年在德国汉堡成立，是联合国教科文组织与教育有关的主要研究所之一，也是联合国大家庭中唯一具有终身学习全球任务的组织单位。该所聚焦成人学习、继续教育、扫盲和非正式基础教育，促进和支持终身学习，以全面、综合、跨部门的终身学习方式为21世纪教育的指导范式，该所的活动特别强调在受贫穷和冲突影响最严重的国家加强弱势群体的教育公平。该所设有一个由12名联合国教科文组织总干事提名的成员为领导所组成的理

---

① The Education 2030 Framework for Action. [2024-05-02]. https://unesdoc.unesco.org/ark:/48223/pf0000245656.

② 联合国教科文组织第40届大会在巴黎召开. (2019-11-13) [2024-05-02]. https://www.chinanews.com.cn/gj/2019/11-13/9005788.shtml.

事会，理事会成员为来自世界不同地区的教育专家，他们每年开会一次，审查研究所工作进展并规划未来政策。联合国教科文组织终身学习研究所21世纪的项目领域主要包括：1）以终身学习政策和战略方案倡导和推动终身学习作为21世纪教育改革的概念框架和组织原则；2）成人学习和教育（ALE）可以帮助解决紧迫的经济、社会和环境方面的挑战；3）扫盲行动和基础技能培养是教育的根本任务，也是该研究所的重点目标。[1]

此外，组织教育人员与教育成果交流，举办培训活动，发行出版物和建立信息网是联合国教科文组织促进教育人员发展、保障信息传递与交换的重要方式。教师是教育中最重要的群体之一，联合国教科文组织为了扩大世界范围内合格教师的数量，促进教师的专业发展，于2017年11月5日在中国上海设立联合国教科文组织教师教育中心。该中心作为全球教师教育的知识生产与创新平台，肩负的主要任务有：教师教育的知识生产、基础教育和教师教育机构的能力建设，与联合国教科文组织总部外各办事处和其他相关机构进行信息共享，以及利用信息通信技术为亚洲和不发达地区提供基础教育和教师教育服务。[2]联合国教科文组织教师教育中心准确贯彻了联合国教科文组织通过国际合作在全球范围内培养教师队伍，保障资源向不发达地区分配的目标。此外，联合国教科文组织在各个国家与地区的部门及机构共同召开了众多专题研讨会，以适应国际社会教育改革与发展的实际需要，如2001年在中国召开的第四届九个发展中人口大国全民教育部长级会议、2020年在德国召开的世界可持续发展教育大会、2020年新冠疫情下主题为"为一线教育工作者打开新世界"的网络研讨会。[3]这些研讨活动为各国教育界人士展示本国成果、学习他国经验、共同探究所面临挑战的解决方案提供了良好机会。同时，联合国教科文组织还构建了一系列工作网络以增进国际理解与合作，包括旨在反对种族主义和歧视的包容和可持续城市国际联盟（International Coalition of Inclusive and Sustainable Cities，ICCAR）、致力于将和平植根于每位青年人内心的联合国教科文组织联系学校网络（UNESCO Associated Schools

① About the Institute for Lifelong Learning. [2024-05-02]. https://uil.unesco.org/unesco-institute.

② 联合国教科文组织教师教育中心简介. [2024-05-02]. https://untec.shnu.edu.cn/zxjj/list.htm.

③ COVID-19 Webinar: A New World for Teachers, Education's Frontline Workers. (2020-03-30) [2024-05-02]. https://www.unesco.org/en/articles/covid-19-webinar-new-world-teachers-educations-frontline-workers-covid-19-education-webinar-2.

Network，ASPnet）、致力于在全球范围内推动教育可持续发展的可持续发展教育网络（Education for Sustainable Development Network）等。联合国教科文组织也提供了网上书店、联合国教科文组织数据库（UNESDOC）、联合国教科文组织图书馆和档案，为所有对联合国教科文组织以及教育全球化领域感兴趣者提供了信息共享服务。

联合国教科文组织永远走在人类教育的前沿。联合国教科文组织第42届大会于2023年11月以协商一致的方式通过了在中国上海设立国际STEM教育研究所（UNESCO IISTEM）的决议，标志着联合国教科文组织一类中心首次落户中国。这是联合国教科文组织在全球设立的第10个一类中心，也是在欧美之外首个全球性一类中心。STEM是科学（Science）、技术（Technology）、工程（Engineering）、数学（Mathematics）在全球教育创新与变革背景下的学科融合教育，目的是培养具有综合能力的人才。国际STEM教育研究所主要职能是促进科学、技术、工程和数学领域从幼儿到成人各个阶段包容、公平、适切和优质的面向所有人的教育。2024年1月6日，以"全球视野、中国基石、前沿交叉、战略前置"为主题的"首届全球前沿科学50人智库论坛"在成都举行，论坛上发布了由联合国教科文组织高等教育创新中心撰稿的《人工智能时代的高等教育白皮书》，探讨了目前高等教育教学中有效使用人工智能（AI）技术的途径和方向，鼓励构建合作机制和高等教育新生态，促进人工智能技术与高等教育融合，加快SDG4的达成。

（2）经济合作与发展组织

经济合作与发展组织（简称经合组织）是"数字治理"的积极践行者，主要通过其下属机构教育与技能局等部门参与全球教育治理。经合组织向教育领域的延伸源于冷战时期欧洲国家经济发展和美苏争霸对于科技及科技人才的需求。1960年5月，经合组织将当时国际上杰出的经济学家和教育学家聚集在一起，召开了一场旨在寻找关于教育投入与经济增长关系的非正式会议，并形成了会议报告《教育投资与经济增长》（Investment in Education and Economic Growth）。① 1997年，经合组织启动了"素养的界定和遴选：理论和概念基础"项目，构建了一个包含人与工具、人与自我、人与社会三大维度的核心素养框架。其中，人与工具维度包括：互动地使用语言、符号和文

---

① Papadopoulos, G. S. *Education 1960–1990: The OECD Perspective*. Paris: OECD publishing, 1994.

本的能力，互动地使用知识和信息的能力，互动地使用科技的能力。人与自我维度包括：在复杂大环境中行动的能力，设计人生规划与个人计划的能力，维护权利、利益、限制与需求的能力。人与社会维度包括：与他人建立良好关系的能力、合作的能力、管理与解决冲突的能力等。[①]此后，该组织的核心素养框架坚持终身学习理念，以培养完整的人为价值取向，以个体的成功生活和社会的和谐发展为基本目标，具有显著的功能性特点，其引领的教育改革以"思维"为核心展开。为实现所制定的核心素养，经合组织的实施路径包含：组织与实施国际学生评估项目（Programme for International Student Assessment，PISA）测试、开展国际教学调查（Teaching and Learning International Survey，TALIS）、推动高等教育国际化、建立高等教育质量保障体系与发布全球《教育概览》（Education at Glance）等。

由经合组织实施的PISA测试目前已涵盖79个国家和地区，具有强大的国际影响力。PISA测试以阅读、数学和科学素养为主要领域，并拓展全球胜任力测试等，通过对15岁学生的知识和技能进行测试，评估未来社会公民的素质，进而评估全球的教育系统。TALIS则是经合组织通过教育与技能局开展的一项针对全球各国教师教学的国际性调查项目，是经合组织参与全球教育事务的重要组成部分。从2008年开始，TALIS在23个国家进行，发布了4个报告：《2008年国际教学调查技术报告》《创建有效的教学和学习环境：来自2008年教学国际调查的初步结果》《新教师的经验——来自2008年教学国际调查的初步结果》《教学实践和教学创新——来自教学国际调查的证据》。[②]此外，经合组织致力于推动高等教育国际化进程，分别于1993和1995年两次召开高等教育国际化学术研讨会，组织相关领域专家探讨高等教育国际化趋势对学校管理、规划、培养目标和课程的影响及其应对。2005年，经合组织和联合国教科文组织联合制定了《跨境高等教育质量保障指南》（Guidelines for Quality Provision in Cross-border Higher Education），为促进全球高等教育质量保障体系的建立起到了穿针引线的作用。经合组织编制发布的《教育概览》

① 乔鹤，徐晓丽．国际组织全球教育治理的路径比较研究——基于核心素养框架的分析．比较教育研究，2019(8)：52-58.

② OECD Guidelines for Quality Provision in Cross-border Higher Education. (2005-05-12) [2024-05-02]. https://www.oecd.org/general/unescooecdguidelinesforqualityprovisionincross-borderhighereducation. htm.

（Education at a Glance）为世界各国提供了全球教育状况的权威资讯。

（3）国际复兴开发银行

世界银行集团的分支机构国际复兴开发银行是向各国提供发展融资的最大国际组织。自20世纪60年代以来，国际复兴开发银行对全球教育政策与改革的参与度大幅上升。[①]其参与全球教育治理的方式主要包含提供教育援助贷款、技术支持，知识生产与交流，发布教育战略，以及与联合国其他部门、施援国、私营部门等建立战略合作伙伴关系等。其旗下的数个教育信托基金是跨国教育领域最大的资金来源方。在发布的系列战略报告《教育战略》（Education Sector Strategy）、《教育战略更新——实施全民教育、拓展视野及实现最大化效用》（Education Sector Strategy Update: Achieving Education for all）中，国际复兴开发银行不断明晰战略重点，拓展实施工具，倡导为培养全球化人才进行相应的技术和观念培训与教育。

1.2 国际非政府组织与全球教育治理

国际非政府组织主要通过宣传、游说和咨询等方式，深入全球教育治理领域，同时与联合国等政府间国际组织广泛联系和合作，通过参与联合国会议，以及相关活动与工作等方式执行和监督联合国决策，逐渐成为政府和市场体系之外的一个庞大的社会组织体系。本节以全球教育伙伴关系组织和全球教育运动联盟为例，简要介绍国际非政府组织如何参与全球教育治理。

（1）全球教育伙伴关系组织

全球教育伙伴关系组织发端于2002年世界银行发起的"全民教育快车道倡议"（Education for All-Fast Track Initiative，FTI）；2011年，经过重组而改名为全球教育伙伴关系组织，致力于为低收入国家的儿童提供优质教育的伙伴关系和基金。[②]其关注议题主要包括受教育机会、性别平等、教育危机、全纳教育、早期教育等；其身份有二：伙伴关系及基金提供者。作为一种伙伴关系，全球教育伙伴关系组织将捐助者、多边机构、民间社会、教师代表、慈善基金会和私营部门聚集在一起，支持伙伴国政府的计划。作为基金提供者，

---

① Mundy, K. & Verger, A., The World Bank and Global Governance of Education in a Changing World Order. International Journal of Education Development, 2015(40): 9-18.

② The Global Partnership for Education is the Only Global Fund Solely Dedicated to Education in Developing Countries. [2024-05-02]. https://www.globalpartnership.org/about-us.

全球教育伙伴关系组织为促进改革和支持国家行动和承诺提供资金。

依据全球教育伙伴关系组织发布的《2021年工作报告》（Results Report 2021），在新冠疫情暴发后，全球教育伙伴关系组织逐步向合作伙伴提供协调资金和相关建议来规划和实施应对危机的行动，其间动员了5.09亿美元专门用于应对全球大流行疾病对教育的挑战，这是最早也是最大的外部援助项目之一。在2020年3月的两周内，全球教育伙伴关系组织向87个伙伴国家和符合条件的国家提供了880万美金直接支持。2020年4月1日，全球教育伙伴关系组织创建了新的加速资金援助窗口，为67个符合条件的合作伙伴国家提供了2.5亿美元的初始资金。①

（2）全球教育运动联盟

全球教育运动联盟成立于1999年，由三个跨国倡议网络成员组成：国际乐施会（Oxfam International）、国际教育协会（Education International）及国际行动援助组织（ActionAid International），旨在提供一个统一和协调民间社会在全球教育议程方面的平台，并将全民教育作为其宗旨。②此后，该组织活跃在全球教育治理领域。

2001年，全球教育运动联盟在印度德里建立了主要的管理机构，并通过章程鼓励扩大国家联盟和区域网络。2003年，全球教育运动联盟举办首届全球教育行动周（Global Action Week for Education，GAWE），突出强调全民教育议程。2006年，全球教育运动联盟与巴西总统卢拉以及著名女演员安吉丽娜·朱莉一起在孟加拉国举办了有100万人参加的最大规模的全球教育行动周活动。2016年，在世界人道主义峰会（World Humanitarian Summit）上，全球教育运动联盟通过教育急需基金（Education Cannot Wait，ECW）助力将教育重新定义为优先事项。2018年，在尼泊尔的加德满都的第六届世界大会（the 6th World Assembly）上，全球教育运动联盟召开了有史以来第一次青年核心小组会议。③此外，全球教育运动联盟提出了自己的教育理念和活动框架，如生命教育（Education for Life）和全民有质量的公共教育（Quality Public Education for All）等，形成了强大的全民教育思想和政策氛围。

---

① Results Report 2021. (2021-09-08) [2024-05-02]. https://www.globalpartnership.org/sites/default/files/docs/results-report-2021/en/2021-10-GPE-Results-Report-2021-v2.pdf.

② 孙进，燕环. 全球教育治理：概念·主体·机制. 比较教育研究，2020，42(2)：39-47.

③ Our Journey. [2024-05-02]. https://campaignforeducation.org/en/our-journey/.

二战结束以来，各国为了发展本国教育事业，积极增进与他国在教育文化等领域的交流合作，推动了全球教育治理的蓬勃发展。在这一过程中，国际组织扮演着至关重要的角色，促进了全球教育治理中全民教育和教育公平的进程，推动了优质教育发展，推动了终身学习进程。然而，尽管以联合国为代表的国际组织在全球教育治理过程中做出了巨大的贡献，并始终扮演着领头羊的角色，时代的迅速变迁和技术的日新月异还是给全球教育治理带来了重重挑战。2020 年 12 月 11 日—12 月 13 日，中国教育三十人论坛第七届年会"营造教育新生态"在北京举行，联合国教科文组织前助理总干事唐虔认为，营造全球教育新生态主要面临着五个方面的挑战：一是公平与包容，二是教育投入，三是数字化教育和人工智能，四是评估方法考试，五是国际环境与地缘政治的变化。"[①]

2　国际组织与全球文化治理

梁漱溟在《东西方文化及其哲学》中定义文化是人类生活的样法，"进一步说就是生活中解决问题方法之不同"[②]。文化包括物质生活、社会生活和精神生活三大领域，包含饮食起居、宗教、哲学、艺术、体育等方方面面。有学者认为，文化治理已成为现代治理的一部分，是多元主体以合作共治的方式治理文化，并利用文化的功能来达成政治、社会和经济等多重治理目标的过程。[③]国际组织在全球文化治理中发挥着越来越重要的作用，主要包括世界遗产和文化休闲活动两个领域涉及的议题有文化保护、文化遗产、文化多样性、文化交流等。

2.1　全球文化治理的主要领域

（1）世界遗产

根据联合国教科文组织和世界遗产委员会的定义，"世界遗产包括过去我们的祖先留下的遗留，我们如今生活中存在的东西和未来我们传给后代的东

---

① 疫情后全球教育迎大挑战，专家：营造教育新生态需考虑 5 因素 . (2020-12-13) [2024-05-02]. https://www.sohu.com/a/437990836_161795.

② 梁漱溟全集（第一卷）. 山东：山东人民出版社，1989：381.

③ 吴理财，解胜利 . 文化治理视角下的乡村文化振兴：价值耦合与体系建构 . 华中农业大学学报（社会科学版），2019(1)：16-23.

西。世界文化遗产和自然遗产都是生活和灵感不可替代的源泉。世界遗产的独特之处在于它的普遍应用。世界遗产地属于世界各国人民，而不论其所处的领土"[①]。世界遗产包括世界文化遗产（包含文化景观）、世界自然遗产、世界文化与自然双重遗产三类。联合国教科文组织对非物质文化遗产的定义为"代代相传的传统或生活表达，如口头传统、表演艺术、社会实践、仪式、节日活动、有关自然和宇宙的知识和实践，或传统手工艺的知识和技能"[②]。保护世界遗产和非物质文化遗产在人类历史上任何时期都有着重要意义，这不仅关系到人类历史文化根基的传承，而且对推动社会的可持续发展也产生了深远影响。

二战后，联合国教科文组织诞生，其在文化领域的使命为"弘扬文化遗产、倡导文化平等、加强各国之间的联系"，并且率先在保护世界各国遗产方面积极行动。1959年，为了彻底根除尼罗河水患，埃及政府打算修建阿斯旺大坝，但这可能会淹没尼罗河谷里的珍贵古迹。1960年，联合国教科文组织发起了"努比亚行动计划"（Nubia Campaign），得到了50多个国家的积极响应和支持。在这场行动中，阿布辛拜神殿和菲莱神殿等古迹被仔细地分割成1000多块，然后被运到高地重新组装起来。这是人类历史上首次联合保护人类文化遗产的行动，具有里程碑意义，极大推动了之后其他类似的保护行动，诸如挽救意大利水城威尼斯、巴基斯坦摩亨佐-达罗遗址、印度尼西亚婆罗浮屠等。

随着时代的发展，人类越来越意识到保护历史遗产和传承文化价值的重要性。1964年5月31日，为维护沉淀了世代人民传统和岁月信息的历史文物建筑，在威尼斯召开的第二届历史古迹建筑师及技师国际会议上，通过了《保护文物建筑及历史地段的国际宪章》（The Venice Charter，简称《国际古迹保护与修复宪章》或《威尼斯宪章》）。《威尼斯宪章》包含了定义、保护、修复、历史地段、发掘、出版共六部分，强调了历史文物建筑的重要价值和作用。《威尼斯宪章》的发布在世界遗产保护机制的演变过程中具有划时代的意义，它大力呼吁并强烈要求各国把历史建筑物看作人类共同的遗产，并指出各国有责任和义务采取行动，做出努力为子孙后代妥善地保护这些建

---

① World Heritage . [2024-05-02]. https://www.unesco.org/en/world-heritage.

② What Is Intangible Cultural Heritage?. [2024-05-02]. https://ich.unesco.org/en/what-is-intangible-heritage-00003.

筑。该会议同样通过了由联合国教科文组织提出的创建国际古迹遗址理事会（International Council on Monuments and Sites，ICOMOS）的决议。

1972 年 10 月 17 日—11 月 21 日，联合国教科文组织第 17 届大会在巴黎举行，大会通过了《保护世界文化和自然遗产公约》（Convention Concerning the Protection of the World Cultural and Natural Heritage，简称《世界遗产公约》）。其中提到了公约的背景及意义：文化遗产和自然遗产的保护遇到了严重威胁。一方面，年久腐变给遗产造成了破坏，另一方面，社会变革和经济变化使遗产保护面临巨大挑战，并且由于需要经济、科学、技术力量等多方面和大量的支持，某些遗产所在国的国家遗产保护体系并不完善。根据《联合国教科文组织组织法》："本组织将保证对图书、艺术作品及历史和科学文物等世界遗产之保存与维护，并建议有关国家订立必要之国际公约以维护、增进及传播知识。"国际社会一致认为："保护无论属于哪国人民的这类罕见且无法替代的财产，对全世界人民都很重要。考虑到部分文化或自然遗产具有突出的重要性，因而需作为全人类遗产的一部分加以保护。鉴于威胁这类遗产的新危险的规模和严重性，整个国际社会有责任通过提供集体援助来参与保护具有突出的普遍价值的文化和自然遗产，这种援助尽管不能代替有关国家采取的行动，但将成为它的有效补充。为此，有必要通过采用公约形式的新规定，以便为集体保护具有突出的普遍价值的文化和自然遗产建立一个根据现代科学方法制定的永久性的有效制度。"[①]《保护世界文化和自然遗产公约》的建立和通过在世界遗产保护机制的发展中具有里程碑意义。该公约严格规定了凡是被列入世界文化和自然遗产的，其所在国有责任和义务依法予以保护。为了保障《保护世界文化和自然遗产公约》的全面落实，1976 年 11 月，联合国教科文组织内专门设立了文化遗产和自然遗产的政府间委员会，即世界遗产委员会（World Heritage Committee）。该委员会主要决定哪些遗产可以录入《世界遗产名录》，并对已列入名录的世界遗产的保护工作进行监督和指导。《世界遗产公约》和世界遗产委员会的建立进一步完善了世界遗产保护机制，有力地推动了世界遗产保护的规范化发展，从而促进了世界各国文化的可持续发展。

1965 年，国际古迹遗址理事会在波兰华沙成立。该理事会由世界各国文

---

① 保护世界文化和自然遗产公约 . [2024-05-02]. http://whc.unesco.org/archive/convention-ch.pdf.

化遗产专业人士组成，是古迹遗址保护和修复领域唯一的国际非政府组织，致力于推广理论、方法和科学技术在建筑和考古遗产保护中的应用。它的核心使命是促进古迹、建筑群和遗址的保存、保护、使用和改善。[①] 目前，国际古迹遗址理事会已成为世界遗产委员会的专业咨询机构，负责执行联合国教科文组织的《保护世界文化和自然遗产公约》，并在该领域做出了巨大贡献。

2003年9月29日—10月17日，联合国教科文组织第32届大会在巴黎召开。大会回顾了联合国教科文组织在《保护世界文化和自然遗产公约》方面所取得的显著成果，认为该公约的履行已对世界遗产保护产生了深远的意义。与此同时，联合国教科文组织注意到尚无对等的关于保护非物质文化遗产的有约束力的多边合作的文件。此外，历史上许多文件已强调非物质文化遗产的重要性，如《保护民间创作建议书》（1989年）、《联合国教科文组织世界文化多样性宣言》（2001年）和《伊斯坦布尔宣言》（2002年）[②]。

文化遗产、自然遗产和非物质文化遗产相互依存，共同组成了可持续发展的基础。然而，在社会转型过程中，非物质文化遗产面临着严重威胁，保护资源的缺乏加剧了非物质文化遗产被破坏乃至消失的危机。"意识到保护人类非物质文化遗产是普遍的意愿和共同关心的事项，承认各社区尤其是原住民、各群体抑或个人，在非物质文化遗产的生产、保护、延续和再创造方面发挥着重要作用，从而为丰富文化多样性和人类的创造性做出贡献，考虑到国际上现有的关于文化遗产和自然遗产的协定、建议书和决议需要有非物质文化遗产方面的新规定来有效地予以充实和补充，考虑到必须提高人们尤其是年轻一代对非物质文化遗产及其保护的重要意义的认识，考虑到国际社会应当本着互助合作的精神与本公约缔约国一起为保护此类遗产做出贡献，以及联合国教科文组织有关非物质文化遗产的各项计划，尤其是'宣布人类口头遗产和非物质遗产代表作'计划，认为非物质文化遗产是密切人与人之间的关系以及他们之间进行交流和了解的要素，它的作用不可估量。"[③] 因此，会议通过了《保护非物质文化遗产公约》（Convention for the Safeguarding of Intangible Cultural Heritage）。该公约第五条提出：在联合国教科文组织内设立

---

① Introducing ICOMOS. [2024-05-02]. https://www.icomos.org/en/about-icomos/mission-and-vision/mission-and-vision.

② 保护非物质文化遗产公约. [2024-05-02]. https://unesdoc.unesco.org/ark:/48223/pf0000132540_chi.

③ 保护非物质文化遗产公约. [2024-05-02]. https://unesdoc.unesco.org/ark:/48223/pf0000132540_chi.

政府间保护非物质文化遗产委员会，以负责执行该公约。《保护非物质文化遗产公约》和政府间保护非物质文化遗产委员会的设立进一步完善了世界范围内的遗产保护机制，在世界遗产保护事业蓬勃发展的基础上，赋予了非物质文化遗产保护以同等重要性，并得到了众多国家的普遍支持。当前，在众多国家和国际组织的共同努力下，世界遗产与非物质文化遗产保护机制不断完善，有力推动了全球社会可持续发展。

（2）文化休闲活动

文化休闲活动涉及人的社会生活和精神生活层面，是文化的重要组成部分。文化休闲活动中的文学、体育和旅游等的发展都得到了国际组织的助力，国际组织在其中发挥的重要作用也是积极参与全球文化治理的表现。

文学是以语言文字为载体的一种艺术形式，其广义上"泛指一切思想的表现，而以文字记述的著作；狭义则专指以艺术的手法，表现思想、情感或想象的作品"[1]。文学领域的第一次国际合作尝试始于1886年缔结的《保护文学和艺术作品伯尔尼公约》(Berne Convention for the Protection of Literary and Artistic Works，简称《伯尔尼公约》)，其目的在于保护作家作品的合法权益。英国、法国、德国、意大利、瑞士、比利时、西班牙、利比里亚、海地和突尼斯10个国家成为原始签字国，9个国家批准通过（利比里亚除外），公约成员组成了国际保护文学艺术作品联盟，即伯尔尼联盟（International Protection of Literary and Artistic Works，Berne Union），并制定了公约的修订程序、纳新规则。

《伯尔尼公约》的诞生，标志着国际版权保护体系的初步形成。《伯尔尼公约》中的第二条对"文学和艺术作品"的范围进行了规定，"包括文学、科学和艺术领域内的一切成果，不论其表现形式或方式如何，诸如书籍、手册和其他文字作品；讲课、演讲、讲授和其他同类性质作品；戏剧或音乐戏剧作品；舞蹈艺术作品和哑剧；配词或未配词的乐曲；电影作品和以类似摄制电影的方法表现的作品；图画、油画、建筑、雕塑、雕刻和版画作品；摄影作品和以类似摄影的方法表现的作品；实用艺术作品；与地理、地形、建筑或科学有关的插图、地图、设计图、草图和立体作品"[2]。它是首个包含文学作品著作权

---

① 辞海. [2022-01-03]. http://www.cihai123.com/cidian/1000659.html.

② 伯尔尼保护文学和艺术作品公约. [2024-05-02]. https://wipolex.wipo.int/zh/text/283696.

的国际版权公约，作为一项国际公约，要求成员与版权相关的国内法满足公约的最低要求[①]，并提出了国民待遇、自动保护和版权独立性三原则。

中国于1992年加入该公约，成为伯尔尼联盟的成员。21世纪以来，联合国教科文组织等国际组织推动文学发展主要表现在颁发文学奖项、保护版权、促进各国城市文学交流等方面。

国际组织致力于扩大体育运动的影响力，推动全球体育事业发展。体育运动具有悠久的历史渊源。早在古希腊城邦文明时期，就出现了跑步类运动、力量性运动、工具性运动这三种类型的体育运动。[②]不同城邦的体育运动呈现出不同的特点，斯巴达的体育训练强调秩序性，雅典的体育项目灵活多样，享受体育的自由并重视身体的感受。[③]同时期的中国正处于春秋战国时期，提倡六艺（礼、乐、射、御、书、数），统治阶层与文人学者也爱好登山、打猎等活动，并且受儒家思想影响，发展了和谐、安适的体育思想。无论是古希腊时期的西方还是春秋战国时期的中国，体育运动的形式、内容与普及度都得到了发展，为西方和东方体育运动奠定了坚实基础。值得注意的是，古希腊时期的奥林匹克运动会，后来演变为现代的国际奥林匹克运动会，成为国际体育竞技级别最高且最权威的平台。关于体育全球化究竟于何时开始，学界尚无统一定论。主流的观点认为，标志着体育全球化迈出重要一步的是国际比赛的出现。欧洲的文艺复兴运动主张恢复德育、体育、美育，促进人文主义体育思想的形成[④]。英国资产阶级革命、法国大革命等为体育全球化创造了思想条件，工业革命则为体育全球化奠定物质基础。19世纪，体育在欧洲及北美大陆迅速发展，体育项目的种类逐渐丰富，体育比赛也趋向标准化和规范化。随着西方国家的扩张，近代体育演变为世界性的体育比赛与聚会。单项运动会和综合运动会、地区性运动会与世界性运动会为各国运动员提供了同台竞技的平台，并吸引了众多观众。许多国际体育赛事形成了自己的品牌效应，具有重要的国际影响力。

---

① 郑成思. 版权国际公约与我国有关法律. 法学研究，1991(5)：75-80.

② 李建，徐洪敏. 古希腊城邦文明时期与中国春秋战国时期的体育比较研究. 当代体育科技，2020(10)：237.

③ 樊杰. 发展体育的秩序性与自然性：古希腊城邦体育的差异与教育启示. 教育教学论坛，2019(1)：46.

④ 马秀梅. "体育全球化"起源时间的再考量. 山东体育学院学报，2019(2)：22.

体育领域的国际组织发挥了包括举办赛事、制定规则、人员培训等重要作用。由于体育项目种类繁多，相关国际体育组织也数量众多，以成员性质来分，国际体育组织可以分为政府间、非政府、混合型三类；从成员地域范围来看，则可分为全球性体育组织、区域性体育组织和地方性体育组织三类。

旅游业的发展也是全球文化治理的一项重要议题。旅游业为旅行者带来多方位的视觉、听觉体验以及身心益处，同时也为旅游当地带来消费增长、基础设施完善、就业增加等诸多益处，国际组织因此做出努力，为全球旅游业发展进行协调与推动工作，以促进旅游业的国际合作。1898年，国际旅游协会联盟（International Tourism Alliance，法语：Alliance International de Tourisme，AIT）在卢森堡成立，是一个主要服务于欧美地区汽车旅游的非营利民间组织。1919年，国际旅游协会联盟更名为国际旅游同盟，1925年5月4日—5月9日在荷兰海牙召开了国际官方旅游协会大会。1934年，在海牙正式成立国际官方旅游宣传组织联盟。二战后，1946年10月1日—10月4日，在伦敦召开了首届国家旅游组织国际代表大会（The First International Congress of National Tourism Bodies）；1947年10月，第二届国家旅游组织国际代表大会决定正式成立官方旅游组织国际联盟（International Union of Official Travel Organisations，IUOTO）；1969年，联合国大会批准将其改为政府间组织。至此，国际旅游领域第一个全球性政府间组织诞生。

自20世纪70年代以来，世界经济经历了动荡，但旅游业仍保持着强劲的势头并表现出新的发展趋势。据《世界旅游经济趋势报告（2020）》，2019年，全年全球旅游总人次为123.10亿人次，旅游总收入达到5.8万亿美元。[①]为了能够为游客提供更好的旅游体验并对各类旅游服务进行规范，国际组织发挥了重要作用。旅游领域的国际组织有狭义和广义之分，狭义上是指那些为多国旅游业服务并旨在以各种形式促进旅游业发展的较大规模的组织，包括政府间国际组织和国际非政府组织，例如隶属联合国系统的世界旅游组织（World Tourism Organization）、区域性的亚太旅游协会（Pacific Asia Travel Association，PATA）、首个城市为主体的全球性旅游组织世界旅游城市联合会（World Tourism Cities Federation，WTCF）。广义上，由于旅游业与交通、住

---

① 世界旅游经济趋势报告（2020）. (2020-09-11) [2024-05-02]. https://cn.wtcf.org.cn/xsyj/lhhbg/2020 09114429409.html.

宿、餐饮等行业息息相关，因此旅游业相关国际组织也涉及特定行业的国际组织，如国际铁路联盟（International Union of Railways，UIC）、世界旅行社协会联合会（United Federation of Travel Agents' Associations，UFTAA）。

2.2 国际组织与全球文化治理

国际组织在全球文化治理中发挥了引领作用，联合国教科文组织、世界知识产权组织和世界旅游组织等在遗产保护、文学、旅游发展方面积极行动。

（1）联合国教育、科学及文化组织

联合国教科文组织下设了多个遗产保护机构，其中世界遗产委员会是专注于保护世界遗产和非物质文化遗产的机构。该委员会负责实施《世界遗产公约》，它不但对某一遗产是否列入《世界遗产名录》有最终决定权，还能决定是否将遗产列入《世界濒危遗产名录》或将其除名。[1]世界遗产委员会为世界遗产委员会的审议提供咨询服务，下设三大专业机构：国际文物保护与修复研究中心（International Centre for the Study of the Preservation and Restoration of Cultural Property，ICCROM）、国际古迹遗址理事会（International Council on Monuments and Sites，ICOMOS）、世界自然保护联盟（International Union for Conservation of Nature，IUCN）。联合国教科文组织负责建立世界遗产与非物质文化遗产档案，并进行及时更新，以促进监测与保护。1976年设立的《世界遗产名录》（The World Heritage List）截至2020年11月，共收录1121项[2]，世界遗产基金（World Heritage Fund）对入选项目提供资金援助。《濒危世界遗产名录》（World Heritage in Danger）也由联合国教科文组织设立，它旨在促进国际社会对文化遗产的监测与保护，被列入名录的项目面临紧迫的或者潜在的危险，由世界遗产委员会定期检查，并决定是否采取额外保护措施。另外，联合国教科文组织与成员代表以及地方企业和相关机构共同合作，发起了"联合国文化遗产大数据平台"建设，以促进遗产相关资料及时整理。同时，重大工程报告、定期报告也是联合国教科文组织更新遗产信息、监督缔约国履约的重要形式。此外，联合国教科文组织还制定了统一的世界遗产与非物质文化遗产评估方式。《保护世界文化和自然遗产公约》（Convention Concerning the Protection of the World Cultural and Natural Heritage）的第一条和

---

[1] The World Heritage Committee. [2024-05-02]. http://whc.unesco.org/en/committee/.

[2] World Heritage List. (2020-10-08) [2024-05-02]. http://whc.unesco.org/en/list/.

第二条详细列出了文化遗产和自然遗产的具体评选标准。[1]联合国教科文组织也为世界遗产与非物质文化遗产的保护与修缮提供专业技术支持和人员培训。根据《威尼斯宪章》，世界遗产委员会等组织共同确立修缮的基本原则，其职责之一是管理世界遗产基金，为申请国提供遗产保护方面的技术援助，并与国际古迹遗址理事会、世界自然保护联盟、国际文物保护和修复研究中心在项目上进行合作。国际文物保护与修复研究中心下属由文物保护专家组成的队伍，负责制定文物保护与修复的解决方案。由于遗产保护依然面临专业机构不足、人才不足、国家间遗产保护发展不平衡的共同问题，世界遗产委员会通过召开技术研讨会和培训班，以提供平台推进遗产保护人才的培养。

联合国教科文组织是促进文学交流领域最重要的国际组织。第一，它通过授予国际性荣誉增强国际性认可，扩大影响力并提高公众意识。"世界文学之都"评选是联合国教科文组织在促进文学发展与文化交流方面的创举。2004年，联合国教科文组织第170届执行理事会通过了举办创意城市网络（Creative Cities Network）的决议，分为文学之都、电影之都、音乐之都、民间手工艺与艺术之都、设计之都、媒体艺术之都和美食之都。[2]例如，"世界文学之都"是主要以文学促进城市社会、经济、文化发展的城市[3]，入选城市能够利用文学资源在联合国教科文组织搭建的平台上开展城市间的文学文化交流，不仅能够促进城市内文学相关创意产业发展，也能够提升城市的影响力。中国南京于2019年入选"世界文学之都"。此外，联合国教科文组织发布《保存数字遗产宪章》（The Digital Heritage as a Common Heritage），为数字版权保护提供了指导与援助；其中第6条明确提出了对数字遗产资源进行著作权保护，并在第11条中对政府部门、创造者、出版商、相关企业和遗产保护机构提出了要求和期望；在实际操作中又推出了《数字遗产保存指南》（Guidelines for the Preservation of Digital Heritage），详细规定了需要保存的数字资源的范围、保护数据安全的方法等具体指导。

（2）世界知识产权组织

世界知识产权组织（World Intellectual Property Organization，WIPO）是

---

① 保护世界文化和自然遗产公约 . [2024-05-02]. http://whc.unesco.org/archive/convention-ch.pdf.

② UNESCO's Creative Cities Network: towards sustainable strategies. (2021-03-02) [2024-05-02]. https://www.unesco.org/en/articles/unescos-creative-cities-network-towards-sustainable-strategies.

③ 戴俊骋，那鲲鹏，单雪婷 . 世界文学之都对中国城市申都启示 . 文化学刊，2019(2)：24.

联合国保护知识产权的专门机构，根据1967年斯德哥尔摩签订的《成立世界知识产权组织公约》而设立，总部位于瑞士日内瓦。世界知识产权组织包括7个部门，每个部门由一名副总干事级或助理总干事级的高级管理者分管，接受总干事的全面领导。《保护文学和艺术作品伯尔尼公约》是世界知识产权组织管理的版权相关条约。世界知识产权组织对版权保护内容进行了严格规定，比如，文学领域有"小说、诗歌、戏剧、工具书、报纸文章等文学作品"。中国在1980年加入了世界知识产权组织，并于1992年加入了《保护文学和艺术作品伯尔尼公约》。当前，世界知识产权组织与知识产权局、用户和其他利益攸关方合作，开发共享的知识产权工具、服务、标准、数据库和平台。这种技术基础设施旨在帮助知识产权机构更有效地开展协作，以向用户交付更高效的服务，并使全世界的创新者和信息寻求者能够自由地获得知识产权制度中所含的知识，推动全球文化知识发展。世界知识产权组织开发和共享通用的知识产权标准和分类、全球知识产权数据库和其他数字化知识产权信息、专利信息和其他知识产权信息资源，技术与创新支持中心网络，支持知识产权局职能的业务解决方案、人工智能与知识产权。[1]

世界知识产权组织积极促进国际合作，合作对象包括成员、政府间组织和非政府组织以及全球企业界，旨在帮助它们获取国际知识产权制度对社会的益处。主要合作领域包括协助政府和个人利用知识产权促进经济发展，建立公私伙伴关系以应对全球挑战，与成员合作发展全球知识产权基础设施，树立尊重知识产权的风尚。[2]此外，该组织还定期举办世界知识产权活动，扩大服务范围，例如，2021年活动主题是"知识产权与中小企业：把创意推向市场"，以吸引、支持和服务那些过去可能没有得到良好服务的受众。[3]

（3）联合国世界旅游组织

联合国世界旅游组织（简称世界旅游组织）是旅游业最重要的国际组织，其前身为国际官方旅游宣传组织联盟，于1975年改为此名，是以国家为主要会员的国际组织，于2003年11月成为联合国下属促进旅游业发展的专门机构，总部位于西班牙马德里，目前包括159个会员国、6个准会员国及超过

---

[1] Global IP Infrastructure. [2024-05-02]. https://www.wipo.int/global_ip/en/index.html/.

[2] Development Cooperation. [2024-05-02]. https://www.wipo.int/cooperation/en/index.html.

[3] 知识产权造福每个人：总干事提交2021年产权组织成员国大会的报告. [2024-05-02]. https://tind.wipo.int/record/44418.

500个代表旅游协会、地方旅游局、教育机构等的附属会员。①世界旅游组织旨在促进旅游业发展，带动经济增长，协调各国合作，并发挥咨询、协调等功能②，为其成员提供多种形式的帮助，包括政策文件、方法准则以及规划和监测原则③。其工作主要围绕五大方面展开：促进创新引领的旅游智能化发展；促进投资与创业，提高旅游业竞争力；创造更多就业岗位及提供相关培训；增强旅游业适应力以及旅行安全；保护自然遗产和文化遗产。④

世界旅游组织当前的工作重心为促进旅游业的可持续发展，推动与联合国2030年可持续发展目标相适应的世界旅游业。旅游业的发展对人类和自然遗产具有较强的依赖性。在世界各地，数百万的工作和企业都依赖于强大而繁荣的旅游业，旅游业也是保护自然和文化遗产的推动力。同时，旅游业过度膨胀已导致旅游资源环境危机，这带来了旅游业的可持续发展问题。可持续旅游的本质是不断保持环境资源和文化的完整性，给旅游目的地居民以公平的发展机会。具体而言，就是要增进人们对旅游所产生的环境效应与经济效应的理解，强化其生态环境保护意识，从而促进旅游业的公平发展，并改善旅游接待地区的居民生活质量，同时向旅游者提供高质量的旅游生活质量，以及保护未来旅游资源或产业开发赖以存在的生态环境等。⑤

2.3　相关国际非政府组织的活动

国际非政府组织在文化遗产保护，促进文学、体育和旅游发展方面发挥了特殊作用，主要表现在调动民间力量，提高公众关注度等。中国华夏文化遗产基金会（China Cultural Heritage Foundation）、国际奥林匹克委员会、世界旅行社协会联合会和国际航空运输协会等具有典型性。

（1）中国华夏文化遗产基金会

相比于政府间国际组织，国际非政府组织在世界遗产与非物质文化遗产保护中具有更强的自主性、志愿性、公益性和灵活性，以多种活动形式致力于提高公众的遗产保护意识。公众是遗产保护的重要力量，提高公众参与度，

---

① About UN Tourism. [2024-05-02]. https://www.unwto.org/who-we-are.

② 程秀芬.世界知识年鉴.国际问题研究，1984(2)：59-60.

③ Ferguson, L. The United Nations World Tourism Organization. *New Political Economy*, 12(4): 557-568.

④ About UN Tourism. [2024-05-02]. https://www.unwto.org/who-we-are.

⑤ 有何不同？生态旅游 vs 可持续旅游 vs 负责任旅游.(2023-04-08) [2024-05-02]. http://www.cbcgdf.org/NewsShow/4854/23210.html.

能广泛且深入唤醒社会对文化历史遗产多样性的保护和传承。此外，国际非政府组织还调动民间力量，筹集资金修缮和保护本土文化和历史遗产。中国华夏文化遗产基金会以世界文化遗产保护和中国文化遗产保护事业为己任，以唤醒公民对文化保护意识为宗旨，是中国文化遗产保护领域内第一个以公开募集资金形式，为传承和保护中国文化遗产服务的全国性社会公益组织。[①]秉承着"取之于民，用之于民，造福人类"的宗旨，该基金会在全球范围内寻找中国物质文化遗产和非物质文化遗产，并以公开透明的方式募集海内外资金用以修缮和保护中国遗产。

（2）国际奥林匹克委员会以及地方性体育组织

国际体育组织的宗旨是保护运动员权益，消除体育竞技场上各种形式的歧视，制定比赛规则与章程，促进体育事业的发展。[②]影响力最大的国际性体育组织当属国际奥林匹克委员会，这是一个非营利的国际非政府组织。国际奥委会由法国教育家皮埃尔·德·顾拜旦男爵发起，于1894年在国际体育代表大会上成立，总部原设在法国巴黎，一战时迁入瑞士洛桑。奥林匹克运动会旨在复兴古希腊奥运会，因而首届奥运会于1896年在希腊雅典举行。国际奥委会依赖于商业伙伴的赞助，内容包括技术服务、产品等，并将90%的收入进行再分配。[③]截至2021年1月，国际奥委会已有206个国家和地区成员，每四年各举办一次夏季奥运会和冬季奥运会，成为最具影响力的国际体育竞技平台。体育领域的专业技术性国际组织有国际足球联合会（International Federation of Association Football，法语：Fédération Internationale de Football Association，FIFA）、国际乒乓球联合会（International Table Tennis Federation，ITTF）、国际游泳联合会（International Swimming Federation，法语：Fédération Internationale de Natation Association，FINA）等。《奥林匹克宪章》对奥林匹克精神进行了说明："相互理解、友谊长久、团结一致和公平竞争。"奥运会蓬勃开展，奥林匹克精神更是上升为国际社会推崇的态度与规范，奥运会也逐渐成为一个开放与包容的自由交流之地，有助于促进世界和平。

除全球性体育组织外，区域性和地方性体育组织也是促进体育全球化的重要力量。它们致力于加强地区间体育交流，提高地区体育竞技水平，并培

---

① 中国华夏文化简介. [2024-05-02]. https://www.cchfound.com/about_10.html.

② 李丹阳，范莉莉，朱艳美. 现代竞技体育全球化的内涵. 辽宁体育科技，2012(1)：6.

③ The IOC is Privately Funded. [2024-05-02]. https://olympics.com/ioc/finance.

养了众多高水平运动员。洲际体育组织能最大限度调动区域内的体育资源，覆盖范围广、影响力大①，影响力较大的包括国际性体育组织下属的各洲理事会和联合会，如欧洲足球协会联盟（Union of European Football Associations，UEFA）。地方性体育组织也是体育全球化的有效推动力，例如，以美国男子篮球职业联赛（National Basketball Association，NBA）为代表的美国四大职业体育联盟吸引了全世界的顶尖运动员，扩大了体育的影响力，推动了体育竞技高水平发展。

（3）世界旅行社协会联合会、国际航空运输协会

国际非政府组织在促进旅游业发展中扮演了重要角色，促进共同价值的实现。1966年，成立于罗马的世界旅行社协会联合会致力于团结和联系各国旅游相关机构，并提供相应的技术援助，协调解决会员国在相关问题上的纠纷。总部位于蒙特利尔的国际航空运输协会（International Air Transport Association，IATA），成员由各国航空公司组成，对航空票价、机场布局等航空运输业中的实际问题进行规定与协助。此类国际组织的成立适应了旅游业发展的需要，并能够为行业从业者提供交流平台，提升旅行质量。

全球文化治理所涉范围广、层面多，国际组织在参与全球文化治理中也面临诸多挑战。

在遗产保护方面，国际组织积极推进各地遗产的保护管理规划工作，致力于减少自然灾害及人为破坏等负面因素的影响、完善监测和预警系统，使文化遗产成为各国人民文化交流及巩固世界和平的重要平台和联系纽带。但是，世界遗产与非物质文化遗产类型多样，地区分布广泛，其保护与传承对国际组织和各国提出了新要求。首先，部分遗产资源由于过度商业化和功利化开发，给遗产保护带来了严重问题和威胁，仅靠联合国教科文组织世界遗产委员会等国际组织已无法完全应对，如何平衡旅游商业开发与遗产原真性保护是难题。其次，世界遗产委员会工作效力不足，更多以"建议性""指南性"文件指导成员国工作。也有学者指出组织内部女性仍然被边缘化，无法充分参与世界遗产相关决策过程②，这不利于遗产保护工作的开展。

---

① 马家鑫，王子朴. 区域性国际体育组织及"一带一路"沿线国家和地区体育组织构建. 中国体育科技，2020（6）：84.

② Settimini, E. Women's representation and participation in UNESCO heritage discourse. *International Journal of Heritage Studies*, 2021, 27(1): 1-15.

在文学文化方面，国际组织更多侧重于通过设立奖项和荣誉增强文学影响力。在社会、经济发展水平以及人类发展指数最低的一系列国家中，人民生活水平较低，文学与文化交流还存在真空。互联网的普及、人工智能的发展、通用型大模型的发展，使文学领域面临创作、伦理、著作权等诸多挑战。

在体育方面，国际体育组织中依然存在不平等现象。首先，国际体育话语权较高的国家能更好地维护自己本国利益，在国际体育界有更大的国际影响力[1]，部分依赖资金援助进行运作的国际体育组织在改善不平等现象上发挥作用有限，合作形式单一，国际体育秩序受到挑战。其次，部分国际体育组织运作方式单一固定，依赖捐款和赞助，易受到资本的影响与操控。再次，国际体育组织公信力减弱，例如，国际反兴奋剂机构（World Anti-Doping Agency，WADA）对不同国家运动员的不同态度令国际社会质疑。

在旅游方面，国际组织既满足了市场主体的期待，也为行业从业人员提供了国际就职平台，能够促进所在领域和行业的共同价值观的建设，稳定国际旅游秩序，保障旅客合法权益。但是国际组织在旅游领域发挥的作用也有限。一是旅游相关的国际组织数量众多，世界旅游组织行动的开展依赖于成员的配合与实施，国际非政府组织在政策影响方面有限。二是各国相关旅游法律法规标准未完全统一，国际旅游法同时呈现体系化和碎片化两个趋向。三是部分组织缺乏凝聚力和向心力，制度僵化，习惯于跟风发布形式化的倡议、声明、共识、宣言等，对旅游企业和消费者的核心诉求反应滞后。四是如何通过旅游促进发展中国家发展方面的议题滞后。

3　国际组织与全球科技治理

科技发展成为促进经济社会发展的原始动力，也成为各国合作与竞争的永恒主题。科技发展不断呈现出新的态势，当国家的力量不足以满足科技发展的需要时，科技不得不寻找更为广阔的空间，这是一场始于20世纪80年代的科学国际化潮流，而国际组织正是这场潮流的推动者和促进者，在平衡国家间诸力量、推动全球科技治理中发挥了重要作用。国际组织参与全球科技治理是多元主体在科技全球化、社会化过程中的合作与互动，也是不断完善与治理科技发展的过程，在促进科技向善、监管科技负效应、促进科技发展、

---

① 万晓红，张德胜，李雪贝. 新时代提升我国体育话语权的理论逻辑与实践路径. 武汉体育学院学报，2020(7)：21.

提供实用创新以及评估项目影响的过程中具有重要作用。

早期国际组织在科技治理方面主要表现为对知识的重视和对知识产权的保护。世界知识产权组织成立于《巴黎公约》和《伯尔尼公约》基础之上，于1974年成为联合国系统的一个专门机构，它以《建立世界知识产权组织公约》为基本文件，规定了组织的两条主要宗旨，一是通过国家间的合作以及与其他国际组织的协作，促进国际范围对知识产权的保护；二是保证各种知识产权公约所建立的联盟之间的行政合作。第一条主要体现在鼓励缔结新的知识产权条约，促进各国知识产权立法的国际化与现代化方面。在1986年乌拉圭回合谈判之前，世界知识产权组织可以说是唯一一个在知识产权国际保护方面对各国影响较大的国际组织，它所管理的国际条约也构成知识产权多边国际保护的主要内容。另外，世界贸易组织在知识产权国际保护上的作用也不容忽视，它所通过的《与贸易有关的知识产权协议》（TRIPS协议）是一个保护标准比其他现行公约都要高的国际知识产权法律文件。

联合国在推动国际科技合作中发挥了不可替代的作用。1999年6月26日，联合国在布达佩斯举办了为期6天的世界科学大会，来自100多个国家的2000名科学家、各国政府和非政府组织代表参加了大会，会议讨论的内容并没有局限于科学本身，而是更多地讨论了与科学进步相关的社会话题，例如，人类如何一致努力确保科学的健康发展，让其造福于社会；建立一个怎样的科学伦理标准来防止滥用科学以及由此引发的社会负效应；如何缩短科学发展中的南北差距；等等。面对21世纪可以预见的科学空前大发展，为消除这些发展带来的弊端，作为20世纪首次举行的全球性科学大会，确定了"为了21世纪——新的承诺"这一主题，通过了《科学和利用科学知识宣言》，并制订出21世纪的《科学议程 行动框架》。这是科学与社会之间订立的新契约，是世界各国政府和科学家在新世纪到来之际对全人类作出的承诺。这一承诺的含义是多方面的：对于各国政府，它意味着更重视科学，给科学发展以更强有力的政策引导；对于科学界，它意味着更自觉地将科学成果应用于人类福利与和平发展，抵制滥用科学；对于教育界，意味着把科学教育作为人类发展和人类素质中最重要的内容予以重视；对于经济界，意味着更多地支持科学；对于新闻媒介，意味着把向社会传播科学文化作为主要责任。[1]

---

① 高嵘，古祖雪. 超国界的契合与回响——试论国际组织对世界科技发展的影响. 自然辩证法通讯，2001(2)：52-57.

21世纪以来，国际组织在全球科技治理中有了更综合、更具体的功能。方向调控方面，国际组织利用政策的制定和实施使科技发展符合全人类的利益；机制安排方面，国际组织帮助构建点、线、面三者交互影响的科技发展网络；学科建设方面，国际组织促进学科之间的交叉综合；成果保护方面，国际组织在全球化中力求知识价值与知识共享的统一。目前世界上已经产生了许多专注于科技领域的国际组织，可统称为国际科技组织。国际科技组织为促进本领域的科技发展，致力于发表科技宣言、制定科技标准、促进科技合作、组织学术会议、出版科技文献、培训国际人才。[1]国际科技组织是科技规范和政策的倡导者、科学价值的维护者、多方利益和理念的协调者[2]。国际科技组织的宗旨和根本目的是促进本领域科学研究、技术应用、教育培训等方面的发展与进步。例如，国际小水电中心（International Center on Small Hydro Power，ICSHP）的宗旨是推动小水电技术合作，促进全球水电发展；国际动物学会（International Society of Zoological Sciences，ISZS）的宗旨是团结从事动物科学的学者及各国专业组织，推动动物科学发展。国际科技组织的主要活动是构建全球化、国际化的合作网络，通过组织国际会议、出版科技文献、培训国际人才、举办交流访问等多种合作方式共享全球科技资源，协调国际科技活动，促进科技交流，为本领域科研人员的研究成果发布和科技信息交流创造条件。

3.1 政府间国际组织与全球科技治理

政府间国际组织，尤其是联合国下属机构，对全球科技发展形成了政策引导、推动合作、加强交流等良好效应。

（1）联合国教育、科学及文化组织

联合国教科文组织始终大力投入全球科技治理，为各国制定或修订国家科技创新政策提供了指导。[3]联合国教科文组织科学报告每五年监测一次全球性传播感染支持系统的状况，并分析新出现的趋势。此外，联合国教科文组

① 贠智凯，张昌利，侯小娅. 中国专家参与国际组织活动的对策研究. 北京理工大学学报（社会科学版），2005，7(5)：71-73.
② 龚海华，王振宇. 中国科学院与国际科技组织合作的现状与思考. 中国科学院院刊，2009，24(5)：554-559.
③ Investing in Science, Technology and Innovation. [2024-05-02]. https://en.unesco.org/themes/investing-science-technology-and-innovation.

织全球科学、技术和创新政策工具观察站（GO→SPIN）会发布一系列国家概况作为建立国际开放存取数据库的先驱，该数据库将使各国能够监测和评估其创新"生态系统"，并比较出最佳做法。①

联合国教科文组织促进科学治理结构和机制的发展，包括科学顾问、科学技术政策办公室和科学议会委员会。联合国教科文组织自1999年开始主办世界科学论坛，自2003年起与匈牙利科学院（Hungarian Academy of Sciences，HAS）和国际科学理事会共同组织。两年一度的论坛旨在推动全球科学领域的交流，讨论科学的作用、责任和挑战，为科学、政策和社会新出现的问题进行富有成效的对话提供一个独特的全球平台。论坛的重点是：加强科学、政策和社会之间的互动；促进和加强全球科学、技术和创新部长和议员网络，促进他们参与创新发展有关的不断变化的科学领域；鼓励加强全球学术界和工业界之间的联系；促进发展中国家更多地参与全球科学。2022年，论坛以"科学促进社会正义"（Science for Social Justice）为主题，围绕人类尊严、气候公平、非洲与世界、外交、科学中的公平与公正开展了5场主论坛、28场专题会议、20余场边会及其他相关活动，关注产学研、人权、开放科学、包容度和多样性等事项，吸引了1200多名科学家、决策者、工业界、民间社会代表和媒体参会，共同探讨科学在促进社会正义中的作用。②该论坛每年11月10日前后举办，以纪念世界和平与发展，是一个国际知名的科学日。

联合国教科文组织一直是科学外交领域许多著名中心和组织的发源地，旨在促进全球各地区科学家之间的合作。其中，欧洲核子研究组织（European Organization for Nuclear Research，法语：Conseil Européen pour la Recherche Nucléaire，CERN）是联合国教科文组织在科学领域特别是科学外交领域的首批重大举措之一。它创建于1950年，目标是利用基础研究在重建国家间合作和促进和平的同时达到卓越的科学水平。世界科学院（The World Academy of Sciences，TWAS）是联合国教科文组织的一个项目，旨在促进科学和工程发

① Investing in Science, Technology and Innovation. [2024-05-02]. https://en.unesco.org/themes/investing-science-technology-and-innovation.

② UNESCO at the World Science Forum: Fostering Science for Greater Social Justice. [2024-05-02]. https://www.unesco.org/en/articles/unesco-world-science-forum-fostering-science-greater-social-justice；World Science Forum 2022 "Science for Social Justice". [2024-05-02]. https://council.science/events/world-science-forum-2022/.

展，促进发展中国家的可持续繁荣，成立以来积极开展各种科学外交活动。以色列—巴勒斯坦科学组织（Israeli-Palestinian Science Organization，IPSO）于2004年在联合国教科文组织的支持下发起，旨在促进和维持以色列人和巴勒斯坦人之间的合作，促进学者和科学家之间的对话和互动。①基于创新是促进科学知识和技术发展的核心要素，联合国教科文组织在阿拉伯区域建立了网络英才中心，鼓励这些地区建立融合技术的创新中心。它也鼓励各国以科技园区的形式发展创新中心。②2023年，联合国教科文组织在中国上海设立国际STEM教育研究所，旨在促进科学、技术、工程和数学领域从幼儿到成人各个阶段包容、公平、适切和优质的面向所有人的教育。

联合国教科文组织始终站在人类科技治理的最前沿，人工智能的快速发展为全球创造了许多机会，从促进医疗诊断到通过社交媒体实现人际联系，再到通过自动化任务提高劳动效率。然而，这些快速的变化也引起了深刻的伦理问题。这些问题源于人工智能系统可能嵌入偏见，会导致气候退化，威胁人权等。为应对日益严重的人工智能伦理问题，联合国教科文组织于2021年11月制定了有史以来第一个关于人工智能伦理的全球标准——《人工智能伦理建议》（以下简称《建议》）。这一框架得到所有193个会员国的通过。保护人权和尊严是《建议》的基石，其基础是推进透明度和公平等基本原则，同时始终牢记人类监督人工智能系统的重要性。《建议》适用于广泛的政策行动领域，能够使决策者将核心价值观和原则转化为数据治理、环境和生态系统、性别、教育和研究、卫生和社会福利等许多其他领域的行动。③

（2）联合国科技促进发展委员会

联合国科技促进发展委员会（United Nations Commission on science and technology for development，CSTD）是联合国讨论科学和技术的重要组织，它主要讨论影响当今科学技术领域的关键问题，包括生活中的技术，以及前沿

---

① UNESCO. Science, Technology and Innovation Policy. [2022-01-05]. http://www.unesco.org/new/en/natural-sciences/science-technology/science-policy-and-society/science-diplomacy/science-centres-and-organizations/.

② Investing in Science, Technology and Innovation. [2024-05-02]. https://en.unesco.org/themes/investing-science-technology-and-innovation.

③ Ethics of Artificial Intelligence. (2022-03-09) [2024-05-02]. https://www.unesco.org/en/artificial-intelligence/recommendation-ethics.

技术的使用和开发治理——即大数据分析、生物技术和基因组编辑、物联网（IoT）和人工智能等等。它是一个开放的平台，促进了成员国、国际非政府组织和科研者在科学、技术发展领域的具体合作。[①]

1979年，在维也纳举行的联合国科学和技术促进发展会议上成立了一个政府间科学和技术促进发展委员会，这是联合国科技促进发展委员会的前身。1992年，大会决定将该委员会改为经济及社会理事会的职司委员会，并设立科技促进发展委员会。联合国科技促进发展委员会的成立是为了通过分析和提供政策建议向联合国提供高级别咨询，以便指导联合国今后的工作、制定共同政策并商定适当的行动。各国可以在这里可以提出关键问题，探索技术快速发展带来的机遇，以确保发展中国家和人民不会落后。

科学、技术、创新以及可持续发展都成为当今的关键议题，科技治理面临更加复杂的机遇和挑战。联合国科技促进发展委员会为及时讨论科学和技术发展的相关问题提供了政府间的交流平台和讨论空间，它善于把握新机遇，预见一些长期存在的挑战并迎接新的挑战。此外，联合国科技促进发展委员会为成员国、学术界、民间社会和从事科学技术发展的工商界之间的合作提供了空间。它还致力于规划发展中国家科学和技术创新的新途径，使科技能够造福所有人民，推动全球科技治理迈出新的一步。

（3）经济合作与发展组织

长期以来，经济合作与发展组织一直是数字政策分析、证据收集和标准制定方面的领导者，从1980年《经合组织个人隐私指南》预见到计算的出现对隐私的威胁，到2019年制定第一个关于人工智能的政府间标准《经合组织关于人工智能的建议》。通过2016年《卫生数据治理建议》和2022年《政府获取私营部门实体持有的个人数据宣言》，提高对数据使用和跨境流动的信任。经合组织建立了国际公认的证据和政策分析基础，以支持各国的数字化转型，同时应对相关的风险、挑战和干扰。经合组织致力于将治理因素纳入主流科技创新政策中。两个突出的例子是《经合组织理事会关于神经技术负责任创新的建议》和《经合组织理事会关于人工智能的建议》。这些工具象征着经合组织国家如何认识到需要更多创新和更好地创新，从而使创新过程更加具有

---

① About the CSTD. [2024-05-02]. https://unctad.org/topic/commission-on-science-and-technology-for-development/about.

目标导向、包容性和前瞻性。将治理纳入创新过程有可能将公共利益考虑因素融入技术中。《经合组织关于神经技术负责任创新的建议》是该领域的第一个国际标准，旨在指导政府和创新者预测并解决新型神经技术带来的伦理、法律和社会挑战，同时促进该领域的创新。《经合组织人工智能原则》提倡创新、值得信赖、尊重人权和民主价值观的人工智能，为人工智能制定了足够实用和灵活的标准，有助于应对科技的快速发展。

3.2 国际非政府组织与全球科技治理

相较于政府间国际组织，科技领域的国际非政府组织具有相对独立性，采取自主管理方式，在沟通协作、组织形式等方面有更大的灵活性。其功能有：学术交流、科学普及、企业创新建设、反映科技工作者诉求、学风建设、决策咨询、奖励表彰、民间国际学术交流等。[1]

（1）国际标准化组织

国际标准化组织是标准化领域的一个国际性非政府组织，成立于1947年，是全球最大最权威的标准化组织，负责当今世界上绝大部分领域（包括军工、石油、船舶等垄断行业）的标准化活动。其宗旨是"在世界上促进标准化及其相关活动的发展，以便于商品和服务的国际交换，在智力、科学、技术和经济领域开展合作"[2]。国际标准化组织通过它的2856个技术结构开展技术活动，其中技术委员会共611个，工作组2022个，特别工作组38个。[3]国际标准化组织为广泛的产品、材料和流程制定和发布标准。标准目录分为大约97个领域，包括医疗保健技术、铁路工程、珠宝、服装、冶金、武器、油漆、土木工程、农业和飞机。除了制定标准外，国际标准化组织还会发布技术报告、技术规范、公开可用的规范、技术勘误和指南。国际标准化组织通过在不同国家之间提供通用标准，在提高科技标准水平和促进世界贸易方面发挥了重要作用。这些标准旨在确保产品和服务安全、可靠和优质，符合国际设定的最低标准。国际标准化组织制定的标准从制成品、技术、食品安全、农业到医疗保健等，总数超过两万个。

---

[1]　吕潇．"枢纽型"科技 NGO 概念的提出及学术交流职能回归．未来与发展．2012，35(12)：19-22.

[2]　About ISO. [2024-05-02]. https://www.iso.org/about-us.html.

[3]　宋雯．标准之路 ISO 简史．中国标准导报，2013(6)：76-77.

（2）国际科学理事会

国际科学理事会前身为国际科学联盟理事会（International Council of Science Unions，ICSU）和国际社会科学理事会（International Social Science Council，ISSC）。2017年10月，国际科学联盟理事会和国际社会科学理事会合并为国际科学理事会。目前，该组织已成为世界上成员覆盖面最广泛、学科门类最齐全的综合性科技组织，虽然是国家非政府组织，但它同联合国等政府间国际组织有密切交流合作，是公共部门与科学界之间的桥梁和纽带，在国际科技界具有强大号召力，致力于开展各类国际研究计划。以应对全球新冠疫情为例，国际科学理事会与世卫组织、联合国难民署一起积极开展COVID-19场景项目（COVID-19 Scenarios Project）。该项目概述了一系列中长期新冠疫情情景，旨在帮助人们了解实现该流行病可能产生的多种结局。此外，建立了新冠肺炎全球科学门户网站（COVID-19 Global Science Portal），旨在共享报告，提供科学评论和分析，并突出强调了国际科学理事会成员和合作伙伴对全球紧急情况的反应规模和范围。[①]

（3）人工智能伙伴关系组织

人工智能伙伴关系组织[②]（Partnership on AI，PAI）是一个由多个人工智能公司、研究机构、社会组织和学术机构组成的国际性非政府组织。该组织由谷歌（Google）、脸书（Facebook）、国际商业机器公司（IBM）、亚马逊（Amazon）和微软（Microsoft）五大科技巨头于2016年9月28日共同成立，旨在以有益于社会为前提，建立并分享人工智能最佳实践，提升公众认知水平，提供一套开放、包容的讨论与交流平台，发现并促进人工智能领域的理想性尝试。目前，英特尔、易贝（eBay）、索尼、麦肯锡、百度等企业和多家非营利机构都已纷纷加入该组织。人工智能伙伴关系组织将推动研究、组织讨论、分享见解、提供思想引导，并与相关第三方开展协商、回应公众与媒体问题，同时整理教育材料以促进社会对包括机器认知、学习与自动推理等人工智能技术的理解。

---

① COVID-19 ACTIONS. [2024-05-02]. https://council.science/what-we-do/covid-19-actions/.

② Partnership on AI. [2024-05-02]. https://partnershiponai.org/.

4 国际组织与全球卫生治理

全球化在促进人与人之间联系更加紧密的同时，也使健康风险的传播速度不断加快，全球卫生治理受到关注。有学者将全球卫生治理划分为五个阶段。第一阶段是在19世纪以前，主要由各国独自应对传染性疾病。例如，14世纪中期黑死病在整个欧洲暴发，以意大利威尼斯为首的部分港口城市对外来船只实行长达40天的禁运，并于1377年建立了"隔离检疫"制度。第二阶段是19世纪上半叶，以欧洲建立的停船检疫监督体制为主要标志，但是这个体制局限于区域内的国家开展卫生合作，未扩大到更大范围。到19世纪中叶，欧洲各国开始认识到国家之间需要协调配合来共同预防急性传染病。第三阶段从1851年第一届国际卫生大会（International Sanitary Conferences，ISC）的召开到第二次世界大战结束。多样化的卫生组织开始出现，并以战乱时期及战后传染性疾病控制为目的建立了以定期召开国际卫生大会为主要机制的国际卫生治理体制。第四阶段是二战后到20世纪80年代末，以世界卫生组织为中心的全球卫生治理机制基本成型，双边和多边治理机制开始在全球范围内快速发展。第五阶段则是从20世纪80年代至今，多元主体参与成为全球卫生治理的体系特征。①

4.1 政府间国际组织与全球卫生治理

世界卫生组织是全球卫生治理中的领头羊，是全球卫生治理领域最具权威性与普遍性的机构，在全球卫生治理领域扮演了引领者、协调人、保证人和信息中心的角色。世界卫生组织成立于1948年，是联合国的专门机构，旨在促进国际合作以改善公共卫生条件。它继承了成立于1923年的国际联盟卫生组织（the Health Organization of the League of Nations）和成立于1907年的巴黎国际公共卫生办公室（the International Office of Public Health at Paris）在疫情控制、检疫措施和药品标准化等方面的具体任务。根据其章程，世界卫生组织被赋予了广泛的职责，即促进所有人实现"尽可能高的健康水平"，并将健康定义为"一种身体、精神和社会适应的完整状态，而不仅仅是疾病或虚弱"。②

---

① 高明，唐丽霞，于乐荣. 全球卫生治理的变化和挑战及对中国的启示. 国际展望，2017，9(5)：126-146.

② WHO Remains Firmly Committed to the Principles Set Out in the Preamble to the Constitution. [2024-05-02]. https://www.who.int/about/accountability/governance/constitution.

世界卫生组织的总部设在日内瓦，以每年举行的世界卫生大会（World Health Assembly，以下简称大会）作为总决策机构，通过大会及由大会选出的任期三年的卫生专家执行委员会对组织进行管理。世界卫生组织总干事由一名副总干事和多名助理总干事支持，他们各自专攻世界卫生组织框架内的特定领域，如家庭、妇女和儿童健康或卫生系统及创新。世界卫生组织第一任总干事是加拿大医生布罗克·奇泽姆（Brock Chisholm），于1948年到1953年任职。21世纪以来，世界卫生组织总干事包括挪威医学家兼前总理格罗·哈莱姆·布伦特兰（Gro Harlem Brundtland，1998—2003）、韩国流行病学家兼公共卫生专家李炯武（Lee Jong-Wook，2003—2006）和中国医学专家和公共卫生领域的高级官员陈冯富珍（Margaret Chan，2007—2017）。2017年，埃塞俄比亚公共卫生官员谭德塞（Tedros Adhanom Ghebreyesus）成为世界卫生组织总干事。世卫组织的秘书处由在中央总部或六个区域办事处之一，或世界各国其他办事处任命的专家、工作人员和现场工作人员组成，负责开展日常运作，助力战略实施。[①]世卫组织的资金主要来自成员国政府根据相对支付能力提供的年度会费，与此同时，自1951年之后，来自联合国扩大的技术援助计划的大量资源也为世界卫生组织提供资金支持。世卫组织主要通过制定国际卫生条例，与伙伴网络协作、扩大服务范围与增强能力建设来发挥作用。

世界卫生组织在预防疾病、检验方法、疾病命名及生物医药国际标准制定等方面处于绝对权威地位。《世界卫生组织组织法》第二十一条规定，世界卫生大会有权通过与下列有关的规章：预防疾病于国际蔓延的环境卫生与检疫的必需条件及其他方法；关于疾病、死因及公共卫生工作的名称；检验方法之国际通用标准；出售于各国市场的生物、药物及其他类似制品之安全、纯净及功效标准；出售于各国市场之生物、药物及其他类似制品之广告与标签。[②]

世界卫生组织定期与伙伴网络合作，利用和协调数百个伙伴机构的专业知识，通过推动全民接种计划、抗菌药物和杀虫剂使用指导、改善实验室和临床早期诊断和预防设施、协助提供纯水供应和卫生系统、为生活在农村社区的人们提供健康教育等群众性运动，协助控制流行病和地方病。它的伙伴网络包括：全球卫生群组（300多个伙伴在24个受危机影响国家开展应对工

①　Who We Are. [2024-05-02]. https://www.who.int/about/governance.

②　Constitution of the World Health Organization. (2006-10-09)[2024-05-02]. https://apps.who.int/gb/bd/PDF/bd47/EN/constitution-en.pdf?ua=1.

作）；紧急医疗队（来自25个国家的60多个医疗队在突发事件后提供临床护理）；全球疫情警报和反应网络（自2000年以来约有2500名卫生人员响应了80个国家的130多起突发公共卫生事件）；后备合作伙伴（2015年世界卫生组织的后备合作伙伴向18个国家部署了约207个月人员支持）；机构间常设委员会（世界卫生组织是机构间常设委员会的成员，该委员会是协调机构间人道主义援助工作的主要机制，在紧急救济协调员领导下应对复杂和重大的突发事件）。在2020年以来的全球新冠疫情中，世界卫生组织开展了一项名为SOLIDARITY的大型全球试验，以确定是否有治疗这种新型冠状病毒感染的方法。2021年，该试验进入SOLIDARITY PLUS试验阶段。该试验代表了世界卫生组织成员国之间最大规模的全球合作，涉及52个国家和地区、600多家医院的数千名研究人员。

世界卫生组织是全球性的疾病信息中心，定期提供有关疾病传播和死亡率的情况报告和媒体简报；为政府、公共卫生部门、卫生保健工作者、社会公众提供技术指导和实践建议，实时更新正在进行的科学研究。此外，世界卫生组织不断扩大全球卫生治理的服务范围，增强能力建设。世界卫生组织的全球服务中心设在马来西亚吉隆坡。作为一个行政服务管理中心，它把世界卫生组织总部和区域办事处的部分行政职能转移到低成本国家。目前，除美洲区域办事处及泛美卫生组织（Pan American Health Organization，PAHO）外，所有区域办事处均在全球管理系统内利用全球服务中心处理业务，并为世界卫生组织的伙伴组织提供服务。世界卫生组织通过拓宽资金筹措途径、建立联合实验室、增加地区办事处等手段增强了其在经费、研究及管理方面的能力建设。[①]它还经常鼓励加强和扩大成员国的公共卫生管理，在编制长期国家卫生计划方面向各国政府提供技术咨询，派出国际专家组进行实地调查和开展示范项目，帮助建立地方保健中心，协助建立国家医疗和护理人才培训机构，通过各种教育援助方案，为医生、公共卫生管理人员、护士、卫生检查员、研究人员和实验室技术人员提供奖学金。

4.2 国际非政府组织与全球卫生治理

在公共卫生领域的国际非政府组织往往不受主权让渡的约束，因此在国

---

① 刘铁娃.世界卫生组织在全球卫生治理中的中心地位及其面临的挑战分析.太平洋学报，2021(2)：15-28.

际合作中更具灵活性、民间性和自治性特征。国际非政府组织的主要参与方式包含：第一，参与创设与公共卫生问题相关的一系列国际法规和制度。它们不仅积极参与国际社会在全球公共卫生领域所开展的各项活动，而且对一些重大决策和相应制度安排的出台发挥了显著作用。例如，在艾滋病防治问题上，正是由于国际非政府组织的积极推动，国际社会才最终达成共识并采取了许多制度性措施。第二，发挥对国家的教化功能。国际非政府组织的一项重要职能就是运用其掌握的信息，通过说服和批评方式来发挥对国家的教化功能。"世界卫生日"的建立就是一个很好的例子。1950年4月7日，国际非政府组织在全球组织了"世界卫生日"活动，这一活动引起联合国高度关注，并将每年4月7日确定为"世界卫生日"。有学者指出其实际上在这一过程中"扮演了一个诱导型和批评型教师的角色，国家在国际非政府组织的教化下，通过被动型学习而被社会化到了新的国际规范和价值观念中"[1]。第三，提供医疗跨国服务。国际非政府组织拥有强大的卫生方面的技术专长和信息优势，例如，无国界医生组织（Doctors Without Borders，法语：Médecins Sans Frontières，MSF）的先进信息通信和交通设备可以让它在最短时间内将其有效的医疗服务送达世界各地。国际非政府组织的深入调查和科学分析能力，使得其对各国政府制定公共卫生政策有很强的影响力。

（1）流行病防范创新联盟

流行病防范创新联盟（The Coalition for Epidemic Preparedness Innovations，CEPI）于2017年1月19日由挪威、印度等国政府，以及比尔及梅琳达·盖茨基金会、英国惠康基金会（Wellcome Trust，Wellcome）、世界经济论坛等非营利组织联合成立，是一个与全球流行病防范密切相关的国际联盟。该组织旨在通过加速疫苗研发，大大减少针对新兴传染病疫苗所需的生产时间，并确保这些疫苗能够及时进行科学部署，特别是部署在低收入国家的贫困人群里。流行病防范创新联盟与世界卫生组织、全球顶尖生物制药公司和疫苗研发科研机构有着广泛的合作，[2]包括葛兰素史克、默克、强生、辉瑞、赛诺菲巴斯德以及其他生物技术创新组织。新冠疫情期间，流行病防范创新联盟针对COVID-19疫苗投入约3000万美元，先后资助8个全球伙伴进行疫苗研

---

① 刘贞晔.国家的社会化、非政府组织及其理论解释范式.世界经济与政治，2005(1)：5，26-31.

② Global Partnership Launched to Prevent Epidemics with New Vaccines. (2017-01-18) [2024-05-02]. https://cepi.net/cepi-officially-launched.

究：Inovio公司（DNA疫苗）、澳大利亚昆士兰大学（蛋白疫苗）、CureVac公司（mRNA疫苗）、Moderna公司（mRNA疫苗）、美国国家过敏和传染病研究所（The National Institute of Allergy and Infectious Diseases）、Novavax公司、牛津大学及香港大学。流行病防范创新联盟还资助了巴斯德研究所（Institut Pasteur）、匹兹堡大学和Themis Bioscience公司组成的研究平台，专注疫苗开发。葛兰素史克也提供佐剂技术平台，支持流行病防范创新联盟研究方的疫苗开发。[①]2020年4月17日，流行病防范创新联盟上海代表处取得了境外非政府组织代表机构登记证书。

（2）帕斯适宜卫生科技组织

帕斯适宜卫生科技组织成立于1977年，旨在加速健康公平，让所有人和社区都能繁荣发展，为公共机构、企业、基层团体和投资者提供建议并与之合作，以解决世界上最紧迫的健康挑战。该组织利用数字工具的力量，建立跨越国界和部门的伙伴关系，来抵御新的疾病威胁和流行病，其创建的模式正在转变医疗保健服务，促进医疗创新，以更快地为更多人带来健康——以及随之而来的就业和经济稳定。[②]该组织与中国也有着密切的合作，在疫苗、药物、诊断、医疗器具的产品研发和传染病防治领域实施了多个项目，其中在比尔及梅琳达·盖茨基金会的资助下，用了8年的时间支持中国生物制品集团旗下成都生物制品研究所的乙脑疫苗研发，成为首个通过世卫组织预认证的中国疫苗，得到国际认可，保护了超过3亿儿童免受乙脑可能带来的终身残疾。在该组织的参与下，北京生物制品研究所有限责任公司的两价脊灰疫苗在2017年通过了世卫组织预认证，厦门万泰沧海生物技术有限公司的两价HPV疫苗也在2019年年底成为第一支国产HPV疫苗。

（3）比尔及梅琳达·盖茨基金会

比尔及梅琳达·盖茨基金会是由比尔·盖茨和梅琳达·法兰西·盖茨创立的美国私人基金会，成立于2000年，是世界第二大慈善基金会。目前世卫组织约80%的资金实际上来源于会费以外的自愿捐款，仅比尔及梅琳达·盖茨基金会就承担了慈善基金会向世界卫生组织捐款总额的88%以上。[③]该基金会的目

---

① 上海市科学技术委员会. 发挥国际组织力量 打造科技合作平台——上海积极吸引CEPI、PATH等国际组织落户. 国际人才交流，2020(5)：18-19.

② Who We Are . [2024-05-02]. https://www.path.org/about/.

③ By Contributor. [2021.05-02]. https://open.who.int/2022-23/contributors/contributor.

标是在世界范围内加强医疗保健和减少极端贫困，并扩大美国的教育机会和信息技术的获取，致力于将人类的创新才能应用于减少健康和发展领域的不平等现象。其核心战略包括加速研发创新的产品（比如支持研发生产的创新乙脑疫苗，质量达到世界卫生组织的标准，惠及了包括中国在内的广大发展中国家的儿童），将创新成果进行普及推广（比如建立结核病防治综合模式，确保了先进的诊疗技术、药物、医保和信息管理系统等得到快速有效的应用和推广，受益人口超过9000万[①]），建立新型伙伴关系（支持创建了包括覆盖发展中国家疫苗免疫覆盖的全球疫苗免疫联盟（Gavi）、加速开发针对新兴传染病疫苗的流行病防范创新联盟、覆盖全部非洲地区的儿童健康和死亡预防监测网络（CHAMPS）等创新合作机制），全球网络与基础数据（为美国50个州和哥伦比亚特区，以及全球138多个国家的受助者提供支持）。在2020年全球新冠疫情中，比尔及梅琳达·盖茨基金会承诺投入1亿美元支持全球共同抗击疫情，并于2020年4月宣布向世卫组织追加1.5亿美元捐款用于抗击疫情，用于资助诊断工具、药物和疫苗开发，以及扩大撒哈拉以南非洲和南亚地区的检测、治疗和隔离工作，并最大程度地减少疫情对世界上最贫困人口的社会和经济影响。

（4）红十字国际委员会

红十字国际委员会成立于1863年，在世界各地开展工作，帮助受冲突和武装暴力影响的人们，并推广保护战争受害者的法律。红十字国际委员会是一个独立、中立的组织，致力于为战争和武装暴力受害者提供人道主义保护和援助。作为一个独立、中立的组织，其职责主要源自1949年的《日内瓦公约》。它采取行动应对紧急情况，并促进对国际人道主义法的尊重及其在国家法律中的实施。红十字国际委员会总部位于瑞士日内瓦，在100多个国家/地区拥有超过21000名员工，资金主要来自各国政府以及各国红十字会与红新月会的自愿捐款。

（5）无国界医生组织

无国界医生是一个非营利组织，是1999年诺贝尔和平奖的得主，该组织的资金主要由私人捐助。无国界医生于1971年12月20日在巴黎成立，最初

---

① 国家卫健委与盖茨基金会合作创建结核病防治新模式 全力攻克"耐药结核"难题. (2019-11-20) [2020-04-14]. http://www.xinhuanet.com/politics/2019-11/20/c_1125255428.htm.

的成员皆为深信世界人类都有获得医疗权利的法国医生和记者，他们的目标是建立一个独立的组织，专注于快速、有效和公正地提供急救药品。当前其成员已遍及全世界，每年有3000多位救援人员和3万多名来自项目所在地的当地员工在超过70个国家服务，派出的医疗救援人员和后勤人员会到受到天灾、战乱、发生疫症的地区，为战争、疫症及天灾的受害者、提供紧急医疗救援，也为一些医疗设施不足甚至完全缺乏的地区提供基本医疗和手术、重建医院和药房、推动营养和卫生项目及培训当地医护人员。无国界医生是全球最大的独立医疗救援组织之一，在全球各地设有21个办事处，其中5个主要的行动中心都位于欧洲，分别是巴黎、布鲁塞尔、阿姆斯特丹、巴塞罗那和日内瓦。此外，全球设有21个办事处，负责招募救援人员、筹款和推广该组织的工作。这些分部包括：澳大利亚悉尼、奥地利维也纳、比利时布鲁塞尔、加拿大多伦多、丹麦海勒鲁普、法国巴黎、德国波恩、希腊雅典、荷兰阿姆斯特丹、中国香港、意大利罗马、日本东京、挪威奥斯陆、西班牙巴塞罗那、瑞典斯德哥尔摩、瑞士日内瓦、阿拉伯联合酋长国阿布扎比、英国伦敦、美国纽约等。

国际组织在参与全球卫生治理中具有悠久的历史，可以说，全球卫生治理、公共卫生治理是国际组织诞生以来最早的参与领域之一，并且，伴随着人类社会的发展，全球卫生挑战的范围和强度也在不断地扩大和更新。没有任何一个国家或机构可以单独解决这些问题，需要国际和跨国组织及其区域办事处、政府机构、私人基金会、研究机构等共同努力来提供技术专长，改善公共卫生成果，加强全球卫生治理的实践。国际组织在同各国政府共同行动、协助国家实现全民健康覆盖、帮助各国建立并遵守国际卫生条例、增加获得基本和高质量医疗产品的机会、管理国际突发公共卫生事件等方面发挥了积极作用。但是，以世卫组织为代表的国际组织在机构效力、治理能力、治理手段上依然面临挑战，协调各方行动困难重重。帕斯适宜卫生科技组织这类非政府组织也面临着资金不足、合法性存疑及组织内部问题等压力。

第十讲　国际组织人才及其胜任力

自从国际组织大量出现以来，国际关系中的集团外交和多边外交就呈现出制度化、组织化趋势。各国或国家集团都借助国际组织来进行国际交往，协调矛盾、处理纷争、加强合作。用"国际组织的世纪"来概括我们这个时代的国际关系特点毫不为过。[①]国际组织是制定国际规则、协调多边事务、分配国际资源的重要平台，各国培养和推送自身国际组织人才的需求引发了对国际组织胜任力的关注。巴黎国际事务学院顾问委员会主席拉赫达尔·卜拉西米曾谈到，国际组织应当坚持其多边主义合作的倾向，吸纳更多人才。新兴国家应当在维护多边主义上发挥更加积极的作用。联合国教科文组织前总干事伊琳娜·博科娃曾指出：基于合作而非竞争的多边主义是强化全球公共产品管理的唯一路径。更多的全球人才应该致力于发展国际多边主义，投身于把世界变得更加美好的伟大事业。联合国训练研究所（The United Nations Institute for Training and Research，UNITAR）所长尼基尔·塞思则建议对联合国的定位加以研究，以在大变局中保持联合国的活力与有效性，让国际组织人才在舞台上真正发挥更大效用。

1　联合国公务员体系及其胜任力

1.1　联合国职员构成

联合国的办事范围分为五大区：非洲地区、美洲地区、亚洲及太平洋地

---

① 余敏友.论国际组织的地位与作用.法学评论，1995(5)：33-37.

区、欧洲及中亚地区、中东及北非地区。在非洲，联合国的两个主要活动中心是肯尼亚的内罗毕和埃塞俄比亚的亚的斯亚贝巴，此外还有众多区域和国家办事处。在美洲，联合国总部所在地美国纽约是联合国在北美地区的活动中心；拉丁美洲和加勒比经济委员会所在地智利圣地亚哥是联合国在拉丁美洲地区的活动中心。泰国曼谷是联合国在亚洲和太平洋地区的活动中心，也是联合国亚洲及太平洋经济社会委员会的所在地，此外，亚洲和太平洋地区还设有许多联合国系统机构的区域和国家办事处以及联合国政治事务处。联合国在欧洲和中亚的主要活动中心分别是瑞士日内瓦、奥地利维也纳和尼德兰海牙。日内瓦是联合国日内瓦办事处（简称日内瓦办事处）和欧洲经济委员会的所在地，维也纳是联合国维也纳办事处（简称维也纳办事处）的所在地。联合国系统机构在欧洲和中亚设有很多区域和国家办事处以及联合国政治事务处。其在中东和北非地区的活动中心是黎巴嫩贝鲁特，贝鲁特同时也是西亚经济社会委员会（简称西亚经社会）的总部所在地。除了西亚经社会外，中东和北非地区还设有其他联合国机构的区域和国家办事处以及联合国政治事务处。

联合国的宗旨和原则是"维持国际和平及安全，并为此目的：采取有效集体办法，以防止且消除对于和平之威胁"。同时，联合国在促进世界经济与社会发展、环境保护、科技合作等问题上发挥着重要的协调和领导作用。联合国的工作涵盖国际事务各个核心领域，是全球多边机制的核心。联合国的工作机会面向各种专业背景的人才开放。当前，联合国系统内约有7万名工作人员。2019年，联合国秘书处的工作人数达35239。纽约总部的秘书处工作人员6000余人[①]。60%的联合国工作人员在地区办公室工作。

联合国职员亦称国际公务员，分为三类：一是高级官员，即D级（Director），包括D2、D1两个级别，分别相当于我国的正、副司/局级；二是专业类官员（Professional），即P级，含P1至P5五个级别；三是一般事务类人员（General Service），即G级，分G1到G7七个级别，这类职员从事一般事务性工作，大多从国际组织所在地招聘，主要从事秘书和行政助理工作。此外，联合国系统中还有不叙级人员，主要分为两类：一类是联合国首席行政首

---

① UN System HR Statistics Report 2019. [2024-05-02]. https://unsceb.org/sites/default/files/2020-09/CEB_2019_Personnel_Statistics%20%281%29.pdf.

长（联合国秘书长）、联合国专门机构的一把手（如世卫组织总干事、国际劳工组织干事长等），他们由联合国大会或相应国际组织代表大会选举产生，其工作期限、工资待遇等均由全体大会审定并签订合同；另一类是联合国秘书长任命的若干副手（联合国副秘书长）和联合国专门机构一把手任命的主要助手（如世卫组织副总干事、助理总干事、总干事代表或顾问等）。

在专业类官员中，低级别的P1、P2类官员中一部分通过按照地域分配原则进行的全球考试（如2011年以后实行的青年专业人员项目考试）进入联合国。其他的业务类官员都是根据空缺职位需要，在全球范围内公开招聘。事务类人员专业涉及面较宽，例如，世界卫生组织60%以上业务人员的专业背景是和医药卫生有关的医学、生物学，其他为信息、财务、人事、法律、外交、语言等各种专业。专业类官员中，P5级人员享受外交待遇。个别国际组织，如世界卫生组织设有P6，相当于D1按合同分类。联合国官员的任用包括临时任用（1年以下）、定期任用（1年以上5年以下）及连续任用（无任用期限）。其中，定期任用占总数的70%，连续任用（包括原有的永久任用合同）占22%，临时任用占8%。

1.2 联合国的招聘及晋升制度

为建立一支在才干、效率与忠诚度方面均达到全球最高标准的公务员队伍，联合国确立了基于核心价值观和核心能力的人事征聘制度。从岗位职责的制定到招聘公告，再到征聘及遴选标准，联合国人事系统都以核心价值及核心能力为基准。联合国的征聘面向全球及整个联合国系统，对内部及外部人选不做区别对待。在这一制度下，联合国职员的晋升以及跨机构的平级调动原则上均需要通过竞聘更高级别或同一级别的职位来实现。联合国的各职位级别及工作经验要求具体见表10-1。

表 10-1　联合国各职位级别及工作经验要求 [1]

类别	级别与工作经验要求	其他
专业类职员及高级官员（P/D类）Professional and Higher Categories	P2：除青年专业人才外可无工作经验入职，其他需工作经验2年及以上 P3：至少5年工作经验 P4：至少7年工作经验 P5：至少10年工作经验 P6/D1：至少15年工作经验 P7/D2：15年工作经验以上	P类和D类的工作人员通常是国际征聘的，在整个职业生涯中将在不同的地点工作
一般事务类别（G类）General Service and Related Categories	*不同工作要求不同	一般事务工作包括行政、秘书、文书，以及印刷、警卫和建筑物维修等专门技术职能
国家专业人员 National Professional Officers	A：至少1—2年工作经验 B：至少2—3年工作经验 C：至少5年工作经验 D：至少7年工作经验 E：7年工作经验以上	身份为其服务国家的国民，履行需要所在国语言、文化、机构和制度知识的职能
外勤类职员 Field Service Staff	FS4：至少6年工作经验 FS5：至少8年工作经验 FS6：至少10年工作经验 FS7：至少12年工作经验	外勤类工作人员向联合国外地特派团提供行政、技术、后勤和其他支助服务
高级职位任命 Senior Appointments	秘书长：由联合国大会根据安全理事会的建议任命 常务副秘书长：由秘书长与会员国协商后任命 副秘书长：由秘书长任命的部门主管； 助理秘书长：由秘书长任命的办公室主任	由本组织的立法机构任命，或者由首席行政干事任命

联合国人事征聘大体可分为准备、招聘及审核三个阶段。由于联合国人事征聘及职员晋升制度合二为一，内部职员的晋升也适用该程序。

在准备阶段，用人部门草拟职位说明及招聘公告，完成职位空缺的建立。在空缺职位说明中，除了需明确职位的级别、主要职责及所属部门外，还需要明确征聘人员所应具备的核心能力、资格（如学历、工作经验、语言）以及

① 数据来源：https://careers.un.org/lbw/home.aspx?viewtype=SC&lang=en-US.

其他要求（如性别等）的最低标准以及理想标准。职位说明经人事部门核准后，用人部门据此起草征聘公告并发布职位。联合国秘书处所有空缺都由人事部门在联合国人事网页（UN Career Portal）上用英法两种语言统一发布，应聘期限一般为30—60天。

在招聘阶段，联合国人事招聘电子系统根据招聘公告所要求的工作年限、学历、专业、证书、语言等硬性指标自动对候选人进行初步筛选。人事部门再根据自动筛选的结果进一步审核申请人的资格及其他指标，选出所有符合基本要求的候选人，并向用人部门主管提交合格应聘人员名单。用人部门主管对申请人进行业务能力、核心能力等方面的评估，确定进入面试的入围名单，之后对应聘人员进行专业笔试，并组织评审委员会开展面试。评审委员会至少由3人组成，级别应高于或相当于所招聘的职位，同时考虑地域和性别的平衡，包括不同性别以及至少一名非本部门官员。最终根据笔试及面试结果，业务部门主管向人事部门推荐最终录用人选。具体的招聘流程见图10-1。

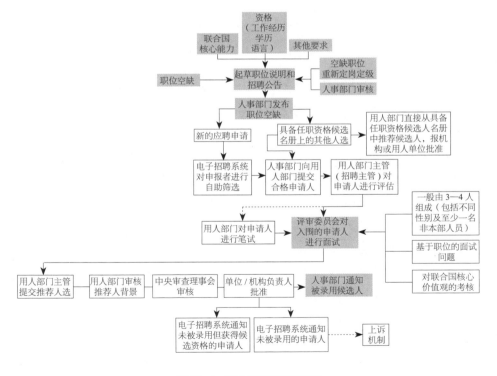

图 10-1　联合国面试招聘流程

在审核阶段，人事部门会审核推荐候选人的背景，包括联系推荐人选在申请材料中提供的证明人（一般为3人以上），了解、核实有关情况，同时要求推荐人选提供学历、相关资格证书及其他材料。此外，独立审查理事会（亦称中央审查理事会）也会参与推荐人选审核，主要负责审查程序性问题，如招聘程序是否有失公正、候选人的筛选及资格审查是否按照预先制定的评估标准进行。最后由机构或单位主管批准推荐人选并签发录用公函。

实习经历是联合国招聘的重要前置条件之一。实习职位的空缺信息在联合国人事网页的职位空缺页面全年滚动公布。主要实习地点包括纽约、日内瓦、内罗毕、亚的斯亚贝巴、曼谷、贝鲁特、圣地亚哥和联合国位于世界各城市的分区办事处。申请者需通过联合国人力资源系统Inspira提交申请。其他联合国机构，如联合国开发计划署、联合国儿童基金会、联合国难民署、联合国环境规划署等也有各自的实习方案。其中有些实体为实习生提供薪资。联合国实习期最短两个月，最长六个月。申请联合国实习生须符合以下条件：（1）在校本科、硕士或博士最后一年在读，或毕业不到一年；（2）精通英语或法语；（3）非联合国秘书处工作人员的子女或兄弟姐妹。

1.3　联合国青年专业人才计划

联合国青年专业人才计划（Young Professional Programme，YPP）是于2012年对原先的国家竞争考试改革而形成的。在能够获得联合国正式职位的多种途径中，青年专业人才不要求工作经验，即便是刚毕业的大学生也可申请参加该项目的选拔考试。青年专业人才考试的对象为初级业务官员（P1/P2级），由联合国秘书处每年根据各会员国占地域分配的理想员额幅度情况，邀请无代表性、代表性不足或即将变为代表性不足的会员国参加。会员国同意参加后，其国民可通过联合国网站报名参加本年度考试。

申请者需要满足以下4点要求：第一，须具备无代表性或代表性不足国家的国籍；第二，年龄须在32周岁以下；第三，须持有与自己申请报考科目相关的学位；第四，能够流利地使用英语或法语。由于每年联合国青年专业人才项目招聘的专业不同，因此每年对申请者的专业要求也不同，通常对经济类、法律类、统计类、信息技术类的专业者需求较多。联合国对申请参加考试的人员进行网上初步筛选，确定最终参加考试人员名单。考试一般由笔试和面试组成。通过考试选拔的人员将进入联合国后备人员名单，当出现职位空缺时，由联合国从后备人员名单中选聘。

专业人才每年的考试科目都有所不同。中华人民共和国人力资源和社会保障部分别于2013年、2014年、2018年、2019年和2020年协助联合国在华举办了青年专业人员考试。其中，2013年的考试专业为行政管理、金融、新闻、法律事务和统计；2014年的考试专业为经济事务、人权、信息技术、摄影、政治事务和传播；2018年的考试为法律事务、社会事务和统计类；2019年的考试包含经济事务、信息系统和信息技术；2020年的考试为管理、国际传播以及政治事务与人权。①

1.4　联合国的胜任力框架

1999年，联合国出台了"面向未来的胜任能力"，旨在使"工作人员能够最大限度地发挥潜力"。联合国秘书处发布的《联合国胜任力报告》将胜任力定义为"技能、特质和行为的结合，它与是否能在某个岗位上有成功的表现有着直接的关系"②。联合国有三大核心价值、八大核心胜任力及六大管理胜任力（见表10-2）。其中，核心价值观是支持组织工作的共同原则和信念，以及指导所有工作人员的行动和行为；核心胜任力是所有工作人员都必需的技能、特质和行为；管理能力是对负有管理/监督责任的工作人员所需的重要技能、属性和行为。

---

① 联合国青年专业人员（YPP）考试简介. (2020-07-07) [2024-05-02]. http://io.mohrss.gov.cn/web/article?aid=0378668.

② Competencies for the Future. [2024-05-02]. https://digitallibrary.un.org/record/699801?ln=en&v=pdf.

表 10-2 1999 年版联合国胜任力结构

核心价值观 （Core Value）	核心胜任力 （Core Competencies）	管理胜任力 （Managerial Competencies）
1. 正直（Integrity） 2. 专业（Professionalism） 3. 尊重多样性（Respect for diversity）	1. 交流（Communication） 2. 团队合作（Team-work） 3. 计划与组织（Planning & Organizing） 4. 责任心（Accountability） 5. 客户导向（Client Orientation） 6. 创造力（Creativity） 7. 技术意识（Technological Awareness） 8. 持续学习（Commitment to Continuous Learning）	1. 富有远见（Vision） 2. 领导力（Leadership） 3. 授权予他人（Empowering Others） 4. 绩效管理（Managing Performance） 5. 建立信任（Building Trust） 6. 决策力（Judgement / Decision Making）

  20 多年来，这些胜任能力为联合国提供了其组织文化的坚实基础，"联合国价值观和行为框架"由此建立后，也在不断变革，并于2022年出台了新的价值观和行为框架，联合国相关报告指出，新的框架所含的9个要素是近4500名工作人员共同制定的结果，为关系建立、职责履行、组织体验提供指导，既具有时代性又有感召力（见表10-3）。[①]

表 10-3 2022 年版联合国胜任力结构

价值观（Values）	行为（Behaviours）
1. 包容（Inclusion） 2. 正直（Integrity） 3. 谦逊（Humility） 4. 人性（Humanity）	1. 联系和协作（Connect and Collaborate） 2. 分析和规划（Analyse and Plan） 3. 交付有积极影响的结果（Deliver Results with Positive Impact） 4. 学习和发展（Learn and Develop） 5. 适应和创新（Adapt and Innovate）

  其他国际组织也对胜任力提出了自己的要求。世界银行提出其价值在于：影响（帮助客户解决最大的发展挑战）、正直（做正确的事）、尊重（关心世界人民、客户、合作伙伴和地球）、团队合作（共同努力实现目标）以及创

---

① Un Values and Behaviours Framework. [2024-05-02]. https://hr.un.org/page/un-values-and-behaviours-framework-0.

新（学习和适应，以找到更好的做事方式）。[①]联合国教科文组织提出4个核心价值观：对本组织的承诺、正直、尊重多样性、专业精神；7种核心能力：责任心、沟通、团队合作、创新、注重结果、计划与组织、知识共享与持续改进；6种管理能力（管理能力是P4及以上级别负有管理责任的工作人员必须具备的一套技能和能力）：推动和管理变革、战略思维、做出高质量的决策、建立合作伙伴关系、领导和授权他人以及管理绩效。[②]经合组织对胜任力的要求为：目标为导向（以证据为基础提供独立的分析和建议）、开放（鼓励就关键的全球问题进行辩论并达成共识）、大胆（敢于挑战传统智慧）、先锋性（勇于应对新出现的和长期的挑战）、有道德（在信任、正直和透明基础上建立信任）。[③]

2 国际非政府组织的发展及人才

2.1 国际非政府组织的发展

20世纪80年代以来，各种场合越来越多地提及非政府组织与非营利组织，把非政府组织与非营利组织看作在公共领域日益重要的新兴组织形式。该词最初在1945年6月26日在美国旧金山签署的联合国宪章第71款使用。该条款授权联合国经社理事会"为同那些与该理事会所管理的事务有关的非政府组织进行磋商做出适当安排"。1952年联合国经社理事会在其决议中把非政府组织定义为"凡不是根据政府间协议建立的国际组织都可被看作非政府组织"。在此后的十多年里，非政府组织自身的活动以及它们同联合国的关系都处于较低水平，没有实质性的发展。直到1968年，在联合国经社理事会通过的1296号决议中，规定了联合国同非政府组织关系的法律框架。该决议肯定了非政府组织的范畴，同时允许非政府组织在联合国经社理事会以及联合国体系中的其他机构中获得咨询地位。自此，非政府组织的活动被越来越广泛地引入联合国体系的运作。

联合国经社理事会专门设有一个非政府组织委员会，负责审核批准接纳

---

① 数据来源：A Values-Based World Bank Group. (2021-01-29) [2024-05-02]. https://www.worldbank.org/en/about/mission/brief/a-values-based-world-bank-group.

② 数据来源：UNESCO Competency Framework. [2024-05-02]. https://unesdoc.unesco.org/ark:/48223/pf0000245056.

③ 数据来源：How We Work. [2024-05-02]. http://www.oecd.org/about/how-we-work/.

非政府组织，并且认可它们在联合国的咨询地位和观察员身份。非政府组织委员会有权要求在经社理事会注册的非政府组织提交书面陈述。获得经社理事会咨询地位的非政府组织，有权以咨询者和观察者的身份出席经社理事会会议并参加联合国的各种会议，并有权在会上作口头发言和书面发言，还可以应经社理事会的请求提供各种形式的咨询。

联合国1296号决议规定，国际非政府组织如要在经社理事会中得到咨询地位，首先应致力于联合国经社理事会及其附属机构所关注的问题，如国际经济、社会、环境、文化、教育、卫生保健、科学、技术、人道主义和人权，以及其他一些相关的问题。这些非政府组织的宗旨与使命，不得同联合国宪章精神、宗旨以及原则相抵触。它们应支持联合国的工作，传播有关联合国所遵行原则的知识。在经社理事会享有咨询地位的非政府组织，必须有一定的代表性和国际性，应具有代表其成员发言的权威。决议还规定，非政府组织如要在联合国注册，其组织成员必须以民主方式参与组织活动，应有民主决策机制，应具有责任机制的安排和决策过程的透明度。这些非政府组织必须向联合国提交其预算和资金来源的资料，资金来源应公开，任何来自政府的资助都必须向经社理事会非政府组织委员会报告。该决议还鼓励各国同性质的组织组成国际性联盟，以便能更好地在联合国与非政府组织之间发挥一种纽带传送作用。除经社理事会外，联合国的公共信息部（Department of Public Information，DPI）也制定了一套与非政府组织保持关系的规定，允许国际非政府组织在公共信息部享有咨询地位，侧重于发挥其在传播信息方面的作用。

1996年，联合国经社理事会通过的1996/31号决议对联合国同非政府组织之间的咨询关系再次做了规定。1968年决议只承认国际性非政府组织，而1996年决议则进一步承认了在各国和各地区活动的非政府组织。允许各国和各地区的非政府组织以自己的名义独立地在经社理事会发表意见，而不必像以往那样必须通过在经社理事会里有咨询地位的国际非政府组织去间接地表达自己的主张。该决议要求非政府组织支持联合国的工作，加强了经社理事会非政府组织委员会的作用，并为非政府组织参加联合国组织的正式国际会议及会议准备阶段制定了规则。经社理事会在其1996年的297号决议中，决定提请联合国大会审议非政府组织全面参与联合国工作的问题。

国际非政府组织围绕着联合国体系的历次国际会议所建立起来的联系机

制，是从20世纪70年代初开始形成的。在联合国召开国际会议的同一时间和同一地点，举行同样议题的非政府组织国际论坛，是国际非政府组织参与和影响联合国决策的一种重要方式。与联合国的国际会议平行的国际非政府组织国际论坛第一次是在1972年斯德哥尔摩人类环境大会期间召开的，后成为惯例，如1992年里约热内卢的环境与发展大会、1994年开罗的人口与发展会议、1995年的哥本哈根社会发展会议、1995年北京的世界妇女大会、1996年伊斯坦布尔的联合国第二次人类住区大会等。

自20世纪80年代以来，联合国体系内的各组织也在进行组织和职能方面的调整，发展同国际非政府组织的联系和合作机制。联合国体系内有20多个机构致力于各类发展事业，如世界银行、联合国开发计划署、国际开发协会、粮农组织、世界粮食计划署、联合国环境规划署、国际农业发展基金、世界卫生组织、联合国儿童基金会、联合国难民事务高级专员等。这些组织中，有的设有专门的部门处理与国际非政府组织有关的事务，如联合国教科文组织下设国际非政府组织会议，世界银行设有非政府组织银行委员会。还有一些联合国机构与特定的国际非政府组织有着经常性联系，如联合国难民事务高级专员与志愿机构国际委员会之间，在联合国人类居住中心与住区国际联盟之间，联合国环境规划署与环境联盟中心之间。世卫组织和联合国开发计划署也通过各种方式同国际非政府组织合作，联合国志愿人员组织（United Nations Volunteers，UNV）在亚非拉的许多发展中发展中国家积极支持非政府组织和社区组织的组织建设。

截至2010年，有2000多个国际非政府组织在联合国经社理事会享有正式的咨询地位，有1500多个国际非政府组织同联合国的公共信息部建立了正式的工作联系。2002年在联合国在南非召开的世界可持续发展全球会议上，有3500多个国际非政府组织获得了与会资格。这些被纳入统计的国际非政府组织，一般都是具有合法地位的、有公开的组织章程以及透明的财务管理的民间组织。非法的恐怖主义组织或者地下黑社会性质组织等都不属于国际非政府组织，宗教组织和政党通常也不被看作国际非政府组织。同时，国际非政府组织虽然可以在一定程度上表示民意，但它们在民意代表方面有很多局限性，政府、资本等各种力量是一些国际非政府组织建立和维持的主要推动力。对于广大发展中国家来说，各种民间的或半官方性质的社团组织正在蓬勃发展，但其在特征、功能、影响力、工作能力等方面与发达国家的非政府组织之间存在很大差异。

2.2 国际非政府组织的人才

当前有影响力的国际非政府组织总部主要集中于欧美，从业人员主要来源于发达国家。其来源主要包括：在公共卫生、国际关系、医疗、社会工作、工程、政治科学和传媒等领域深造的人才；高度专业化、经过训练并持相关专业证书的专业人员（如社会工作协会会员）；在政府部门或企业界具有较高声誉、较大影响力的人群（高级管理者或顾问）；掌握多种语言，拥有广泛游历，具有全球学习、生活和工作经历的人；在特定事件所处地区或环境工作过，对其特点及事件影响有充分了解的人；主动性和参与感强，常常参加志愿活动的人；对特定服务人群及相关组织有极强奉献精神的人。在美国，非政府组织的工作人员中有82%为白人，10%为黑人，5%为拉丁裔，3%是其他族群。从性别角度看，研究表明女性在非政府组织人才结构中占据较大比例（平均为68%），但男性在较大规模的国际非政府组织中担任重要职位的比例更高。[①]

从招聘渠道来看，国际非政府组织在应用传统招聘手段基础上，越来越多地运用网络招募方式，向全球职业申请者及志愿者开放信息和申请平台，以提高人员招募效率，提升人才匹配度和质量。与政府间国际组织有自己独立的招聘网站不同，国际非政府组织用以发布申请信息的更多是一些大型招聘网站，比如，仅Idealist[②]一家网站就涵盖了全世界范围内75809个国际非政府组织的7171个及时更新的就业机会、16025个志愿者机会、6210个实习机会，以及1313个公益项目信息，由此可见，国际非政府组织的信息网络也非常发达。

人才职业化和专业化是国际非政府组织开展活动的必要保证，也是国际非政府组织获取公信力的必然要求。发达国家国际非政府组织类型相当多样，且组织层次清晰，几乎涵盖了社会生活的所有领域。除了直接运营并参与社会活动的国际非政府组织外，这些国家大多还有一大批为国际非政府组织提供专业培训、咨询、扶持服务的机构，为国际非政府组织人才向高技能、专业化发展提供广泛丰富的职业培训资源和平台。以国际非政府组织数量最多且最为发达的美国为例。在社会工作的人才梯队建设和专业能力提升方面，

---

① 郁建兴.美国社会组织的人才培养模式和经验.中国社会组织，2013(1)：49-51.

② Idealist. [2024-05-02]. https://www.idealist.org/en.

美国社会工作者协会（National Association of Social Worker，NASW）扮演着极其重要的角色。它既是美国社会工作专业人员的主要专业组织，又是美国和世界最著名的专业社会工作者的行业自律组织，还是世界上会员数量最大的社会工作专业人员组织。

2.3　我国的国际非政府组织人才培养

国际非政府组织已成为全球治理体制中一个重要性日益增强的新兴角色，在联合国体系各机构的活动中已经有了正式的法定地位，能够在不同程度上参与和影响一些重大国际决策。在其他许多国际活动中，国际非政府组织也以积极的姿态参与其中。除了政府与企业之外，国际非政府组织作为重要的国际行为体，其数量、质量和能力也是一国综合国力的组成部分。欧美发达国家国际非政府组织健全，实力雄厚，规模大，活动能力强。全球体系中的决策过程、权力安排、资金和信息的流向、参与国际活动的机会等，目前基本上是发达国家国际非政府组织所控制的。国际非政府组织的运作有其特殊性，其对人才的要求也体现出较强的专业性和综合性。比如，环保组织绿色和平（Greenpeace）提出承诺和专业精神（Commitment and Professionalism）、全球化思维方式（Global Mindset）、信任与尊重（Trust and Respect）、重视人（Value People）、知识共享（Knowledge-sharing）、目标导向（Goal Orientated）、尖端（Cutting Edge）为导向的人才要求。[①]

国际非政府组织有其负面性和局限性，但是也是国际场域中国家表现意愿、争取话语、实现利益的具有潜在多重重要影响力的场所。中国作为一个综合国力日益增强、国际地位不断上升的国家，应考虑中国国际非政府组织的国际参与问题，目前急需回答的问题是：中国是否应积极介入国际领域里的非政府组织活动。在国际非政府组织勃兴、世界社会兴起的背景下，如何在国际非政府组织领域培养和布局更多的人才，是推进、深化和拓展国际组织人才培养的必要之举。

第一，将国际非政府组织纳入研究和人才培养的视域。当前，我国高校和机构在推送实习和就业机会时，主要为联合国及其下属机构，多为政府间组织，缺乏对非政府组织、社会组织和本土组织的关注。长期来看，这将面临结构性问题，导致国际非政府组织领域的人才储备严重不足。因此，要在

---

① 数据来源：Our Values. [2024-05-02]. https://www.greenpeace.org/international/explore/about/values/。

课程设置、实习实践平台、就业推送等方面加强引导和建设，重视我国社会组织"走出去"相关工作，重视对重要国际非政府组织及其运作逻辑的研究和观察。

第二，将培养目标聚焦三类紧缺人才。一是服务于我国社会组织的国际化或曰社会组织"走出去"的人才。根据联合国经社理事会2023年最新数据，获得联合国"咨商地位"的社会组织有6344家，中国有97家，占比仅为1.5%。同时，具有强咨商能力的社会组织极其匮乏，面临严重的人才短板。二是服务于全球范围内各行各业有影响力的国际非政府组织的人才。国际非政府组织兼具国际性与社会性，在运作机制上又区别于政府和企业，因此对人才的复合型、独特性、个性化要求更高。三是能够设立并运作国际非政府组织的领导型人才。在全球范围内实现国际非政府组织的有效布局，有助于我国更好地参与国际事务，提升全球治理能力，增强全球话语权和影响力。

第三，将国际非政府组织和社会组织作为人才实习实践的重要平台，将人才培养与推动我国社会组织国际化和"走出去"有机融合。重点关注国际非政府组织的议题、运转、宣传策略、公共关系。当前，无论是重要国际议题的参与度、筹资与对外拓展能力，还是国际协商协调能力，均是中国社会组织国际化所面临的重大挑战，而有效人才培养协同机制的建构，将有助于人才培养和社会组织国际化双目标的实现。同时，高校开设的经济类、政治学、社会学课程与实践，也应加强国际化，鼓励国际组织人才投身于我国社会组织"走出去"建设之中。

第四，构建有效的流动机制，激励优秀人才在不同领域流动。吸引优秀人才特别是其中的领导型或者骨干型人才加入国际非政府组织，同时实现政府间国际组织和国际非政府组织等不同主体之间的"旋转门"机制，将对人才产生更大的吸引力。当前，无论是在联合国系统，还是在有重要影响的国际非政府组织，我国仍面临人才匮乏、后备力量不足、员额空缺的现状，在国际组织人才培养中补齐国际非政府组织领域人才严重短缺的短板，加强研究和布局，任重道远。[①]

---

① 李佳. 开辟国际非政府组织人才培养新格局. (2023-07-13) [2024-05-02]. https://cssn.cn/skgz/bwyc/202307/t20230713_5667599.shtml.

3 国际组织人才培养的国别经验

3.1 英国、美国、法国：高校国际事务人才培养

英国、美国、法国三国高校学术界为国际组织提供了重要的人力和智力支持，尤其在教育国际化战略、学科体系、人才培养目标等方面具备优势。这三国拥有众多顶尖研究型大学和高水平学术型大学，这些大学围绕国际议题建立了多样化的专业方案及课程体系，并与相关国际组织的需求领域高度匹配。例如，伦敦政治经济学院社会政策学院开设"全球社会政策和国际组织"课程，探究全球化背景下卫生、教育、社会关怀等领域的变化；举例分析影响发展中国家社会政策的双边或多边援助组织和非政府组织；评价政府间政策进程的影响；分析全球社会政策中宗教群体、社会运动和跨国企业的影响等。[①]哈佛大学肯尼迪政府学院公共政策硕士国际和全球事务（International and Global Affairs，IGA）专业按照预设的学生的能力体系分为三个层次，最底层是核心课程，其中有1/3是方法论课程，旨在培养政策制定及全球事务治理应具备的基本能力：历史思维能力、交流能力、跨文化能力和复杂系统处理能力。中间层以全球共同面临的挑战为主题，包括：（1）安全：战争和武器，恐怖主义和安全组织；（2）金融与贸易：全球化市场的问题与机遇；（3）人权：难民和儿童的困境以及与安全的联系；（4）环境、健康和资源：环境污染、气候变化，大流行性疾病、移民和人口增长，能源食品和水。让学生结合热点，使用习得的知识和创新技能来演练政策制定和评估影响。顶层代表学生最高的能力水平，即针对特定的某个国家或区域，将之放置于具体的历史和社会境脉中讨论其背后的意识形态、政治制度和政策制定。[②]巴黎政治学院下的巴黎国际事务学院（Paris School of International Affairs，PSIA）的培养模式为多学科培养制（pluridisciplinaire），其课程设置包含经济类和国际关系类基础专业；由于国际发展等所涵盖的内容过于广泛，学生还须凭借兴趣从8个区域（欧洲、非洲、亚洲与新兴地区、北美、拉丁美洲等）和16个主题（农业、国防与安全、环境、人权、外交等）中选择专业＋区域＋主题的研究方向（PSIA称此为concentration）。

---

① 郭婧. 英国高校国际组织人才培养与输送研究. 比较教育研究，2019，41(2)：12-19.

② 徐梦杰，张民选. 美国大学国际组织高层次人才培养研究——以哈佛大学肯尼迪政府学院为例. 比较教育研究，2018(5)：33-42.

英美法高校的实践教学理念扩展了学生的国际组织职业发展能力。哈佛大学国际政策硕士专业的实践项目为学生提供了赴特定国家进行深度实践的机会，学生可以出国去见该国家或地区的政策领导者。哥伦比亚大学国际关系专业的顶石（Capstone）工作坊，要求学生需要在导师的指导下组建小型学生咨询团队，像真正的咨询公司一样运作，为外来客户的各类项目提供服务，每个学生团队至少要完成一份可行性报告和口头陈述。这些外来客户包括政府间国际组织、国际非政府组织，也有部分政府部门和跨国企业。普林斯顿大学的一年级硕士生都需要参加一个名为政策综合分析演练（The Integrated Policy Exercise，IPE）的课程项目，需要学生分析各类真实发生的政策事件，提出解决的方法或建议。巴黎政治学院自2016年起就复杂的国际问题举办年度青年领导峰会（Youth & Leaders Summit），将国际事务的领军人物与学生聚集在一起，至今已有包括潘基文（联合国前秘书长）、穆罕默德·巴拉迪（诺贝尔和平奖获得者）、布伦特兰（联合国前气候变化问题特使）、斯托尔滕贝格（北约秘书长）在内的60多名国际知名人士出席。2016年至今，峰会主题分别为：联合国秘书长的议程——二十一世纪的外交艺术，移民危机，不平等与社会失序，一股颠覆性的全球力量——新技术，在受气候变化影响的社会中繁荣发展，战争与和平：解决冲突和建立人类安全。[1]

3.2 瑞士：国际组织总部协议带来就业机会 [2]

瑞士是国际组织之城。瑞士在与国际组织的外交关系中优先考虑三个事项：第一，促进瑞士公民在国际组织中占据尽可能高的职位；第二，促进瑞士公民在国际组织决策机构拥有尽可能多的人数；第三，为瑞士公民个人进入国际组织工作提供最大支持。总部设在瑞士的国际组织很多，如1868年成立的国际电信联盟、1874年成立的万国邮政联盟、1893年成立的国际铁路运输组织，总部都设在瑞士伯尔尼。1919年，瑞士吸引了国际联盟和国际劳工组织总部落户日内瓦，1945年联合国取代国际联盟，设立联合国驻日内瓦办事处（UNOG）。第二次世界大战后，为了消除在二战期间与法西斯国家交易带来的国际负面影响，改善被孤立的局面，瑞士采取积极参与国际合作的外交政

---

[1] Youth & Leaders Summit. [2024-05-02]. https://www.sciencespo.fr/psia/events/youth-leaders-summit/.

[2] 闫温乐，张民选. 向国际组织输送人才：来自瑞士的经验与启示. 比较教育研究，2015，37(08)：107-112.

策，吸引国际组织落户。除政府间国际组织之外，还有大量的国际非政府组织落户瑞士，包括1863年成立的红十字国际委员会、1950年成立的欧洲广播联盟（European Broadcasting Union，EBU）等。除日内瓦之外，其他城市，如伯尔尼、格兰德、洛桑等都拥有一定数量的国际组织。根据国际组织年鉴的数据，截至2021年11月，总部设在瑞士的国际组织共有1709个，其中总部设立在日内瓦的国际组织有877家，使瑞士日内瓦成为名副其实的"世界国际组织第一都"[①]。

为了促进公民进入国际组织就业，瑞士联邦政府与35家主要政府间国际组织签署了《总部协议》《税收协议》和《特权豁免协议》，为这些国际组织提供包括建筑、设备、房屋保险、免税以及特权豁免等各种优惠条件。除此之外，瑞士政府还每年向总部设立在瑞士的国际组织提供大约2.37亿瑞士法郎的财政支持。而按照协议，这些签署了协议的国际组织也要实现如经济消费、机构采购和岗位提供等方面的承诺。就基层职位的劳动力就业来看，至2015年，国际组织提供的就业岗位约42000个，按照协议，其中有一半必须是瑞士公民（见表10-4）。此外，国际非政府组织大约提供2400个工作岗位。

表10-4 国际组织向瑞士提供的就业岗位数[②]

国际组织类型	向瑞士提供的就业岗位数/个
签署过总部协议的国际组织	22300
签署过税收协议的国际组织	1000
签署过特权与豁免协议的国际组织	200
非政府组织	2400
总计	25900

① Yearbook of International Organizations. [2024-05-02]. https://ybio.brillonline.com/ybio?name=&abbr=&addcity_1_en_op=contains&addcity_1_en=&hqcountry%5B0%5D=176&addpays_1_en=&region_hq=4&arevid=&wcodes=&members_region=All&mtgcity_op=contains&mtgcity=&mtgcountry_fe=&meet_region=All&order=addcity_1_en&sort=asc&page=14.

② Some Facts and Figures of the International Geneva. [2024-05-02]. http://www.eda.admin.eh//eda/en/home/topies/intorg/un/unge/geint.html.

3.3　日本：初级专业人员派遣计划

日本自1974年以来实施专门的国际组织人才输送计划——初级专业人员（Unior Professional Officer）派遣计划（简称JPO派遣计划），至2019年已累计派遣1400名人才前往国际组织。该计划由日本外务省国际机构人事中心负责实施，目的是帮助那些有意在国际组织工作的年轻人积累必要的知识和经验，为他们成为国际组织正式职员创造条件。该机制以培养专业领域的正式国际公务员为主要目标，以希望成为国际组织正式职员的年轻日本人为对象，针对35岁以下、具有硕士以上学位与2年以上相关领域工作经验的专业人才，由国家出面推荐，并由日本政府负担派遣相关费用。总体来看，派出人员在两年的派遣期结束后，约有5至7成的人会被国际组织正式任用。[①] 该计划派遣机构及所涉专业见表10-5。

与联合国青年专业人才计划（YPP）相类似，作为JPO人员被派遣前需要通过日本外务省组织的每年一次的选拔考试，35岁以下可以多次参加。根据日本外务省的统计数据，通过2014年度考试第一次审查的约9成是海外研究生毕业者，留学地主要是美国和英国。

JPO派遣机制为日本早期的国际组织人才培养奠定了基础，派遣人数不断增加，已成为日本国际组织人才培养与派遣的主要途径。20世纪90年代，日本在联合国等国际组织工作的职员中有绪方贞子等一批高级官员。进入21世纪以来，在国际组织工作的日本专业职员以及D1级别以上官员的数量逐年增加。日本外务省的统计显示：在每年被国际组织新录用的日本籍专业职员中，有JPO经历者所占的比例一直超过60%，最高的一年为2013年，达到87.5%。2000年以来，国际组织录用的总人数中，有JPO经历者的比例平均达75%。D1以上官员中有JPO经历的人数和比例也在逐年提高，2010年为23人（34.3%），2018年增至33人（近40%）。

日本通过JPO派遣计划增强了其国际组织外交能力，为日本在文化保护、申遗、粮食安全、环保等领域国际话语权的增大、国家利益的保护发挥了重要作用。截至2022年末，日本在联合国机构任职人员（专职人员以上）有961名，其中有468名（48.70%）拥有JPO经历。日本政府规划不断加强该制度，采取各种综合性措施，挖掘更多潜在人才，目标是到2025年将国际组织中日

---

① JPO 派遣制度について . [2024-05-02]. https://www.mofa-irc.go.jp/jpo/dl-data/jpo_pamphlet.pdf.

本职员总人数提升至1000人。①

表 10-5　日本 JPO 派遣机构和涉及专业一览

主要派遣机构	涉及的主要专业领域
联合国秘书处（UNSC） 联合国开发计划署（UNDP） 联合国人口基金会（UNFPA） 联合国人权事务高级专员办事处（OHCHR） 联合国难民事务高级专员办事处（UNHCR） 联合国儿童基金会（UNICEF） 联合国教育、科学及文化组织（UNESCO） 联合国大学（UNU） 世界卫生组织（WHO） 国际原子能机构（IAEA） 联合国环境规划署（UNEP） 联合国工业发展组织（UNIDO） 世界粮食计划署（WFP） 联合国粮食及农业组织（FAO） 国际劳工组织（ILO） 国际移民组织（IOM） 经济合作与发展组织（OECD） 世界知识产权组织（WIPO） 国际电信联盟（ITU）	维和 外交 开发 人权 人道 教育 健康 药学 监测评估 环境 工程 科学 建筑 防灾减灾 农学 人事 金融 会计 审计 统计 采购 总务 公关 宣传 IT 法务等

3.4　韩国：重视高级别国际组织人才培养

韩国自20世纪90年代起致力于培养国际组织人才。2007年，潘基文成功当选联合国秘书长，这与韩国政府的外交努力密不可分。由于地区轮换和秘书长不能由安理会五大常任理事国担任的原则，接替科菲·安南的第8任联合

---

① 参见：日本外务省. JPO 派遣制度. [2024-05-02]. https://www.mofa-irc.go.jp/jpo/seido.html；李晓. 日媒：截至 2022 年年底，有 961 名日本人在联合国工作. (2023-09-04) [2024-05-02]. https://world.huanqiu.com/article/4EOZaxGyy4U.

国秘书长候选人应出自亚洲。自2005年起，韩国政府就开始酝酿推荐外交与通商部长官潘基文竞选联合国秘书长，为此积极在安理会理事国之间密集游说，并主动放弃了2007—2008年联合国安理会非常任理事国的申请。2007年，潘基文以明显优势当选。为此，韩国政府通过了8.44亿韩元（约合491万元人民币）的预算案，作为其就任前各种国际交流活动的开支。[①]以潘基文当选联合国秘书长为契机，韩国政府通过整合和优化国际组织人才选拔、培养、推送、联络、评估等工作流程和机制，将大批韩国籍优秀人才输送到国际组织和相关机构，并取得了显著成效。

通过20多年的实践，在培养、选拔和输送国际组织人才方面，韩国已经建立一套相对完备的工作机制和管理体系，设立在韩国外交通商部的"国际组织人才中心"在整个业务流程和管理体系中发挥着主导和枢纽作用。联合国系统的统计数据显示，近年来联合国系统内韩国籍职员数正稳步上升，自潘基文当选联合国秘书长之后，人数上升的幅度略有加大，且此后每年都以基本相似的速率增长并继续呈现上升趋势（见图10-2）。

在推动国际组织总部落户韩国的努力中，韩国政府不仅组建了公关团队，而且为落户韩国的国际组织开出了一系列优惠条件。例如，斥巨资修建联合国开发计划署设立的国际疫苗研究所办公大楼并承担部分运营费用，给予国际组织及工作人员在资产购置、税收缴纳、特权豁免、人员出入境等方面的优惠待遇。同时，韩国政府还与落户韩国的国际组织签署《基层职位就业协议》，保障大批韩国公民能够有机会进入国际组织实习或就业，为韩国人积累国际组织工作经验创造有利条件。截至2018年12月，总部、常设机构、分支机构落户于韩国的国际组织共有60余个。[②]同时，韩国政府还参与倡导设立国际组织，如与加拿大、澳大利亚、墨西哥、印度尼西亚、土耳其等协商成立中等强国集团等。

---

① 董向荣，南韩．创造奇迹．香港：香港城市大学出版社，2009：131.
② 朴光海．韩国培养和输送国际组织人才的策略及启示．对外传播，2019(3)：70-71.

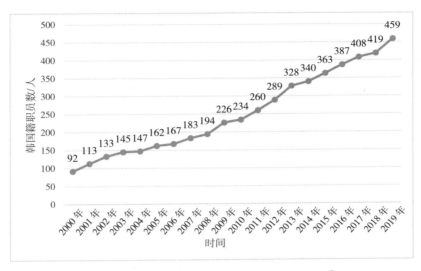

图 10-2　2000—2019 年联合国系统韩国籍职员数 ①

4　中国的国际组织人才与发展

4.1　中国的任职现状

21世纪以来，国际组织中的中国籍职员数呈稳步增加趋势（见图10-3）②，但依然未能改变多年以来中国籍职员数量偏少的局面。根据中国对联合国的会费贡献（会费分摊比例为15.25%，仅次于美国的22%③）和地域分配原则，联合国系统中的中国职员实际比例远低于应占比例，高级职位数量也偏少，代表性不足。

① 数据来源：UN System Chief Executives Board for Coordination (CEB). Personnel By Nationality. https://unsceb.org/hr-nationality.

② Personnel Statistics. [2020-12-05]. https://www.unsystem.org/content/un-system-human-resources-statistics-reports.

③ United Nations Scale of assessments for the Regular budget 1946–2024. [2024-05-02]. https://www.un.org/en/ga/contributions/Scale%20of%20Assessments%20for%20RB%201946-2024.pdf.

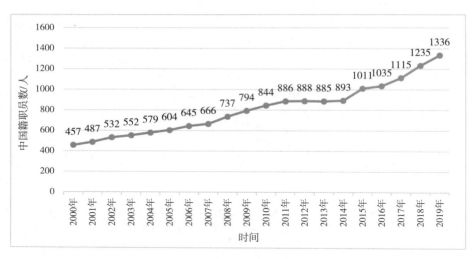

图 10-3 2000—2019 年联合国系统中国籍职员数

联合国前高级政务官万经章曾于2005年受《世界新闻报》特邀撰文称，当时在联合国秘书处工作的中国籍职员约有200人。但是其中100多人都是不受地域员额分配所限的技术性或服务性人员，如同传、笔译、打字员以及一般工作人员。万经章表示："中国在联合国秘书处的人员也相对较少，远远比不上西方发达国家，甚至还不如印度或巴基斯坦等传统人才输出大国。"①不仅仅是在数量上，在职务上中国籍职员也不占优势，只有极少数人在联合国核心部门工作，其余绝大多数分散在一些技术性和服务性部门，占据重要岗位者更是寥寥无几。联合国秘书处高级职位很多，除10余名副秘书长外，享受同等待遇的秘书长特别顾问、私人代表和联合国相关机构的负责人总数不下半百，但中国只有副秘书长一个职位。在秘书处众多级别较高的官员中，中国籍职员也是屈指可数。

根据2023年联合国秘书长古特雷斯的报告，截至2022年底，联合国秘书处专业及以上职类，中国籍职员的数量适当范围是300—406人，实际P1以上职员只有239人，离低限差61人；印度的数量适当范围是52—71人，实际达95人，超过其高限；英国的数量适当范围是84—113人，实际职员207人，远超其高限。在秘书处D1以上的高级别职员中，美国有35位，英国有22位，

① 万经章. 联合国总部两百名中国雇员生活揭秘. (2005-12-21) [2021-02-26]. https://news.sina.com.cn/c/2005-12-21/11068642412.shtml.

德国有18位，中国有13位，印度有15位（见表10-6）。^①

表10-6 2022年各国会费分摊比例及职员情况^②

项目	国家				
	美国	中国	德国	英国	印度
会费分摊比例/%	22	15.254	6.111	4.375	1.044
职数适当幅度/人	394—533	300—406	114—154	84—113	52—71
P1以上职数/人	478	239	183	207	95
D1以上职数/人	35	13	18	22	15

据联合国人事系统2022年统计数据，在联合国系统中拥有职员数量较多的国家多为欧美国家、非洲国家或中东国家（见图10-4）。在联合国及其下设组织机构中拥有最多职员的5个机构是：联合国（共34914名职员）、联合国儿童基金会（共15654名职员）、联合国难民事务高级专员办事处（共13354名职员）、世界粮食计划署（共11670名职员）和世界卫生组织（共9117名职员）^③。图10-4中的15个国家在上述5个机构中的任职人数各不相同，具体数据见图10-5^④。可见，中国任职人数明显不足，这对中国积极参与全球治理，提升影响力、话语权和规则制定权将形成越来越大的制约。

---

① Composition of the Secretariat: Staff Demographics: Report of the Secretary-General. [2024-05-02]. https://digitallibrary.un.org/record/4037810?v=pdf.

② 数据来源：Composition of the Secretariat: Staff Demographics: Report of the Secretary-General. [2024-05-02]. https://digitallibrary.un.org/record/4037810?v=pdf；2022年会员国应缴纳的会费. [2024-05-02]. https://www.un.org/zh/ga/contributions/index_2022.shtml#z.

③ Personnel by Organization. [2024-05-02]. https://unsceb.org/hr-organization

④ Personnel by Nationality. [2024-05-02]. https://unsceb.org/content/hr-nationality.

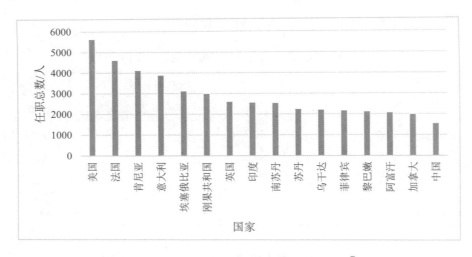

图 10-4 2022 年各国在联合国系统任职总人数 [1]

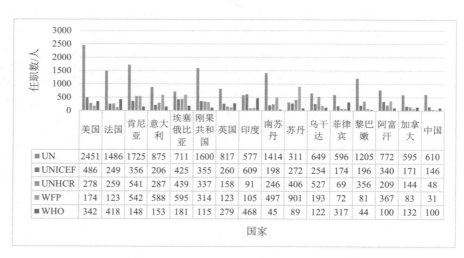

	美国	法国	肯尼亚	意大利	埃塞俄比亚	刚果共和国	英国	印度	南苏丹	苏丹	乌干达	菲律宾	黎巴嫩	阿富汗	加拿大	中国
■ UN	2451	1486	1725	875	711	1600	817	577	1414	311	649	596	1205	772	595	610
■ UNICEF	486	249	356	206	425	355	260	609	198	272	254	174	196	340	171	146
■ UNHCR	278	259	541	287	439	337	158	91	246	406	527	69	356	209	144	48
■ WFP	174	123	542	588	595	314	123	105	497	901	193	72	81	367	83	31
■ WHO	342	418	148	153	181	115	279	468	45	89	122	317	44	100	132	100

图 10-5 2022 年各国在各国际组织内的任职人数 [2]

4.2 中国高校的国际组织人才培养

中国在国际组织中的雇员人数及职级既与中国高额的会费支出不匹配，又与中国的大国地位和综合国力不相称，导致中国在国际组织的话语权受

---

[1] 数据来源：Personnel by nationality. [2024-05-02]. https://unsceb.org/hr-nationality。

[2] 数据来源：Personnel by nationality. [2024-05-02]. https://unsceb.org/hr-nationality。

到制约，国际事务权益难以得到充分维护，负责任大国形象难以有效彰显。2015年以来，中国有组织地加强了国际组织人才培养和推送，这在高校中表现明显。

（1）综合类高校

北京大学：突出三位一体办学理念，加强学科建设。北京大学立足自身传统优势、学科优势、政治优势和资源优势，其法学院是最早开始国际组织人才培养的单位。1994年，北京大学国际关系学院在国际政治硕士专业下设立联合国与国际组织研究方向，1998年在国际政治博士专业下设立联合国与国际组织研究方向，为国际组织人才培养提供学科基础。北京大学突出"国际性""交叉性"和"应用性"三位一体办学理念，强化国际组织人才培养的学科建设，积极拓展国际组织实习资源。

清华大学：加强全球胜任力培养。清华大学积极推进全球胜任力与国际教育研究，完善全球胜任力培养支持体系，拓展全球胜任力与国际教育资源平台。在拓展和丰富人才输送层次方面，清华大学积极深化与国际组织的交流合作，支持院系发挥学科专业优势，主动与对口国际组织深化全面合作。在加强学生国际组织胜任力培养方面，清华大学针对输送加强辅导精细化，立足普及推动培训多样化。注重国际化素质培养，加强学生国际组织任职能力提升。

浙江大学：入口—培养—出口全链条式的国际组织人才培养机制。浙江大学于2015年启动国际组织精英人才培养计划，以此项目为起点，探索和完善工作机制，以"专业＋英语"为切入口，以"多轨并行""多专融合""多语同步"为实施路径，通过创新教学理念、课程体系、教材建设、师资队伍、育人资源、国际组织和海外高校合作伙伴建设等重点举措，基本形成了系统、有效的国际组织人才全链条培养体系，参与的部门包括本科生院、研究生院、外国语学院、就业指导中心、学生国际化能力培养基地等，形成了比较好的协同效应。于2018年设立了面向全校所有专业本硕博学生的辅修专业——国际组织与国际发展；于2018年设立国际组织与国际交流二级学科硕士点。

（2）外语类高校

北京外国语大学：成立国际组织学院。北京外国语大学于2010年开启国际组织后备人才培养试点项目，是所有高校中最早探索国际组织后备人才培养工作的高校之一。2017年4月，在国家教育体制改革试点项目"探索国际组织需要的复合型人才培养模式"取得成功的基础上正式成立国际组织学院，这是中国高校成立的第一所国际组织学院。2010—2021年，整个工作走过了从以国家教育体制改革试点项目形式进行探索到实体化学院建设与发展的过程，对国际组织后备人才培养机制的建设取得了有益经验和认识。

上海外国语大学：构建国际胜任人才培养高地。上海外国语大学在20世纪80年代就提出利用外语为外交和联合国培养高级翻译人才和国际行政人才。进入21世纪以来，学校在全国较早地探索了从本科阶段培养国际组织人才的路径，并于2007年率先在全国设立了国际组织人才培养实验班，2017年，在学校人才培养特区——卓越学院设立多语种国际组织人才实验班（本科）。在研究生培养层次上，高级翻译学院自2003年建院时就与联合国签订了合作备忘录，陆续与联合国等国际组织形成紧密的研究生联合培养机制。2018年学校设立上海全球治理与区域国别研究院，2020年设置"区域与国别研究"博士点。

广东外语外贸大学：强化目标措施结果导向，聚焦国际治理人才培养。2016年9月，广东外语外贸大学组建国际治理创新研究院，集中为中国参与国际经贸规则的制定、参与全球经济治理，培养熟悉国际政治、国际经济和国际法律知识，具有家国情怀和全球视野的综合型、复合型国际组织和国际治理人才。此外，学校围绕培养国际治理创新人才的需要，进一步强化对国际组织、国际规则、国际治理理论和实践等前沿问题的研究，推进并强化与世界著名高校、智库和国际组织的合作与交流。

（3）其他专门类高校

上海师范大学：上海师范大学于2006年成立国际与比较教育研究院核心团队，组织和参与了国际学生评估项目（PISA）、国际教学调查（TALIS）等多个国际组织的大型教育测评项目，实施了中英数学教师交流项目、共建"一带一路"国家教育行政官员高级研修项目，参与了国家和上海市多项教育战略规划，出版学术期刊。联合国教科文组织教师教育中心挂靠国际与比较教育研究院，助力推动全球教育治理。上海师范大学提炼全球国际组织人才培养与输送经验，充分利用研究优势和上海特色，与联合国教科文组织、经合组织、世界银行、联合国儿童基金会等重要国际组织建立密切合作关系。联合国教科文组织教师教育中心于2017年成为联合国教科文组织二类机构。

北京航空航天大学：北京航空航天大学与航空航天领域的国际组织建立了坚实的合作基础。2014年，联合国附属空间科技教育亚太区域中心依托北京航空航天大学成立，这是亚太地区首个政府间空间科学和技术教育区域机构。以推动空间技术和平利用造福人类为宗旨，区域中心不断推动优势科技与教育资源共享，为发展中国家培养高层次、创新型的国际化空间技术应用人才。截至2019年，在遥感与地理信息系统、卫星通信、全球导航卫星系统、小卫星技术、空间法律与政策五个专业领域为24个发展中国家培养了237名硕士和博士研究生，并为来自64个国家的近千名学员提供了短期培训，成为亚太地区空间技术合作与国际化复合人才培养的重要平台。2018年5月，学校与国际民航组织正式签署《合作备忘录》，并就推荐师生赴国际民航组织任职或实习达成共识。

上海财经大学：上海财经大学于2015年设立国际组织人才培养项目，通过构建一体化课程体系、搭建三大培养平台、实施"三导师"制、夯实全程质量保障机制等措施，践行依托优势学科、多方协同、成建制培养理念，打造了具备示范效应和推广价值的成建制财经类国际组织人才培养上财模式。通过校内外协同和海内外协同拓展优秀教学资源，构建国内外学习及海外实习就业网络，本硕培养贯通。此外，学校坚持目标导向，引领金融、商务、会计、法律国际组织高端专业人才的成建制培养。

上海海洋大学：在与国际组织合作方面，学校每年受外交部、农业农村部、商务部等部委指派，参加联合国、联合国粮食及农业组织、世界贸易组织、国际海事组织、南极海洋生物资源养护委员会（Commission for the Conservation of Antarctic Marine Living Resources，CCAMLR）、中西部太平洋渔业委员会（Western and Central Fisheries Commission，WCPFC）、北太平洋渔业委员会（North Pacific Fisheries Commission，NPFC）、美洲间热带金枪鱼委员会（Inter-American Tropical Tuna Commission，IATTC）、印度洋金枪鱼委员会（Indian Ocean Tuna Commission，IOTC）等渔业相关的全球性和区域性国际渔业管理组织科学会议。2017年以来每年均与联合国粮农组织举办渔业相关主题国际会议。自2013年选派学生赴中西太平洋渔业委员会开始国际组织实习工作起，截至2019年，共有29人前往联合国粮农组织、北太平洋渔业委员会、美洲间热带金枪鱼委员会、南极海洋生物资源养护委员会和印度洋金枪鱼委员会共6个国际组织开展实习。截至2019年，全校共有17位教师在粮农组织、亚洲水产学会、北太平洋渔业委员会等21个国际组织、国际学术组织及行业协会任职，兼职24人次，如担任印度洋金枪鱼委员会温带金枪鱼科学工作组主席、南太平洋区域渔业管理组织（South Pacific Regional Fisheries Management Organisation，SPRFMO）鱿鱼工作组主席等。

4.3　重视国际组织驻地优势

国际协会联盟于2016年发布的调查报告显示，全世界存在有超过17000个运行顺畅的国际组织。这些组织的总部主要分布于8个大型传统国际组织城市（Large Traditional IO Cities），即巴黎、布鲁塞尔、华盛顿、伦敦、罗马、纽约、日内瓦和维也纳。这些城市是传统意义上的国际组织之城，普遍拥有很高的国际化程度，在国际组织落户与人才就业方面形成了良性互动。以美国纽约为例，作为联合国总部所在地，联合国六大主要机构中除了在海牙的国际法院以外，聚集了其他五大机构的办公场所近一半联合国常设辅助机构，对于国际组织的吸引力颇为巨大。除了大型的传统的国际组织聚集之城，当前重要的国际组织聚集地有：曼谷、波恩、布宜诺斯艾利斯、哥本哈根、马德里、墨西哥城、蒙特利尔、内罗毕、斯德哥尔摩、海牙、东京。而阿布扎比、迪拜、首尔、新加坡则是新兴的国际组织聚集地。

我国也在积极推进国际组织在华落户。为吸引更多国际组织落户中国，可以在以下方面做出努力。1）以良好的配套设施和政策给国际组织营造良好环境。大量城市为吸引国际组织入驻，会给予当地国际组织及其工作人员在资产购置、税收缴纳、人员出入境等方面的优惠待遇，还会对一些小型国际组织提供财政补贴，优先购买国际组织提供的公共服务等。2）以完善的法律监督体系加强国际组织的规范化治理环境。一方面为国际组织提供法律便利，另一方面也用法律实行对国际组织的管理，以此形成良性生态，吸引更多国际组织落户。3）建立吸引国际组织落户的相关运营平台，借鉴如"蒙特利尔国际"（Montréal International）等经验，为吸引国际组织入驻创造软环境。4）选择基础好的重点城市作为标的，推动硬性的基础设施建设、运营资金，软性的税收条款、人才配套、国际化氛围、国际化公共服务等配套建设同步落地。

国际格局与国际组织的发展正在经历着深刻的变革，影响着未来国际社会的发展方向。国际组织在成为国际合作象征的同时，也成为各国博弈的舞台，提升在国际组织中的话语权和影响力是其博弈水平的重要指标。增强在国际组织中的影响力也成为一个国家提升全球治理能力的重要途径。在这样的形势下，主要大国或经济强国均在国际组织方面加大投入。国际组织人才资源是国家软实力的重要组成部分。联合国粮食及农业组织前副总干事何昌垂曾表示："当前的国际组织，尤其是'二战'后成立的国际组织，在人才方面面临着三大危机：一是人才制度的机制老化；二是人才资源老化，很多职员是20世纪五六十年代出生的，近期面临退休；三是知识退化，受到信息化、数字化等新兴技术的严重冲击和挑战。比如我在联合国工作的25年间，看到打字员基本上被机器取代了，我们机构原来的十几个各种语言的口译人员现在也就留下一两个了。"[1]国际组织对于中国而言，既是机遇，也是挑战。

拓展课程

---

[1] 何昌垂.从联合国看国际组织人才任职能力培养.国际人才交流，2018(7)：2.

主要国际组织名称对照表 ①

外文全称	外文简称	中文名称
League of Arab States	LAS	阿拉伯国家联盟
Union du Maghreb Arabe	UMA	阿拉伯马格里布联盟
La Comunidad Andina	CAN	安第斯共同体
Institut Pasteur	—	巴斯德研究所
International Coalition of Inclusive and Sustainable Cities	ICCAR	包容和可持续城市国际联盟
Conservation International	CI	保护国际
North Atlantic Treaty Organization	NATO	北大西洋公约组织
North Pacific Fisheries Commission	NPFC	北太平洋渔业委员会
Bill & Melinda Gates Foundation	BMGF	比尔及梅琳达·盖茨基金会
Boao Forum for Asia	BFA	博鳌亚洲论坛
The Nature Conservancy	TNC	大自然保护协会
Group on Earth Observations	GEO	地球观测组织
Association of Southeast Asian Nations	ASEAN	东南亚国家联盟
Multilateral Investment Guarantee Agency	MIGA	多边投资担保机构
Development Assistance Committee	DAC	发展援助委员会
Pan American Health Organization	PAHO	泛美卫生组织
International Institute for Capacity Building in Africa	IICBA	非洲国际能力培养研究所
African Development Bank	ADB	非洲开发银行
African Union	AU	非洲联盟
Organisation of African Unity	—	非洲统一组织
Rotary International	—	扶轮国际
High Seas Alliance	HSA	公海联盟

---

① 本书对国际组织名称的使用参照该表。

续表

外文全称	外文简称	中文名称
International Union of Official Travel Organisations	IUOTO	官方旅游组织国际联盟
International Olympic Committee	IOC	国际奥林匹克委员会
International Association of Insurance Supervisors	IAIS	国际保险监督官协会
International Organization for Standardization	ISO	国际标准化组织
Friends of the Earth International	FOEI	国际地球之友
International Telecommunication Union	ITU	国际电信联盟
International Society of Zoological Sciences	ISZS	国际动物学会
Bureau International des Poids et Mesures	BIPM	国际度量衡局
World Anti-Doping Agency	WADA	国际反兴奋剂机构
International Physicians for the Prevention of Nuclear War	IPPNW	国际防止核战争医生组织
International Campaign to Abolish Nuclear Weapons	ICAN	国际废除核武器运动
International Radiation Protection Association	IRPA	国际辐射防护协会
International Bank for Reconstruction and Development	IBRD	国际复兴开发银行
International Council on Monuments and Sites	ICOMOS	国际古迹遗址理事会
International Commission on Irrigation and Drainage	ICID	国际灌溉排水委员会
International Union for the Publication of Customs Tariffs	—	国际海关税则出版联合会
International Maritime Organization	IMO	国际海事组织
International Air Transport Association	IATA	国际航空运输协会
International Monetary Fund	IMF	国际货币基金组织
International Institute for Educational Planning	IIEP	国际教育规划研究所
International Bureau of Education	IBE	国际教育局
International Finance Corporation	IFC	国际金融公司
Cooperative for Assistance and Relief Everywhere	CARE	国际救助贫困组织
International Development Association	IDA	国际开发协会

续表

外文全称	外文简称	中文名称
International Science Council	ISC	国际科学理事会
International Labour Organization	ILO	国际劳工组织
League of Nations	—	国际联盟
Health Organization of the League of Nations	—	国际联盟卫生组织
International Union of Forest Research Organizations	IUFRO	国际林业研究组织联盟
Alliance International de Tourisme	AIT	国际旅游联盟
International Civil Aviation Organization	ICAO	国际民用航空组织
International Fund for Agricultural Development	IFAD	国际农业发展基金
International Table Tennis Federation	ITTF	国际乒乓球联合会
Bank for International Settlements	BIS	国际清算银行
International Tropical Timber Organization	ITTO	国际热带木材组织
International Society for Business Education	SIEC-ISBE	国际商业教育学会
Intergovernmental Organisation for International Carriage by Rail	OTIF	国际铁路货运联盟
International Union of Railways	UIC	国际铁路联盟
International Centre for Settlement of Investment Disputes	ICSID	国际投资争端解决中心
International Centre for the Study of the Preservation and Restoration of Cultural Property	ICCROM	国际文物保护与修复研究中心
International Tin Council	ITC	国际锡业委员会
International Center on Small Hydro Power	ICSHP	国际小水电中心
Union of International Associations	UIA	国际协会联盟
International Criminal Police Organization	INTERPOL	国际刑事警察组织
ActionAid International	—	国际行动援助
Trade Records Analysis of Flora and Fauna in Commerce	TRAFFIC	国际野生物贸易研究组织
International Organization for Migration	IOM	国际移民组织
Fédération Internationale de Natation	FINA	国际游泳联合会

外文全称	外文简称	中文名称
International Atomic Energy Agency	IAEA	国际原子能机构
International Bamboo and Rattan Organization	INBAR	国际竹藤组织
Fédération Internationale de Football Association	FIFA	国际足球联合会
Gulf Cooperation Council	GCC	海湾阿拉伯国家合作委员会
International Committee of the Red Cross	ICRC	红十字国际委员会
Warsaw Treaty Organization	—	华沙条约组织
Royal Jennerian Society	—	皇家詹妮拉学会
Wellcome Trust	Wellcome	惠康基金会
Christian Life Community	CLC	基督生活圈
Association of Caribbean States	ACS	加勒比国家联盟
Education Cannot Wait	ECW	教育急需基金
Institute for Information Technologies in Education	IITE	教育信息技术研究所
Financial Stability Board	FSB	金融稳定委员会
New Development Bank	NDB	金砖国家新开发银行
Organization for the Prohibition of Chemical Weapons	OPCW	禁止化学武器组织
Organisation for Economic Co-operation and Development	OECD	经济合作与发展组织
Council for Mutual Economic Assistance	COMECON	经济互助委员会
Save the Children	—	救助儿童会
Central Commission for the Navigation of the Rhine	CCNR	莱茵河航运中央委员会
Oxfam	—	乐施会
Rio Group	—	里约集团
United Nations	UN	联合国
Disarmament and International Security Committee	DISEC	联合国裁军审议委员会
United Nations Office for Disarmament Affairs	UNODA	联合国裁军事务厅

续表

外文全称	外文简称	中文名称
United Nations Office on Drugs and Crime	UNODC	联合国毒品和犯罪问题办公室
United Nations International Children's Emergency Fund	UNICEF	联合国儿童基金会
United Nations Industrial Development Organization	UNIDO	联合国工业发展组织
United Nations Commission On International Trade Law	UNCITRAL	联合国国际贸易法委员会
United Nations Environment Programme	UNEP	联合国环境计划署
UNESCO World Heritage Centre	—	联合国教科文组织世界遗产委员会
United Nations Educational, Scientific and Cultural Organization	UNESCO	联合国教育、科学及文化组织
United Nations Development Programme	UNDP	联合国开发计划署
United Nations Commission on Science and Technology for Development	CSTD	联合国科技促进发展委员会
Food and Agriculture Organization of the United Nations	FAO	联合国粮食及农业组织
United Nations Conference on Trade and Development	UNCTAD	联合国贸易和发展会议
Office of United Nations High Commissioner for Refugees	UNHCR	联合国难民事务高级专员署
United Nations Economic Commission for Europe	UNECE	联合国欧洲经济委员会
United Nations Population Fund	UNFPA	联合国人口基金
United Nations Human Settlements Programme	UN-HABITAT	联合国人类住区规划署
United Nations Commission on Human Rights	UNCHR	联合国人权委员会
United Nations Forum of Forests	UNFF	联合国森林论坛
United Nations Relief and Rehabilitation Administration	UNRRA	联合国善后救济总署
United Nations World Tourism Organization	UNWTO	联合国世界旅游组织

外文全称	外文简称	中文名称
United Nations Truce Supervision Organization	UNTSO	联合国停战监督组织
Academic Council on the United Nations System	ACUNS	联合国学术委员会
Asian and Pacific Centre for Agricultural Engineering and Machinery	APCAEM	联合国亚太农业工程与机械中心
United Nations Economic and Social Commission for Asia and the Pacific	ESCAP	联合国亚洲及太平洋经济社会委员会
United Nations Scientific Committee on the Effects of Atomic Radiation	UNSCEAR	联合国原子能辐射效应科学委员会
Intergovernmental Panel on Climate Change	IPCC	联合国政府间气候变化专门委员会
Coalition for Epidemic Preparedness Innovations	CEPI	流行病防范创新联盟
Greenpeace	—	绿色和平组织
American Nuclear Society	ANS	美国核学会
National Basketball Association	NBA	美国男子篮球职业联赛
Organization of American States	OAS	美洲国家组织
Inter-American Tropical Tuna Commission	IATTC	美洲间热带金枪鱼委员会
Inter-American Development Bank	IDB	美洲开发银行
Southern African Development Community	SADC	南部非洲发展共同体
Southern African Customs Union	SACU	南部非洲关税同盟
Mercado Común del Sur	MERCOSUR	南方共同市场
Commission for the Conservation of Antarctic Marine Living Resources	CCAMLR	南极海洋生物资源养护委员会
South Pacific Regional Fisheries Management Organisation	SPRFMO	南太平洋区域渔业管理组织
South Asian Association For Regional Cooperation	SAARC	南亚区域合作联盟
Conference on Security and Co-operation in Europe	—	欧洲安全与合作会议
Organization for Security and Co-operation in Europe	OSCE	欧洲安全与合作组织
European Broadcasting Union	EBU	欧洲广播联盟

续表

外文全称	外文简称	中文名称
Conseil Européen pour la Recherche Nucléaire	CERN	欧洲核子研究组织
Organization for European Economic Co-operation	OEEC	欧洲经济合作组织
European Space Agency	ESA	欧洲空间局
European Union	EU	欧洲联盟
Council of Europe	CoE	欧洲委员会
European Patent Office	EPO	欧洲专利局
European Free Trade Association	EFTA	欧洲自由贸易协会
Union of European Football Associations	UEFA	欧洲足球协会联盟
Program for Appropriate Technology in Health	PATH	帕斯适宜卫生科技组织
Pew Center on Global Climate Change	—	皮尤全球气候变化中心
Special Climate Change Fund	SCCF	气候变化特别基金
Climate and Clean Air Coalition	CCAC	气候与清洁空气联盟
Global Environment Fund	GEF	全球环境基金
Global Partnership for Education	GPE	全球教育伙伴关系组织
Global Campaign for Education	GCE	全球教育运动联盟
Commission on Global Governance	—	全球治理委员会
Global Association for Central Counterparties	CCP12	全球中央对手方协会
Partnership on AI	PAI	人工智能伙伴关系组织
Forest Stewardship Council	FSC	森林管理委员会
Forest Carbon Partnership Facility	FCPF	森林碳伙伴基金
Forest Investment Program	FIP	森林投资计划
Shanghai Cooperation Organisation	SCO	上海合作组织
World Conservation Monitoring Centre	WCMC	世界保护监测中心
World Women Organization	WWO	世界妇女组织
World Commission on Environment and Development	WCED	世界环境与发展委员会
World Federation of Education Associations	WFEA	世界教育会联合会

外文全称	外文简称	中文名称
World Economic Forum	WEF	世界经济论坛/达沃斯论坛
The World Academy of Sciences	TWAS	世界科学院
World Food Programme	WFP	世界粮食计划署
United Federation of Travel Agents' Associations	UFTAA	世界旅行社协会联合会
World Tourism Cities Federation	WTCF	世界旅游城市联合会
World Green Design Organization	WGDO	世界绿色设计组织
World Trade Organization	WTO	世界贸易组织
World Meteorological Organization	WMO	世界气象组织
World Commission on Dams	WCD	世界水坝委员会
World Water Council	WWC	世界水理事会
World Health Organization	WHO	世界卫生组织
World Bank	WB	世界银行
World Intellectual Property Organization	WIPO	世界知识产权组织
International Union for Conservation of Nature	IUCN	世界自然保护联盟
World Wildelife Fund	WWF	世界自然基金会
Stockholm International Peace Research Institute	SIPRI	斯德哥尔摩国际和平研究所
Universal Postal Union	UPU	万国邮政联盟
Médecins Sans Frontières	MSF	无国界医生组织
Economic Community of West African States	ECOWAS	西非国家经济共同体
Magyar Tudományos Akadémia	MTA	匈牙利科学院
Asia-Pacific Economic Cooperation	APEC	亚太经济合作组织
Asia-Pacific Space Cooperation Organization	APSCO	亚太空间合作组织
Pacific Asia Travel Association	PATA	亚太旅游协会
Asian Infrastructure Investment Bank	AIIB	亚洲基础设施投资银行
Asian Development Bank	ADB	亚洲开发银行

续表

外文全称	外文简称	中文名称
Physicians for Human Rights	PHR	医生促进人权协会
Alliance of National and International Science Organizations for the Belt and Road Regions	ANSO	"一带一路"国际科学组织联盟
BRI International Green Development Coalition	BRIGC	"一带一路"绿色发展国际联盟
Israeli-Palestinian Science Organization	IPSO	以色列—巴勒斯坦科学组织
Indian Ocean Tuna Commission	IOTC	印度洋金枪鱼委员会
Association of Commonwealth Universities	ACU	英联邦大学协会
Intergovernmental Authority on Development	IGAD	政府间发展管理局
China Cultural Heritage Foundation	CCHF	中国华夏文化遗产基金会
Trilateral Cooperation Secretariat	TCS	中日韩合作秘书处
Western and Central Fisheries Commission	WCPFC	中西部太平洋渔业委员会
UNESCO Institute for Lifelong Learning	UIL	终身学习研究所
Least Developed Countries Fund	LDCF	最不发达国家基金